应用型本科汽车类专业系列教材

新能源汽车动力电池技术

主　编　陈晓平
副主编　袁　泉　潘福中　李海斌

机械工业出版社

随着全球对环境保护意识的增强和能源结构的转型，新能源汽车作为减少碳排放、促进可持续发展的关键手段，正日益受到各国政府、企业及消费者的广泛关注。作为新能源汽车的心脏——动力电池，其性能、成本、安全性及可持续性直接决定了新能源汽车的市场竞争力与未来发展潜力。本书全面而系统地覆盖了动力电池技术的核心领域，从动力电池的起源与早期发展，到现代动力电池的组成结构、工作原理的深入剖析，为读者展现了一个清晰的技术演进脉络，并奠定了坚实的理论基础。

在此基础上，本书进一步深入探讨了动力电池的设计与制造工艺，包括电化学体系的优化、电性能与循环寿命的提升、安全性能的保障等关键环节，并通过对 CAE 仿真技术的详细介绍，展示了现代科技在动力电池研发中的应用，为工程师和研究人员提供了强大的工具和方法论支持。此外，本书还关注了动力电池组及电池管理系统（BMS）的新进展，包括电池组的集成设计、箱体标准化、接口规范化以及 BMS 的智能监控与能量管理功能，并通过详细介绍动力电池的基本性能与测试方法，为行业提供了标准化的测试指南，有助于提升产品质量与安全性。在动力电池的回收处理与标准法规方面，本书同样给予了充分的关注，探讨了动力电池的回收流程、梯次利用、资源再生等环保议题，以及电性能、安全性、循环寿命等方面的标准与法规，为读者提供了全面的法规遵循与环保实践指导。

本书可作为本科、大专院校汽车相关专业的教材，也可供新能源汽车动力电池技术研发、生产、测试、管理等领域的有关人员学习参考。

图书在版编目（CIP）数据

新能源汽车动力电池技术/陈晓平主编. -- 北京：机械工业出版社，2025. 4（2025. 7 重印）. --（应用型本科汽车类专业系列教材）. -- ISBN 978 - 7 - 111 - 78137 - 0

Ⅰ. U469. 720. 3

中国国家版本馆 CIP 数据核字第 20250QM865 号

机械工业出版社（北京市百万庄大街 22 号　邮政编码 100037）
策划编辑：王　婕　　责任编辑：王　婕　安桂芳
责任校对：颜梦璐　马荣华　景　飞　　封面设计：陈　沛
责任印制：刘　媛
北京富资园科技发展有限公司印刷
2025 年 7 月第 1 版第 2 次印刷
184mm × 260mm · 15. 5 印张 · 1 插页 · 382 千字
标准书号：ISBN 978-7-111-78137-0
定价：69. 90 元

电话服务
客服电话：010-88361066
010-88379833
010-68326294

网络服务
机　工　官　网：www. cmpbook. com
机　工　官　博：weibo. com/cmp1952
金　书　网：www. golden-book. com
机工教育服务网：www. cmpedu. com

封底无防伪标均为盗版

前　言

我国汽车产业发展战略一定要与国家“立足国情，多元替代”的能源战略相契合。2009年，我国将新能源汽车上升为国家战略，在全球率先启动了产业化进程。2014年，发展新能源汽车被认为是迈向汽车强国的必由之路，这更进一步坚定了相关企业的信心，汽车产业总体由燃油汽车的跟踪追赶转向新能源汽车的“换道先行”。作为新时代的青年学子，我们应当深刻认识到，发展新能源汽车不仅是技术创新的需求，更是实现中华民族伟大复兴的重要一环。

近几年来，我国新能源汽车技术快速发展，整体素质和实力有所增强，产品的质量和水平有较大提高，产品的门类和品种有了较快的发展，为中国社会主义现代化建设做出了应有的贡献。但是也应当看到，与国民经济蓬勃发展的需要和国际先进水平相比，我国电动汽车技术还存在着一定差距。在中国社会主义市场经济体制逐渐建立和完善的进程中，在世界范围新技术革命步伐加快的过程中，我国电动汽车工业既有机遇，又有挑战。为此，电动汽车工业发展必须真正调整到依靠科技进步和提高劳动者素质的轨道上来，要下大力气掌握和追踪新技术，开发和应用新技术，改造传统工艺，发展新兴产业，不断增强电动汽车工业在国内外两个市场的竞争力。只有这样，才能更好地完成党和人民赋予我们的发展民族汽车工业的历史重任。作为未来的工程师和科研工作者，我们应当树立“科技报国”的信念，勇于承担时代赋予的责任，努力提升自身的技术水平和创新能力，为实现中国汽车工业的自主创新和可持续发展贡献力量。

随着新能源动力电池技术在汽车领域的应用日渐广泛，动力电池技术受到前所未有的关注，动力电池技术频繁出现在各大车企及电池厂商的技术发布会及宣传活动中。本书多学科交叉，涵盖了材料学、电化学、电子电气检测技术和控制科学等多个领域，有助于学生全面认识动力电池；书中工程案例丰富，内容由企业工程师和高等教育工作者共同探讨凝练，书中涉及的测试、控制和仿真案例均来自实际项目开发过程，具有极强的工程实践指导意义；本书技术性和实践性强，内容翔实全面，讲解浅显易懂，适用于本科生教学，同时也可作为企业员工培训手册。通过学习本书，学生不仅能够掌握动力电池的核心技术，还能深刻理解团队合作和跨学科协作的重要性，培养解决复杂工程问题的能力，树立“工匠精神”和“创新精神”，为未来的职业发展奠定坚实基础。

考虑到多学科融合和学生基础，书中涉及的技术难度定位不高，并且测试案例仅针对电池基本性能测试，非常具有可操作性。

本书由陈晓平担任主编，袁泉、潘福中、李海斌担任副主编，胡巧声、陈姗姗、姬青、孟康培、王涛、李玲、季英萍、王栋、王淼、刘刚、管必聪、王玉玲、杨同欢等参与编写。本书专门介绍了新能源汽车动力电池的发展历程、发展趋势、基础知识、开发流程以及开发过程中的痛点、难点及解决方案，内容充实，实操性强，贴近行业前沿，并根据实际交付经验和大量的调研，预测动力电池未来发展趋势和走向，具有比较重要的参考意义及开发指导作用。

限于经验和水平，书中难免存在错误及不当之处，恳请各位读者提出批评和修改建议，以便本书再版修订时参考。

编　者

目　录

第1章

发展历程

1.1 概述

“动力电池”概念是建立在“电动驱动车辆”这个基础之上的。电动汽车是指使用电池或其他能源存储器储存电能，以驱动电机进行运动的汽车。它具有零排放、低噪声、低能耗等特点，是未来汽车产业的发展趋势。

如果没有化学电源启动电机参与动力输出，就没有电动车辆的发明与应用，也就没有“动力电池”这个应用领域。“动力电池”可以是一次电池，也可以是蓄电池，它们都属于化学电源这个范畴。

在当下，“动力电池”主要是指用于各种电动车辆、混动车辆上的化学电源。铅酸电池、锌银电池、金属氢化物镍电池、镉镍电池、锂离子电池、钠离子电池、氢氧燃料电池都可用作“动力电池”。

锂离子电池具有较高的工作电压，可在较宽温度范围内稳定工作，还具有较高的质量比能量和较高的功率输出等特点，现在已成为各种电动车辆的主流动力电池。

17 世纪前，各种车辆是畜力拉动。进入 18 世纪，蒸汽机发明后，蒸汽机被安装到各种平台上作为动力装置，如蒸汽机轮船、蒸汽机火车等。

19 世纪 80 年代，德国发明家奥托根据罗沙的四冲程内燃机工作原理，设计制造了世界上第一台四冲程汽油内燃机，从此，小型车辆有了动力驱动装置，汽车因而被发明。

1900 年，费迪南德·保时捷（Ferdinand Porsche）发明了首台增程式电动车 Lohner Porsche（图 1-1）并在巴黎展出。

图 1-1 世界上第一台增程式电动车 Lohner Porsche

铅酸电池是法国科学家普兰特（Plante）在 1859 年发明的，比发明内燃机稍早些。铅酸电池一经出现，迅速应用于各种场合，包括用作车辆的启动电源。在 20 世纪 50 年代前后，开始用铅酸电池做搬运车辆、起吊机的启动电源，某种意义上，这是“电动车辆”进入生产生活的原始雏形。从那时起，铅酸电池也就正式开启了动力电池应用。法国科学家普兰特如图 1-2 所示。

在汽车发展史中，混合动力车早已登上历史舞台，19 世纪末到 20 世纪初，美国与欧洲联合生产兼用汽油内燃机和电机驱动系统的混合动力车，最早的混合动力车是费迪南德·保时捷在奥地利的 Rohner 公司试制的，当时被称为 mixte system，使用的动力电池是管式铅酸电池，不过那时还没有“混合动力车”这种称谓。1903 年，奥地利的罗纳保时捷公司设计出串联式混合动力车，由美国 Woods 生产的“双动力（dual powered）车”才广为人知。

20 世纪五六十年代，为了应对能源紧缺，混合动力（hybird）技术逐渐被重视，这个工学用语在 1960 年美国汽车工程师学会（SAE）关于陶瓷发动机的论文中为汽车领域所采用。

图 1-2　法国科学家普兰特

20 世纪 80 年代，日本为保护都市环境，提升空气质量，开展了甲醇汽车、电动汽车替代城市柴油车的研发工作。1990 年开发了大型巴士混合动力系统（HIMR），为柴油机带来了转矩补偿。

1997 年，日本丰田公司开始批量生产丰田混动的普锐斯汽车并销售，这标志着混合动力汽车正式进入人们的生活。这时驱动电机的电池是金属氢化物镍电池，驱动方式依然采用“内燃机 + 发电机 + 电动机”的“转矩分割式动力”输出的串并混联系统。

进入 21 世纪，日本不断改进混合动力系统，推出各种改进的插电式、增程式的串并联混动汽车。同期，欧美汽车公司 GM、戴姆勒-克莱斯勒、BWM 组成混合动力乘用车同盟，共同开发了两套“行星齿轮双模式”混合动力系统。

2007 年，丰田公司对插电式混合动力车进行了试验，首次推出了新车认证标准。丰田公司在这个时期的混动车辆的技术发明成果成了现代电动车技术发展的里程碑。

电动车离不开动力电池，电池是人类历史上最重要的发明之一。在铅酸电池发明前，已有多种体系的原电池、干电池（一次电池）被发明，它们在许多方面都曾发挥了至关重要的作用。

电池的历史可以追溯到两千多年前的古伊拉克时代，那个时期存在一种使用铜和铁的电池，被认为是至今发现的最早的电池证据。随着时间的推移，电池技术得到了长足的发展。

1800 年，伏打（Alessandro Volta）发明了世界上第一个电池。1802 年，Dr. William Cruikshank 设计了第一个便于生产制造的电池。

1880 年，德国物理学家海因里希·赫兹发现了无线电波，这推动了电池在无线通信领域的应用。同时，干电池的出现也使得电池更加便携和实用。

20 世纪中期，电池技术进入了一个全新的时代。1946 年，贝尔实验室的研究员发明了第一个固态电池，该电池使用铅氧化物作为电解质，取代了传统的液体电解质。这一突破性的发现使得电池更加安全、可靠，并且能够提供更长的使用时间。

随着科技的进步，电池的种类也越来越多样化。例如，锂离子电池在移动设备、电动汽车等领域得到了广泛应用。此外，太阳能电池板也成了可再生能源领域的重要组成部分，它们利用太阳能将光能转化为电能，将发电的电能一分为二，一部分驱动电动机为车辆提供动力，一部分为车载化学电源充电，化学电源可在无日照期间驱动电动机给车辆提供动力。本书主要研究对象为电动汽车和混合动力汽车搭载的动力电池。

总之，电池的发展历史是一个不断演进的过程。从最初的伏打电池到现在的锂离子电池，每一次技术的突破都为人类社会带来了巨大的变革和进步。未来，随着新能源技术和人工智能等领域的发展，电池技术将继续发挥重要作用，并为人们的生活带来更多便利和创新。

1.2 电池的发展历程

1.2.1 电池的定义

电池是一种通过电化学反应直接输出电能的装置，其两个特有的电极/电解质界面上分别进行电化学氧化（失去电子）和电化学还原（得到电子）反应。由此将活性材料内储存的化学能直接转换成电能。

电池又可称为电化学电（能）源或化学电源。人们常说的蓄电池则是在上述电化学反应装置中，通过放电过程的反向充电来实现两个电极反应物的复原，重新将输入的电能转变为化学能储存起来。因此，蓄电池是一种典型的化学能与电能可逆储存和转换的装置。

事实上，电池（含蓄电池）只有在接通负载或接入外电源时，放电或充电方可进行。该过程包含着电子与活性材料的分离或结合，以及通过外电路从一种电极材料转移到另一种电极材料的过程。这个过程分别对应着电池的放电反应或充电反应。

对于蓄电池而言，放电反应与充电反应是可逆的，充电时活性材料恢复到其初始状态，重新储备了化学能。与电池中的反应不同，非电化学氧化还原反应，如金属的生锈或氢与氧的燃烧反应等，直接发生了电子的转移，仅产生热效应，即活性材料内储存的化学能直接转换为热能。与燃油机或热机发电不同，电池将化学能转换成电能时，可以避开热力学第二定律中卡诺循环的限制，因此具有更高的能量转换效率。

电池由于具有能量转换率高、携带和使用方便、安全可靠等特点，在科学技术、国防军事、航空航天、日常生活等领域得到了广泛的应用。

1.2.2 电池的简史

公元前248—公元前226年，两河流域（指伊拉克幼发拉底河与底格里斯河之间的区域）的波斯人使用外形像陶瓶的古代化学电池，即巴格达（原型）电池（图1-3）。它由铜铁棒和黏土陶器组成，只要向陶瓶内倒入一些酸或碱性水，便可以发出电来。后来，伏打发明的世界上第一个电池就是在这些古电池的基础上发明的。

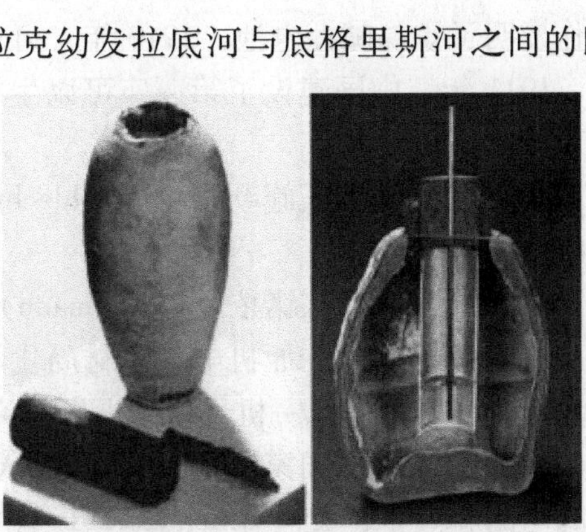

图1-3 巴格达（原型）电池

1800年，意大利物理学家伏打发明了用不同的金属片（锌板和铜板）夹浸透盐水的湿纸组成的“电堆”，即现今所谓的“伏打电堆”，如图1-4所示，这是电池的雏形。在直流电机发明以前，这种电池是唯一能提供恒稳电流的电源。

1836年，英国化学家丹尼尔（Daniell）对伏打电堆进行了改良，它使用稀硫酸作为电解液，解决了电池极化的问题，制造出第一个不极化、能保持稳定电流的锌铜电池，又称为“丹尼尔电池”。“丹尼尔电池”及其原理示意如

图 1-5 所示。

1842 年，英国学者格罗夫（Grove）发明了氢氧燃料电池。

1859 年，法国科学家普兰特发明了采用铅做电极、反复充放电使铅箔形成活性物质、以稀硫酸为电解质的铅酸电池。

图 1-4　伏打电堆

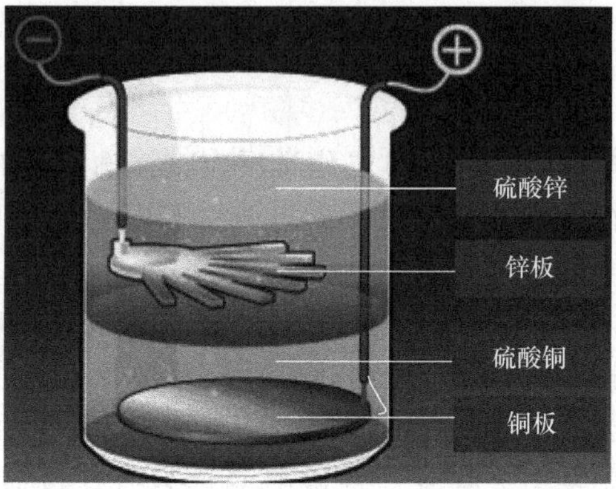

图 1-5　“丹尼尔电池”及其原理示意图

1860 年，法国的雷克兰士（Leclanche）发明了世界上广泛使用的电池（碳锌电池）的前身——“湿电池”。直到 1880 年，“湿电池”才被改进的“干电池”取代。

1868 年，法国工程师勒克朗谢（Leclanché）研制成功以 NH_4Cl 为电解液的 Zn-MnO_2 电池，又称为“勒克朗谢电池”，并于 1876 年采用树脂做黏结剂改进原电池。

1883 年，克拉克（Clarke）发明了碱性锌氧化银电池。

1887 年，英国人赫勒森（Hellesen）发明了最早的干电池。相对于液体电池而言，干电池的电解液为糊状，不易溢漏，便于携带，因此获得了广泛应用。

1889 年，瑞典人尤格涅尔（Jungner）发明了二次锌银电池；1899 年他又发明了镉镍碱性电池。1900 年，他研制成功了碱性锌二氧化锰电池；1901 年他与美国人爱迪生（Edison）合作发明了铁镍碱性电池。1910 年，可充电的铁镍碱性电池商业化生产。

1911 年，中国建设了第一座可以生产干电池和铅酸电池的工厂，该工厂为上海交通部电池厂。

1934 年，德国人施勒希特（Schlecht）和阿克曼（Akermann）发明了烧结极板，用于镉镍电池。

1947 年，法国人诺依曼（Neumann）开发出密封镉镍电池。

1958 年，中国在原机电部电材局化学电源研究室的基础上组建了第一个物理与化学电源专业研究所——原一机部化学电源研究所，即中国电子科技集团公司第十八研究所前身。

1960 年，美国国家航空航天局（NASA）决定用碱性氢氧燃料电池作为其太空计划中飞船的电源。同年，美国 Union Carbide 公司开始商业化生产碱性原电池。同年，中国西安庆华厂等三个厂家开始合作研发碱性原电池。

1970 年，美国 EC 公司开始制造小型密封铅酸电池，这是最早的商业用阀控式铅酸电池。1975 年，GatesRutter 公司获得了密封铅酸电池的发明专利，成为今天阀控式密封铅酸电池（Valve Regulated Lead Acid Batery，VRLA）的电池原型。

1976 年，荷兰飞利浦（Philips）公司发明了 $LaNi_5$储氢合金，进而诞生了 MH-Ni 电池。

1979 年，美国 GNB 公司开始大规模生产大容量吸液式密封免维护铅酸电池。

1980 年，美国古迪纳夫（Goodenough）等发明了可以用于锂离子电池的 $LiCoO_2$ 和 Li_xNiO_2（正极材料），这是锂离子电池正极材料的雏形。Lazzari 等人提出以嵌基化合物作为锂二次电池的负极材料，并提出了“摇椅式电池”，即锂离子电池的概念。

20 世纪 80 年代，美国 Exxon 公司和加拿大 Moli 公司成功研制了以金属锂片为负极、以 TiS_2和 MoS_2等嵌基化合物为正极的锂二次电池，大大推动了锂二次电池的研究和发展。

1983 年，中国南开大学率先在国内研究 MH-Ni 电池。

1985 年，日本科学家吉野彰（Akira Yoshino）发现碳材料可以作为锂离子电池的负极材料，发明了聚乙炔 $(C_2H_2)_n$做负极、$LiCoO_2$做正极的锂离子电池。

1987 年，中国改进镉镍电池工艺，采用发泡镍作为集流体，大幅提升了电池容量，并开始生产锂原电池商品。奥本（Auburn）等人研发出了 $MoO_2/LiPF_6$-$PC/LiCoO_2$型锂离子电池，使锂离子二次电池的研究取得了巨大的进步。

1990 年，日本索尼公司开发出了以石墨为负极材料、$LiCoO_2$为正极材料、$LiPF_6$（EC + DEC）为电解液的新一代实用型锂离子电池，成为锂离子电池发展史上的一个里程碑。同年，美国通用汽车公司（GM）提出了燃料电池概念汽车——Impact。同年，中国镍氢电池开始商业化生产。

1991 年，日本索尼公司开始商业化生产锂离子电池。

1995 年，美国贝尔通信研究所（Bellcore）首先采用 PVDF 工艺制造聚合物锂离子电池（PLIB）。同年，日本索尼公司率先研制出 100A · h 锂离子动力电池，并在日产公司的电动汽车上试用，引起了广泛关注。

2000 年，中国锂离子电池成功实现商业化生产，当时主要生产 18650 型圆柱形锂离子电池。

2006 年，日本索尼公司召回其生产的近 1000 万只锂离子单体电池，这是第一次大规模锂离子电池召回事件，也引发了人们对锂离子电池安全性的普遍关注。

2008 年，钠离子体系电池开始被重视并研究。同期，半固态、准固态和全固态锂离子电池基础及应用研究项目在日本丰田和中国科学院全面启动。同年，随着中国锂离子电池全产业链构建完成，锂离子电池的正极材料、负极材料、隔膜、电解液、导电剂等基础性原材料的国产化技术已被全面掌握并成熟，动力锂离子电池生产用主要原材料已实现国产替代进口。

2012 年是中国电动汽车产业迅猛发展的元年。同期，国产大规模自动化的单体电池技术装备被开发，如真空混料机、电极涂布系统、极片分切装置、自动化电芯卷绕机、自动叠片机、激光焊接机、注液化成系统、分容分拣设备等，这大大降低了单体电池生产成本，使得各种规格型号的锂离子电池被批量化生产，用于各种电动车辆上。

2021 年 7 月 29 日，宁德时代正式推出钠离子电池。同期，北京蔚蓝推出半固态锂离子电池。

自 1859 年普兰特研制成功铅酸电池以来，电池经历了 160 多年的发展历史，现已形成独立完整的科技与工业体系。小型电池在电子表、CD 唱机、移动电话、照相机、摄影机、各种遥控器、儿童玩具中应用，大容量电池（组）在医院、宾馆、超市、电话交换机等场合作为应急电源，超大容量的储能系统在拖船、拖车、铲车、电动汽车、风力发电站中使用。人造卫星、宇宙飞船、火箭、飞机、导弹、潜艇和鱼雷等军用装备也会用到不同化学体系的不同规格电池。

到目前，全世界已有1000多种不同化学体系的系列型号规格的电池产品。它们高度参与了社会生产生活的各个领域，并与百姓日常生活息息相关。

回顾化学电源发展历程，正是时代需求与科技进步持续推动了电池技术产业创新与发展。电池已经成为人类社会发展必不可少的便捷能源。

1.3 电池的分类

电池可以有多种分类方法，体现出电池类型、化学材料体系、结构、形状、性能特征以及应用等的多样性。但最常见的是按照工作性质和储存方式进行分类，一般分为原电池、蓄电池、储备电池和燃料电池四大类。电池的分类如图1-6所示。

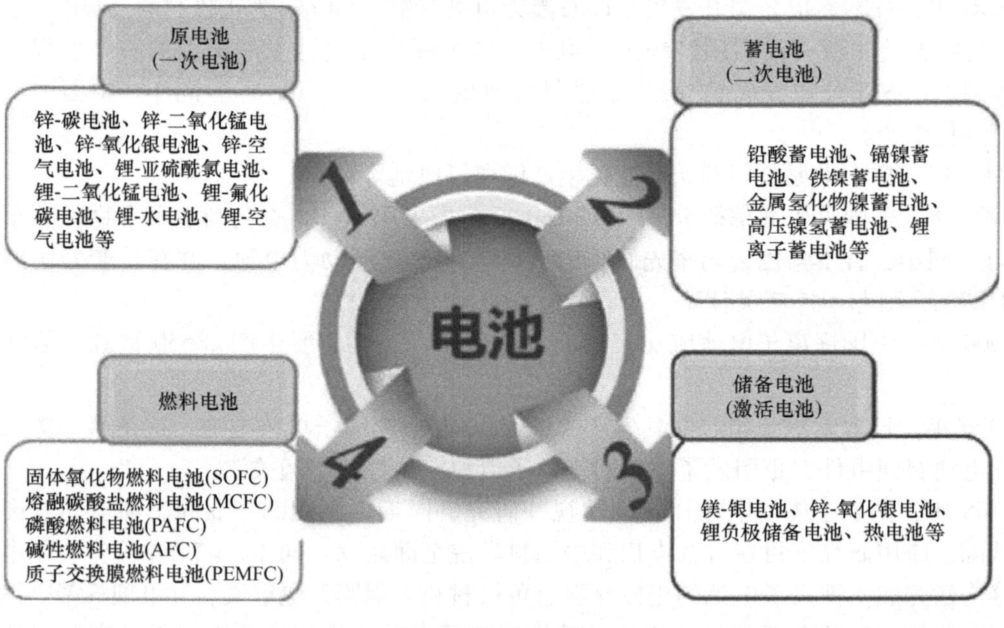

图1-6　电池的分类

1.3.1 原电池

1. 概述

原电池又称为一次电池，这种电池是直接使用且只能做一次性使用的电池。在放电时，活性物质被不断消耗，直到电池反应不能再进行或电池停止工作为止。在通常情况下，原电池不是设计用于再充电的，电池经过连续放电或者间歇放电后，不能用充电的方法使正、负极的活性物质恢复到初始状态，即反应是不可逆的，正、负两极上的活性物质只能被放电一次，电池放电终止就被丢弃。

在实际应用中需要尽量避免对原电池再充电，因为这可能会有危险。原电池在设计制造时是密封的，没有设计任何可使充电时产生的气体溢出的部件。充电时一旦有气体产生，就可能造成电池漏液、开裂或爆炸，严重时会引发人身伤害、设备损坏等。

2. 特点及应用

原电池的优点是体积小，使用起来简单方便，操作过程无须维护，可靠性高，成本低，自放电率低，从而有很长的储存寿命。在低倍率或中倍率（0.01C～0.2C）下放电时能获得较多能量，一般不宜以1C及以上倍率放电。

原电池特别适用于便携式电器、电子器具或装置，如作为手电筒、各类电动玩具、家用电器遥控器、各类电子钟表、各类数字式计量仪表、小型电子医疗器具等的电源。

特别要指出的是，原电池也是诸多现代军事武器装备的必备电源，如用作野战通信用电台电源，用作水雷、地雷以及声呐、浮标、救生、夜视装置等的电源。大容量原电池也用作内河或海上的航标灯电源或重大灾难事故的应急灯电源等。

3. 常见种类

现实中，根据单体电池电压不同，原电池有两种，即1.5V和3.0V。它们分别对应了以金属锌为负极的单体电池和以金属锂为负极的单体电池。

常见1.5V原电池主要有锌-碳电池、锌-二氧化锰电池、锌-氧化银电池、锌-空气电池等；3.0V原电池主要有锂-亚硫酰氯电池、锂-二氧化锰电池、锂-氟化碳电池、锂-水电池、锂-空气电池等。

原电池产品的形状、尺寸不同，有多种规格，按照国际化标准生产。如果电器中用到原电池放电终止，可买到相同规格型号产品用于替换。

1.3.2 蓄电池

1. 概述

蓄电池又称为二次电池，即可充电电池。这种电池工作时，在正、负两极上进行的电化学反应为可逆反应。因此，放电之后可以通过再充电使电池两极上活性物质恢复到初始状态，从而获得再次放电能力。电池可反复多次充放电。它是一种电能储存装置，有时称为储能电池或者可充电电池。

2. 特点及应用

蓄电池具备循环充放电能力，一般可高功率放电。其放电曲线平滑，低温性能较好。但是，与原电池相比，蓄电池的比能量通常都比较低，荷电保持能力也差。蓄电池做储能应用时要经常定期或不定期补充充电或浮充电，以补充蓄电池因自放电带来的容量损失。

相比原电池，可循环使用是蓄电池的最大优势。循环寿命是蓄电池性能重要参数之一。循环寿命的长短与具体电池体系的反应可逆性、使用环境条件以及充放电制度等直接关联。

蓄电池具有广泛的用途。当作为能量储存装置使用时，通常把它并接在主电源上，主电源在向负载供电的同时对蓄电池充电。一旦需要蓄电池参与供电，蓄电池会立即输出电能。以上述方式工作的有汽车、船舶和飞机的燃油发动机用启动电源，以及宇航飞行器储能电源等。

近年来，全球石化能源紧缺，人们开始大力提倡绿色可持续发展。在此大背景下，锂离子蓄电池作为纯电动车和混合动力车的动力源，引起了车企、电池企业的广泛重视和关注，纷纷投身相关技术研发，并不断推出采用锂离子蓄电池作为动力电池的自有技术的纯电动、混动车型。

3. 常见种类

蓄电池从化学体系分，有铅酸蓄电池、镉镍蓄电池、铁镍蓄电池、锌银二次电池、金属氢化物镍蓄电池、高压镍氢蓄电池、锂离子蓄电池、钠离子蓄电池、氧化还原液流电池、锂硫电池等。

有时候，以空气中的氧气为正极活性物质，金属锌或铝为负极活性物质，同锌锰、铅等蓄电池一样封装在电池内部，如锌-空气电池、铝-空气电池等也归于蓄电池。

燃料电池是特殊的一类，这里不做讨论。

本书主要对锂离子动力电池技术及其应用现状及未来趋势进行介绍。

1.4 动力电池的发展背景

1.4.1 动力电池的发展意义

近十几年来，新能源汽车的发展势不可挡，已成为各国政府和汽车产业重点布局的战略方向。新能源汽车产业已进入全球规模化发展阶段。

国际上，混合动力汽车、插电式混合动力汽车、纯电动汽车已实现商业化，燃料电池汽车处于应用推广及示范阶段。

我国通过政策的引导和扶持，目前已成为全球新能源汽车生产数量及销售数量最大的国家。

2011—2018 年，我国新能源汽车销售数量从不足 5000 辆发展到 1256000 辆，占全球的 53%，当时已超过日本和美国；新能源汽车保有数量从 10000 辆提升到大约 3000000 辆。

《中国制造 2025》中将节能与新能源汽车列为重点发展的十大领域之一，发展新能源汽车正式上升为国家战略。

《节能与新能源汽车产业发展规划（2012—2020 年）》提出：到 2020 年，我国新能源汽车市场保有量达到 500 万辆，生产和销售应达到 200 万辆。据中国汽车工业协会统计，2020 年全年新能源汽车产销分别完成 136.6 万辆和 136.7 万辆，实现年度目标的 136.6%。其中纯电动汽车产销分别完成 110.5 万辆和 111.5 万辆，同比分别增长 5.4% 和 11.6%；插电式混合动力汽车产销分别完成 26 万辆和 25.1 万辆，同比分别增长 18.5% 和 8.4%。

《新能源汽车产业发展计划（2021—2035 年）》（征求意见稿）明确：到 2025 年，新能源汽车新车销量市场占比将达到 25% 左右，力争经过 15 年努力，纯电动汽车成为主流。据统计，2024 年我国新能源汽车产销分别为 1288.8 万辆和 1286.6 万辆。

国际能源署对各种汽车未来发展的预测如图 1-7 所示。我国新能源汽车销量趋势如图 1-8所示。

动力电池是电动汽车的心脏，是电动汽车产业发展的关键，其性能直接影响电动汽车的市场应用和消费者的接受度，因此成为各国在电动汽车领域战略布局的重点。美、日、德等国家均制定了车用动力电池发展的国家规划，其目的是对动力电池的研发进行大力支持，以推动动力电池技术的快速发展和市场应用。

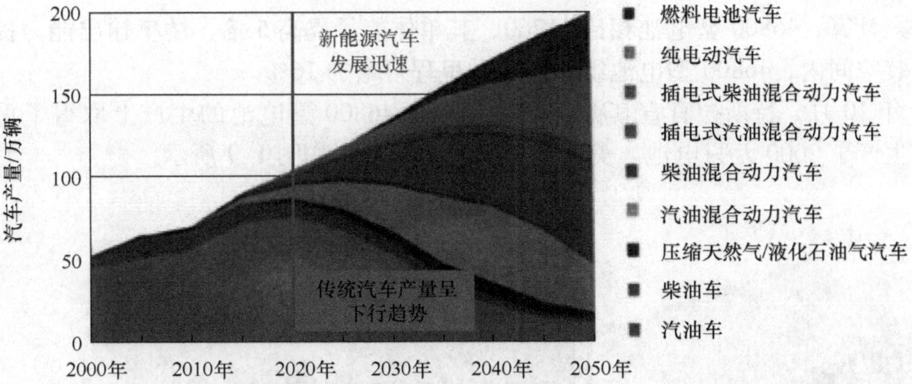

图 1-7 国际能源署对各种汽车未来发展的预测（见彩插）

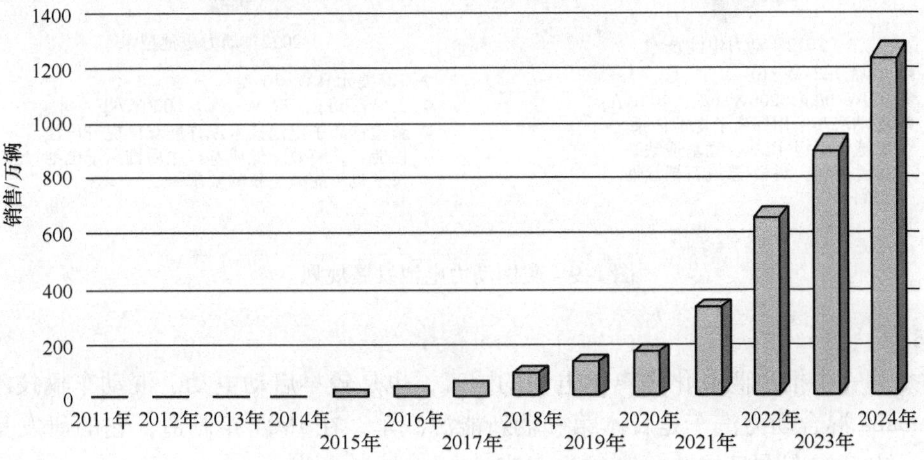

图 1-8 我国新能源汽车销量趋势

1.4.2 各国动力电池发展规划

1. 美国

从历史看，美国是电动汽车生产第一国。1903 年，美国 Woods 公司采用奥地利罗纳保时捷公司的串联式混合动力车设计生产出“双动力（dual powered）车”。后来因石油被大量开采，油气资源成本低廉，加之美国内燃机技术领先和产业化规模等优势，电动汽车或混动车辆技术的发展被搁置。

进入 21 世纪，锂离子电池技术成熟，生产实现规模化，油气资源日趋紧张，保护环境的需要变得更为迫切，美国制定了电动汽车发展战略。

美国政府发布了“电动汽车无处不在大挑战（EV everywhere grand challenge）”动力电池发展规划，重点支持插电式混合动力汽车用锂离子电池技术的研发。为了重塑制造业，美国政府开始大力支持特斯拉公司开发各种规格的锂离子电池和电动汽车。

特斯拉于 2024 年在美国及墨西哥建设 46800 型圆柱形锂离子电池工厂，量产后估计可实现 200GW · h 产能。该电池采用电芯端面糅合工艺，可提升单体电池大电流充电、放电能力。

据专家计算，46800 型电池相比 21760，其单体能量提高 5 倍，功率输出能力提升 6 倍。在同样组装空间内，46800 型电池组整车续驶里程可增加 16%。

2023 年 10 月，特斯拉官宣其德州超级工厂在 46800 型电池的生产上取得了重大突破，该工厂已生产了 2000 万只电池。美国动力电池发展规划如图 1-9 所示。

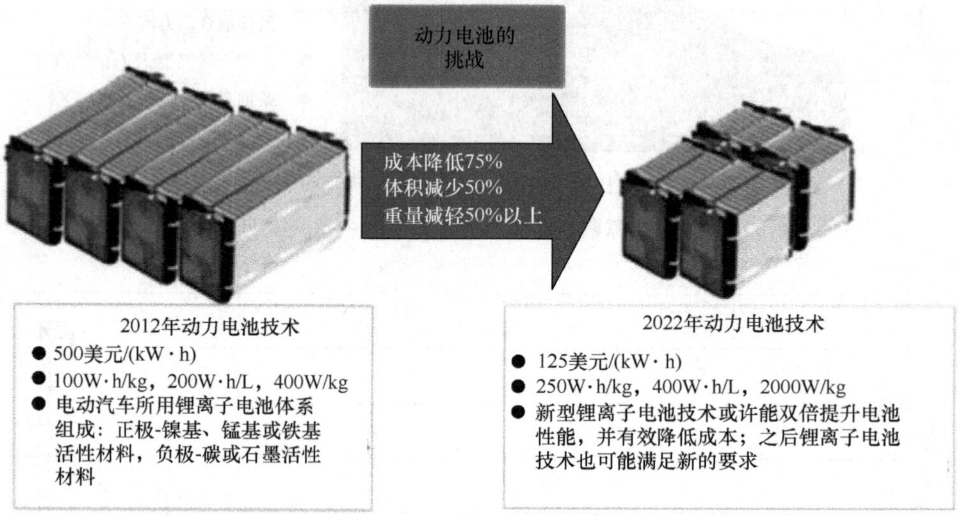

图 1-9　美国动力电池发展规划

2. 日本

日本是第一个推出商业化锂离子电池的国家，也是较早启动电动、混动车辆技术研发的国家。Yamaba 混合动力汽车是日本第一辆新能源汽车，在 1904 年制造，它的研发基于节能环保理念。电动汽车在日本曾一度成为主流。

作为世界领先的汽车工业强国，日本汽车工业一直在努力创新和实现大规模化生产，尤其是插电式混合动力汽车和纯电动汽车。

从 20 世纪 60 年代中期开始，日本制定了一系列的产业规划引导其国内电动汽车的研发与推广，当时就有很多日企参与纯电动车辆的技术研发。技术研发经历了 20 世纪 70 年代、90 年代的两个电动汽车研发热潮，丰田公司终于在 1997 年突破了“行星齿轮动力分割输出”的关键技术，使得丰田普锐斯（PRIUS）大获成功。

进入 21 世纪，混合动力汽车已实现多次技术迭代。日本政府再次审视新能源汽车战略，并陆续出台多项产业战略规划，构建了完善的新能源汽车推广应用政策体系。在新能源汽车应用推广上，日本采取了一系列补贴措施，其中最重要的是 1998 年推出的 CEV 补贴（清洁能源汽车补贴）。日本下一代汽车振兴中心每年都会根据市场情况调整补贴政策、车型和预算。

在供给侧，日本制定了一系列新能源汽车产业战略规划，引导企业研发创新与市场推广。2007 年 5 月，日本经济产业省发布《下一代汽车及燃料计划》；2009 年 5 月，日本环境省发布《下一代汽车普及战略》。在前期新能源汽车战略规划基础上，2010 年 4 月日本经济产业省正式发布《下一代汽车战略 2010》，在总体规划、电池、稀有金属、基础设施、系统及国际标准等 6 个方面分别制定了战略目标与具有可操作性的行动方案，内容涵盖新能源汽车产业生态系统各个方面，为日本新能源汽车产业的发展提供了宏观指引。该战略将新能源汽车核心技术的动力电池作为发展重点，并通过预算安排予以支持。根据该战略，到2020年，下一代汽车的新车销量占比将提升至20%~50%。

2014年11月，日本经济产业省发布《汽车产业战略2014》，虽然未对下一代汽车的发展目标进行调整，但对有关燃料电池汽车及其基础设施加氢站方面的推广措施进行了细化，并将新能源汽车国际化作为日本汽车产业国际化重点。

2016年3月，日本经济产业省发布《纯电动汽车与插电式混合动力汽车路线图》，确定了2020年纯电动汽车和插电式混合动力汽车发展战略目标与实施方案，设立了2020年实现累计销售100万辆的目标，同时也明确了充电基础设施发展目标。该路线图在技术研发策略上以先进电池及材料为核心，为电动汽车核心技术的锂离子动力电池和新型电池研发提供资金支持。

同期，日本经济产业省发布了《氢与燃料电池战略路线图（修订版）》，对燃料电池汽车发展与相关基础设施建设目标进行量化，提出2030年燃料电池汽车推广数量要达到80万辆，2025年加氢站数量要达到320万个。这两个路线图清晰地描绘了日本下一代汽车发展目标与实现路径，以及新能源汽车产业未来的发展方向。

进入21世纪20年代，日本丰田、本田、日产等公司已分别开发出各具特色的成熟的电动车混合动力系统。在动力电池技术上，日本已明确放弃燃料电池技术路线，继续紧跟高能液态锂离子电池技术，瞄准具有更高使用安全、更高比能量的全固态锂离子电池体系技术。

日本经济产业省下属的新能源与工业技术发展组织（new energy and industrial technology development organization，NEDO）在2013年发布的“二次电池技术路线图2013”（battery RM 2013）中提出，日本电动汽车用二次电池以质量能量密度、质量功率密度、成本和寿命等指标作为研发的方向，2020年纯电动汽车用动力电池系统的质量能量密度达到250W·h/kg，质量功率密度达到1500W/kg，成本达到2万日元/(kW·h)以内的目标；插电式混合动力汽车用动力电池系统的质量能量密度达到200W·h/kg，质量功率密度达到2500W/kg，成本达到2万日元/(kW·h)左右的目标。

据报道，日本丰田已有充电10min行驶1200km固态电池试验车型。丰田计划2030年推出可用于电动汽车或其他商业化场合的固态锂离子电池并实现量产。

如果日本实现全固态电池正式量产，无疑将给全球电动汽车市场带来新的冲击。但这种拥有超快充电和超长续驶能力的全固态电池的生产成本高昂，是传统锂离子电池的4~25倍，这无疑构成大规模商业化的重大障碍。

3. 德国

德国是现代汽车发祥地，也是第一辆电动汽车的发明国。自20世纪初，德国汽车制造业一直处于世界领先地位。在第二次世界大战后，德国对汽车产业重新定位，鼓励创新，大力发展汽车工业，驰名世界的汽车生产商有德国大众、宝马、奔驰等。它是传统燃油汽车制造大国，其燃油车辆生产量、出口量及保有量几乎都处于世界前茅。

随着环保意识的增强和对化石燃料的依赖程度不断加深，各国政府纷纷出台政策鼓励电动汽车的发展。欧盟规定到2030年将实现汽车排放零污染，这些政策的出台为电动汽车的发展提供了巨大的推动力。

德国汽车产业作为世界汽车产业的领导者之一，一直在电动汽车技术的研发和生产方面保持着领先地位。德国电动汽车产业发展经历了几个重要阶段。

初期探索阶段（2009—2014 年）：2009 年，德国汽车制造商开始研发第一代电动汽车，如大众 e-Golf 和 BMW i3 等。当时，电动汽车的技术还比较不成熟，市场规模也很小。

加速发展阶段（2015—2018 年）：2015 年，德国政府提出“电动汽车 2020 计划”，计划到 2020 年德国电动汽车的保有量将达到 100 万辆。这一计划为德国电动汽车产业的发展提供了强有力的政策支持，各大汽车制造商纷纷推出了自己的电动汽车产品，市场规模迅速扩大。

产业升级阶段（2019 年全年）：德国政府发布了“气候保护计划 2030”，计划到 2030 年实现德国的碳中和。在这一计划的推动下，德国汽车产业开始加速向电动汽车产业转型，注重提高新能源汽车的研发和生产水平。德国发布的“国家电驱动平台计划（2014—2020 年）”提出，在材料开发及电池单体技术、创新性电池设计技术、安全性评估及测试、电池寿命的建模与分析、大规模生产工艺技术五个方面开展研发工作，2020 年动力电池系统的质量能量密度达到 130W·h/kg，成本达到 250～300 欧元/(kW·h) 的目标。

全面爆发阶段（2020 年至今）：德国电动汽车产业全面爆发，销量飙升。根据德国联邦汽车管理局的数据，2020 年，德国新注册的电动汽车数量超过 19 万辆，比上一年增长了 143%。其中，大众 e-Golf、BMW i3、保时捷 Taycan 等德国本土品牌的电动汽车销量居前。

总体来说，德国电动汽车产业已经取得了不俗的成就，但也面临着许多挑战和机遇。为了解决电动汽车动力电池来源问题，改变德国本土还没有动力电池制造商的局面，除了继续与动力电池供应方（中、美、韩等国电池提供商，如比亚迪、宁德时代、国轩高科、特斯拉、三星等）加强合作外，德国已计划在 5 年内，通过合作建设或独立建设多个动力电池生产基地，以求实现动力锂离子电池技术创新和完全自主的供应链，同时也在积极布局全固态锂离子电池产业化技术。

4. 中国

我国发布的《节能与新能源汽车产业发展规划（2012—2020 年）》重点支持动力电池的产业化和电池模块的标准化。2020 年，动力电池模块的质量能量密度达到 300W·h/kg 以上，成本降至 1.5 元/(W·h) 以下。我国动力电池发展规划如图 1-10 所示。

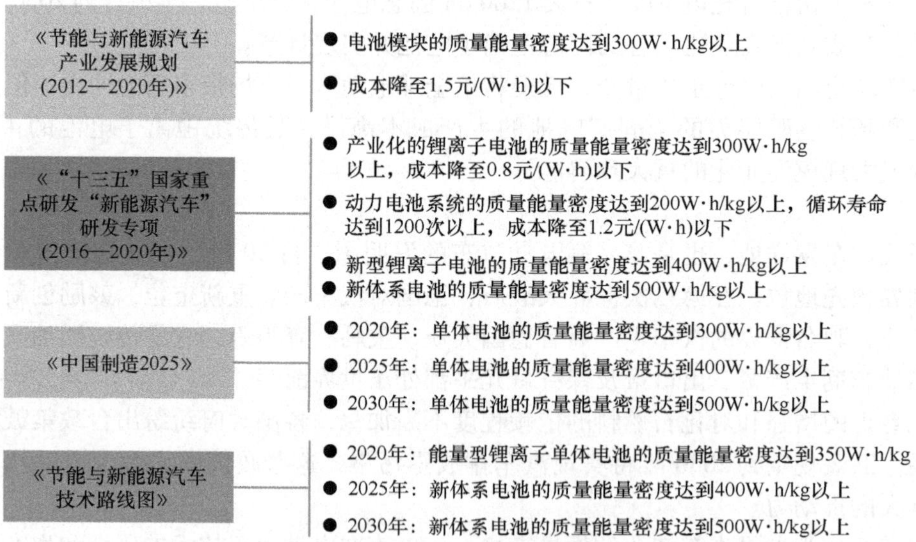

图 1-10　我国动力电池发展规划

同时，《“十三五”国家重点研发“新能源汽车”研发专项（2016—2020年）》从动力电池新材料新体系、高质量能量密度锂离子电池、大功率长寿命电池、动力电池系统、高质量能量密度二次电池和测试评估六个方面支持动力电池的技术研发。产业化的锂离子电池的质量能量密度达到300W·h/kg以上，成本降至0.8元/(W·h)以下；动力电池系统的质量能量密度达到200W·h/kg以上，循环寿命达到1200次以上，成本降至1.2元/(W·h)以下；新型锂离子电池的质量能量密度达到400W·h/kg以上；新体系电池的质量能量密度达到500W·h/kg以上。

《中国制造2025》中提出的动力电池发展目标：到2020年，单体电池的质量能量密度达到300W·h/kg以上，成本降至1元/(W·h)，系统成本降至1.3元/(W·h)；到2025年，单体电池的质量能量密度达到400W·h/kg以上，成本降至0.8元/(W·h)，系统成本降至1元/(W·h)；到2030年，单体电池的质量能量密度达到500W·h/kg以上，成本降至0.6元/(W·h)，系统成本降至0.8元/(W·h)。

《节能与新能源汽车技术路线图》中提出中国动力电池未来发展大致分为三个阶段：

2020年前，为动力电池技术提升阶段。新型锂离子电池实现产业化。能量型锂离子单体电池的质量能量密度达到350W·h/kg，能量功率兼顾型动力单体电池的质量能量密度达到200W·h/kg。动力电池实现智能化制造，产品性能、质量大幅度提升，成本显著降低，纯电动汽车的经济性与传统汽油车基本相当，插电式混合动力汽车步入普及应用阶段。

到2025年，为动力电池产业发展阶段。锂离子电池及新体系电池技术取得显著进展。动力电池产业发展与国际先进水平接轨，形成两三家具有较强国际竞争力的大型动力电池公司，国际市场占有率达到30%。固态电池、锂硫电池、金属-空气电池等新体系电池技术不断取得突破，质量能量密度达到400W·h/kg以上。

到2030年，为动力电池产业成熟阶段。新体系电池实现实用化，单体电池的质量能量密度达到500W·h/kg以上，成本进一步下降；动力电池技术及产业发展处于国际领先水平。

在我国，动力电池作为电动汽车的能量储存装置，其技术历经了多次体系升级，每一次升级都带来了电动汽车的发展。20世纪80年代，电动汽车用动力电池的主流是铅酸电池和镉镍电池。20世纪90年代中期，随着金属氢化物镍电池的技术突破和商品化，其占据了一大部分动力电池市场份额。20世纪90年代末期，锂离子电池商品化，催生了以锂离子电池为动力电池的纯电驱动的电动汽车的研发和应用。

锂离子电池是目前实现产业化的动力电池产品中能量密度最高的电化学体系。它具有质量能量密度高、质量功率密度高、自放电率低、无记忆效应、环境友好和较长循环寿命等特点，大规模生产制造使得成本在不断下降，产品一致性及安全性在不断提升。

锂离子电池已是铅酸电池和镍氢电池的升级换代产品，成为主流动力电池。其应用领域涵盖混合动力汽车、插电式混合动力汽车、纯电动汽车等。

动力电池技术迭代与发展趋势如图1-11所示。

目前，锂离子电池产品主要用于纯电动汽车及插电式混合动力汽车。纯电动汽车续驶里程相对常规燃油车较短。世界主要汽车生产国均在持续支持开展动力电池技术创新，扩大产业规模。技术上注重提高动力电池的安全性和质量能量密度，计划将电池的质量能量密度从

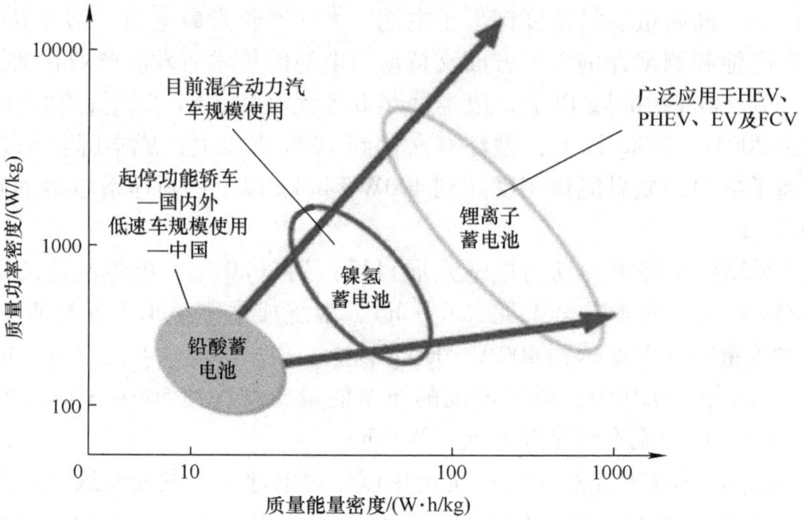

图 1-11　动力电池技术迭代与发展趋势

当前的 110～250W·h/kg 提升至 300～350W·h/kg，同时提升质量功率密度、使用寿命，并进一步降低制造和使用成本。

目前，国内锂离子动力电池产品基本上可分为两类，一类是小容量圆柱形电池，以 18650 电池为典型代表产品，其他类型有 20700、21700 及 26650 等；另一类为大容量电池，形状有圆柱形也有方形，还有软包装，容量为 10～50A·h，也有容量超过 100A·h 的产品。

动力电池主要采用多只单体串并联方式组合在一起，以满足动力汽车对总电压、总容量的要求。小容量电池组成的电池组，单体数量可能超过数千只。这样的电池组，单体电池之间电路连接焊点多。使用时，电池组热量和电能管理较为复杂；当用大容量电池组成电池组时，如 50A·h 或以上，电池单体通常采用铝塑膜封装，也有电池外壳用塑料壳体或金属壳体的。电池容量大，电池组需要单体电池的数量大大减少，单体电池之间电路连接焊点少，电池组的热量、电能管理相对简单。

目前，我国动力锂离子电池的关键材料、关键制造设备已基本上实现了国产化。动力电池的技术研究及产品开发，已由追赶并行开始向超越领先过渡。到 2022 年底，我国动力锂离子电池总产能及电动汽车的产销量已居世界首位。

1.4.3　我国动力电池供需格局

1. 新能源汽车销量大增拉动动力电池需求增长

我国电动汽车用动力锂离子电池产业从无到有，从小到大，发展迅猛。在国家科技项目的重点支持下，我国动力锂离子电池关键技术、关键材料和产品研究已经取得重大进展。

2016—2020 年，我国新能源汽车产销量增速相对平稳。随着新能源汽车行业从政策驱动向市场驱动转变，新能源乘用车已成为新能源汽车销售市场的主要增长力量。我国新能源乘用车的产销量分别从 2016 年的 34.5 万辆和 33.7 万辆上升至 2022 年的 669.89 万辆和

653.55 万辆，年复合增长率分别达到63.94%和63.91%。尤其是2022年，新能源乘用车产销量比2021年分别增长100.00%和96.69%，新能源乘用车销量占比达94.90%。

从新能源汽车类型来看，纯电动车型依然占据市场的主导地位。2022年，纯电动汽车销量提升至535.31万辆，同比增长84.55%，占新能源汽车销量的77.73%；插电式混合动力汽车（含增程式）销量为151.58万辆，同比增长150.55%，占新能源汽车销量的22.01%。燃料电池汽车处于产业化发展初期，2022年销量仅3400余辆，占比很低。

目前，我国新能源汽车正处于市场加速渗透阶段。新能源汽车渗透率从2016年的1.81%提升至2022年的25.60%，尤其是2021—2022年，渗透率比上年提升了12%。

2023年，新能源汽车持续快速增长，新能源汽车产销分别完成958.7万辆和949.5万辆，同比分别增长35.8%和37.9%，市场占有率达到31.6%，高于上年同期5.9个百分点。中国汽车工业协会在2025年1月13日发布最新数据，2024年我国汽车产销量分别完成3128.2万辆和3143.6万辆，同比分别增长3.7%和4.5%。其中，新能源汽车产销量分别达1288.8万辆和1286.6万辆，同比分别增长34.4%和35.5%，新能源新车销量达到汽车新车总销量的40.9%，继续成为中国汽车工业的重要增长点。

新能源乘用车较高的市场渗透率说明，该产业正逐渐走向成熟，会不可避免地导致政策性“补贴退坡”。在“补贴退坡”预期背景下，新能源汽车市场格局正在重塑，企业竞争将更加激烈，这势必引起动力电池供求关系变化，造成产业联动发展上的振荡。

2. 供应紧张致原材料价格上涨

在动力锂离子电池需求量大增的同时，其主要原材料供应出现阶段性紧张，如电池级碳酸锂材料等。全球主要的锂矿、钴矿、镍矿资源大部分在海外，被头部矿业集团垄断。2020年，部分国际矿山出现了经营问题，被停产或破产合并。目前，原材料供应端仍存在不稳定因素，存在产能收缩或倾向于保守整合资源的可能性。这将导致原材料进口紧缺，供应较为紧张的情况。

锂电池原材料主要有正负极材料、电解液、隔膜和集流体等。其中，正极材料和电解液是锂电池的关键材料，生产正极材料和电解液的原材料有碳酸锂、氢氧化锂、六氟磷酸锂等。

2020年下半年，电池级碳酸锂（95%）出厂价从最低4.2万元/t爬升至52万元/t；2021—2022年，价格波动较大，最低在30万元/t，有时会冲高到60万元/t。

2023年，随着锂矿资源被不断发现并积极开发，电池级碳酸锂材料（95%）价格已见回落，基本保持稳定，目前价格在16.5～17万元/t。

1.4.4　国际新能源汽车及动力电池产业发展总体情况

2019年至今，全球汽车业遭受疫情打击，产销低迷。但电动汽车销售出现逆势增长，成为行业发展一大亮点。

欧洲替代燃料观察组织发布的报告称，2020年欧洲电动汽车销量突破100万辆大关，较2019年增长3倍，电动汽车市场占有率从2019年的3%升至10%。普华永道预测，2035年，电动汽车销量在欧洲汽车市场中的占比将达到67.4%。

有数据显示，德国作为全球第三大电动汽车市场，2020年纯电动汽车销量超过19.4万辆；英国纯电动汽车和插电式混合动力车注册量分别逆势增长 185.9% 和 91.2%；爱尔兰电动汽车和混合动力车新车销售逆市上扬，同比分别增长 14.4% 和 16.1%；挪威电动汽车销量近 7.7 万辆，在新车总销量中占比达到 54.3%，成为全球首个全年电动汽车销量占比过半的国家；法国新能源汽车销量为 18.53 万辆，同比增长 201.34%；目前日本销售的乘用车新车中，混合动力车、电动汽车等非传统汽油车的占比约 40%，其中以混合动力车为主。

中国是全球最大的电动汽车市场，约占全球电动汽车销量的 50%。根据中国汽车工业协会的数据，截至 2020 年底，中国纯电动汽车保有量约 400 万辆，同比增加约 90 万辆。

从动力电池企业来看，2024 年 1—11 月，我国新能源汽车市场有 54 家动力电池企业实现装车配套，装车量排名前十的分别是宁德时代、比亚迪、中创新航、国轩高科、蜂巢能源、亿纬锂能、欣旺达、瑞浦兰钧、正力新能、爱尔集新能源。宁德时代力压一众动力电池企业，装车量占总装车量的 45.02%，比亚迪的装车量占总装车量的 24.99%。宁德时代和比亚迪合计占据国内动力电池总装车量的 70%。

1.4.5 动力电池安全防护分析

电池成组设计及使用过程中，主要采取的安全措施包括三项，分别是机械安全、电气安全和功能安全。

1. 机械安全

对于车载锂动力电池包箱体及内部的结构件而言，应确保电池包的机械特性，即在各种机械载荷和外部破坏性因素等作用下均不会发生重大的变化，需要考虑的因素包括振动、冲击、碰撞等。

2. 电气安全

针对车载锂动力电池包内部的电子电气系统而言，电气安全不仅需要考虑被动防护，如对于各种线缆以及连接装置的绝缘措施，高低压插接器的闭锁装置等，还需要考虑主动防护以及故障自诊断，确保在故障发生的初始就能够主动介入，减少危险发生。通常采取接触阻抗检测以及绝缘状态监控等措施。

3. 功能安全

电池管理系统作为车载锂动力电池包的监控管理中心，能够对电池包的温度、电压和充放电电流等相关参数进行实时动态监测，必要时能主动采取紧急措施保护各单体电池，防止电池包出现过充电、过放电、温度过高以及短路等危险。

1.5 动力电池的发展趋势

目前，电池行业正朝着高质量能量密度、高安全性和快速充电的方向发展。以高容量、高电压正极材料，高容量负极材料，高安全性的功能性电解液材料以及高安全性的复合隔膜材料为主要方向，开展正极、负极、隔膜及电解液的匹配技术研究，开展多孔极片模型设计研究，发展高负载电极、表面涂层电极、电池仿真及设计等先进技术和工艺，开发新型锂离子动力电池，开展失效机理研究，重点解决能量特性、功率特性、热特性、循环稳定性和安全性等问题，在动力电池生产工艺的稳定性和低成本等方面取得突破，实现新型锂离子动力电池的产业化。

1.5.1 更高的质量能量密度

目前，锂离子电池已经达到了 360W・h/kg 的质量能量密度，并有望在 2025 年达到 400W・h/kg。此外，钠离子电池、钾离子电池、铝离子电池等新型电池也正在研究中，这些电池的质量能量密度更高，同时也更安全。

1.5.2 更安全的设计

电池的安全性一直是一个重要的问题，目前已经有许多新型电池设计，如无模块化设计的锂电池、刀片电池、弹夹电池等，这些设计能够提高电池的安全性。

1.5.3 更快的充电速度

快速充电是电池行业的一个重要趋势，目前已经有许多快充技术，如超级快充、无线快充等。未来，随着快充技术的不断升级，电池充电的时间将会越来越短。

1.5.4 更长的使用寿命

随着电动汽车市场的快速增长，对于电池使用寿命的要求也越来越高。目前，许多电池的使用寿命都不是很长，因此，未来电池行业将会朝着更长的使用寿命方向发展。

1.5.5 更环保的材料

随着环保意识的提高，人们对于电池材料的要求也越来越高。目前，有许多环保材料正在被研究，如生物降解材料、可再生材料等。

总之，未来电池行业将会朝着更加环保、安全、高效的方向发展。以高安全、高比能量（高质量能量密度）、长寿命、低成本为总目标，未来将重点进行新型锂离子电池和新体系电池的研发和产业化。

1.6 新体系电池

发展锂硫电池、金属-空气电池、固态电池等新体系电池，大力发展金属锂、硫/碳复合电极、空气电极、固体电解质等新材料，解决相关科学基础问题、工程基础问题。努力推动新体系电池在电动汽车上的实用化。采用新体系电池作为动力电池的纯电动汽车，有可能实现与传统燃油汽车相当的行驶距离，这将会提升纯电动汽车的价格竞争力。

钠离子电池、钾离子电池、铝离子电池等新型电池也正在研究中，这些电池的质量能量密度较高，试用更安全。

1.6.1 锂硫电池

锂硫电池是锂电池的一种，截至 2023 年，仍处于科研阶段。锂硫电池是以硫元素作为电池正极、金属锂作为负极的一种锂电池。它的反应机理不同于锂离子电池的离子脱嵌机理，而是电化学机理。

锂硫电池放电时，负极反应为锂失去电子变为锂离子，正极反应为硫与锂离子及电子反应生成硫化物。正极和负极反应的电势差即为锂硫电池所提供的放电电压。在外加电压作用下，锂硫电池的正极和负极反应逆向进行，即为充电过程。

单质硫完全变为 S^{2-} 所能提供的理论比容量为 1675mA · h/g，单质锂理论比容量为 3860mA · h/g。锂硫电池理论电压为 2.287V。硫与锂完全反应生成硫化锂（Li_2S）时，理论质量比能量为 2600W · h/kg。

硫电极的充电和放电反应过程较复杂。研究认为，硫电极放电过程主要包括两个步骤，它们分别对应两个放电平台。S_8 的环状结构变为 S_n^{2-}（$3 \leqslant n \leqslant 7$）离子的链状结构，并与 Li^+ 结合生成 Li_2S_n，该反应在放电曲线上对应 2.1～2.4V 附近的放电平台。S_n^{2-} 离子的链状结构变为 S^{2-} 和 S_2^{2-}，并与 Li^+ 结合生成 Li_2S_2 和 Li_2S，该反应在放电曲线上对应 1.8～2.1V 附近较长的放电平台，该平台是锂硫电池的主要放电区域。

锂硫电池主要存在三个主要问题，一是多硫化合物溶于电解液；二是硫作为不导电的物质，导电性非常差，不利于电池的高倍率性能；三是硫在充放电过程中，体积的变化非常大，有可能导致电极结构损坏。

单质硫在地球中储量丰富，具有价格低廉、环境友好等特点。目前，锂硫电池主要存在活性物质利用率低和循环性差等问题。研究人员正在开展高性能硫复合材料制备技术、高稳定性金属锂或锂合金负极材料制备技术以及锂硫电池制备技术的优化等，争取制备出质量比能量高于 700W · h/kg 的锂硫电池，以满足电动汽车长续驶里程的使用要求。锂硫电池原理如图 1-12 所示。

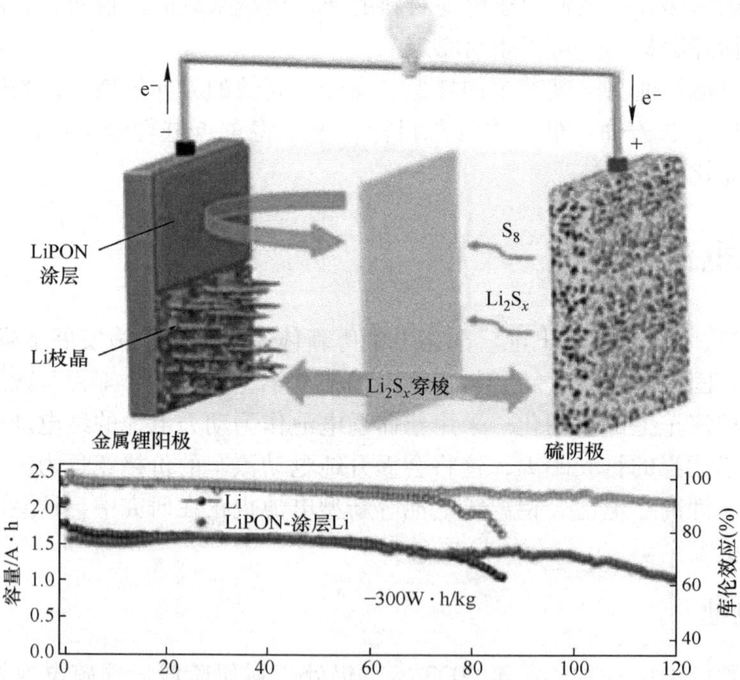

图 1-12　锂硫电池原理

1.6.2 金属-空气电池

金属-空气电池以电极电位较负的金属（镁、铝、锌、汞、铁等）作为负极，正极是气体催化电极，以空气中的氧或纯氧作为正极反应物，它的电解质溶液一般用碱性电解质水溶液。当采用锂、钠、钙等作为负极时，要用有机溶剂电解液，电解质为耐酚固体电解质或无机盐电解质（$LiBF_4$）。

1. 锌-空气电池

二次锌-空气电池在金属-空气电池系列中是研究最多且已广泛应用的一种电池，近20年来围绕二次锌-空气电池，科学家做了大量的研究。据报道，日本三洋公司已研制出大容量二次锌-空气电池，电压为125V，容量为560A·h，已用于牵引车。其放电电流密度可达80mA/cm^2，最高可达130mA/cm^2。

法国及日本的一些公司采用循环锌浆的办法制成锌-空气二次电池，活性物质的恢复在电池外部进行，质量比能量为115W·h/kg。

锌-空气电池与其他电池相比，有优点，也有缺点。其优点是比能量高、价格便宜、性能稳定；其缺点是电极容易失液干涸，湿储存性能差，汞齐化负极易造成环境毒害。

锌-空气电池的空气电极所用活性物质是空气中的氧，理论上正极容量无穷大。空气电极理论质量比能量为1000W·h/kg，比一般金属氧化物电极大得多。锌作为负电极，材料价格便宜。粉状多孔锌电极吸收碱性电解液后，可以在很高的电流密度下工作，如果采用纯氧代替空气，放电性能还可以大幅提高，根据理论计算，可使电流密度提高约20倍。

因为有空气电极，电极工作必须由外界输入空气，所以空气电极侧不能密封，成为开放的非密闭体系。这容易造成电解液损失导致电极干涸，干涸条件下，电极工作容易损坏，进而影响电池的容量和寿命。若采用碱性电解液，则容易发生碳酸盐化，增加电池的内阻，影响放电性能。电池中的空气容易扩散到负极，加速负极自放电过程，所以电池不宜长时间湿态储存而不投入使用。电池用多孔锌作为负极，需要汞齐化，汞不仅危害工人健康而且还会污染环境。

近年来，随着气体扩散电极理论的进一步完善，以及催化剂的制备和气体电极制造工艺的发展，使电极性能进一步提高，电流密度可达到200～300mA/cm^2，甚至有些达到500mA/cm^2；通过加强对锌-空气电池的气体管理（如水、二氧化碳等），可提高锌-空气电池的环境适应能力。

技术的进步为大功率锌-空气电池的开发提供了保障，使锌-空气电池逐渐实现商品化。锌-空气电池可以应用于不同的场合，用作铁路信号、无线电通信、航标灯、农用黑光灯等的电源时，以中小电流密度工作；用作车辆动力源时，以大电流密度工作。锌-空气电池用于汽车有较好的前景。

2. 镁-空气电池

镁-空气电池是金属-空气电池之一。镁的电极电位较负，在碱性溶液中的$\Phi = -2.69V$。镁电化学当量较小，为0.454g/(A·h)。

镁-空气电池的负极是镁，正极为空气中的氧，电解质是KOH溶液，也可以用中性的电解质溶液。镁-空气电池的理论质量比能量为3910W·h/kg，是锌-空气电池的3倍。

3. 锂-空气电池

锂-空气电池也是金属-空气电池之一，它用锂作为负极，正极是气体电极，以空气中的氧气作为反应物。锂-空气电池比锂离子电池具有更高的能量密度。

放电时，负极锂释放电子后成为锂阳离子（Li^+），Li^+穿过电解质材料，在正极与氧气以及从外电路流过来的电子结合生成氧化锂（Li_2O）或者过氧化锂（Li_2O_2），并留在正极。锂-空气电池的开路电压为2.91V。

日本产业技术综合研究所提出，对于锂-空气电池，若在金属锂负极使用有机电解液，气体电极（正极）使用水性电解液，在负极的有机电解液和空气电极的水性电解液之间，用只能通过锂离子的固体电解质隔开，这样可防止两电解液发生混合，促进电池电化学反应进程，防止正极固体反应生成物氧化锂（Li_2O）的析出。那么这个电池既可用作充电电池，也可用作燃料电池。锂-空气电池工作原理如图1-13所示。

对于金属-空气电池，技术研究重点是高效廉价氧催化电极制备、金属电极制备、高稳定性电解液制备和防电解液挥发与碳酸盐化等。当前锂-空气电池是研究热点，其研究内容重点是突破锂金属/合金负极材料制备技术，提高锂金属在电解液中的耐腐蚀能力；突破廉价高活性氧催化材料制备技术；突破空气电极微孔结构与三相界面调控技术，提升锂-空气电池的工作电压与质量功率密度。

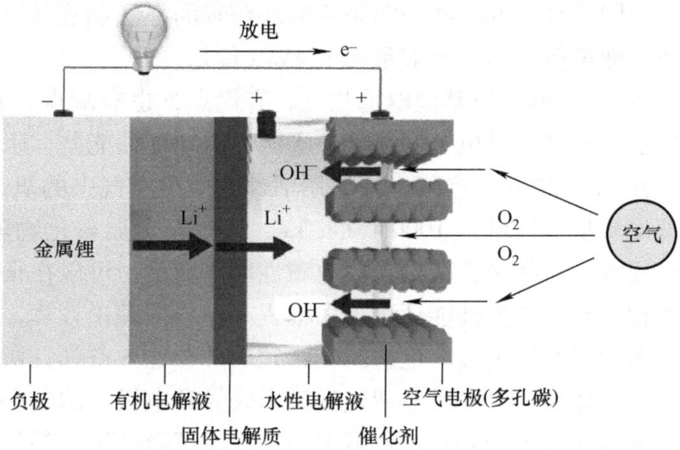

图1-13　锂-空气电池工作原理

1.6.3　固态电池

由于科学界认为锂离子电池已经到达极限，固态锂离子电池于近年被视为可以继承锂离子电池地位的高比能量、高安全的电池。固态电池与现今普遍使用的锂离子电池和锂离子聚合物电池不同，它使用固体电极和固体电解质。固体电解质是锂、钠制成的玻璃化合物，可以传导锂离子，能取代传统锂离子电池的液体电解质。一般固态电池的功率密度较低，能量密度较高。由于固态电池的功率质量比较高，所以它是电动汽车很理想的动力电池。

固态电池并不是一个新的概念，但多年来，研发上的进展并没有想象中的那么快速。固态锂离子电池原理与传统液态锂离子电池相同，只不过其电解质为固态，具有的密度以及结构可以让更多带电离子聚集在一端，传导更大的电流，进而提升电池容量。同样的容量，固态电池体积将变得更小。固态电池中由于没有电解液，封存将会变得更加容易，在汽车等大型设备上使用时，也不需要再额外增加冷却管、电子控件等，不仅节约了成本，还能有效减轻重量。

固态锂离子电池因其自身材料及结构特点，具有比传统锂离子电池更高的能量密度，使用更安全，体积小，可柔性化使用。但其成本高昂，如果使用现有技术制造智能手机用固态电池，其成本会达到1.5万美元/只；制造汽车用固态电池，其成本可能达到9000万美元/组。

加拿大Avestor公司曾尝试过研发固态锂电池，最终2006年正式申请破产。Avestor公司使用一种高分子聚合物分离器，代替电池中的液体电解质，但一直没有解决安全问题，在北美地区发生过几起电池燃烧或者爆炸事件。

在2010年，丰田就曾推出过续驶里程可超过1000km的固态电池。而包括QuantumScape以及Sakti3所做的努力也都是在试图用固态电池来取代传统的液态锂电池。

2015年3月中旬，英国戴森（Dyson）公司创始人詹姆斯·戴森将其首笔1500万美元的投资投向了固态电池公司Sakti3，后者是一家成立于2007年的电池创业公司。

2018年1月，一项突破性的全新电池技术——用陶瓷材料取代电池中的液态电解质似乎终于接近现实，采用新技术的电池能使电动汽车的续驶里程增加到800km以上。

2021年1月9日，蔚来汽车发布全新150kW·h固态电池包，搭载这项技术的蔚来电动车于2022年底交付，续驶里程超过1000km。在2023年12月17日，蔚来CEO李斌驾驶搭载此电池的蔚来ET7进行超长续航路试直播，整个行程平均行驶速度为83.9km/h，在经历了14h后，这块150kW·h电池共行驶了1044km，剩余电量3%，写下了新能源汽车续驶里程破千的历史一页。

2022年1月22日，搭载赣锋固态电池的东风E70示范运营车在新余首发，首批50台固态电池示范运营车正式投放市场。赣锋锂电二期年产10GW·h新型锂电池项目首条生产线也于当日正式投产。

科学家预判，到2030年，锂离子电池将不再是电动汽车动力电池主流，将极有可能被固态电池、锂硫电池、金属-气体电池或其他高比能量电池取代。

固态电池可能是未来电池技术的发展方向之一，但也许不是最好的。新能源专业人士认为，燃料电池、超级电容器、铝-空气电池、镁电池在理念上都有较大的发展空间，而最终，要看哪种路线发展更快、更接地气。所谓接地气，就是在商业化的规模和成本方面都能达到完美的平衡点。首先，使用的材料必须不能是高成本且稀有的；其次，要在各个行业和领域都有实现大规模应用的可能。

固态电池具有不易燃烧、长循环寿命等优势。目前以固态锂电池为研究热点，其核心组成部分的固体电解质材料是实现固态锂电池高性能化的关键材料，正极材料决定了电池的能量密度，锂负极材料的稳定输出影响电池的循环稳定性，而界面反应则影响电池的整体性能。通过研究离子在固体电解质本体材料中的输运机制、载荷子（离子和电子）在多相颗粒界面之间的输运动力学机制，以及锂合金负极体积膨胀等科学问题，突破高稳定性、高离子电导率固态电解质的制备技术，高质量能量密度正极材料技术、锂负极体积膨胀抑制技术以及界面修饰技术，从而获得质量能量密度大于400W·h/kg的固态锂电池，满足电动汽车对高安全性、高可靠性动力电池的需求。

固态锂离子电池电解质有三种，分别是有机聚合物电解质、硫化物电解质和氧化物电解质。最难实现的是电解质与电极之间的界面合成技术。因篇幅所限，这里就不一一介绍，读者如感兴趣，可参考相关书籍或文献。

1.6.4 其他电池

水系锂离子电池体系具有低成本、高安全性等优点；钠离子电池、镁离子电池体系具有钠/镁资源丰富、价格低廉等优点，这些都是极具发展潜力的新体系电池。

1. 钠离子电池

钠离子电池是一种二次电池（充电电池），主要依靠钠离子在正极和负极之间移动来工作，与锂离子电池工作原理相似，如图 1-14 所示。它是 2022 年度化学领域十大新兴技术之一。钠离子电池的特点如图 1-15 所示，圆柱形钠离子电池产品如图 1-16 所示。

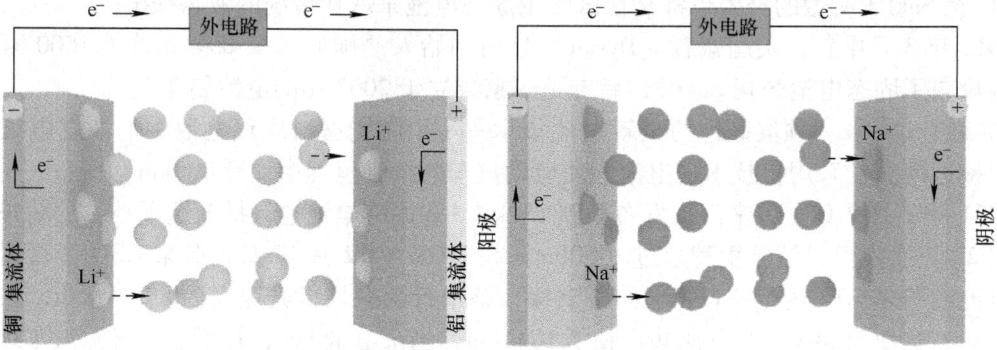

图 1-14 锂离子电池原理与钠离子电池原理

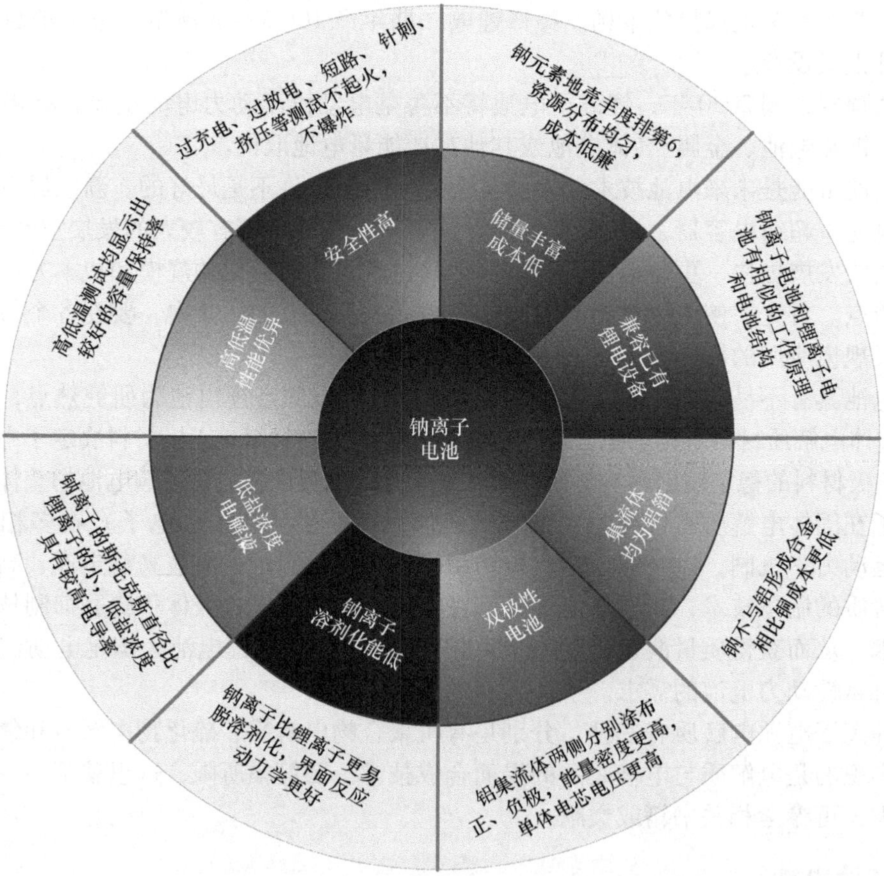

图 1-15 钠离子电池的特点

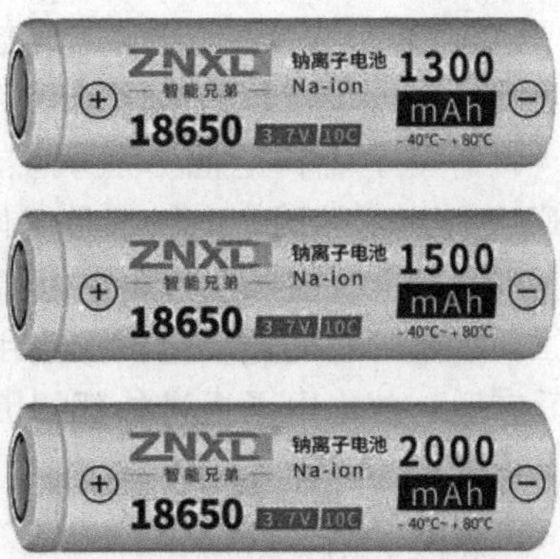

图 1-16 圆柱形钠离子电池产品

2008 年，钠离子体系电池被开始重视并研究。该体系电池研究最早开始于 20 世纪 80 年代前后，早期被设计开发出来的电极材料如 MoS_2、TiS_2 以及 Na_xMO_2 的电化学性能不理想，发展非常缓慢。

2010 年以来，根据钠离子电池特点设计开发了一系列正负极材料，在容量和循环寿命方面有很大提升，如作为负极的硬碳材料、过渡金属及其合金类化合物，作为正极的聚阴离子类、普鲁士蓝类、氧化物类材料，特别是层状结构的 Na_xMO_2（M = Fe、Mn、Co、V、Ti）及其二元、三元材料展现了很好的充放电比容量和循环稳定性。

自 2011 年起，中国科学院物理研究所胡勇胜研究员带领团队致力于安全环保、低成本、高性能钠离子电池技术的研发，开发出低成本铜基正极材料、煤基碳负极材料、低盐浓度电解液，其核心专利获得中国、美国、日本及欧盟授权。

2015 年 11 月 30 日，法国一支研究团队在可充电电池材料上取得了一项重大进步，首次开发出了业界标准的 18650 规格的钠离子电池。随着钠离子电池技术不断迭代和成熟，在低速电动车方面将成为锂离子电池有力的竞争替代者。

2018 年 12 月，南京理工大学夏晖教授与中外团队合作，首创结构设计和调控方法，在锰基正极材料研究方面取得重要进展，正极材料制成的电极比容量达到 211.9mA · h/g，正极材料结构稳定无相变，体积变化仅为 2%，循环充放电 1000 次后，比容量保持率高达 94.6%，而电池行业一般的比容量保持率标准约为 80%，使低成本钠离子电池有望取代锂离子电池。

2020 年 12 月，胡勇胜团队汇集近十年在钠离子电池基础研究和工程化探索中取得的研究进展，结合国内外专家学者近四十年在钠离子电池技术领域取得的杰出成果，撰写了《钠离子电池科学与技术》一书，系统总结了钠离子电池的研究现状，集中探讨了钠离子电池的关键问题。

2021 年 7 月 29 日消息，宁德时代正式推出钠离子电池。第一代钠离子电池的能量密度略低于目前的磷酸铁锂电池，但在低温性能和快充方面，具有明显的优势，特别是在高寒地区和高功率应用场景。

2022 年 11 月 29 日上午，全球首条吉瓦时（GW · h）级钠离子电池生产线产品下线仪式在安徽省阜阳市举行。

2. *燃料电池*

燃料电池主要分为碱性燃料电池、磷酸燃料电池、质子交换膜燃料电池、熔融碳酸盐燃料电池和直接甲醇燃料电池，也可简单分类为质子交换膜燃料电池（proton exchange member of fuel cell，PEMFC）和固体氧化物燃料电池（solid oxide of fuel cell，SOFC）。

燃料可为氢气、甲醇等含有氢原子的物质，这类物质分解后可提供氢原子参与电化学反应。燃料电池体系内电解质可以是固态，也可以是液态。以液态电解质为反应条件的典型燃料电池是质子交换膜氢氧燃料电池（碱性电解质溶液）；以固态电解质为工作环境的燃料电池是熔融碳酸盐（或磷酸盐）燃料电池，一般在高温条件下工作。

但无论哪一种燃料电池，其电化学反应都是相同的，由活性物质提供氢，与氧在气体电极上发生有电子转移的氧化还原反应。

（1）氢氧燃料电池　氢氧燃料电池又称为氢燃料电池，也就是质子交换膜燃料电池（PEMFC）。它的两个电极都是气体电极，电极上有贵金属催化剂，为了降低成本，有时电极上用部分 Ni 代替 Pt、Pd 作为催化剂。它能把氢气和氧气的化学能直接转换成电能。其基本原理是电解水的逆反应，把氢和氧分别供给阳极和阴极，氢通过阳极向外扩散和电解质发生反应后，放出电子通过外部的负载到达阴极。氢氧燃料电池电极反应式：

正极： $O_2+4e^-+4H^+=2H_2O$ (1-1)

负极： $2H_2-4e^-+4OH^-=4H_2O$ (1-2)

总反应： $H_2+O_2=H_2O$ (1-3)

氢氧燃料电池工作时，氢气被送到燃料电池的阳极板（负极），经过催化剂（铂）的作用，氢原子中的一个电子被分离出来，失去电子的氢离子（质子）穿过质子交换膜，到达燃料电池的阴极板（正极），而电子是不能通过质子交换膜的，这个电子只能经外部电路到达燃料电池的阴极板，从而在外电路中产生电流。电子到达阴极板后，与氧原子和氢离子重新结合为水。由于供应给阴极板的氧可以从空气中获得，因此只要不断地给阳极板供应氢，给阴极板供应空气，并及时把水（蒸气）带走，就可以不断地提供电能。氢氧燃料电池原理及膜电极组件结构如图 1-17 所示，不同厂商的燃料电池产品如图 1-18 所示。

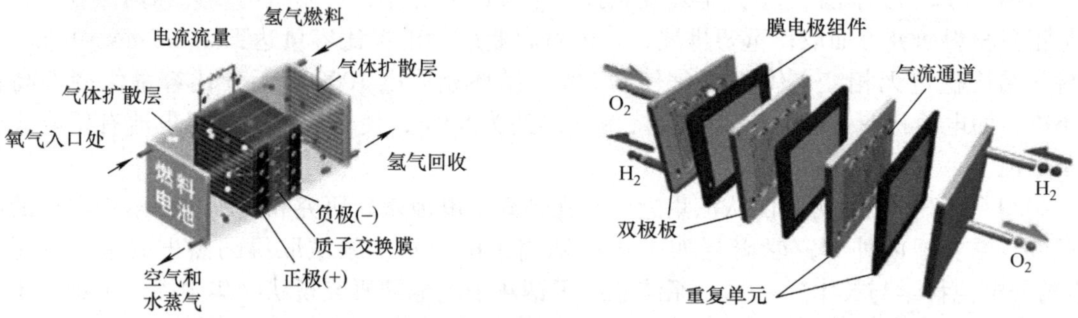

图 1-17　氢氧燃料电池原理及膜电极组件结构

图 1-18　不同厂商的燃料电池产品

氢燃料电池对环境无污染。它是通过电化学反应，而不是采用燃烧（汽油、柴油）或储能（蓄电池）方式——最典型的传统后备电源方案。燃烧会释放像 CO_x、NO_x、SO_x气体和粉尘等污染物。

氢燃料电池运行安静，噪声大约只有55dB，相当于人们正常交谈的水平。这使得燃料电池适合于室内安装，或是在室外对噪声有限制的地方。

氢燃料电池的发电效率可以达到60%~80%，这是由燃料电池的转换性质决定的，直接将化学能转换为电能，不需要经过热能和机械能（发电机）的中间变换。

20世纪70年代以后，氢燃料电池就被运用于发电和汽车。同济大学新能源汽车工程中心自主研制了氢燃料电池轿车，曾在2008年北京奥运会中投入运营。大众帕萨特领驭车型使用了最新一代燃料电池轿车动力系统。氢燃料电池轿车加一次氢可行驶超过300km，速度可达140~150km/h。氢燃料电池轿车比同类型内燃机车重，造价高昂。

（2）直接甲醇燃料电池　直接甲醇燃料电池属于质子交换膜燃料电池中的一类。其电化学反应原理及电池结构与氢氧燃料电池类似，燃料为甲醇。直接甲醇燃料电池原理及实物如图1-19所示。

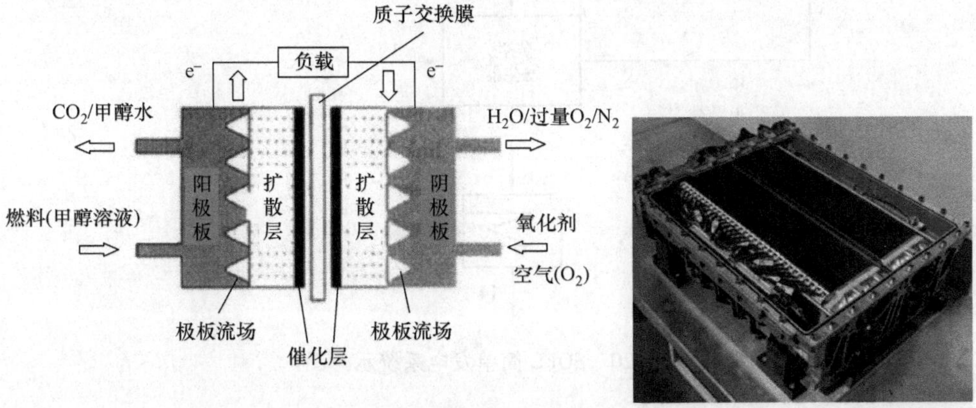

图1-19　直接甲醇燃料电池原理及实物

（3）固体氧化物燃料电池（SOFC）　燃料电池中，SOFC的工作温度最高，属于高温燃料电池。常压运行的小型SOFC发电效率能达到45%~50%。高压SOFC与燃气轮机结合，发电效率能达到70%。

国外的公司及研究机构相继开展了SOFC电站的设计及试验，100kW管式SOFC电站已经在荷兰运行。Westinghouse公司不但试验了多个kW级SOFC，而且研究了MW级SOFC与燃气轮机发电系统。日本的三菱重工及德国的Siemens公司都进行了SOFC发电系统的试验研究。

一般的SOFC发电系统包括燃料处理单元、燃料电池发电单元以及能量回收单元。图1-20所示为一个以天然气为燃料、常压运行的发电系统。空气经过压缩机压缩，克服系统阻力后进入预热器预热，然后通入燃料电池的阴极。天然气经过压缩机压缩后，克服系统阻力后进入混合器，与蒸汽发生器中产生的过热蒸汽混合，混合后的燃料气体进入加热器提升温度后通入燃料电池的阳极。阴阳极气体在电池内发生电化学反应，电池发出电能的同时，电化学反应产生的热量将未反应完全的阴阳极气体加热。将阳极未反应完全的气体和阴极剩余氧化剂通入燃烧器进行燃烧，燃烧产生的高温气体除了用来预热燃料和空气之外，也提供蒸汽发生器所需的热量。图1-21所示为平板电堆SOFC工作原理及电堆的两种结构（管型、平板型），图1-22所示为SOFC实物。

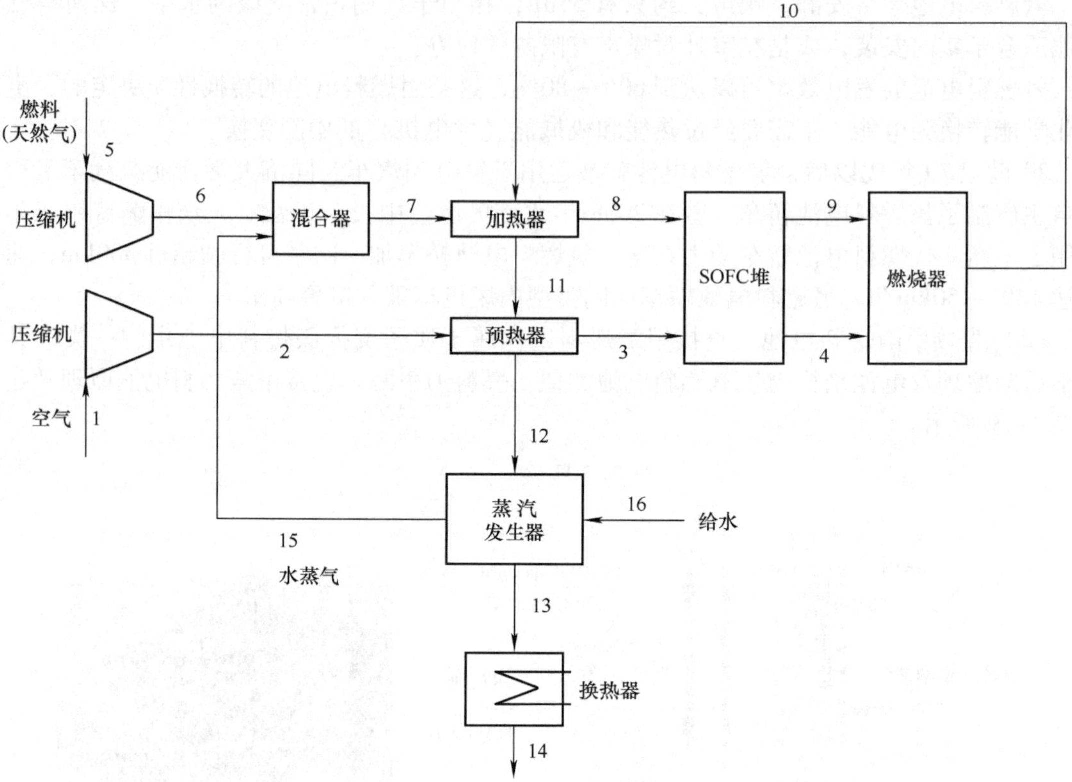

图 1-20　SOFC 简单发电系统示意图

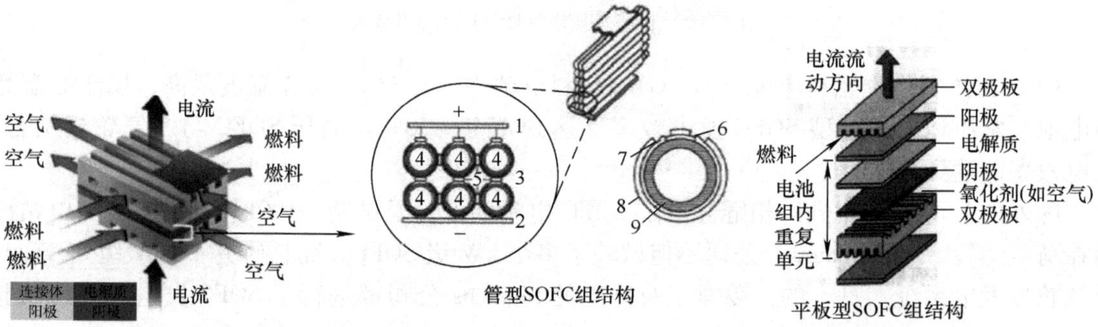

图 1-21　平板电堆 SOFC 工作原理及电堆的两种结构（管型、平板型）
1—阴极母线　2—阳极母线　3—燃料　4—空气　5—镍毯　6—连接体　7—电解质　8—阳极　9—阴极

固体氧化物燃料电池是一种新型发电装置，其高效率、无污染、全固态结构和对多种燃料气体的广泛适应性等，是其广泛应用的基础。

固体氧化物燃料电池单体主要由电解质（electrolyte）、阳极或燃料极（anode，fuel electrode）、阴极或空气电极（cathode，air electrode）和连接体（interconnect）或双极板（bipolar separator）组成。

固体氧化物燃料电池的工作原理与其他燃料电池相同，在原理上相当于水电解的“逆”装置。其单电池由阳极、阴极和固体氧化物电解质组成，阳极为燃料发生氧化的场所，阴极

图 1-22 SOFC 实物

为氧化剂还原的场所，两极都含有加速电极电化学反应的催化剂。工作时相当于一直流电源，其阳极即电源负极，阴极为电源正极。

在固体氧化物燃料电池的阳极一侧持续通入燃料气体，如氢气（H_2）、甲烷（CH_4）、城市煤气等，具有催化作用的阳极表面吸附燃料气体，并通过阳极的多孔结构扩散到阳极与电解质的界面。在阴极一侧持续通入氧气或空气，具有多孔结构的阴极表面吸附氧，由于阴极本身的催化作用，使得 O_2 得到电子变为 O^{2-}，在化学势的作用下，O^{2-} 进入起电解质作用的固体氧离子导体，由于浓度梯度引起扩散，最终到达固体电解质与阳极的界面，与燃料气体发生反应，失去的电子通过外电路回到阴极。

单体电池只能产生 1V 左右的电压，功率有限，为了使得 SOFC 具有实际应用可能，需要大大提高 SOFC 的功率。为此，可以将若干个单电池以各种方式（串联、并联、混联）组装成电池组。SOFC 组的结构主要有管型（tubular）、平板型（planar）和整体型（unique）三种，其中平板型因功率密度高和制作成本低而成为 SOFC 的发展趋势。

除了燃料电池的一般优点外，SOFC 还具有以下特点：对燃料的适应性强，能在多种燃料包括碳基燃料的情况下运行；不需要使用贵金属催化剂；使用全固态组件，不存在对漏液、腐蚀的管理问题；积木性强，规模和安装地点灵活等。这些特点使总的燃料发电效率在单循环时有潜力超过 60%，总的体系效率可高达 85%，SOFC 的功率密度达到 $1MW/m^3$，对块状设计来说有可能高达 $3MW/m^3$。

固体氧化物燃料电池的开发始于 20 世纪 40 年代，但是在 20 世纪 80 年代以后其研究才得到蓬勃发展。早期开发出来的 SOFC 的工作温度较高，一般在 800～1000℃。科学家已经研发成功中温固体氧化物燃料电池，其工作温度一般在 800℃左右。一些国家的科学家也正在努力开发低温 SOFC，其工作温度更可以降低至 650～700℃。工作温度的进一步降低，使得 SOFC 的实际应用成为可能。SOFC 也有难以克服的缺点，如启动时间长、寿命不确定等。

固体氧化物燃料电池具有燃料适应性广、能量转换效率高、全固态、模块化组装、零污染等优点，可以直接使用氢气、一氧化碳、天然气、液化气、煤气及生物质气等多种碳氢燃料。在大型集中供电、中型分电和小型家用热电联供等民用领域作为固定电站，以及作为船舶动力电源、交通车辆动力电源等移动电源，都有广阔的应用前景。图 1-23 所示为固体氧化物燃料电池应用示意图。

SOFC 与第一代燃料电池（磷酸燃料电池，简称 PAFC）、第二代燃料电池（熔融碳酸盐燃料电池，简称 MCFC）相比具有如下优点：

1）较高的电流密度和功率密度。

2）阳、阴极极化可忽略，极化损失集中在电解质内阻降。

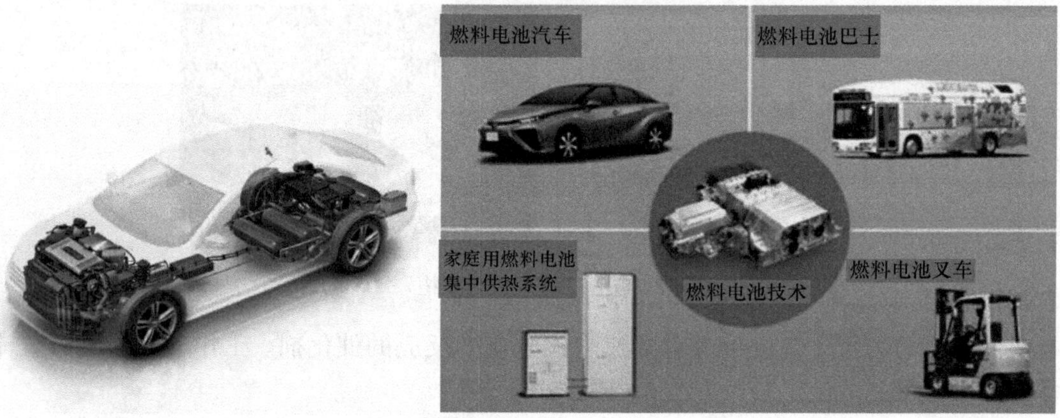

图 1-23　固体氧化物燃料电池应用示意图

3）可直接使用氢气、烃类（甲烷）、甲醇等作为燃料，而不必使用贵金属催化剂。

4）避免了中、低温燃料电池的酸碱电解质或熔盐电解质的腐蚀及封接问题。

5）能提供高质余热，实现热电联产，燃料利用率高，能量利用率高达 80% 左右，是一种清洁高效的能源系统。

6）广泛采用陶瓷材料作为电解质、阴极和阳极，具有全固态结构。

7）陶瓷电解质要求中高温（600～1000℃）运行，加快了电池的反应进行，还可以实现多种碳氢燃料气体的内部还原，简化了设备。

熔融碳酸盐燃料电池和磷酸燃料电池均属于 SOFC，因篇幅所限，这里就不做详细介绍了。读者如果有兴趣了解，可参考相关书籍。

基于氧化还原电对的液流蓄电池，需要复杂的液体循环辅助系统，在较高温度下运行，体积庞大，比能量低。目前，其还不适合作为电动汽车的电源，所以本书略去，如有对此类蓄电池技术感兴趣的读者，可参考相关专业书籍或资料。

第2章

动力电池的组成及工作原理

2.1 概述

动力电池是电动汽车的心脏，是电动汽车产业发展的关键，其性能直接影响电动汽车的市场应用和消费者的接受度，因此成为各国在电动汽车领域战略布局的重点。电池是一种通过电化学反应直接输出电能的装置，其两个特有的电极/电解质界面上分别进行电化学氧化（失去电子）和电化学还原（得到电子）反应。由此将活性材料内储存的化学能直接转换成电能。以高安全、高比能量（高质量能量密度）、长寿命、低成本为总目标，未来将重点进行新型锂离子电池和新体系电池的研发和产业化。

2.2 电池的基本组成

电池在实现能量转换的过程中，必须具备以下两个必要条件才能进行：

1）组成电池的两个电极进行的氧化还原过程，必须在两个分开的区域进行。

2）两个电极的活性物质进行氧化还原反应时，所需要电子必须由外电路传递。

为了满足以上两个条件，以锂离子电池为例，电池主要由电极、电解质、隔膜和外壳四部分组成。图2-1所示为圆柱形锂离子电池结构解剖，图2-2所示为方形锂离子电池结构解剖，图2-3所示为锂离子电池电化学原理。

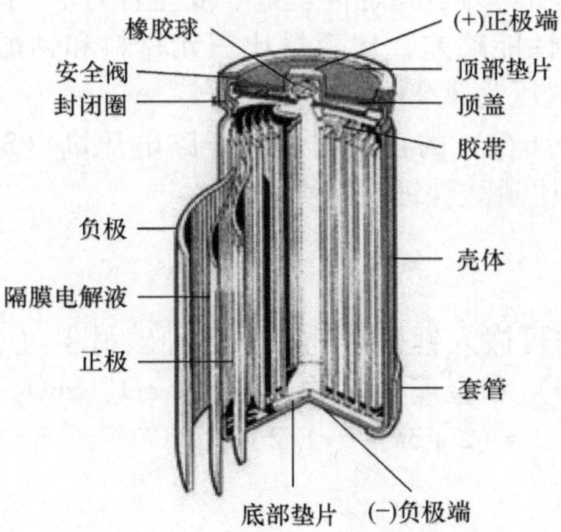

图2-1　圆柱形锂离子电池结构解剖

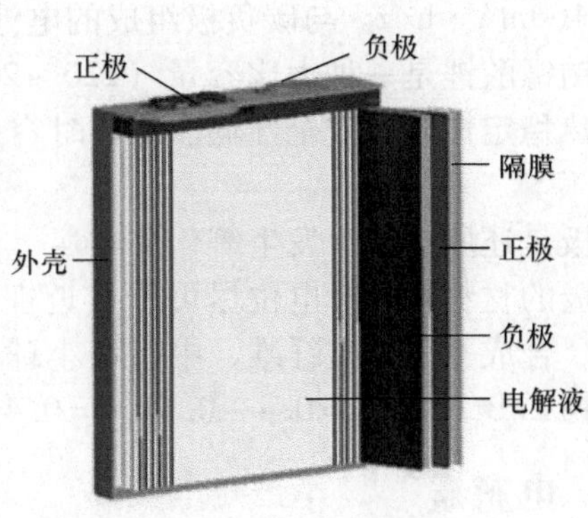

图2-2　方形锂离子电池结构解剖

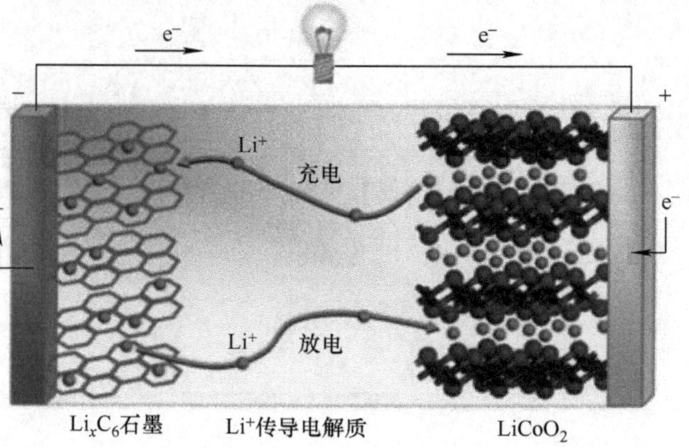

图 2-3　锂离子电池电化学原理（摘自《汽车工程手册》）

2.2.1　电极

电极是电池的核心组成部分，包括正极和负极，一般由集流体、活性物质、黏结剂和导电剂等组成。

1. 正极

正极是氧化电极，发生还原反应。一般选择相对锂电位大于 3V 且在空气中稳定的嵌锂过渡金属氧化物做正极，如钴酸锂（$LiCoO_2$）、锰酸锂（$LiMn_2O_4$）、磷酸铁锂（$LiFePO_4$）、镍钴锰酸锂（NCM/NCA）等及其混合物。钴酸锂、磷酸铁锂、镍钴锰酸锂正极材料是目前用量最大最普遍的锂离子电池正极材料。

钴酸锂结构稳定、比容量高、综合性能突出，但是其安全性差、成本非常高，主要用于中小型号电芯，其标称电压为 3.7V。

锰酸锂是一种成本低、安全性好的正极材料，但是其材料本身并不太稳定，容易分解产生气体，因此多和其他材料混合使用，以降低电芯成本，但其循环寿命衰减较快、容易发生鼓胀、寿命相对短，主要用于大中型号电芯，其标称电压为 3.8V。

磷酸铁锂是一种晶体结构稳定、化学稳定性和热力学稳定性较好、安全性好、循环寿命长、成本低的正极材料，它的导电性不佳、低温性能略差，比容量比三元材料和钴酸锂低，一般为 160mA·h/g。与碳负极组成的电池工作电压为 3.2V。

镍钴锰酸锂是一种大比容量（220～260mA·h/g）的正极材料，开路电压高（3.8V）。但它的热稳定性差、安全性低、循环时容量衰减比磷酸铁锂材料大。

2. 负极

负极是还原电极，发生氧化反应。

负极的材料则选择电位尽可能接近锂电位的可嵌入锂化合物，如各种碳材料（包括天然石墨、合成石墨、碳纤维、中间相小球碳素等）和金属氧化物［包括 SnO、SnO_2、锡复合氧化物 $SnB_xP_yO_z$（$x=0.4\sim0.6$、$y=0.4\sim0.6$、$z=(2+3x+5y)/2$）等］。

2.2.2　电解质

电解质是电池的主要组成之一，是离子导体，在电池中是电荷转移的介质。

电解质分为液体电解质、固体电解质和凝胶聚合物电解质。典型的液体电解质是有机溶剂和无机盐构成的，采用 $LiPF_6$ 的乙烯碳酸脂（EC）、丙烯碳酸脂（PC）和低黏度二乙基碳酸脂（DEC）等烷基碳酸脂搭配的混合溶剂体系。

2.2.3　隔膜

隔膜是指为了避免电池内极性相反的电极片直接接触造成内部短路的电池组件。通常采用聚烯微多孔膜如 PE、PP 或它们的复合膜，尤其是 PP/PE/PP 三层隔膜，不仅熔点较低，而且具有较高的抗穿刺强度，起到了热保险作用。

2.2.4　外壳

外壳是电池的容器，用于承担外部载荷并维持电化学功能环境完整性的组件。不锈钢、铝合金、铝塑膜是电池壳比较常用的三种材料。其中，钢壳具有最强的力学性能，但更容易发生爆炸，而铝塑膜则恰好相反。

2.3　电池单体和电池模块

2.3.1　电池单体

电池单体是构成动力电池模块的最小单元，英文中常用“cell”表示。其一般由正极、负极、电解质、隔膜、外壳及端子等组合而成，可实现电能与化学能之间的直接转换。图 2-4所示为松下公司不同规格圆柱形钢壳锂离子电池，图 2-5 所示为软包锂离子电池。

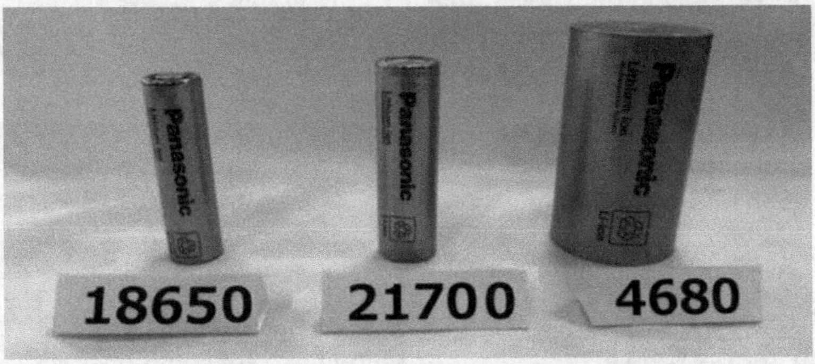

图 2-4　松下公司不同规格圆柱形钢壳锂离子电池

2.3.2　电池模块

单体电池通过串联和并联在物理结构和电路上连接起来构成动力电池包或最小分组，可作为一个单元替换。图 2-6 所示为软包电池的电池模块组合，图 2-7 所示为圆柱形电池的电池模块组合，图 2-8 所示为不同规格型号的电池组（内有多个电池模块）及外壳。

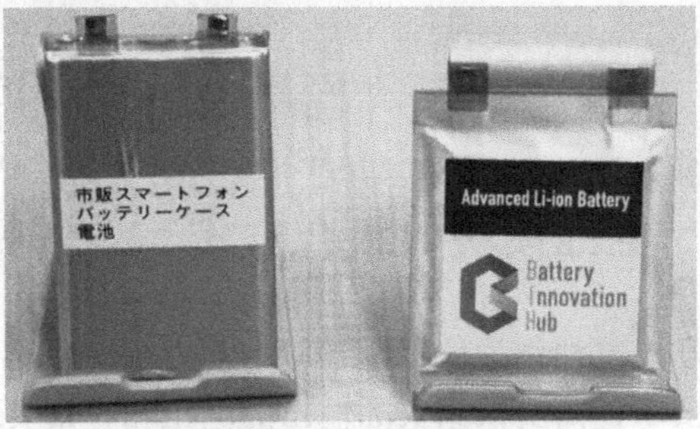

图 2-5　软包锂离子电池

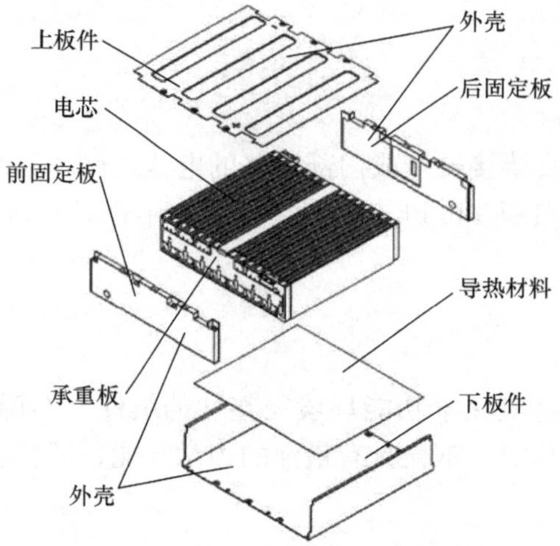

图 2-6　软包电池的电池模块组合

图 2-7　圆柱形电池的电池模块组合

图 2-8　不同规格型号的电池组（内有多个电池模块）及外壳

2.4　电池模块的组合方式

动力电池作为仪器设备等的动力源，当需要较高电压或较大容量时，单体电池往往无法满足要求，需要根据实际输出的电压和容量要求，将若干个单体电池通过串联、并联或串并复联混合的方式组合成电池模块使用。电池组合电路示意图如图 2-9 所示。

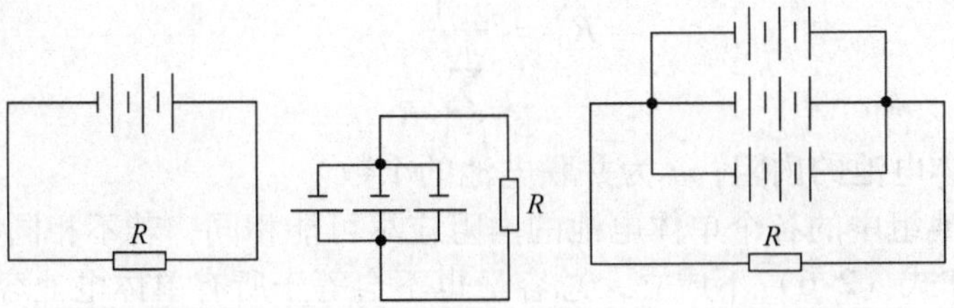

图 2-9　电池组合电路示意图

2.4.1　串联组合电池组

串联的目的主要是增加电池组的总电动势或输出电压。

将一个电池的负极与另一个电池的正极相接，这个电池的负极再与下一个电池的正极相接，以此类推。第一个电池的正极就是这个电池组的正极，最后一个电池的负极就是这个电池组的负极。

串联电池组的总电动势为

$$E = E_1 + E_2 + E_3 + \cdots + E_n = \sum_{i=1}^{n} E_i \tag{2-1}$$

式中，E_1、E_2、E_3、…、E_n为各单体电池的电动势。

串联电池组的电流为

$$I = \frac{\sum_{i=1}^{n} E_i}{\sum_{i=1}^{n} R_i} \tag{2-2}$$

式中，E_i为各单体电池的电动势；R_i为各单体电池的内阻。

串联电池组的总内阻为

$$R_0 = R_1 + R_2 + R_3 + \cdots + R_n = \sum_{i=1}^{n} R_i \tag{2-3}$$

2.4.2　并联组合电池组

并联的目的是增加电池组的总容量。

把所有的电池正极连接在一起，成为电池组的正极；把所有电池的负极连接在一起，成为电池组的负极。

并联电池组的总电动势为

$$E_1 = E_2 = E_3 = \cdots = E_n \tag{2-4}$$

并联电池组的电流为

$$I = I_1 + I_2 + I_3 + \cdots + I_n = \sum_{i=1}^{n} I_i \tag{2-5}$$

并联电池组的总内阻为

$$R_0 = \frac{1}{\sum_{i=1}^{n} \frac{1}{R_i}} \tag{2-6}$$

式中，R_i为各个单体电池的内阻；n 为并联电池的个数。

注意：并联电池组中的各个单体电池的内阻应尽可能相同，若不相同，则会产生内部环流，使式（2-5）和式（2-6）不成立，总容量也不会等于所有单体电池容量之和。

2.4.3 串并复联组合电池组

当需要同时输出较高的电压和较大的容量时，单一的串联或并联组合形式就难以满足使用要求。这时可以根据实际的电压和电容要求，首先将 n 个单体串联，然后将 m 个串联电池组并联组合成串并复联电池组。图 2-10所示为复联组合电池组。

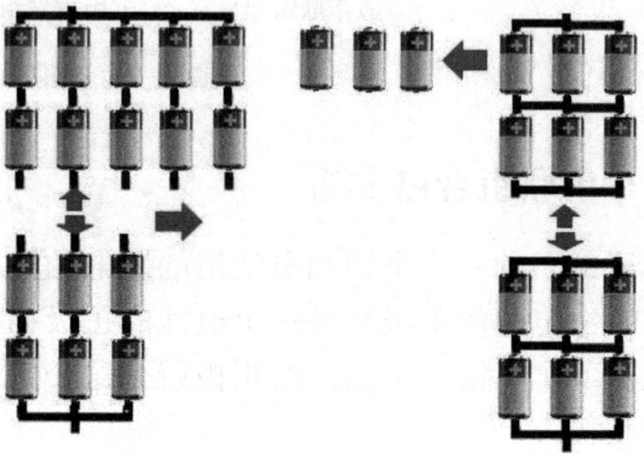

a) 系统并联级联　　b) 单体并联后串联级联

图 2-10　复联组合电池组

根据串联和并联电池组的特点可知，n 个单体串联、m 个串联电池组并联的电动势、内电阻和电流计算分别见下式。

串并复联电池组的总电动势为

$$E = E_1 + E_2 + E_3 + \cdots + E_n \tag{2-7}$$

串并复联电池组的总内阻为

$$R_0 = \frac{\sum_{i=1}^{n} R_i}{m} \tag{2-8}$$

式中，R_i 为各个单体电池的内阻；n 为串联电池的个数；m 为并联电池的个数。

串并复联电池组的电流为

$$I = E/R_0 \tag{2-9}$$

2.5 概念术语

2.5.1 电池电压

1. 电动势

电动势是电池在理论上输出能量大小的表征之一。如果其他条件相同，那么电动势越高，则该电池理论上输出的能量就越大。

电池的电动势通常又称为热力学平衡电位，是指电池正极与负极平衡电势（平衡电位）的差值，一般用 E 表示，即

$$E = \psi_+ - \psi_- \tag{2-10}$$

式中，E 为电池的电动势；ψ_+ 为正极的平衡电位；ψ_- 为负极的平衡电位。

实际上，电池中两个电极一般并非处于热力学的可逆状态，因此电池在开路状态下的开

路电压并不等于电池的电动势，尤其对于某些气体电极，如燃料电池的开路电压与其电动势就有较大偏差。

2. 开路电压

电池的开路电压是指外电路中没有电流流过时，电池正、负两极之间的电位差，一般用U_{oc}表示。

电池的开路电压大小主要由其活性物质、电解质、电池中所进行反应的性质和条件（如浓度、温度等）决定，与电池的形状结构和尺寸大小无关。一般情况下，电池的开路电压均小于它的电动势。

3. 工作电压

电池的工作电压是指电池接通负载后，在工作电流下放电时两个端子间的电位差，也称为放电电压，一般用U_{cc}表示。

电池的工作电压总是低于开路电压，当然也必然低于电池的电动势，这是因为电流流过电池内部时，必须克服极化内阻和欧姆内阻所造成的阻力。电池的工作电压为

$$U_{cc}=E-IR_i=E-I(R_\Omega+R_f) \tag{2-11}$$

式中，U_{cc}为电池的工作电压；E为电池的电动势；I为电池的工作电流；R_i为电池的内阻；R_Ω为电池的欧姆内阻；R_f为电池的极化内阻。

电池的工作电压受放电制度的影响，即放电时间、放电电流、环境温度、放电终止电压等都会影响电池的工作电压。

4. 标称电压

标称电压是用以标识电池的适当的电压近似值，也称为额定电压，符号是U_n，可以用来区分不同的电化学体系电池。电池体系与单体标称电压见表2-1。

表2-1　电池体系与单体标称电压（摘自《电池手册》）

电池体系			单体标称电压/V
原电池（一次电池）	锌-碳电池		1.5
	锌-氧化银电池		1.6
	锌-二氧化锰电池		1.5
	锌-空气电池		1.5
	锂-亚硫酰氯电池		3.6
	锂-二氧化锰电池		3.0
	锂-氟化碳电池		3.0
蓄电池（二次电池）	铅酸电池		2.0
	镉镍电池		1.2
	镍氢电池		1.2
	钠硫电池		2.0
	锂离子电池	磷酸铁锂电池	3.8
		锰酸锂电池	3.7
		钴酸锂电池	3.7
		镍钴锰酸锂（NCM）电池	3.6

5. 放电终止电压

放电终止电压（end of discharge voltage，EODV）是指电池放电时，电压下降到不宜再继续放电的最低工作电压，也称为放电截止电压。一般来说，在低温或大电流放电时，终止电压可规定得低些；小电流长放电时，终止电压可规定得高些。这是因为低温、大电流放电时，电极的极化大，活性物质不能得到充分利用，电池的电压下降较快；小电流放电时，电极的极化小，活性物质能够得到较充分的利用，电池的电压下降较慢。

若电池低于终止电压后继续放电，则为过放电，可能会破坏电池的正常功能并/或引发危险事故。

6. 充电限制电压

充电限制电压是指按规定的充电制度，电池由恒流充电转入恒压充电时的最大电压值，也称为充电终止电压。不同电化学体系的电池，充电限制电压也不同。如铅酸电池的充电限制电压一般为2.4V，磷酸铁锂电池的充电限制电压一般为3.8V。

2.5.2 电池容量

电池容量是指在一定的放电条件下可以从电池获得的容量，用符号 C 表示，单位常为安时（A·h）或毫安时（mA·h）。电池的容量又可分为理论容量、额定容量和实际容量等。

1. 理论容量

理论容量指的是活性物质全部参加电池反应所给出的容量，常用 C_0 表示。

根据法拉第定律，电极上参加反应的物质的质量与通过的容量成正比。

$$Q = nF\frac{m}{M} \tag{2-12}$$

式中，Q 为电极反应中通过的容量（mA·h）；n 为成流反应时的得失电子数；m 为发生反应的活性物质的质量（g）；F 为法拉第常数，约为96500C/mol或26.8A·h/mol；M 为活性物质的摩尔质量（g/mol）。

式（2-12）表明，当质量为 m_0 的活性物质参加电池的成流反应时，完全反应后所释放出的容量为 Q_0，此时 Q_0 即为电极活性物质的理论容量 C_0。因此，电池的理论容量（A·h）计算公式可以表示为

$$C_0 = 26.8\frac{m}{M}n_e \tag{2-13}$$

式中，m 为活性物质完全反应时的质量；M 为活性物质的摩尔质量；n_e 为电极反应时转移的电子数目。

2. 标称容量（额定容量）

标称容量有时也称为额定容量。它是指设计和制造电池时，规定或保证电池在一定的放电条件下应该放出的最低限度的容量，用 C_n 或 $C_{额}$ 表示。

锂离子电池规定在常温（25±3)℃、恒流（1C）、恒压（4.2V）控制的充电条件下，充电3h，再以0.2C放电至2.75V时，所放出的容量为其额定容量。

3. 实际容量

实际容量指的是在一定的电流下，电池实际放出的容量，通常用 C 表示。实际容量等

于放电电流与放电时间的积分，实际容量受放电倍率的影响很大，所以常在字母 C 的右下角以阿拉伯数字标明放电倍率，如 $C_1=20\text{A}\cdot\text{h}$，表明在1C下放电的容量为20A·h。

4. 倍率容量

标准条件下，电池以0.2C恒流恒压充电，搁置规定时间后以高倍率（2C、5C或10C）电流放电到截止电压得到的容量，称为倍率容量。

5. 高低温容量

电池以0.2C恒流恒压充电，将锂电池放置在50℃高温环境下24h，然后以标准0.2C放电至截止电压得到的容量，称为高温容量。

电池以0.2C恒流恒压充电，将锂电池放置在-20℃低温环境下24h，然后以标准0.2C放电至截止电压得到的容量，称为低温容量。

有些实验规定，高温环境为一组温度，如45℃、55℃、65℃等；低温环境为一组温度，如-10℃、-20℃、-30℃等。如有此规定，需要分别完成规定温度下的容量测试。

2.5.3　电池能量

电池能量是指电池在一定放电条件下对外做功所能输出的电能，单位通常为瓦时（W·h）。

1. 理论能量

假设电池在放电过程中始终处于平衡状态，其放电电压保持电动势的数值，并且活性物质的利用率为100%，即放电容量为理论容量，则在此条件下电池输出的能量为理论能量，用 W_0 表示：

$$W_0=C_0E \tag{2-14}$$

式中，C_0 为电池的理论容量；E 为电池的电动势。

2. 实际能量

实际能量是指电池放电时实际输出的能量，用 W 表示。它在数值上等于电池实际放电电压、放电电流与放电时间的积分，即

$$W=\int U(t)I(t)\mathrm{d}t \tag{2-15}$$

在实际应用中，经常用电池的实际容量（C）与电池放电平均工作电压（U_{av}）的乘积来对实际能量进行估算，即

$$W=CU_{\text{av}} \tag{2-16}$$

因为活性物质不可能100%完全被利用，电池的工作电压总是小于电动势，所以电池的实际能量总是小于理论能量。

3. 比能量（能量密度）

比能量是指单位质量或单位体积的电池所放出的能量，相应地称为质量比能量或体积比能量，也称为质量能量密度或体积能量密度，用 W' 表示，单位为W·h/kg或W·h/L。

$$W'=\frac{W}{m} \tag{2-17}$$

或

$$W'=\frac{W}{V} \tag{2-18}$$

式中，m 为电池的质量；V 为电池的体积。

能量密度是衡量电池质量和体积大小的标准，是设计电池时必须要考虑的重要指标之一。在电动汽车应用领域，电池和电池组的能量密度也是评价动力电池是否满足应用需要的重要指标，因为质量能量密度影响电动汽车的整车质量和续驶里程，体积能量密度影响动力电池在电动汽车上的布置空间。

由于各种因素的影响，电池的实际能量密度远小于理论值。

2.5.4 电池功率与功率密度

1. 电池功率

电池功率是指在一定放电制度下，单位时间内电池输出的能量，单位为瓦（W）或千瓦（kW）。

理论上，电池的功率 P_0 可以表示为

$$P_0 = \frac{W_0}{t} = \frac{EC_0}{t} = \frac{IEt}{t} = IE \tag{2-19}$$

式中，t 为放电时间；C_0 为电池的理论容量；E 为电池的电动势；I 为恒定的放电电流。

2. 功率密度

功率密度是指单位质量或单位体积的电池所输出的功率，相应的称为质量功率密度或体积功率密度，用 P' 表示，单位为 W/kg 或 W/L。

$$P' = \frac{P}{m} \tag{2-20}$$

或

$$P' = \frac{P}{V} \tag{2-21}$$

式中，m 为电池的质量；V 为电池的体积。

功率密度的大小，表示电池所能承受的工作电流的大小。电池的功率密度大，表示它可以承受大电流放电。功率密度是评价电池或电池组是否满足电动汽车加速、爬坡能力和制动能量回收能力的重要指标。

2.5.5 电池内阻

电池内阻是电池的一个极为重要的参数，是指电流流过电池时所受到的阻力。

电流流过前后的电极电位的差称为过电位差。平衡电极电位是当没有电流流过时，静止的、相对理想化的状态时的一个电极电位。电池极化就是由于电流的流动而打破静止状态后，实际电极电位偏离了平衡电极电位的现象。阳极电流产生的电极极化称为阳极极化；阴极电流产生的电极极化称为阴极极化。在电极单位面积上通过的电流越大，偏离平衡电极电位越严重。

极化电阻是指在一个极化体内部产生的电阻，它与极化现象的程度有关。当一个电场作用于极化体时，极化体内部会形成电荷分布，进而产生一个电势差，这个电势差会抵消外部电场的一部分，从而减弱电场强度。因此，极化电阻就反映了极化体对外界电场的响应能力。

极化电阻可以通过以下方程式计算：

$$R_p = \frac{V_p}{I_p} \tag{2-22}$$

式中，R_p为极化电阻；V_p为极化体内部产生的电势差；I_p为产生这个电势差的电流强度。

这个方程式反映了极化体响应外部电场时产生的电阻。

电极极化包括电化学极化、浓差极化和欧姆极化。电化学极化也称为活化极化，是由于正负极活性物质发生的电化学反应速率小于电子运动速率引起的极化，响应时间微秒级；浓差极化是由于反应物消耗引起电极表面得不到及时补充（或是某种产物在电极表面积累，不能及时疏散），例如氢在电池正极的积累，导致电极电势偏离通电前按总体浓度计算的平均值，响应时间秒级；欧姆极化是由于电解液、电极材料、隔膜的电阻以及各种组成零件之间存在的接触电阻所引起的极化，瞬时发生。以上三种极化是电化学反应的阻力。

电池的内阻为欧姆内阻、电化学极化内阻与浓差极化内阻之和。一般把欧姆内阻记为R_Ω，把电化学极化内阻记为R_f，把浓差极化内阻记为R_c，三者之和称为电池的全内阻R_i。

$$R_i = R_\Omega + R_f + R_c \tag{2-23}$$

1. 欧姆内阻

欧姆内阻主要由电极材料、电解液、隔膜的电阻以及各组件的接触电阻组成。

电解液的欧姆内阻与电解液的组成、浓度和温度有关。一般情况下，电池用的电解液浓度值大多选在电导率最大的区间，但是有时还必须考虑电解液浓度对电池其他性能（如极化内阻、自放电、电池容量和寿命等）的影响。

需要说明的是，电池中采用的隔膜，均为多孔的不具有电子导电的物质，本身是绝缘材料。只有当隔膜浸入电解液时，它的孔隙逐渐被电解液充满，才具有导电作用。而这种导电作用，是依靠微孔中电解质溶液的离子迁移传递。所谓的隔膜电阻，实质上是指当电流流过电解液时，隔膜有效微孔中的电解液所产生的电阻（R_M）。它满足

$$R_M = \rho_s J \tag{2-24}$$

式中，R_M为隔膜电阻；ρ_s为溶液比电阻；J为表征隔膜微孔结构的因素。

由此可见，隔膜电阻包含两方面的因素：一方面是电解质溶液的比电阻，它取决于溶液的组成和温度；另一方面是隔膜的结构因素。对于一定的隔膜，J为一个定值，结构因素包括隔膜的厚度、孔率、孔径和孔的弯曲程度等。

电极材料上的固相电阻包括活性物质粉粒自身的电阻、粉粒之间的接触电阻、活性物质与导电骨架之间的接触电阻，以及导电骨架、集流体、极耳等的电阻之和。这部分固相电阻的变化比较复杂，特别是在充放电过程中，活性物质的成分及形态均可能发生变化，造成电阻阻值发生较大的变化。

此外，电池的欧姆内阻还与电池的尺寸、结构、装配等因素有关，如果结构合理、装配紧凑，那么电极间距就小，欧姆内阻也就小。

2. 极化内阻

极化内阻是指电池的正极和负极在进行电化学反应时由于极化引起的内阻，它包括电化学极化和浓差极化引起的电阻之和。极化内阻与活性物质的本性、电极的结构、电池的制造工艺等有关，特别是与电池的工作条件密切相关，放电电流和温度对其影响也很大。

放电电流不同，产生的电化学极化与浓差极化的值也不相同。在大电流密度下放电时，

电化学极化和浓差极化均增加，甚至可能引起电极表面的钝化，造成极化内阻增加。低温对电化学极化、离子扩散均有不利影响，在低温下电池的极化内阻也会增加。因此，极化内阻并不是一个常数，而是随放电制度、放电温度等的改变而变化。

在多数情况下，由于电池内阻较小，经常忽略不计；但电动汽车用动力电池常常处于大电流、深放电工作状态，内阻引起的电压降会较大，此时电池内阻对整个电路的影响就不能忽略。

总之，内阻是决定电池性能的一个重要指标，它直接影响电池的工作电压、工作电流、输出的能量与功率等。对于一个实用的电池，其内阻越小越好。

2.5.6 放电电流

放电电流是电池放电时电流的大小。放电电流直接影响电池的各项性能指标。因此，在谈到电池的容量或能量时，必须说明放电电流的大小或指出放电的条件。放电电流一般用放电率表示，放电率是指电池放电时的时率，常用“时率”和“倍率”两种形式表示。

1. 时率

时率也称为小时率，是以放电时间表示的放电倍率，或者说以一定的放电电流放完额定容量所需的小时数，常用 C/n 来表示，其中，C 为额定容量，n 为一定的放电电流。

例如，电池的额定容量为120A·h，以20A 电流放电，则时率为120A·h/20A =6h，称电池以6h 时率放电。由此可见，放电时率所表示的时间越短，所用的放电电流越大；放电时率所表示的时间越长，则所用的放电电流越小。

2. 倍率

倍率实际上是指电池在规定的时间内放出其额定容量时所输出的电流值，它在数值上等于额定容量的倍数。

例如，2 倍率（记为2C）放电，表示放电电流的数值是额定容量数值的 2 倍。若电池的容量为20A·h，那么放电电流应为 2×20A =40A。如果换算成小时率，则是 20A·h/40A = 1/2小时率。

一般锂离子电池充电电流设定在0.2C～1C 之间，电流越大，充电越快，同时电池发热也越大。而且，过大的电流充电，容易有较大的极化，使充入容量不够满（接近 100% 容量为满容量），因为电池内部的电化学反应需要时间。

一般情况下，称放电倍率在 1/3C 以下为低倍率，1/3C～3C 为中倍率，3C 以上为高倍率。

2.5.7 荷电状态

电池荷电状态称为 SOC（state of charge），是用来反映电池的剩余容量状况的物理量，是电池使用过程中的重要参数。

荷电状态是一个相对值，一般用百分比的方式来表示，SOC 的数值范围为 $0 \leqslant SOC \leqslant 100\%$。目前国内外比较统一的认识是以容量的角度来定义 SOC，即电池在一定放电倍率下，电池剩余容量与相同条件下额定容量的比值：

$$SOC = C_{\mu}/C_{额} \tag{2-25}$$

式中，C_{μ}为电池剩余的容量（A·h）；$C_{额}$为电池额定容量（A·h）。

2.5.8　自放电特性

1. 自放电

自放电是指电池开路时，在一定条件下（如温度、湿度等）电池内部自发的或不期望的化学反应造成可用容量自行下降的现象。自放电的产生主要是由于电极在电解液中处于热力学的不稳定性，电池的两个电极各自发生了氧化还原反应。

一般而言，自放电主要受制造工艺、材料、存储条件的影响，自放电是衡量电池性能的主要参数之一。

2. 自放电率

自放电率是指电池在存放时间内，在没有负荷的条件下自身放电，使得电池的容量损失的速度。自放电率用单位时间内电池容量降低的百分数表示，即

$$x = \frac{C_{前} - C_{后}}{C_{前} t} \times 100\% \tag{2-26}$$

式中，$C_{前}$为储存前的电池的容量；$C_{后}$为储存后的电池的容量；t为储存时间，常用天、月、年表示。

自放电率除了与电池体系自身特性有关外，通常还与环境温度、湿度等有关。

2.5.9　电池寿命

1. 循环寿命

循环寿命或使用周期是衡量电池性能的一个重要参数。电池经历一次充电和放电，称为一个循环或一个周期。在一定的放电制度下，电池容量降低至某一规定数值之前，电池所能耐受的循环次数，称为电池的循环寿命或使用周期。

循环寿命受放电深度（depth of discharge，DOD）、温度和充放电电流的影响比较明显，因此一般表示电池循环寿命的同时还要指出循环条件，如循环寿命1000次（在100% DOD、常温、1C条件下）。

各种电池的循环寿命都是不同的，即使同一系列、同一规格的产品，循环寿命也可能有较大差异。如铅酸电池的循环寿命为300~500次（在80% DOD条件下）；锂离子电池的循环寿命较长，可达1000次以上（在RT、1C、100% DOD条件下）。

电池需要正确使用和维护，以保证电池具有正常的循环次数。在正常使用条件下，电池电极或隔膜等也会发生变化，这些变化也会影响电池的循环寿命：

1）电极活性表面面积在充放电循环过程中不断减小，使工作电流密度上升，极化增大。

2）电极上活性物质脱落或转移。

3）在电池工作过程中，某些电极材料发生腐蚀。

4）在循环过程中电极上生成枝晶，造成电池内部微短路。

5）隔膜的老化和损坏。

6）活性物质在充放电过程中发生不可逆晶形改变，使活性降低。

2. 储存寿命

储存寿命是指电池自放电的大小通过容量下降到某一规定容量所经过的时间，也称为搁

置寿命。电池的使用寿命和储存寿命与电池的健康状态（state of health，SOH）有关。

工程中，使用者会关注电池可持续工作能力或者电池健康状态，它一般用可用容量与额定容量的比值或者可用容量占初始容量的百分比来表示。

2.6 电池充放电时的工作原理

电池是一种能量转换装置。放电时，电池将化学能转化为电能；充电时，电池将电能转变为化学能并储存起来。锂离子电池的整个充放电过程就是锂离子的嵌入和脱嵌过程。在锂离子的嵌入和脱嵌过程中，伴随着与锂离子等当量电子的嵌入和脱嵌（习惯上正极用嵌入或脱嵌来表示，而负极用插入或脱插来表示）。在充放电过程中，锂离子在正负极之间来回插入或脱出，被人们形象地称为“摇椅电池”。图 2-11 所示为锂离子电池的工作原理。

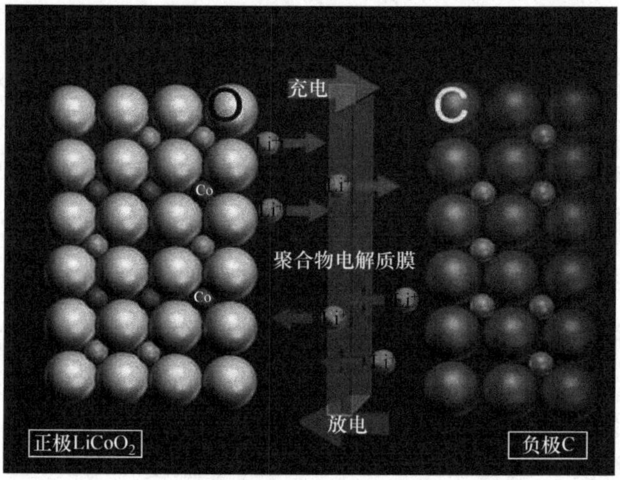

图 2-11　锂离子电池的工作原理（见彩插）

当给电池充电时，电子 e^- 通过外电路的通道从正极移到负极；同时在内电路，Li^+ 从正极脱嵌，经过电解液、隔膜，到达负极，与从外电路到达负极的 e^- 结合。电池放电过程与电池充电过程互为逆过程，电池放电时，e^- 由外电路从负极移到正极；Li^+ 从负极脱出，从内电路回到正极中。e^- 和 Li^+ 通过内外电路往复移动，保证了电池的循环使用。

以钴酸锂电池（$LiCoO_2$）为例，在充放电过程中有以下化学反应。

锂离子电池电极反应式如下：

总反应式：
$$Li_{1-x}CoO_2 + Li_xC_6 \underset{充电}{\overset{放电}{\rightleftharpoons}} LiCoO_2 + C_6 \quad (x<1) \tag{2-27}$$

放电时，正、负极的反应式分别如下：

正极：
$$Li_{1-x}CoO_2 + xe^- + xLi^+ = LiCoO_2 \tag{2-28}$$

负极：
$$Li_xC_6 - xe^- = xLi^+ + 6C \tag{2-29}$$

充电时，阴、阳极的反应式分别如下：

阳极：
$$LiCoO_2 - xe^- = Li_{1-x}CoO_2 + xLi^+ \tag{2-30}$$

阴极：
$$xLi^+ + C_6 + xe^- = Li_xC_6 \tag{2-31}$$

值得注意的是，放电时，电池的正极发生还原反应，因此正极又可称为阴极，电池的负极发生氧化反应，负极可称为阳极；充电时，电池的正极发生氧化反应，此过程正极可称为阳极，电池的负极发生还原反应，负极可称为阴极，见表2-2。

表2-2 电池正极、负极在充放电过程中发生不同的反应

电池电极	放电过程	充电过程
正极	得电子，发生还原反应	失电子，发生氧化反应
负极	失电子，发生氧化反应	得电子，发生还原反应

电池通过化学反应获得电能，对电池研究有重要影响的内容是电极反应动力学过程。

2.6.1 电极过程

电极过程并不是一个简单的化学反应，而是由一系列性质不同的单元步骤串联组成的复杂过程。一般情况下，电极过程大致由下列各单元步骤串联而成：

1）液相传质步骤。反应粒子（离子或分子）由电解质本体向电极表面迁移。

2）前置的表面转化步骤。反应粒子在电极表面或电极表面附近液层中进行电化学反应前的某种转化过程，如反应粒子在电极表面的吸附、结合离子配位数的变化或其他化学变化。

3）电子迁移步骤。反应粒子在电极/溶液界面上得到或失去电子，生成还原反应或氧化反应的产物。

4）随后的表面转化步骤。反应产物在电极表面或表面附近液层中进行电化学反应后的转化过程。

5）新相生成步骤。反应产物生成新相，如生成气体、固相沉积层等，称为新相生成步骤。或者反应产物是可溶的，产物粒子自电极表面向溶液内部或液态电极内部迁移，称为反应后的液相传质步骤。

对一个具体的电极过程来说，并不一定包括上述五个单元步骤，但一定包括1）、3）、5）三个单元步骤。

2.6.2 极化作用

通常把对平衡现象的偏离称为极化现象或极化作用。热力学平衡过程与可逆现象紧密相连。可逆过程或平衡过程的变化率是很小的，但实际过程必须有一定的速率，有时还要求有很高的速率。如电动汽车的要求之一是动力电池必须能大电流放电，即要求电极上的电化学反应速率很大，这样必然会产生偏离平衡电位的现象，即电极极化。

典型的电极极化主要包括以下三种类型。

（1）欧姆极化　欧姆极化是指由于电极有欧姆电阻，当电流流过电极体系上的欧姆电阻时，会在电阻上引起欧姆压降，从而出现电极电位偏离平衡电位的现象。欧姆极化的驱动力是电场梯度。

（2）浓差极化　浓差极化是指电化学反应进行时，反应物浓度的变化造成电极电位偏离平衡电位。浓差极化的驱动力是浓度梯度。

（3）电化学极化　电化学极化是指由于电荷传递过程迟缓造成的界面电荷分布状态的

改变，从而出现电极电位偏离平衡电位的现象。电化学极化的驱动力是电势梯度。

2.6.3 塔菲尔（Tafel）公式

上述电极极化的结果往往是电极电位或电池电动势与平衡值的偏离，即与可逆电位的偏离。某一电流密度下，电极电位与可逆电极电位的差值称为过电位。塔菲尔（Tafel）发现，过电位与电流密度的对数之间呈现线性关系，这种关系称为塔菲尔（Tafel）公式。

$$\eta = a + b\lg i \tag{2-32}$$

式中，η 为过电位；i 为电流密度；a、b 为常数。

式（2-32）为经验公式，后来的研究证实很多电化学极化现象造成的过电位与电流密度都有这种关系，因此是否符合该公式便成为判断极化是否为电化学极化的方法之一。

在式（2-32）中，当 $i=1$ 时，即为单位电流密度时，对数项为0，$\eta=a$，因此 a 的意义是单位电流密度下电极的过电位。它与电极材料、电解质组成及温度有关。常数 b 一般称为 Tafel 斜率，反映过电位随电流密度的对数的变化率。它与材料的关系不大，常常反映出电极过程的机理。

Tafel 公式对许多电化学体系在很宽广的过电位范围内都适用；但是在极低的过电位情况下，这种关系不成立，并导致 η 和 $\lg i$ 的关系曲线偏离线性关系。图 2-12 所示为塔菲尔（Tafel）关系图解。

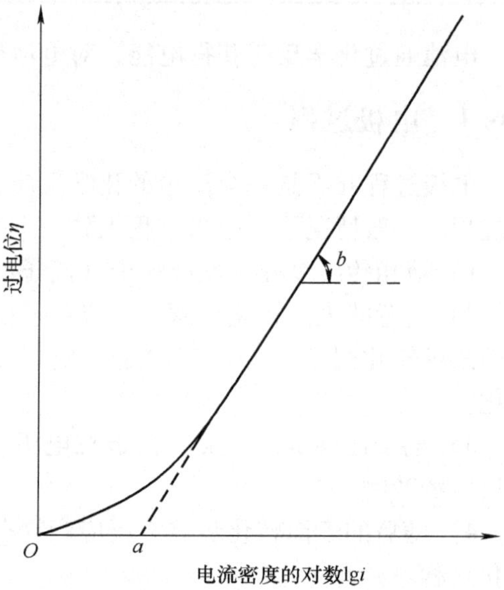

图 2-12 塔菲尔（Tafel）关系图解

习 题

1. 结合圆柱形锂离子电池 18650，描述锂离子电池的基本结构组成。
2. 简要概述电池模块的组合方式，以及其优缺点和应用场合。
3. 了解并掌握锂离子电池的充放电原理、正负极在充放电过程中电极电化学反应式和总反应式。
4. 简要论述动力电池的主要性能指标及其意义。
5. 市场上应用的动力电池有哪些？
6. 为什么车辆在低温时充电时间会变长？
7. 市场上主流的锂离子动力电池有哪些？其正极分别使用哪些材料？
8. 简述锂离子动力电池的工作原理。

第3章

动力电池设计

3.1 概述

锂离子电池是20世纪开发成功的新型高能电池，在它发明之前，就有铅酸电池、金属氢化物镍电池、碱性镉镍电池、燃料电池等用作各类车辆的动力储能电源。早期锂离子电池也仅限用于3C高端电子类产品。

进入21世纪，人们逐渐认识到，锂离子电池具有电压高、质量小、寿命长、温度范围宽、无记忆、无污染等优点，可以成为替代铅酸等动力电池的优选对象。

锂离子电池的电压是镍镉电池、镍氢电池的3倍，是铅酸电池的近2倍，这也是锂离子电池比能量高的一个重要原因。组成相同电压的电池组时，使用锂离子电池的串联只数会大大少于铅酸电池和镍氢电池。

锂离子电池的比能量大，高达150～260W·h/kg，是镍氢电池的2倍，铅酸电池的4倍，因此质量是相同能量的铅酸电池的1/4～1/3。

锂离子电池组以容量衰减到70%计，100% DOD充放电循环次数可以达到2000次以上，使用年限可达5～8年。它的寿命约为铅酸电池的5倍。随着技术的革新，制造工艺水平的提高，锂离子电池的循环寿命会越来越长，性价比会越来越高。

低温型锂离子电池的低温性能好，可在-40～55℃之间工作。而水溶液电池（如铅酸电池、镍氢电池）在低温时，由于电解液流动性变差会导致性能大大降低。

锂离子电池没有记忆效应，所以每次充电前不必像镍镉电池、镍氢电池一样需要放电，可以随时随地进行充电。电池充放电深度对电池的寿命影响不大，可以全充全放。

锂离子动力电池中不存在有毒物质，因此被称为“绿色电池”。而铅酸电池和镍镉电池由于存在有害物质铅和镉，会毒害环境。

锂离子电池在真正成为动力锂离子电池之前，经过一段漫长而又艰辛的技术探索历程。工程技术人员对关键材料开发功不可没。正极材料实现了去（低）钴化、高能化，磷酸铁锂、镍钴锰酸锂等材料实现了规模化、标准化生产。负极材料初期是天然石墨，后逐渐被人工合成石墨替代，实现了技术突破。干湿法隔膜从原材料到产品的完全国产化，降低了制造成本。$LiPF_6$（EC+DMC）电解液实现了工业化、商品化。这些都大大加速了锂离子电池成为动力电池的进程。现阶段，动力锂离子电池技术正在向高安全性、长寿命、快速充电方面发展。

性能优异的动力锂离子电池关键在于设计，其次是生产。动力锂离子电池设计是在充分考虑动力应用领域对电池的要求进行的锂离子电池设计，如大功率输出、高倍率充放、宽温度范围使用、使用安全和具有较长循环寿命等。

3.2 电池设计

电池设计，首先要考虑电池的电化学体系，即电极材料体系设计，其次是电池容量和结构设计。

电池体系设计（电极体系设计）重点是正负极材料、电解液和隔膜的选配与设计。电池的热设计、安全性设计、可靠性设计等是以前面的设计为前提，通过后续工艺制造来保证。

工艺设计是在选定电池材料体系后进行，内容是选择成熟工艺及制程来实现产品。首先根据电池设计要求，进行正负极涂布浆料的配方优选（导电剂、黏结剂和正负极材料种类及占比），确定电极活性物质量配比，确定正电极、负电极外形尺寸，确定电芯结构（卷绕、叠片）形式。其次根据电池适用类型，确定包装形式（壳体材料及形状）和密封形式等。

锂离子电池设计直接关乎电池性能。这些性能主要是指电池的电化学特性和安全特性等。其中电化学特性主要包括常温容量、倍率性能、低温性能、循环寿命等，安全特性主要包括耐受过充过放、不易热失控、耐受一定强度冲击等。

通常情况下，在设计锂离子电池时，这些性能是需要一起进行平衡和设计的，因为锂离子电池的各种性能通常会互相制约。例如，追求高能量密度的电池设计，其电池循环寿命会相对较低，安全性能也会差些。所以，合理的电池制造参数设计，往往是大量的试验验证或者模拟仿真验证并优选后的结果。

3.2.1 电化学体系设计

电化学材料体系选择，将直接决定电池的质量比能量能否达到期望的最高值，同时也决定电池体系的循环寿命能否最长。

锂离子电池，根据正极材料不同，可分为磷酸铁锂锂离子电池（简称磷酸铁锂电池或铁锂电池）、镍钴锰酸锂和镍锰铝锂锂离子电池（简称三元锂离子电池或三元锂电池）、锰酸锂锂离子电池和钴酸锂锂离子电池（简称锰酸锂电池和钴酸锂电池）。上述电池负极材料主要选用人造石墨或硅碳等材料。

无论是数码产品用的锂离子电池，还是车载动力电池，当前对电池的待机时间或者续驶里程要求越来越高。而更长待机时间或更高续驶里程对锂电池的能量密度要求也越来越大。

对于便携式数码设备（如手机）的锂离子电池，因为要求设备能够随身携带，其用于安装锂电池的空间是非常有限的，因此更关心锂电池的体积能量密度，单位为 W · h/L。

对于车用动力电池而言，安装动力电池组的空间相对宽松，但整车质量与续驶里程有直接关系，因此更关心锂离子电池的质量能量密度，单位为 W · h/kg。

质量能量密度与体积能量密度为锂电池在不同应用领域关于能量密度的两种常用表述方式。我国有关法规或标准里面关于动力电池能量密度的表述采用的是质量能量密度，单位为 W · h/kg。

一般可以从材料设计和工艺设计等方面提高锂电池的能量密度。动力锂离子电池能量密度提升趋势如图 3-1 所示。

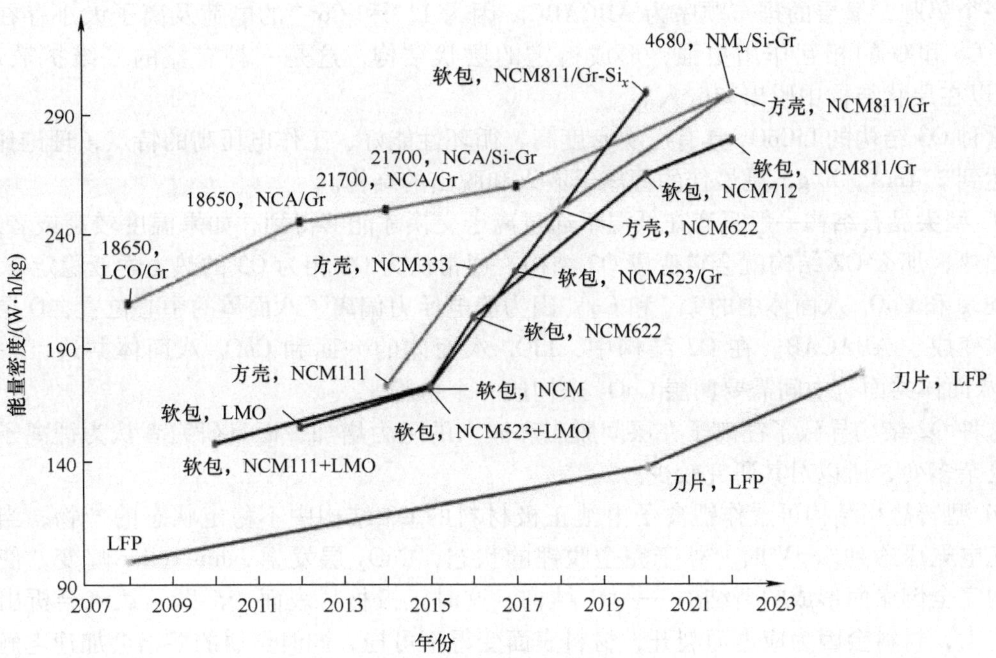

图 3-1　动力锂离子电池能量密度提升趋势

下面将逐一介绍各种正极材料、负极材料、电解液和隔膜的一般物化特性，便于设计者查阅和了解。

1. 正极材料

在锂电池中，正极极片是电池中最重要的部分之一，其质量占整个电池质量的 10% 左右。正极材料的质量占整个正极极片质量的 60% ~ 70%。

提高电池能量密度首先要提高正极材料的比容量。对于正极而言，当前商业化较成熟的材料有钴酸锂（$LiCoO_2$）、三元材料（$LiCo_xMn_yNi_{1-x-y}O_2$，其中 x 表示三元材料中钴的含量，有 523、811 型等）、锰酸锂（$LiMn_2O_4$）和磷酸铁锂（$LiFePO_4$）等。

（1）钴酸锂（$LiCoO_2$）　钴酸锂 $LiCoO_2$ 共有三种不同的结构，最不稳定的 O1 型岩盐相结构、比较稳定的 O2 型尖晶石结构和最稳定的 O3 型层状结构，如图 3-2 所示。

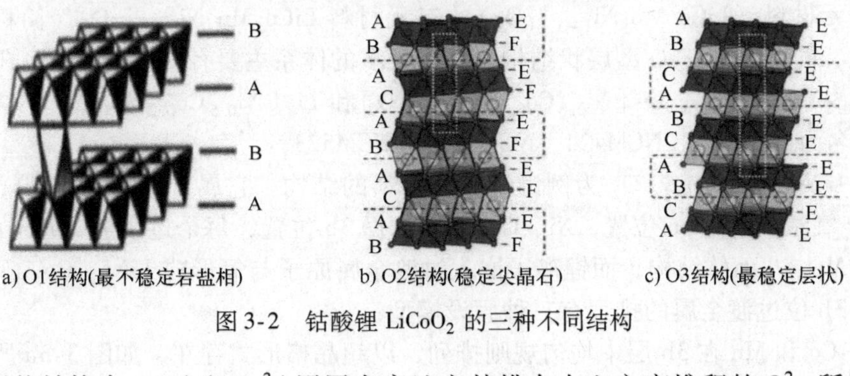

图 3-2　钴酸锂 $LiCoO_2$ 的三种不同结构

O3 型层状结构中，Li^+ 和 Co^{3+} 层层有序地交替排布在立方密堆积的 O^{2-} 所构成的八面体位置中，LiO_6 和 CoO_6 八面体相互共享边缘堆积，它们上下共边，需要三层的 CoO_2 结构构成一个单胞，氧层的排布顺序为 ABCABC。因为 Li^+ 和 Co^{3+} 的电荷及离子大小存在较大差异，Co 和 O 的相互作用更强，形成稳定的层状结构，这是一种有益的二维扩散通道，Li^+ 可以在层状结构中脱出和嵌入。

这种 O3 结构的 $LiCoO_2$ 具有压实密度高、循环性能好、工作电压高的特点，理论比容量可以达到 274mA · h/g，是最佳的锂离子嵌入和脱出的结构。

O2 型尖晶石结构一般只有在低温下通过离子交换才能够得到，如果温度较高或者对 O2 进行加热，那么 O2 结构就会转变成 O3 结构，通常认为 O2 相为 O3 的热力学亚稳定态。

LiO_6 和 CoO_6 八面体中的 Li^+ 和 Co^{3+} 因为静电斥力偏离了八面体的中心位置，O 层的堆积方式变成了 ABACAB。在 O2 结构中，LiO_6 八面体的一面和 CoO_6 八面体共边，一面与 CoO_6 八面体共面，中间需要两层 CoO_2 来构成一个单胞。

这种 O2 结构导致了锂离子在层间脱出和嵌入的阻力增加，而且研究者认为锂离子脱嵌过程复杂多变，所以对其研究较少。

O1 型岩盐相结构可看作锂离子电池正极材料的 O3 结构中不稳定状态的产物，当锂离子的充电电压达到 4.6V 时，处于完全脱锂的状态，CoO_2 层发生 Jahn-Teller 畸变，使得层状结构完全倒塌而形成的新结构——O1 结构。这时正极材料表面变活跃，氧气会析出，Co 开始溶出，材料会因为应力而裂开，材料表面变得不可控，同时金属的溶出会加速电解液的副反应，造成不可逆转的反应。

通常锂离子电池的充电控制电压为 4.25V 以下，这主要是锂离子在脱出的过程中，正极材料发生一些良性可逆转的改变，这个脱出量为正极材料中一半的锂离子，比容量为 130～150mA · h/g。

后来，研究者为了提高锂离子的比容量，发展高压钴，通过在正极材料中加入一定的金属离子，把电压提高到 4.4V 左右，也就是现在的高压锂离子电池。其中脱出的锂离子为 65% 左右，比容量也提高到 170mA · h/g。现在研究者已将电池的充电电压提高到 4.5V，电池的比容量提高到 180mA · h/g。

以钴酸锂为正极的电池具有较高的能量密度，循环寿命长，高温性能好，适用于高放电率和高速充电的应用场景。但因 Co 的存在，成本较高，稳定性和安全性不足，环境污染严重，对湿度敏感。钴酸锂主要用于 3C 市场，在 3C 市场中占据 90% 的市场份额。早期曾用于特斯拉 Roadster 车型，现在看来，它不太适合用作动力电池。

（2）三元材料（$LiCo_xMn_yNi_{1-x-y}O_2$） 三元材料 $LiCo_xMn_yNi_{1-x-y}O_2$（简称 NCM）与 $LiCoO_2$ 类似，同属 α-NaFeO 型层状结构，研究较多的体系主要有 $Li[Ni_{1/3}Co_{1/3}Mn_{1/3}]O_2$、$Li[Ni_{0.4}Co_{0.2}Mn_{0.4}]O_2$、$Li[Ni_{0.8}Co_{0.1}Mn_{0.1}]O_2$ 和 $Li[Ni_{0.5}Co_{0.2}Mn_{0.3}]O_2$ 等，产业界通常简单命名为 NCM111、NCM424、NCM811 和 NCM523。

这里以 $LiNi_{1/3}Co_{1/3}Mn_{1/3}O_2$ 为例讨论三元材料的结构。它属于 R3m 空间群，Li 原子占据 3a 位置，氧原子占据 6c 位置，Ni、Co、Mn 占据 3b 位置，每个过渡金属原子由 6 个氧原子包围形成 MO_6 八面体结构，而锂离子嵌入过渡金属原子与氧形成 $LiNi_{1/3}Co_{1/3}Mn_{1/3}O_2$ 层。目前，关于 3b 位过渡金属的排列有三种假设模型：

1）Ni、Co 和 Mn 在 3b 层中均匀规则排列，以超晶格形式存在，如图 3-3a 所示。

2）Co、Ni 和 Mn 分别组成 3b 层并交替排列，如图 3-3b 所示。

3）Ni、Co 和 Mn 在 3b 层随机分布。

目前研究者对 $LiNi_{1/3}Co_{1/3}Mn_{1/3}O_2$ 层间过渡金属原子的排布结构判断多倾向于第一种结构，但是还未形成统一认识。

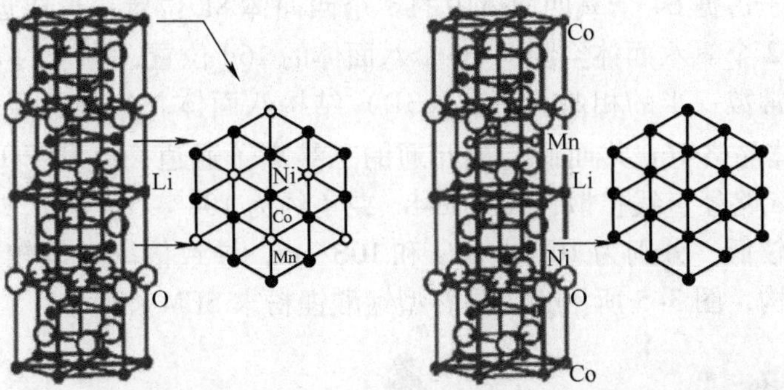

a) [√3×√3]R30°超晶格　　b) Co-O2、Ni-O2、Mn-O2层交替排列晶格

图 3-3　$LiNi_{1/3}Co_{1/3}Mn_{1/3}O_2$ 结构

$LiCo_xMn_yNi_{1-x-y}O_2$ 三元材料中过渡金属离子的平均价态为 +3 价，Co 以 +3 价存在，Ni 以 +2 价及 +3 价存在，Mn 则以 +4 价及 +3 价存在，其中 +2 价的 Ni 和 +4 价的 Mn 数量相等。正电极充放电反应式如下：

$$LiCo_xMn_yNi_{1-x-y}O_2 = Li_{1-z}Co_xMn_yNi_{1-x-y} + O_2 + zLi^+ + ze^- \quad (0 \leqslant x \leqslant 1) \quad (3\text{-}1)$$

随着充电的进行，依次有 Ni^{2+}/Ni^{3+}、Ni^{3+}/Ni^{4+} 和 Co^{3+}/Co^{4+} 电对的氧化，进行电荷补偿，主要通过 Ni^{2+}/Ni^{3+} 和 Ni^{3+}/Ni^{4+} 两个电对进行补偿。Mn、Co 两元素在充电过程中基本不发生变化，氧化态分别稳定在 +4 价和 +3 价。在充电后期，电子由氧原子提供。

在层状正极材料中，均会发生 Li^+ 与过渡金属离子的混排现象，Ni^{2+} 的存在会使混排程度更为突出。这是由于 Ni^{2+} 的离子半径 0.069nm 与 Li^+ 的离子半径 0.076nm 相近，Ni 会占据 Li 的 3a 位置，Li 则进驻 Ni 的 3b 位置。Li^+ 层中 Ni^{2+} 的浓度越大混排越严重，Li^+ 的脱嵌越困难，电化学性能越差。这种混排可用 XRD 特征峰强度的比值 R 来表征，如 $R = I_{003}/I_{104}$，当 $R > 1.2$ 时，材料混排较小，具有较理想的层状结构。

在 $LiCo_xMn_yNi_{1-x-y}O_2$ 中，Ni 能提供电化学所需要的电子，有助于提高比容量，但 Ni 含量增加会导致过渡金属离子混排趋势增加、循环性能恶化；Co 能提高材料的导电性及倍率性能，但过量的 Co 会导致混排增大，比容量也相应下降；Mn 有利于改善安全性能，但过量的 Mn 也会导致层状结构遭受破坏，比容量降低，循环稳定性变差。

三元材料 NCM 综合了单一组分材料的优点，具有明显的三元协同效应。三元材料基本物性和充放电平台与 $LiCoO_2$ 相近，平均放电电压为 3.6V 左右，可逆比容量一般在 150～180mA·h/g。三元材料比 $LiCoO_2$ 容量高且成本低，比 $LiNiO_2$ 安全性好且易于合成，比 $LiMn_2O_4$ 更稳定且又拥有价格和环境友好优势。目前主要用于小型锂离子电池和动力锂离子电池。典型的三元材料还有镍钴铝 NCA（$LiNi_{0.8}Co_{0.15}Al_{0.05}O$）。

以三元材料为正极的电池能量密度较高、循环寿命长、高温性能好、低温性能优于磷酸铁锂，但其制造成本较高、安全性相对较低、环境污染较严重。该种电池主要应用于需求高性能、高能量密度的设备上，如电动汽车、无人机、便携式电子设备等，特斯拉 Model S 车型使用的是 1865 型三元锂离子电池。

（3）锰酸锂（$LiMn_2O_4$） 尖晶石型锰酸锂（LiMnO）属于对称性立方晶系，空间群为Fdm，晶胞参数为0.8246nm。在LiMnO体系中，单位晶格有32个氧原子，氧离子保持面心立方密堆积，锂离子占据64个氧四面体中的8个四面体8a位置，形成近似金刚石的结构，Mn原子重排进入32个氧八面体空隙的16个八面体的16d位置，剩余的16个八面体16c的空位形成立方晶格常数一半的相似的三维（3D）结构八面体。尖晶石型$LiMn_2O_4$中的四面体8a、48f和八面体晶格16c共面而构成互通的三维离子通道，有利于Li^+的嵌入和脱出，锂离子沿8a-16c-8a路径直线扩散，8a-16c-8a夹角约为108°。事实上，LiMnO的锂离子迁移速率和电导率都较低，分别为10^{-10}cm/s和10S/cm，导致倍率性能较差。图3-4所示为尖晶石型锰酸锂结构，图3-5所示为尖晶石型锰酸锂粉末SEM图片。

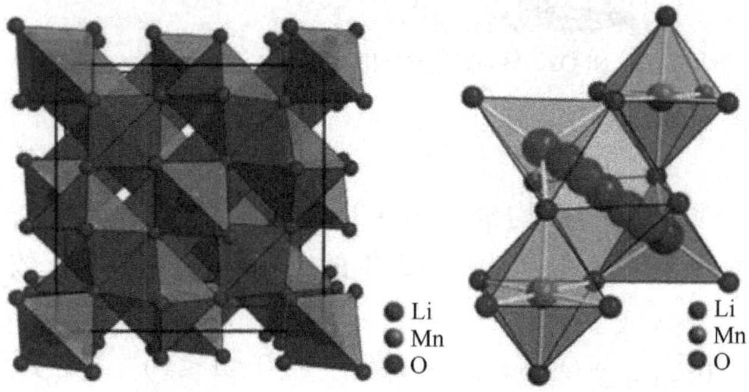

a) 结构单元　　b) 锂离子扩散路径

图3-4　尖晶石型锰酸锂结构

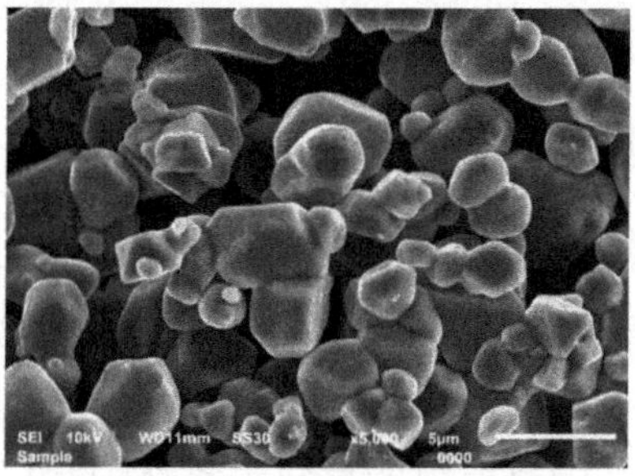

图3-5　尖晶石型锰酸锂粉末SEM图片

LiMnO中包含的+3价和+4价的Mn，各占50%。锰酸锂的电化学反应可用下式表示：

$$LiMn_2O_4 = Li_{1-x}Mn_2O_4 + xLi^+ + xe^- \tag{3-2}$$

充电脱锂时，Li从8a脱出，$n(Mn^{3+})/n(Mn^{4+})$比变小，当Mn^{3+}全部变为Mn^{4+}时，形成稳定的［Mn］O尖晶石骨架。LiMnO完全充电，脱锂形成λ-MnO，可能在化学计量不变的情况下发生相变，经ε-MnO转变成没有活性的β-MnO，导致容量衰减。

放电嵌锂时，Li嵌入［Mn］O基体中，优先嵌入8a位置，伴随部分Mn^{4+}还原为Mn^{3+}，但尖晶石的骨架保持不变。尖晶石型锰酸锂的放电曲线如图3-6所示。

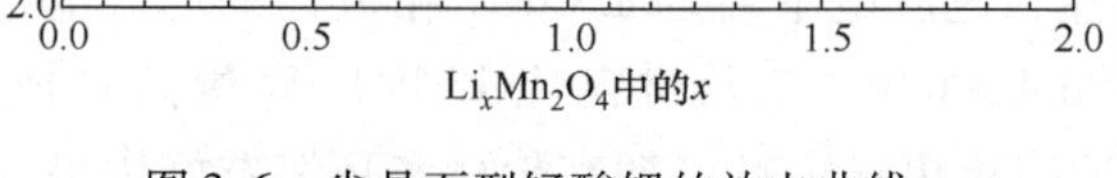

图3-6　尖晶石型锰酸锂的放电曲线

嵌锂过程分三步进行：

1）当$x≤0.5$时，锂离子先均匀占据每个晶胞一半的8a位置，此时对应开路电压为4.14V。$x=0.5$附近电压有一个略微地下降，对应于锂离子在一半的四面体8a位置即将嵌满。也有文献认为放电嵌锂的初期（$x<0.5$）有两相共存，在$x=0.2$时存在一个新立方相。

2）当$0.5<x≤1$时，锂离子嵌入另一半8a位置，此时对应开路电压为4.03V（相对Li/Li^+）。8a位置占满时，对应的Mn^{3+}有一半转变为Mn^{4+}。

3）当$x>1$时，锂离子进一步嵌入16c位置，这时嵌锂电压由4V变为3V。

根据经典的晶体场理论，MnO 配位八面体的形状取决于 Mn 中心离子的化合价，当有更多的 Mn 化合价变为 +3 时，MnO 配位八面体的形状由立方晶系堆积的氧点阵变为四方晶系的氧点阵，使得沿 c 轴方向的 Mn-O 键长变长，而沿 a 轴和 b 轴的则变短，晶胞单元的体积增加了 6.5%，发生 Jahn-Teller 效应，如图 3-7 所示。Jahn-Teller 效应会导致尖晶石晶格的变化甚至破坏，从而破坏锂离子的三维离子迁移通道，使锂离子的脱出和嵌入难以可逆进行，表现为 $LiMn_2O_4$ 正极材料容量的衰减。

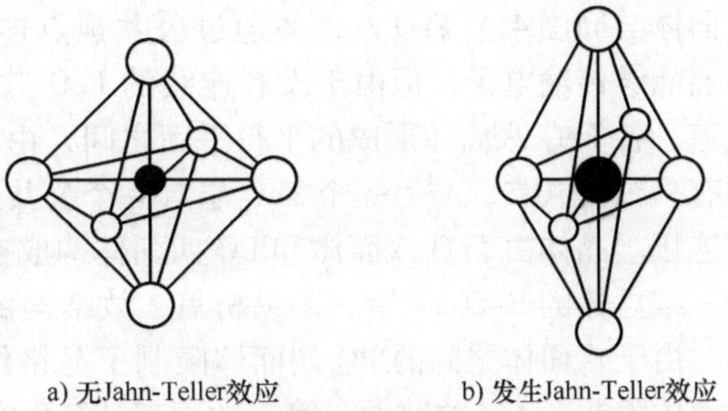

a) 无Jahn-Teller效应　　b) 发生Jahn-Teller效应

图 3-7　尖晶石型锰酸锂发生 Jahn-Teller 效应前后的结构

另外，$LiMn_2O_4$ 在充放电过程中，Mn 容易发生溶解。这是由于电解液中残留的微量水与含氟磷酸盐（$LiPF_6$）反应生成 HF，导致 $LiMn_2O_4$ 中 Mn^{3+} 发生歧化反应生成 Mn^{4+} 和 Mn^{2+}，其中 Mn^{4+} 则形成 MnO 留在材料中，Mn^{2+} 进入电解液。

$$LiPF_6 + H_2O = LiF + OPF_3 + 2HF \tag{3-3}$$

$$2LiMn_2O_4 + 4H^+ = 2Li^+ + 3\lambda\text{-}MnO_2 + Mn^{2+} + 2H_2O \tag{3-4}$$

进入电解液的 Mn^{2+} 还可以进一步反应生成 MnO 并沉积在负极上。从上述反应式还可以看出，Mn^{3+} 的歧化反应过程会生成 HO^-，而 HO^- 又会进一步促使 HF 的产生，这便构成了一个恶性循环。这是一个自催化的反应，而且温度的升高会加剧这一反应。因此，尖晶石型 $LiMn_2O_4$ 在高温下容量会快速衰减。

尖晶石结构锰酸锂（$LiMn_2O_4$）的优点是电压高、抗过充性能好、安全性能好、容易制备，同时 Mn 资源丰富、价格便宜、无毒无污染；缺点是比容量低且可提升空间小，在正常的充放电使用过程中 Mn 会在电解质中缓慢溶解，深度充放电和高温条件下晶格畸变较为严重，导致循环性能变差。目前 $LiMn_2O_4$ 主要用于动力锂离子电池。

以 $LiMn_2O_4$ 材料为正极的电池成本低、安全性好、环保、循环寿命长、低温性能好。但它的能量密度一般、高温性能较差、充放电效率较低。日韩、欧美、中国均有企业采用锰酸锂电池作为动力电池。

（4）磷酸铁锂（$LiFePO_4$）　磷酸铁锂（$LiFePO_4$）是橄榄石结构的正极材料，属于正交晶系（$a \neq b \neq c$，$\alpha = \beta = \gamma = 90°$），空间群为 Pnmb。$LiFePO_4$ 的晶体结构中 O 原子以稍微扭曲六面紧密结构的形式堆积，Fe 原子和 Li 原子均占据八面体中心位置，形成 FeO 八面体和 LiO 八面体，P 原子占据四面体中心位置，形成 PO 四面体，具体如图 3-8 所示。

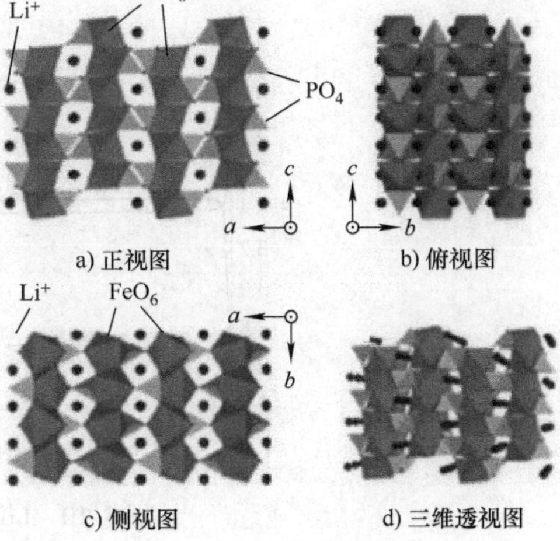

a) 正视图　　b) 俯视图

c) 侧视图　　d) 三维透视图

图 3-8　$LiFePO_4$ 晶体结构

$LiFePO_4$ 的晶胞参数 a = 1.0329nm、b = 0.6011nm、c = 0.4690nm。沿 a 轴方向，交替排列的 FeO 八面体、LiO 八面体和 PO 四面体形成了一个层状结构。在 bc 面上，每一个 FeO

八面体与周围4个FeO八面体通过公共顶点连接起来，形成锯齿形的平面层。这个过渡金属层能够传输电子，但由于没有连续的FeO共边八面体网络，因此不能连续形成电子导电通道。各FeO八面体形成的平行平面之间，由PO四面体连接起来，每一个PO与一个FeO层有一个公共点，与另一个FeO层有一个公共边和一个公共点，PO四面体之间彼此没有任何连接。晶体由FeO八面体和PO四面体构成空间骨架。在$LiFePO_4$结构中，由于存在较强的三维立体的P-O-Fe键，不易析氧，故结构稳定。

由于八面体之间的PO四面体限制了晶格体积的变化，在锂离子所在的*ac*平面上，PO四面体限制了Li^+的移动。第一性原理计算研究发现，锂离子沿*b*方向的迁移速率要比其他可能的方向快至少11个数量级，这说明Li^+在$LiFePO_4$、$FePO_4$晶格中均为一维扩散，造成$LiFePO_4$材料电子电导率和离子扩散速率低。Yamada等利用中子衍射进一步证实了其在$FePO_4$的一维扩散路径，如图3-9所示。

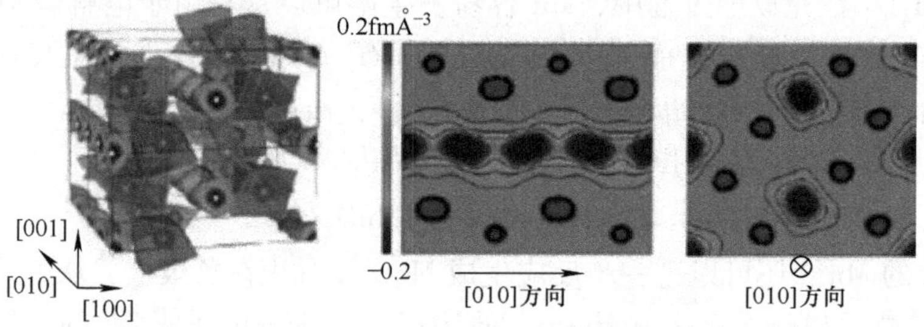

图3-9　利用中子衍射图像得到的锂离子分布密度

$LiFePO_4$中的Fe为+2价，在充电过程中，Fe由+2价变为+3价，而在放电过程中，Fe由+3价变为+2价，发生的电化学反应可用下式表示：

$$LiFePO_4 \rightarrow Li_{1-x}FePO_4 + xLi^+ + xe^- \qquad (0 \leqslant x < 1) \qquad (3\text{-}5)$$

$LiFePO_4$的充放电曲线如图3-10所示，由图可见，在充放电曲线上均存在一个非常平坦的电位平台。按照电化学计算$LiFePO_4$的理论比容量为170mA·h/g，电压为3.4V（相对Li/Li^+）。

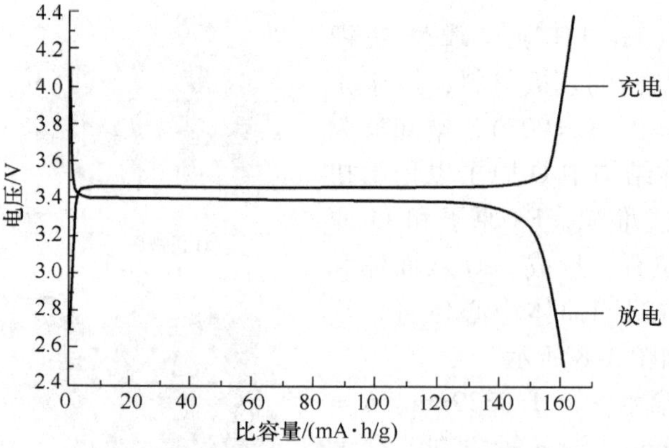

图3-10　$LiFePO_4$的充放电曲线

在 $LiFePO_4$ 充放电过程中，XRD 和 Mssbaur 谱研究发现，充放电过程中 $FePO_4$ 和 $LiFePO_4$ 两相的存在，在充放电曲线中均存在一个平坦的电位平台与之相对应，也表明 Li 的脱/嵌可能只伴随着一个相变过程。$LiFePO_4$ 以相变形式表示的充放电反应过程可用下式表示：

充电：　$LiFePO_4 \rightarrow xFePO_4 + (1-x)LiFePO_4 + xLi^+ + xe^-$　$(0 \leqslant x < 1)$　(3-6)

放电：　$FePO_4 + xLi^+ + xe^- \rightarrow xLiFePO_4 + (1-x)LiFePO_4$　$(0 \leqslant x < 1)$　(3-7)

针对 $LiFePO_4$ 颗粒中 Li^+ 的嵌入和脱出过程，人们最早提出了“核收缩”模型，如图 3-11 所示。

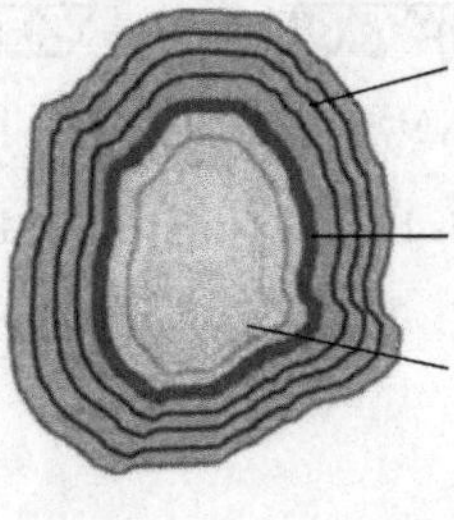

图 3-11　Li^+ 脱/嵌过程中 $FePO_4/LiFePO_4$ 界面运动示意图

该模型认为，在充电过程中，随着锂离子的脱出，$LiFePO_4$ 不断转化成 $FePO_4$，并形成 $FePO_4/LiFePO_4$ 界面，充电过程相当于这个界面向颗粒中心的移动过程。界面不断缩小，直至锂离子的脱出量不足以维持设定电流最小值时，充电结束。此时颗粒中心锂离子尚未来得及脱出的 $LiFePO_4$ 就变成了不可逆容量损失的来源。反之，放电过程就是从颗粒中心开始的，$FePO_4$ 转化为 $LiFePO_4$ 的过程。$FePO_4/LiFePO_4$ 界面不断向颗粒表面移动，直至 $FePO_4$ 全部转化为 $LiFePO_4$，放电结束。无论是 $LiFePO_4$ 的充电还是放电过程，锂离子都要经历一个由外到内或者由内到外通过相界面的扩散过程。其中锂离子穿过 $FePO_4/LiFePO_4$ 几个纳米厚的相界面的过程，是 Li^+ 扩散的控制步骤。此后，人们还提出了辐射（radial）模型和马赛克（mosaic）模型等，加深了对 $LiFePO_4$ 嵌锂机理的认识。

电池的充放电过程中，电池材料在斜方晶系的 $LiFePO_4$ 和六方晶系的 $FePO_4$ 两相之间转变。由于 $LiFePO_4$ 和 $FePO_4$ 在 200℃以下以固溶体形式共存，在充放电过程中没有明显的两相转折点，因此，磷酸铁锂电池的充放电电压平台长且平稳。另外，在充电过程完成后，正极 $FePO_4$ 的体积相对 $LiFePO_4$ 仅减少 6.81%，再加上 $LiFePO_4$ 和 $FePO_4$ 在低于 400℃时几乎不发生结构变化，具有良好的热稳定性，在室温到 85℃范围内，与有机电解质溶液的反应活性很低。因此，磷酸铁锂电池在充放电过程中表现出了良好的循环稳定性，具有较长的循环寿命。

磷酸铁锂（$LiFePO_4$）材料具有橄榄石型晶体结构，其化学稳定性、热稳定性较好、循环性能和安全性能优异。制备 $LiFePO_4$ 的原材料易得、价格便宜且无毒无污染。但该材料比容量低、电压低、充填密度低、大电流性能不好、低温性能差。由于不能在空气中合成、产品一致性较差。

以磷酸铁锂（$LiFePO_4$）材料为正极的锂离子电池，目前主要用于大型动力锂离子电池。它成本低、安全性好、环保、循环寿命长、高温性能好。但能量密度较低、低温性能较差、充放电效率较低。目前，我国车企 60% 左右的车型都采用磷酸铁锂电池作为动力电源，如比亚迪、北汽等。

（5）富锂锰基正极材料（Li_2MnO_3 和 $LiMO_2$）　富锂锰基正极材料是一种下一代锂离子电池用正极材料，由 Li_2MnO_3 与 $LiMO_2$（M = Ni、Co、Mn）两种组分构成，其中氧都是立方紧密堆积，锂离子和过渡金属离子占据氧八面体的间隙。图 3-12 所示为 Li_2MnO_3 和 $LiMO_2$ 结构，图 3-13 所示为 Li_2MnO_3 和 $LiMO_2$ 两相混合图，图 3-14 为充放电过程中

Li_2MnO_3 和 $LiMO_2$ 物质相态关联示意图，图 3-15 所示为典型富锂锰基正极材料的充放电曲线。

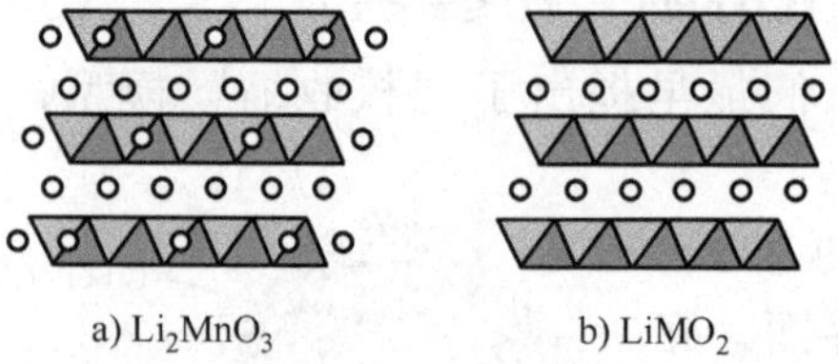

图 3-12　Li_2MnO_3 和 $LiMO_2$ 结构

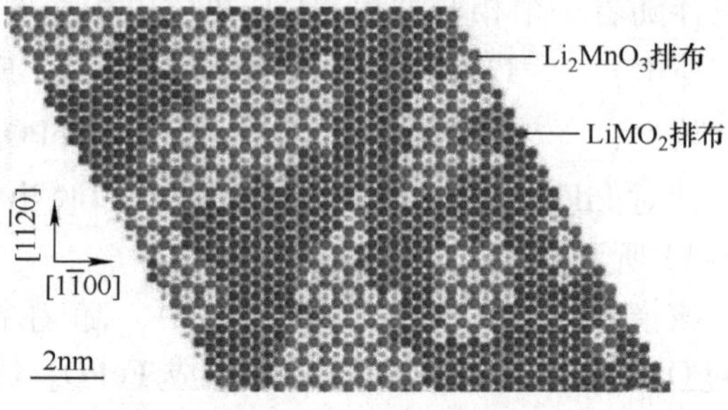

图 3-13　Li_2MnO_3 和 $LiMO_2$ 两相混合图

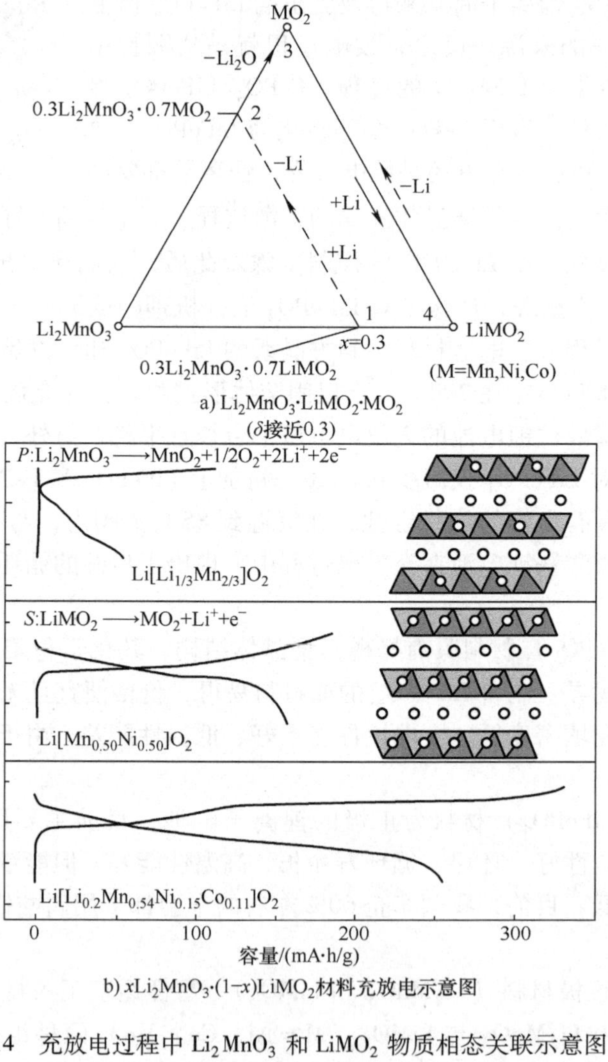

图 3-14　充放电过程中 Li_2MnO_3 和 $LiMO_2$ 物质相态关联示意图

相比传统的层状正极材料、立方尖晶石正极材料和聚阴离子磷酸盐正极材料，富锂锰基正极材料具有放电比容量高（>250mA·h/g）、成本低、环境友好等特点。其突出特点是在2~4.8V电压范围内发挥250mA·h/g以上的比容量。由于材料中有大量的锰元素，与$LiCoO_2$和三元材料相比，不仅价格低，而且循环性能好。

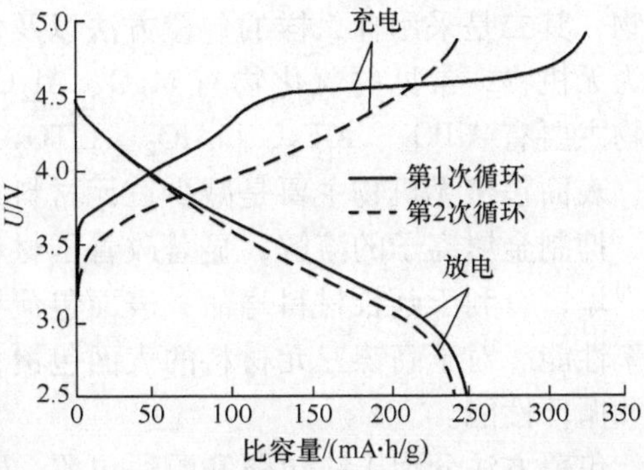

图3-15 典型富锂锰基正极材料的充放电曲线

富锂锰基正极材料也有缺点。在充放电过程中容易发生容量衰减、结构破坏等问题，导致循环性能变差。尤其是在高温、高功率下，容易引起材料极化、失活等现象，影响电池使用寿命和性能表现。富锂锰基正极材料的使用寿命较短，往往在几百个循环后就会出现容量下降、电化学活性降低等问题。这与其结构稳定性差、材料成分不稳定等因素有关。富锂锰基正极材料的安全性能较差，容易发生过度放电、热失控等问题，引发电池燃烧、爆炸等危险事件。这是由于材料化学稳定性差、结构改变、电化学反应等因素导致的。

（6）正极材料改性　正极材料可以通过生产工艺的优化，如优化沉淀反应的pH值、搅拌方式、搅拌速度、原料浓度、烧结温度和烧结时间等，来优化材料性能。优化生产工艺可以降低材料表面残碱含量，改善晶体结构完整性，减少材料中细粉的含量等，这些因素都对材料的电化学性能有较大影响。

为了消除某些材料缺陷，增强某种结构或特定性能，通常都会对正极材料进行掺杂、包覆的改性。掺杂和包覆等化学的方式也可以对材料的性能进行改善。

这里仅简单介绍三元正极材料的改性方法，其他正极材料也可以根据结构或特性需求进行改性，但因篇幅所限，不再一一介绍，读者如感兴趣，可参阅相关文献。

掺杂某些金属或非金属元素到三元材料晶格中，可提高其电子电导率和锂离子扩散系数、稳定结构、降低阳离子混排程度，从而改善材料的循环性能。根据掺杂元素的不同可以分为阳离子掺杂、阴离子掺杂以及混合掺杂。

1）阳离子掺杂可以抑制Li/Ni的阳离子混排，有助于减少首次不可逆容量，同时可以使层状结构更完整，提高晶体结构的稳定性，从而有助于提高NCM的倍率性，这对改善材料的循环性能和热稳定性的效果是比较明显的。目前，阳离子掺杂的金属阳离子主要有Mg^{2+}、Al^{3+}、Ti^{4+}、Zr^{4+}、Zn^{2+}等，其中Mg^{2+}的半径接近Li^{+}，比较容易进入锂位，且具有电化学惰性的Mg^{2+}能稳定层状结构，改善材料的循环性能。

2）阴离子掺杂主要是掺杂与氧原子半径相近的氟原子。适量地掺杂F^{-}可以促进材料的烧结，使正极材料的结构更加稳定。F^{-}的掺杂还能够在循环过程中稳定活性物质和电解液之间的界面，提高正极材料的循环性能。

3）混合掺杂一般是同时使用F^{-}和一种或者数种阳离子进行掺杂。常见的组合是Mg-F、Al-F、Ti-F、Mg-Al-F、Mg-Ti-F几种。混合掺杂对NCM的循环和倍率性能改善比较明显，对材料的热稳定性也有一定提高，是目前国际主流正极厂家采用的主要改性方法。

表面包覆是指在材料表面覆盖另外一种物质。适当厚度、分布均匀的包覆层能够有效减少电解液对活性物质的侵蚀，提高电子电导率，稳定材料结构，能抑制高电压、高温下电解液的分解，从而提高材料的循环稳定性和倍率性能。表面包覆的难点之一是选择什么样的包覆物，其二是采用什么样的包覆方法以及包覆量。目前用于三元正极材料较多的包覆物质主要为无机物，常见的氧化物有 MgO、Al_2O_3、ZrO_2、SiO_2、SnO_2 和 TiO_2 几种，常见的非氧化物主要有 $AlPO_4$、AlF_3、$LiAlO_2$、$LiTO_2$ 等。

表面包覆无机物主要是减少三元材料与电解液的接触，从而减少材料与电解液发生副反应，抑制金属离子的溶解，显著改善了材料的安全性和循环稳定性，同时还减少了材料结构的坍塌，有利于延长材料寿命；表面包覆导电层物质可提高材料的电子电导率，从而提高其倍率性能。对于高镍三元材料的表面包覆，还可以降低其表面残碱含量，改善材料的涂布效果和循环性能。

包覆方法分为干法包覆和湿法包覆。干法包覆是将制备好的三元材料与包覆添加剂均匀混合后再进行二次烧结，此方法工艺简单但存在均匀性差的问题；湿法包覆既可以在前驱体阶段进行包覆，也可以在制备成三元材料后用化学沉积等方法进行包覆，此方法包覆均匀性较好，但工艺复杂，成本较高。因此，选择包覆方法时，应由厂家根据自身情况选择合适的工艺路线。

总体来说，不同类型的锂离子电池材料适用于不同的应用场景，需要根据实际需求进行选择，三元材料电池和磷酸铁锂电池是目前最主流的应用。不同正极材料电池特点及应用见表 3-1。

表 3-1　不同正极材料电池特点及应用

锂电池分类	理论比容量/(mA·h/g)	应用车型	优点	缺点	定位
钴酸锂($LiCoO_2$)	273	特斯拉 Roadster	能量密度大	热稳定性低、安全性能差	不适合用作动力电池，3C 应用为主
三元材料(NCM/NCA)	280	特斯拉 Model S	能量密度可达最高、电化学稳定性好	钴价高、不环保、安全性略优于钴酸锂	动力电池，高性能，长续航
锰酸锂($LiMn_2O_4$)	148	日产聆风	价格最低、安全、无专利限制、综合性能出色	能量密度一般、循环寿命短、高温性能差、深度放电时容量衰减迅速	动力电池，日、韩、欧美各车型采用。日本该类电池技术较为领先，国内少数车型使用
磷酸铁锂($LiFePO_4$)	170	比亚迪 E6	环保、价格低、热稳定性好、循环寿命长	能量密度低、内阻大、低温性能差	动力电池，我国各类车型采用
富锂锰基正极材料(Li_2MnO_3 和 $LiMO_2$，M = Ni、Co、Mn)	378	不详	能量密度大、价格低、化学稳定性好、安全性高、环保	循环寿命短、容量衰减快、不适用高功率	研究试用中

2. 负极材料

商品化锂离子电池中应用最成功的负极材料是碳材料，碳材料在锂离子电池中取代金属锂作为负极，使电池的安全性能和循环性能得到很大提高，同时又保持了锂离子电池高电压的优势。

以碳为负极的锂离子电池比容量高、循环效率高、循环寿命长，电池内部没有金属锂。通常，锂在碳材料中形成的化合物的理论表达式为 Li_xC_6，其理论比容量为 372mA·h/g。

一般来说，对负极材料的选择应满足以下条件：

1）脱嵌 Li^+ 反应具有低的氧化还原电位，以满足锂离子电池具有较高的输出电压。

2）Li^+ 嵌入脱出的过程中，电极电位变化较小，这样有利于电池获得稳定的工作电压。

3）可逆容量大，以满足锂离子电池具有高的能量密度。

4）脱嵌 Li^+ 过程中结构稳定性好，以使电池具有较高的循环寿命。

5）嵌 Li^+ 电位如果在 1.2V（相对 Li^+/Li）以下，负极表面应能生成致密稳定的固体电解质膜（SEI），从而防止电解质在负极表面持续还原，不可逆地消耗来自正极的 Li^+。

6）具有比较低的 e^- 和 Li^+ 的输运阻抗，以获得较高的充放电倍率和低温充放电性能。

7）充放电后材料的化学稳定性好，以提高电池的安全性、循环性，降低自放电率。

8）环境友好，制造过程及电池废弃的过程不会对环境造成严重污染和毒害。

9）制备工艺简单，易于规模化，制造和使用成本低。

10）资源丰富。

简而言之，要选比能量高、相对锂电极的电极电位低、充放电反应可逆性好的材料。该类材料与电解液和黏结剂的兼容性好；材料的比表面积小（$<10m^2/g$）、振实密度高（$>2.0g/cm^3$）；材料嵌锂过程中尺寸和机械稳定性好；原材料资源丰富、价格低廉，在空气中稳定，无毒副作用。

负极材料通常有石墨（天然、人工合成）、无定型材料（软碳、硬碳）、非碳系材料（硅碳复合材料）等。与正极材料一样，可以通过提高负极材料的容量来提高电池的能量密度。图 3-16 所示为负极材料的两种不同分类方法，表 3-2 所列为常见负极材料的性能对比。

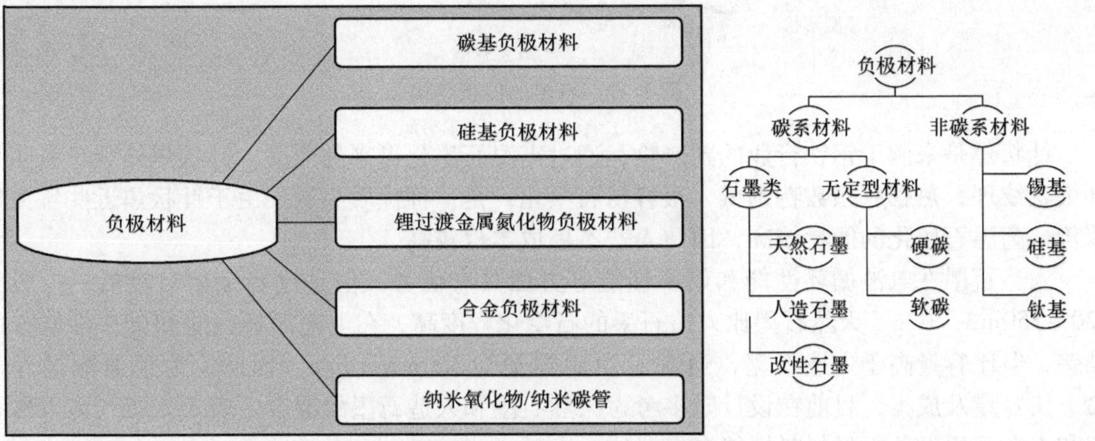

图 3-16　负极材料的两种不同分类方法

表 3-2　常见负极材料的性能对比

负极材料	比容量 /(mA·h/g)	首周效率 (%)	振实密度 /(g/cm³)	压实密度 /(g/cm³)	工作电压 /V	循环寿命 /次	安全性	倍率性能
天然石墨	340~370	90~93	0.8~1.2	1.6~1.85	0.2	>1000	一般	差
人造石墨	310~360	90~96	0.8~1.1	1.5~1.8	0.2	>1500	良好	良好
MCMB（中间相碳微球）	280~340	90~94	0.9~1.2	1.5~1.7	0.2	>1000	良好	优秀

（续）

负极材料	比容量/(mA·h/g)	首周效率(%)	振实密度/(g/cm³)	压实密度/(g/cm³)	工作电压/V	循环寿命/次	安全性	倍率性能
软碳	250～300	80～85	0.7～1.0	1.3～1.5	0.52	>1000	良好	优秀
硬碳	250～470	80～85	0.7～1.0	1.3～1.5	0.52	>1500	良好	优秀
LTO（钛酸锂）	165～170	98～99	1.5～2.0	1.8～2.3	1.55	>30000	良好	优秀
硅基材料	380～950	60～92	0.6～1.1	0.9～1.6	0.3～0.5	300～500	良好	一般

（1）石墨　石墨是当前商业化最成熟的负极材料。石墨分为人造石墨和天然石墨。人造石墨的原材料是石油焦、针状焦、沥青焦等。石油焦是石油渣油、石油沥青经过焦化后得到的可燃固体产物。沥青焦是一种由石油沥青或重质原油经过高温裂解（通常在450～550℃之间）制得的高碳含量固体材料。图3-17所示为石墨的层状结构。

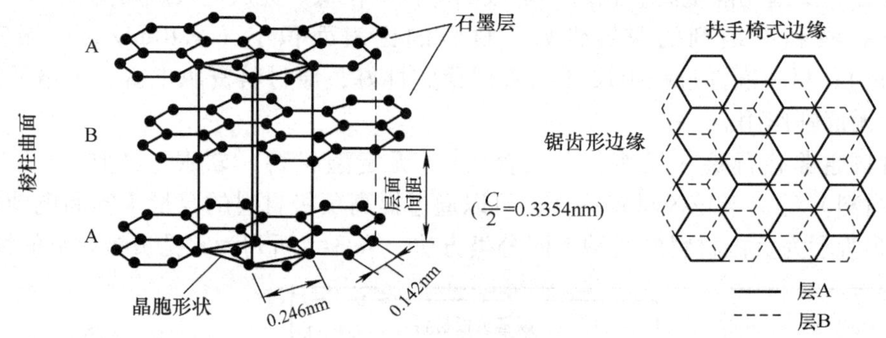

图3-17　石墨的层状结构

针状焦是来源于钢铁行业的副产物，通过高温石墨化得来的产品。针状焦外观具有明显纤维状纹理，热膨胀系数特别低，很容易石墨化，是一种优质焦炭。由于针状焦近些年大幅涨价，高温石墨化的能耗较高，因此人造石墨成本也较高。

人造石墨在电池循环性能和倍率性能等方面具有优势，但是比容量相对较低，一般为320～350mA·h/g。天然石墨比人造石墨的石墨化程度高，在电池循环性能和倍率性能方面稍差，但比容量高于人造石墨，通常可用比容量为350mA·h/g。因此，为了兼顾循环寿命、比容量及成本，目前在设计时多考虑天然石墨和人造石墨的混合。表3-3所列为天然石墨和人造石墨做负极材料时性能指标对比。

表3-3　天然石墨和人造石墨做负极材料时性能指标对比

性能指标	天然石墨	人造石墨
比容量/(mA·h/g)	340～370	310～360
首次效率（%）	90	93
循环寿命/次	>1000	>1500
工作电压/V	0.2	0.2
快充性能	一般	一般

（续）

性能指标	天然石墨	人造石墨
倍率性能	差	一般
安全性	一般	良好
优点	技术及配套工艺成熟、成本低	技术及配套工艺成熟、循环性能好
缺点	比容量已到极限、循环性能及倍率性能较差、安全性一般	比容量低、倍率性能一般
发展方向	降低成本、改善循环性能	提高容量、降低成本、降低内阻

（2）非石墨（软碳、硬碳）　软碳是指可石墨化碳，主要有石油焦、针状焦、碳纤维、焦炭、碳微球等。石油焦、碳纤维、碳微球，这类材料的结构常为无序，晶粒尺寸小，碳原子之间的排列是任意旋转或平移的，这使其具有较大的层间距和较小的层平面，Li^+在其中扩散的速率较快，能使电池进行更快速的充放电，且无定型碳比表面积大，表面含较多的极性基团，能与电解液有较好的相容性。

Sony公司于1990年推出的第一代锂离子二次电池是用石油焦做负极材料，它是由石油沥青在1000℃左右热处理，使其脱氧、脱氢而成。这类碳材料中存在一定杂质，难以制备高纯碳，具有非结晶结构，呈涡轮层状，但资源丰富、价格低廉。

焦炭具有热处理温度低、成本低以及与PC（碳酸丙烯酯）基电解液相溶等特点，因此可以降低电池成本。此外，其锂离子嵌、脱速率较石墨大，有较好的载荷特性。

硬碳是指难石墨化碳，是高分子聚合物的热解碳。将具有特殊结构的交联树脂在1000℃左右热解可得硬碳，这类硬炭主要由单层石墨构成，这些石墨层相互交错形成孔径和开孔都很小的微孔。这类碳在2500℃以上的高温难以石墨化。常见的硬碳有树脂碳（如酚醛树脂、环氧树脂和聚糠醇树脂等）、有机聚合物热解碳（如PFA、PVC、PVDF和PAN等）和炭黑（乙炔黑）等。研究发现，硬碳材料均具有很高的可逆比容量，一般为500～700mA·h/g。其中，聚糠醇树脂碳（PFAC）的比容量可达到400mA·h/g，含硫聚合物热解所得硬碳的比容量为500mA·h/g，聚苯酚热解所得硬碳的比容量为580mA·h/g，沥青、PVC、聚对亚苯基（PPP）和环氧酚醛树脂热解所得硬碳的比容量均大于700mA·h/g。

（3）硅基负极材料　由于新能源汽车对续航能力要求的提高，锂电池负极材料应向着高比容量方向发展。石墨负极比容量的发展已接近极限（372mA·h/g），而硅基负极的理论比容量为4200mA·h/g，因此使用硅基负极材料的锂电池在比容量、续航能力等方面具有比较显著的优势，是市场公认的下一代负极。表3-4所列为硅基负极材料与石墨负极材料优缺点对比，表3-5所列为硅碳负极材料和硅氧负极材料对比。

表3-4　硅基负极材料与石墨负极材料优缺点对比

负极材料	原材料	安全性	倍率性能	成本	优点	缺点
天然石墨	鳞片石墨	一般	差	低	能量密度高、加工性能好	与电解液相容性差、体积膨胀大
人造石墨	石油焦、沥青焦、针状焦	良好	良好	低	体积膨胀小、循环性能好	能量密度低、加工性能差
硅基负极材料	淀粉和SiO	良好	一般	高	能量密度高	首次效率低、循环性能差

表 3-5 硅碳负极材料和硅氧负极材料对比

性能指标	硅碳负极材料	硅氧负极材料
比容量 /(mA · h/g)	4200	1400
首次效率（%）	92	92
循环寿命/次	>500	>800
工作电压/V	0.4	0.4
体积膨胀率	300%	120%
快充性能	一般	一般
倍率性能	差	一般
安全性	一般	良好
成本	高	低
工艺	成熟	相对复杂
发展方向	纳米化、多孔化，改善循环性能和倍率性能	歧化处理、预锂化、合金化，提高首次效率

硅单质的能量密度高，但体积膨胀大，导致循环性能和倍率性能差，故难以实现产业化，一般采用硅纳米化或氧化亚硅，并与石墨复合进行改性改进。硅基负极材料主要分为硅碳（Si-C）负极材料和硅氧（SiO）负极材料。硅碳负极材料采用纳米硅和基体材料形成前驱体，目前商业化的比容量在450mA · h/g以下；硅氧负极材料采用纯硅和二氧化硅合成一氧化硅形成前驱体，目前商业化应用比容量为450～500mA · h/g，成本较高。

硅碳负极电池主要用于消费领域（3C），硅氧负极电池主要用于电动汽车动力电池，少部分用于消费领域（3C）。

由于膨胀带来的循环问题，在负极石墨中，硅的添加量较少，比较成熟的使用量一般不大于10%。

Si-C 相对 SiO 而言，其首次效率略高，循环性能相似，但是成本会高很多。目前松下生产的电池使用 SiO 较多，特点是首次效率相对较低、循环性能较好、成本低。

在进行负极设计时，除了考虑硅碳类本身的材料膨胀以及循环衰减快的特点，对于复配主体石墨的选择也很重要，通过较好的石墨性能来弥补硅碳负极的缺陷，是当前普遍使用的一种方法。

硅基负极材料的储锂机理与石墨负极材料不同，其主要是通过与锂形成 $Li_{12}Si_7$、$Li_{13}Si_4$、Li_7Si_3、$Li_{22}Si_5$ 等多种合金相，其中最高锂含量的合金相为 $Li_{22}Si_5$，硅和锂完成合金化反应，一个硅原子可以和4.4个锂进行合金化，其理论比容量高达4200mA · h/g，是石墨负极的10倍左右，是目前已知比容量最高的锂离子电池负极材料。采用硅基负极材料的锂电池质量能量密度可以提升8%以上，同时每千瓦时电池的成本可以至少下降3%。图3-18所示为硅碳材料结构示意，图3-19所示为硅碳材料SEM图片。

目前，受限于成本、技术和效率，负极材料市场仍主要以天然石墨和人造石墨为主，其中人造石墨占比超80%。

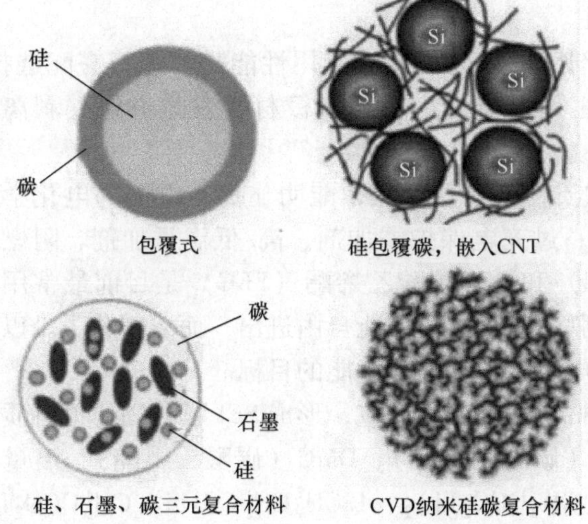

图 3-18　硅碳材料结构示意

图 3-19　硅碳材料 SEM 图片

从负极材料的稳定性角度，碳基负极材料的膨胀系数最小，是最有利于循环寿命的负极材料。

纯硅材料还不适合单独作为锂离子电池负极材料应用。主要原因是：充放电过程中，硅会发生巨大的膨胀收缩，体积变化达到 300%，膨胀和收缩会造成活性材料与基体材料分离，使电极内阻加大，还会不断对负极表面的 SEI 膜造成破坏，导致电池循环性能变差；纯硅材料是半导体，电子导电性差，生产工艺不成熟。

为缓解硅基负极材料的膨胀，控制体积效应和提高导电特性，往往进行硅碳材料的复合。如掺杂石墨，采用碳纳米管、石墨烯等类似结构的硅材料，对硅基材料进行纳米化和包覆等。辅之以电解液、电极基材、黏结剂优选及改性，避免硅基负极材料粉化，提升循环性能。

3. 电解液

锂电池电解液是电池中离子传输的载体。电池的正负极和隔膜都浸泡在电解液中，在充放电过程中，电解液作为锂离子的传输媒介，一方面提供部分活性锂离子，作为导电离子使用；另一方面提供离子通道，帮助锂离子在其中自由移动。电解液对电池的能量密度、功率密度、循环寿命、安全性能、宽温应用等起着关键性作用。适宜的电解液应具备以下特性：良好的导电性能，离子迁移的阻力小，能有效促进电极可逆反应的进行；良好的化学稳定性，不与正极、负极、隔膜、黏结剂等材料发生化学反应；宽电位范围，需要有 0 ~ 5V 的电化学稳定窗口；工作温度范围宽，在较宽的温度范围内（一般为 -40 ~ 70℃）保持液态；环境友好，无毒或者低毒性。

锂离子电池电解液一般是由高纯度的有机溶剂、电解质锂盐、必要的添加剂等原料，在一定条件下、按一定比例配制而成的。一般情况下，按质量占比，溶剂占 80% ~ 85%、锂盐占 10% ~ 12%、添加剂占 3% ~ 5%。

实际应用中，一般将高介电常数溶剂与低黏度溶剂混合使用，达到相互协作的目的，所以，电解液采用混合溶剂体系，目前 95% 的溶剂以碳酸二甲酯（DMC）、碳酸乙烯酯（EC）、碳酸甲乙酯（EMC）等碳酸酯类为主。

电解质盐采用 $LiPF_6$，辅以功能性添加剂，根据电池实际应用性能需求进行搭配选择，总体要求可形成稳定 SEI 膜，电池内部发生副反应少，不与负极材料发生共嵌、剥离等现象。

添加剂是在电解液中具有特定功能的物质，其含量较低，能明显提升电池的电化学性能。按作用类型的不同可以分为成膜添加剂、过充电保护添加剂、高/低温添加剂、阻燃添加剂、倍率型添加剂等。碳酸亚乙烯酯（VC）和氟代碳酸乙烯酯（FEC）是目前最常用的电解液添加剂，可在电极表面形成 SEI/CEI 膜，使得锂离子能自由进出，而溶剂分子难以通过，从而实现维护电极材料性能稳定，提高电池容量与循环性能的目标。

电解液在电池首次充放电过程中与负极材料发生成膜反应，形成 SEI 膜（固体电解质界面膜）。Aurbach 等认为可能的反应是由 EC（碳酸乙烯酯）、DMC（碳酸二甲酯）、痕量水分及 HF（氢氟酸）等与 Li^+ 反应形成 $(CH_2OCO_2Li)_2$、$LiCH_2CH_2CO_2Li$、CH_3OCO_2Li、LiOH、Li_2CO_3、LiF 等覆盖在负极表面构成 SEI 膜，同时产生乙烯、氢气、一氧化碳等气体。

电解液以 1mol/L 的 $LiPF_6$（EC + DMC）为例，SEI 成膜主要的化学反应式如下：

$$2EC + 2e^- + 2Li^+ \rightarrow (CH_2OCO_2Li)_2 + CH_2 = CH_2 \tag{3-8}$$

$$EC + 2e^- + 2Li^+ \rightarrow LiCH_2CH_2OCO_2Li \tag{3-9}$$

$$DMC + e^- + Li^+ \rightarrow CH_3 + CH_3OCO_2Li^+ \tag{3-10}$$

$$H_2O + e^- + Li^+ \rightarrow LiOH + 1/2H_2 \tag{3-11}$$

$$LiOH + e^- + Li^+ \rightarrow Li_2O + 1/2H_2 \tag{3-12}$$

$$(CH_2OCO_2Li)_2 \rightarrow Li_2CO_3 + CO_2 + C_2H_4 + 1/2O_2 \tag{3-13}$$

$$2CO_2 + 2e^- + 2Li^+ \rightarrow Li_2CO_3 + CO \tag{3-14}$$

$$LiPF_6 + H_2O \rightarrow LiF + 2HF + PF_3O \tag{3-15}$$

$$PF_6^- + ne^- + nLi^+ \rightarrow LiF + Li_xPF_y \tag{3-16}$$

$$PF_3O + ne^- + nLi^+ \rightarrow LiF + Li_xPOF_y \tag{3-17}$$

$$2HF + (CH_2OCO_2Li)_2 \rightarrow 2LiF + (CH_2OCO_2H)_2 \tag{3-18}$$

SEI 膜需持续生长，直到有足够的厚度和致密性，能够阻止溶剂分子的共插入，方能保证电极循环的稳定性。

锂盐在溶剂中溶解后，可释放大量活跃锂离子，有利于提高电解液的导电性能。六氟磷酸锂（$LiPF_6$）具备全方位的优良性能和最强竞争力，是目前最常用的溶质，但未来有可能被 LiFSI 替代。

（1）锂盐（$LiPF_6$ 和 LiFSI） 六氟磷酸锂具有较高的电导率、良好的离子迁移数、较强的电化学稳定性和抗氧化性，还可在碳负极上形成适当的 SEI 膜，可有效钝化正极铝箔，能与各种正负极材料匹配，是目前商业化应用最广泛的锂电池溶质。与其他锂盐相比，六氟磷酸锂的单一性质并不突出，但综合来看性能最优。

用作锂盐的六氟磷酸锂的纯度至少要达到 99.9% 以上。六氟磷酸锂的生产条件苛刻，对原材料氟化锂和氢氟酸的纯度要求极高，生产过程容易爆炸或产生剧毒物质，属于典型的高科技、高危生产环境、高难生产的“三高”技术产品。

六氟磷酸锂存在热稳定性差，遇水易生成腐蚀性氢氟酸，造成电池容量衰减；低温环境下六氟磷酸锂易结晶致使电导率降低，提高电池内阻等。为了进一步满足锂电池性能需求，锂盐溶质也朝着性能更优方向更新迭代，双氟磺酰亚胺锂（LiFSI）应运而生。

LiFSI 电解液，与正负极材料之间保持着良好的相容性，可以显著提高锂离子电池的高低温性能。相比六氟磷酸锂，LiFSI 具备更优异的离子导电性、热稳定性和电化学稳定性，且易溶于水和各种有机溶剂，几乎无副反应，在众多新型锂盐中性能最优，有望成为下一代锂电池溶质。

（2）电解液溶剂（DMC、EC、EMC）　锂离子电池电解液用溶剂一般应具备必要的特性，例如：材料要有高介电常数，对锂盐的溶解能力强；材料要熔点低、沸点高，可在较宽的温度范围内保持液态；材料应黏度小，便于锂离子的传输；材料具有较好的化学稳定性，不破坏正负电极结构或溶解正负电极材料；材料安全性好、成本低、无毒无污染。

常用的溶剂大致可分为三类，碳酸酯类、亚硫酸酯类和砜类。碳酸酯类产品由于性能和成本等综合优势凸显，是目前使用最为广泛的电解液溶剂。这里主要介绍碳酸酯类溶剂中碳酸二甲酯（DMC）、碳酸乙烯酯（EC）、碳酸甲乙酯（EMC）的一些基本物化特性。

1）碳酸二甲酯（DMC）。DMC 的化学式为 $C_3H_6O_3$，是一种低毒、环保性能优异、用途广泛的化工原料，是一种重要的有机合成中间体，分子结构中含有羰基、甲基和甲氧基等官能团，具有多种反应性能，在生产中具有使用安全、方便、污染少、容易运输等特点。

DMC 的熔点为 0.5℃，沸点为 90～91℃，密度为 1.07g/cm^3，闪点为 17℃。DMC 是不溶于水的无色液体。它气味小、挥发性好、溶解能力强，可有效提升锂电池的电导率，此外还具备低温充放电性能佳、制作成本低廉的优势，是电解液中使用最为广泛的有机溶剂。

2）碳酸乙烯酯（EC）。EC 的分子式为 $C_3H_4O_3$，室温时为结晶固体，高于35℃转化为透明无色液体，沸点为 248℃/760mmHg、密度为 1.3218g/cm^3、熔点为 35～38℃、闪点为 160℃。它是聚丙烯腈和聚氯乙烯的良好溶剂，可作为锂电池电解液的优良溶剂。

3）碳酸甲乙酯（EMC）。EMC 的分子式为 $C_4H_8O_3$，为无色透明液体，不溶于水，可用于有机合成，是一种优良的锂离子电池电解液的溶剂。

DMC、EC 和 EMC 作为溶剂使用时，通常把其中的两种或两种以上物质按一定质量百分比混合。

（3）电解液添加剂　为了改善电解液的性能，电解液配方中会添加一些功能性添加剂，这就是电解液添加剂。它们是一些天然或人工合成的有机或无机化合物，一般不参加电解过程的电极反应，但可以改善电解质体系的电化学性能，影响离子的放电条件，使电解过程处于更佳的状态。电解液添加剂用量一般很少，但却是电解质体系不可缺少的部分。

电解液各溶剂和添加剂的分类及作用见表 3-6。

表 3-6　电解液各溶剂和添加剂的分类及作用

分类		主要物质	作用
溶剂	环状碳酸酯	EC、PC	介电常数高，可溶解锂盐；黏度低，便于离子传输；化学稳定性好，与电极材料相容性好；熔点低、沸点高、安全
	链状碳酸酯	DMC、DEC、EMC	
	羧酸酯类	MF、MA、EA、MA、MP	

（续）

分类		主要物质	作用
添加剂	成膜添加剂	无机：SO_2、CO_2、CO 等小分子及卤化锂等	可以有效修饰改善 SEI 膜，改善电池性能，减少电池不可逆容量的损失
		有机：VC、PS（卤代碳酸酯）	
	导电添加剂	与阳离子作用型：胺类和分子中含有两个 N 原子以上的芳香杂环化合物以及冠醚和穴状化合物	可有效提高导电锂盐的溶解、电离及防止溶剂共插对电极的破坏，提高离子传输速率
		与阴离子作用型：硼基化合物等	
		与电解质离子作用型：中性配体化合物，如氮杂醚类和烷基硼类	
	阻燃添加剂	有机磷化物（如 TMP）、有机氟代化合物、卤代烷基磷酸酯	改善电解液的稳定性，提升电池安全性
	过充电保护添加剂	2-甲氧基萘、环己基苯、联苯、二甲苯等	改善电解液的耐过充性能，提高电池的稳定性
	控制电解液中水和 HF 含量的添加剂	Al_2O_3、MgO、BaO、锂或钙的碳酸盐、烷烃二亚胺类化合物	降低电解液中的水和 HF 含量，提高电解液稳定性，改善电池性能
	改善低温性能的添加剂	N,N-二甲基三氟乙酰胺、有机硼化物、含氟碳酸酯（如 FEC）	增加电解质 $LiPF_6$ 的解离度，提高电解液稳定性和电导率，改善电池的低温性能
	多功能型添加剂	12-冠-4、氟代有机溶剂、卤代磷酸酯等	电池的理想添加剂，可以从多方面提升电池的整体性能

电解液对添加剂有一定的性质要求，如添加剂在有机溶剂中溶解度较高，少量添加就能使一种或几种性能得到较大改善；不能与电池其他组成成分发生有害副反应，影响电池性能；成本低廉，无毒或低毒性。

国内电解液添加剂以 VC、FEC 为主。碳酸亚乙烯酯（VC）属于成膜添加剂，可在电池负极形成一层致密的 SEI 膜，进而抑制溶剂分子嵌入破坏电极，提高电池的循环性能与可逆容量。通过添加剂在负极表层形成一层 SEI 膜是锂离子商业化的关键一步。氟代碳酸乙烯酯（FEC）具备较好的形成 SEI 膜的性能，同时可提高电解液的低温性能。FEC 添加剂是为高倍率动力电池电解液定向开发的核心添加剂，能增强电极材料的稳定性。

1）成膜添加剂。优良的 SEI 膜具有有机溶剂不容性，允许锂离子电池的离子自由地进出电极而溶剂分子无法穿越，从而阻止溶剂分子共插对电极的破坏，提高电池的循环效率和可逆容量等性能。主要分为无机成膜添加剂（SO_2、CO_2、CO 等小分子以及卤化锂等）和有机成膜添加剂（氟代、氯代和溴代碳酸酯等，借助卤素原子的吸电子效应提高中心原子的得电能力，使添加剂在较高的电位条件下还原并有效钝化电极表面，形成稳定的 SEI 膜）。据 Sony 公司专利报道，在锂离子电池非水电解液中加入微量苯甲醚或其卤代衍生物，能改善电池的循环性能，减少电池的不可逆容量损失。

2）导电添加剂。提高电解液导电能力的添加剂着眼于提高导电锂盐的溶解和电离，以及防止溶剂共插对电极的破坏。按作用类型可分为与阳离子作用型（胺类和分子中含有两个氮原子以上的芳香杂环化合物以及冠醚和穴状化合物）、与阴离子作用型（阴离子配体是一些阴离子受体化合物，如硼基化合物）及与电解质离子作用型（中性配体是一些富电子基团键合缺电子原子 N 或 B 形成的化合物，如氮杂醚类和烷基硼类）。

3）阻燃添加剂。作为商业化应用，锂离子电池的安全问题依然是制约其应用发展的重要因素。锂离子电池自身存在着许多安全隐患，如充电电压高，而且电解质多为有机易燃物，若使用不当，电池会发生危险甚至爆炸。因此，改善电解液的稳定性是改善锂离子电池安全性的一个重要方法。在电池中添加一些高沸点、高闪点和不易燃的添加剂可改善电池的安全性。主要分为有机磷化物、有机氟代化合物和卤代烷基磷酸酯。

常见的电解液阻燃添加剂包括磷酸盐类、氟氧化物类、硼酸盐类、氧化铝类等。

磷酸盐类电解液阻燃添加剂是一种常见的电解液添加剂，可以有效提高电池的安全性能。其中常用的磷酸盐种类有有机磷酸酯、五水合磷酸钠等。磷酸盐类电解液阻燃添加剂的作用机理主要是通过吸收自由基并形成磷酸盐膜来减少电解液的燃烧性能，从而实现电池的防火、防爆等安全性能。

氟氧化物类电解液阻燃添加剂是一种具有广泛应用前景的电解液添加剂，其主要作用是通过氟化电池正负极表面形成氟化物膜，从而实现电解液阻燃的效果。常见的氟氧化物类电解液阻燃添加剂包括氟化钙、氟化镁、氟化铝等。

硼酸盐类电解液阻燃添加剂是一种可以有效提高电池安全性能的电解液添加剂，主要作用是通过形成硼酸盐膜来减少电解液的燃烧性能。常见的硼酸盐类电解液阻燃添加剂包括硼酸钠、硼酸铝等。相比于其他电解液阻燃添加剂，硼酸盐类电解液阻燃添加剂具有耐高温、耐蚀性等优点，在新能源电池领域应用广泛。

氧化铝类电解液阻燃添加剂具有较好的防火、防爆性能，是一种颇受欢迎的电解液添加剂。其作用原理是通过形成氧化铝膜来减少电解液的燃烧性能。常见的氧化铝类电解液阻燃添加剂包括氧化铝纳米颗粒、普通氧化铝颗粒等。

总体来说，电解液阻燃添加剂是一种可以起到安全保护作用的电池材料，其作用原理主要是通过吸收自由基、形成防火膜等方式来减少电解液的燃烧性能，从而提高电池的安全性能。

4）过充电保护添加剂。采用氧化还原进行电极过充电保护的原理是通过在电解液中添加合适的氧化还原对，在正常充电时这个氧化还原对不参加任何化学或电化学反应，而当电池充满电或略高于该值时，添加剂开始参与反应，在正极上氧化，然后扩散到负极发生还原反应，从而防止过充电时电压过高。基本原理见式（3-19）和式（3-20）。

正极：
$$R \rightarrow O + ne^- \tag{3-19}$$
负极：
$$O + ne^- \rightarrow R \tag{3-20}$$

最佳的过充电保护添加剂应该具有4.2～4.3V的截止电压，从而满足锂离子电池截止电压不大于4V的要求。总体来说，这一部分的研究工作还有待进一步拓展。

5）控制电解液中水和HF含量的添加剂。有机电解液中存在的痕量水和HF对性能优良的SEI膜的形成是有一定作用的，这些都可以从EC、PC等溶剂在电极界面的反应中看出。但水和酸（HF）的含量过高，不仅会导致$LiPF_6$的分解，而且会破坏SEI膜。当Al_2O_3、MgO、BaO和锂或钙的碳酸盐等作为添加剂加入电解液中，它们将与电解液中微量的HF发生反应，降低HF的含量，阻止其对电极的破坏和对$LiPF_6$分解的催化作用，提高电解液的稳定性，从而改善电池性能。但这些物质去除HF的速度较慢，因此很难做到阻止HF对电池性能的破坏。而一些酸酐类化合物虽然能较快地去除HF，但会同时出现破坏电池性能的其他酸性物质。烷烃二亚胺类化合物能通过分子中的氢原子与水分子形成较弱的氢键，从而阻止水与$LiPF_6$反应产生HF。

6）改善低温性能的添加剂。低温性能为拓宽锂离子电池使用范围的重要因素之一。N，N-二甲基三氟乙酰胺的黏度低（1.09mPa·s，25℃）、沸点（135℃）和闪点（72℃）高，在石墨表面有较好的成膜能力，对正极也有较好的氧化稳定性，组装的电池在低温下具有优良的循环性能。有机硼化物、含氟碳酸酯也有利于电池低温性能的提高。

7）多功能型添加剂。多功能型添加剂是锂离子电池的理想添加剂，可以从多方面改善电解液的性能，对提高锂离子电池的整体电化学性能具有突出作用，正在成为未来添加剂研究和开发的主攻方向。

4. 隔膜

隔膜是锂离子电池的重要组成部分，它位于电池内部正、负极之间，在保证锂离子通过的同时，阻碍电子传输。隔膜的性能决定了电池的界面结构、内阻等，直接影响电池的容量、循环以及安全等性能，性能优异的隔膜对提高电池的综合性能具有重要的作用。根据物理、化学特性的差异，锂电池隔膜可以分为织造膜、非织造膜（无纺布）、微孔膜、复合膜、隔膜纸、碾压膜等几类。

商品化的锂电池隔膜材料主要采用聚乙烯、聚丙烯微孔膜。图 3-20 所示为电池生产中使用的隔膜，图 3-21 所示为干湿法隔膜的形貌，图 3-22 所示为有复合涂层的隔膜。图 3-23 所示为电极锂枝晶生长及隔膜高温前后热缩比较。

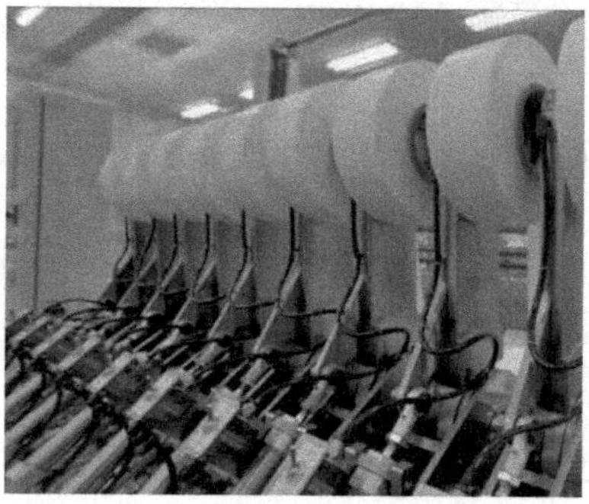

图 3-20　电池生产中使用的隔膜

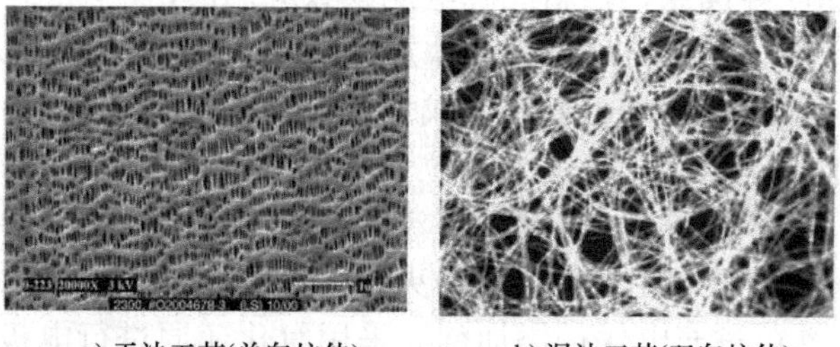

a) 干法工艺(单向拉伸)　　b) 湿法工艺(双向拉伸)

图 3-21　干湿法隔膜的形貌

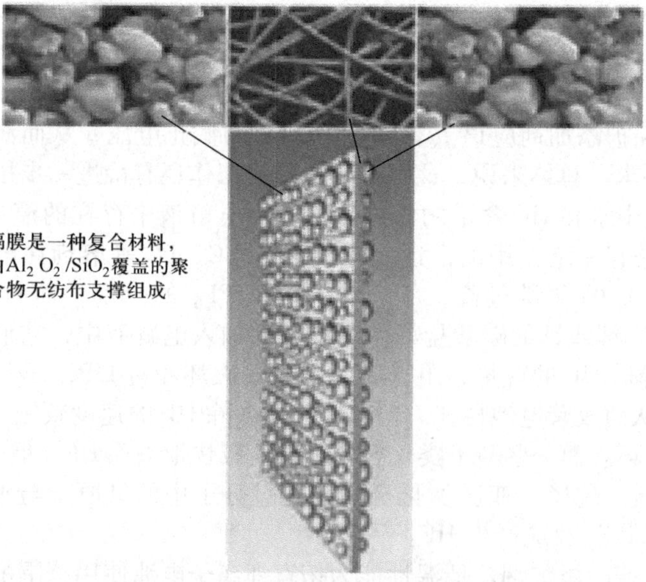

图 3-22　有复合涂层的隔膜

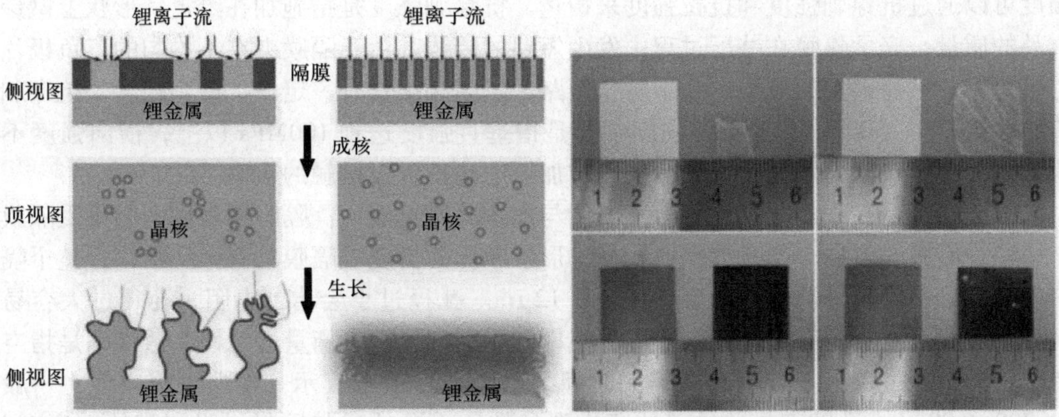

图 3-23 电极锂枝晶生长及隔膜高温前后热缩比较

目前，锂离子电池隔膜制备方法主要有干法和湿法。干法生产工艺又细分为单向拉伸工艺和双向拉伸工艺，制备出低结晶度的高取向聚丙烯或聚乙烯薄膜，在高温退火过程中，获得高结晶度的薄膜。这种薄膜先在低温下进行拉伸形成微缺陷，然后在高温下将缺陷拉开，形成微孔。干法双向拉伸工艺是中国科学院化学研究所在 20 世纪 90 年代初开发出的具有自主知识产权的工艺。

湿法生产工艺，又称为相分离法或热致相分离法，湿法工艺将液态烃或一些小分子物质与聚烯烃树脂混合，加热熔融后，形成均匀的混合物，然后降温进行相分离，压制得膜片，再将膜片加热至接近熔点温度，进行双向拉伸使分子链取向，最后保温一定时间，用易挥发物质洗脱残留的溶剂，可制备出相互贯通的微孔膜材料。

湿法和干法制备的隔膜各有优缺点。其中，湿法工艺薄膜孔径小而且均匀，薄膜更薄，但是投资大，工艺复杂，环境污染大。湿法生产工艺采用聚乙烯基材，聚乙烯基材的熔点只有 140℃，所以生产的锂电池隔膜的热稳定性较差；而干法生产工艺相对简单，附加值高，环境友好，但孔径和孔隙率难以控制，产品难以做薄。

锂电池隔膜干法工艺的主要原料是聚丙烯（PP），其中 96% 以上用的是均聚 PP，约 4% 用的是共聚 PP；而湿法工艺的主要原料是聚乙烯（PE），其中 98% 以上用的是超高分子量聚乙烯（UHMW-PE），约 2% 用的是高密度聚乙烯（HDPE）。锂电池隔膜企业采用的聚乙烯、聚丙烯原料中 92% 以上是进口料。

锂离子电池隔膜需具备电子绝缘性，以保证正负极的机械隔离；隔膜应有一定的孔径和孔隙率，以保证低的电阻和高的离子电导率，对锂离子有很好的透过性；隔膜必须耐电解液腐蚀，有足够的化学和电化学稳定性，对电解液的浸润性好并具有足够的吸液保湿能力；隔膜应具有足够的力学性能，包括穿刺强度、拉伸强度等，但厚度尽可能小，空间稳定性和平整性好，热稳定性和自动关断保护性能好。优良的隔膜对提高电池的综合性能起着重要作用。

隔膜厚度均匀性是一个重要的质量指标，直接影响隔膜卷的外观质量和内部性能，是生产过程中需要严格控制的质量指标之一。横向厚度一般需要控制在 1μm 以内。

隔膜的力学性能是影响其应用的重要因素。如果隔膜破裂，就会发生短路，降低成品率。因此，在电池组装和充放电结构使用过程中，隔膜需要具有一定的机械强度。隔膜的机械强度可以通过抗穿刺强度和抗拉强度来衡量。抗穿刺强度是指施加在给定针形状上戳穿隔膜样品的质量，表示隔膜在装配过程中发生短路的趋势。由于隔膜夹在不均匀的正负极片之间，因此需要承受很大的压力。为了防止短路，隔膜必须具有一定的抗穿刺强度。抗穿刺强度值一般为300～500g。一般拉伸强度主要是指垂直强度达到100MPa以上，横向强度不宜过大，过大会导致横向收缩率增加，从而增加锂电池正负极接触的概率。

隔膜透过性指在一定时间和压力下气体与离子的透过能力。隔膜渗透性的大小受隔膜内孔结构综合因素的影响，如孔隙率、孔径、形状和孔曲折度。隔膜具有微孔结构，整个隔膜材料中微孔分布均匀，孔径一般为0.03～0.12μm。孔径过小会增加电阻，孔径过大容易使正负极接触或被枝晶刺穿短路。一般用透气率和孔隙率指标来衡量透气性。透气率是指空气在特定压力下通过特定区域隔膜所需的时间，用Gurley值来表示。根据隔膜厚度，一般为300～700s/100mL。孔隙率是单体膜体积中孔的体积百分比，与原料树脂和膜的密度有关。现有锂离子电池隔膜的孔隙率为40%～50%。

较好的润湿性有利于提高隔膜与电解液的亲和性，扩大隔膜与电解液的接触面，从而增加离子导电性，提高电池的充放电性能和容量。隔膜对电解液的润湿性可通过测定其吸液率和持液率来衡量。同时，隔膜应在电解液中保持长期的稳定性，不与电解质和电极物质发生反应。其化学稳定性是通过耐电解液的腐蚀性和膨胀率来评估的。电池在充放电过程中释放热量，特别是在短路或过度充电时。因此，当温度升高时，隔膜应保持原有的完整性和一定的力学性能，以隔离正负极，防止短路。

随着锂电池应用范围的逐步扩大，特别是在动力电池领域，锂离子电池的安全性已成为锂电池制造商最为重视的环节。作为锂电池最关键的核心材料，对隔膜提出了更高的要求。

目前锂电池用隔膜一般都能够提供一个附加的功能，就是热关闭。这一特性可以为锂离子电池提供一个额外的安全保护，该功能的主要参数为闭孔温度和破膜温度。闭孔温度是微孔闭合时的温度，即闭合温度。当电池内部发生放热反应、自热、过充电或电池外部短路时，这些情况会产生大量的热量。由于聚烯烃材料具有热塑性，当温度接近聚合物熔点时，微孔闭合形成热关闭，从而阻断离子的继续传输而形成断路，起到保护电池的作用。PE的闭孔温度为130～140℃，PP的闭孔温度为150℃。破膜温度是指电池内部自热、外部短路使电池内部温度升高，超过闭合温度后微孔闭塞阻断电流通过，热熔性能温度进一步上升，造成隔膜破裂、电池短路。破裂时的温度即为破膜温度。高品质的隔膜有较低的闭孔温度和较高的破膜温度。

隔膜是可充电锂电池中最重要的部件之一，它不仅能在正、负极之间提供物理屏障，防止电路短路，还可以作为锂离子和电解质阴离子的主要传输路径，通过调节其组成和结构，可以达到改善电池的离子传输特性的目的。

尽管它们具有良好的化学/电化学稳定性、优异的机械强度和适当的热关闭性能，但最广泛商业化的聚烯烃基（如PE、PP和PP/PE/PP夹层复合材料）微孔隔膜存在热收缩严重、电解质润湿性差、孔隙率低、易燃等问题，不可避免地会引起安全隐患，从而影响锂电池的电化学性能，需要提升耐温能力。

传统锂离子电池隔膜一般为聚烯烃类隔膜，但其存在以下问题：①聚烯烃类聚合物结晶度高且极性小，而锂离子电池中使用的电解液通常是极性高的有机溶剂，因此聚烯烃聚合物与电解液的亲和性不好，不能被电解液充分溶胀，绝大部分电解液存在于孔隙中；②聚烯烃类聚合物隔膜在接近熔点时，材料会因熔化而收缩变形，给电池的安全性带来潜在的隐患。

为解决上述聚烯烃类隔膜的问题，通常将氧化物陶瓷涂层涂布于基膜上，氧化物陶瓷颗粒通过黏结剂与基膜相黏结形成陶瓷隔膜。一般陶瓷颗粒为化学稳定性好的氧化物，如 Al_2O_3、SiO_2、ZrO_2、MgO_2 等，黏结剂主要为 PVDF、PMMA、SBR 等。通过在基膜上涂布氧化物涂层，可以大幅降低隔膜的高温收缩性，提高锂离子电池的安全性和充放电循环次数。由于氧化物陶瓷材料对电解液具有良好的润湿性和保液性，有助于延长电池的循环寿命；同时陶瓷的刚性支撑作用，使得氧化物陶瓷涂布的隔膜在高温时具有优良的热稳定性和尺寸完整性，可提高电池的安全性能；基膜与正负极之间存在着氧化物陶瓷材料，即基膜与正负极之间存有一定的缝隙，更加有利于电池的散热；氧化物陶瓷涂层的孔隙率大于隔膜的孔隙率，能有效提高电池的吸液率，有利于电池的循环性能。

采用相转化法和静电纺丝法制备隔膜时，通过调控前驱体和实验参数，可以优化隔膜结构，达到提高隔膜离子传输速率的目的。相转化法是将聚合物溶解在溶剂之中，并通过溶剂交换使聚合物沉淀形成微孔结构。这种方法避免了干法和湿法中的拉伸工艺，可有效防止隔膜多孔结构的热收缩。

与商用聚丙烯（PP）隔膜相比，海绵状 PSA/SiO_2 复合材料具有更好的物理和电化学性能，如更高的孔隙率、离子导电性、热稳定性和阻燃能力。使用海绵状复合隔膜的 $LiCoO_2/Li$ 半电池比使用商用 PP 隔膜的 $LiCoO_2/Li$ 半电池表现出更好的速率能力和循环性能。此外，海绵状复合隔膜可以保证 $LiCoO_2/Li$ 半电池在 90℃的高温下正常工作。

锂金属电池性能一直受到锂析出的影响。据报道，功能化多孔双层复合隔膜能将毛状聚丙烯酰胺链的亲锂特性和快速电解质扩散途径与氧化石墨烯纳米片的优异机械强度结合起来，从而提高了电极表面的锂离子通量。

研究人员通过对聚多巴胺（PDA）进行简单的浸涂工艺，在陶瓷层和原始聚烯烃膜上形成了一层整体覆盖的自支撑膜，使陶瓷层和聚烯烃膜呈现为单一的一面，并进一步改善了隔膜的成膜性能，具备较好的耐热特性。

以贻贝为载体的聚多巴胺包覆层对环保型纤维素微纤维进行改性，采用简单、经济的造纸工艺制备了纤维素/聚多巴胺（CPD）膜，该膜具有致密的多孔结构、优良的机械强度和良好的热尺寸稳定性，可作为锂离子电池的隔膜。

新型的三层式隔膜设计，显著提高了锂金属基电池的循环稳定性和安全性。纳米纤维素层平均孔径在 20nm 左右，介孔厚度为 2.5μm，这为 Li^+ 的流动提供了较好的通道，从而稳定了锂金属阳极，提高了循环稳定性。由于三层式隔膜在内部 PE 层熔化时，即使在 200°C 也能保持尺寸稳定，并阻断离子通过隔膜的运输，因此隔膜在高温条件下还具备较好的安全性。该纳米纤维素基三层隔膜有望极大地促进高能量密度锂金属基电池的实现。

5. 辅助材料

电极体系中用到的辅助材料主要是改善和增强电子导电能力的导电剂、电极成型需要的黏结剂和分散剂等。图 3-24 所示为电极体系中用到的辅助材料示意图。

（1）导电剂　正负极电极的材料主要由正负极主料、导电剂、黏结剂组成，三者缺一不可。正负极主料是活性物质，为锂离子电池提供锂离子的来源和去处。黏结剂的作用是将主料固定到集流体上并将原材料紧密结合在一起，也是不可或缺的。导电剂的存在相当于为电子开辟了多条高速公路，让电子能够快速地在正负电极内和集流体间穿梭。高效的导电

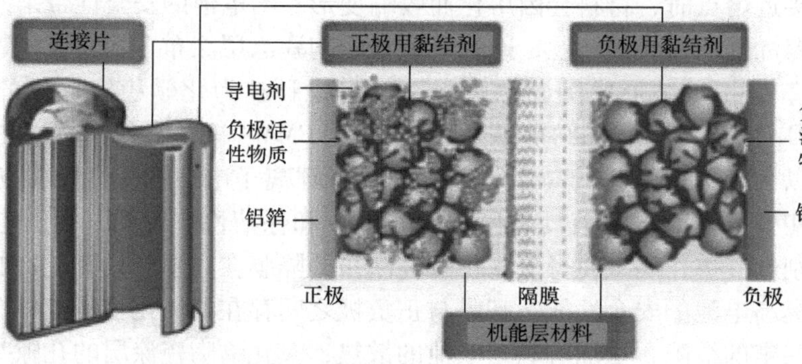

图 3-24　电极体系中用到的辅助材料示意图

性，能够提高电池的倍率性能，降低电池内阻，对于电池的循环性能也有较大提升。锂离子电池的设计是要兼顾容量、功率、性能的，所以要挑选性状最适合的导电剂，来提高正负极活性物质的比例，并且不影响电池的导电性。图 3-25 所示为正负极成型中的导电剂、黏结剂组成示意图。

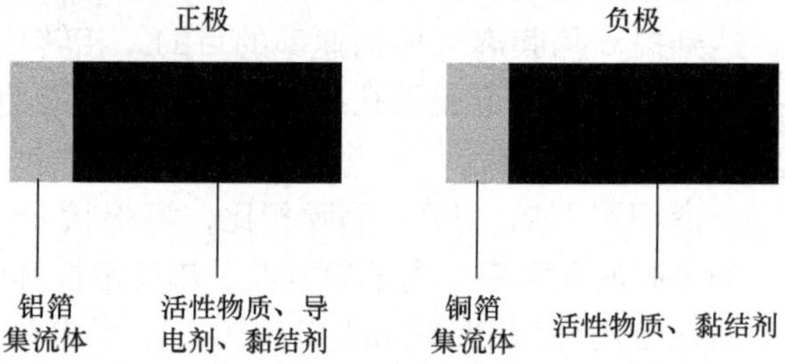

图 3-25　正负极成型中的导电剂、黏结剂组成示意图

碳系导电剂不仅能满足锂电池导电的需求，还具有低成本、重量轻等特点，对于降低锂电池成本、提高能量密度具有积极意义。

目前，锂电池生产中常用的碳系导电剂主要为颗粒状导电剂、纤维状导电剂和片状导电剂。有时也称之为传统导电剂（如炭黑、导电石墨、碳纤维等）和新型导电剂（如碳纳米管、石墨烯及其混合导电浆料等）。

已商品化的导电剂型号有 Super-P、S-O、KS-6、KS-15、SFG-6、SFG-15、350G、乙炔黑（AB）、科琴黑（KB）、气相生长碳纤维（VGCF）、碳纳米管（CNT）等。

1）颗粒状导电剂（炭黑、石墨）。常用的炭黑导电剂有 Super-P、科琴黑、乙炔黑等。炭黑是小颗粒碳和烃热分解的生成物在气相状态下形成的熔融聚合物的总称，是一种由球形纳米级颗粒团聚成多簇状和纤维状的团聚物结构，粒径几乎是导电石墨粒径的十分之一，其粒径 D_{50} 约为 50nm。导电炭黑的小粒径，保证了其在正负极活性物质的小缝隙间填充，并形成连续的、结构坚固的导电网络。

炭黑在扫描电镜下呈链状或葡萄状，通常可以将导电石墨和炭黑结合使用，形成大粒径和小粒径并存的导电组织，提高电池的倍率性能。炭黑颗粒的高比表面积、堆积紧密，有利于颗粒之间紧密接触在一起，组成了电极中的导电网络。单个炭黑颗粒具有非常大的比表面积（$700m^2/g$），比表面较大带来的工艺问题是分散困难、具有较强的吸油性，这就要通过改善活性物质、导电剂的混料工艺来提高其分散性，并将炭黑量控制在一定范围内（通常是 1.5% 以下）。炭黑形态及其在活性物质中混合状态如图 3-26 所示。

导电石墨也具有较好的导电性，其本身颗粒较接近活性物质颗粒粒径，颗粒与颗粒之间呈点接触的形式，可以构成一定规模的导电网络结构，提高导电速率的同时用于负极时更可提高负极容量。图 3-27 所示为导电石墨。

图 3-26　炭黑形态及其在活性物质中混合状态

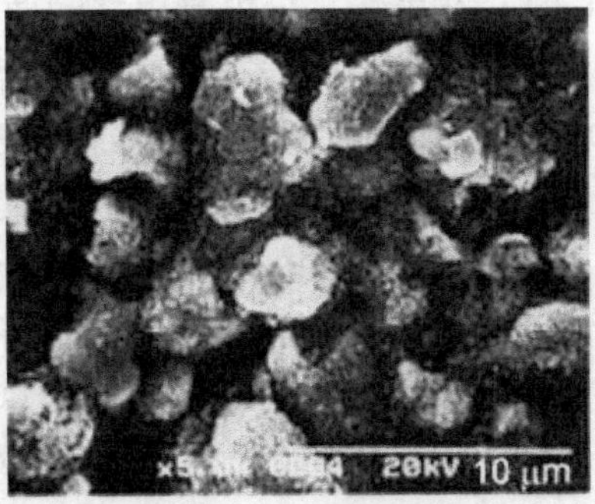

图 3-27　导电石墨

2）纤维状导电剂（VGCF、CNT）。纤维状导电剂主要有碳纤维（VGCF）和碳纳米管（CNT）两种。纤维状导电剂与活性物质的接触形式有点点接触、点线接触，纤维状的结构可以保证活性物质间和在横向、纵向方向上导电性的提高。纤维状导电剂有较高的弯曲模量和低热膨胀系数，加有此类导电剂的极片柔韧性较好，在一定程度上可以抑制脆片、断片的发生。

导电碳纤维具有线性结构，在电极中容易形成良好的导电网络，表现出较好的导电性，因而减轻了电极极化，降低了电池内阻，并改善了电池性能。在碳纤维作为导电剂的电池内部，活性物质与导电剂的接触形式为点线接触，相比于导电炭黑与导电石墨的点点接触形式，不仅有利于提高电极导电性，更能降低导电剂用量，提高电池容量。VGCF 和导电炭黑在活性物质中的分散状态如图 3-28 所示。

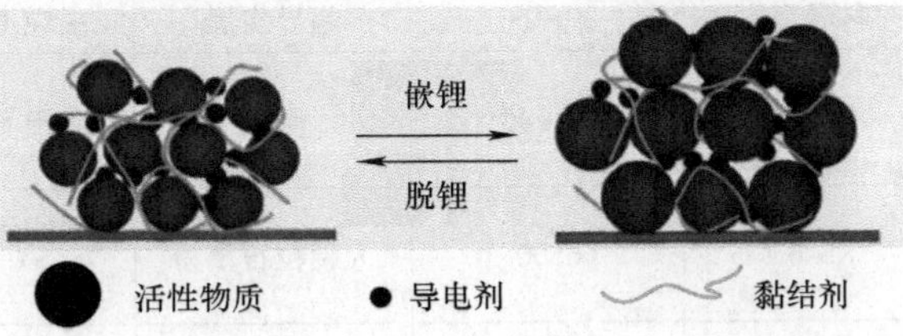

图 3-28　VGCF 和导电炭黑在活性物质中的分散状态

CNT 可以分为单壁 CNT 和多壁 CNT，一维结构的碳纳米管与纤维类似呈长柱状，内部中空。碳纳米管具有良好的电子导电性，纤维状结构能够在电极活性材料中形成连续的导电网络，其与活性物质也是呈点线接触形式。碳纳米管可分为纠缠式和阵列式两种成长状态，由于 CNT 的性状，其不宜直接加入正负极粉体中进行混料。商业化的 CNT 一般是制备成导电浆料来出售，导电浆料将 CNT 的比例做到很低，以保证其分散性。目前可以通过高速剪切、添加分散剂、做成分散浆料、超细磨珠静电分散等工艺解决 CNT 难于分散的问题。

3）片状导电剂（石墨烯）。石墨烯是具有 sp^2 杂化轨道的二维碳原子晶体，导电导热性优良，在锂离子电池中可以改善电池的循环性能。石墨烯作为新型导电剂，由于其独特的片状结构（二维结构），与活性物质的接触为点面接触，而不是常规的点点接触形式，这样可以降低导电剂的用量，最大化地发挥导电性，减少导电剂的用量，从而可以多使用活性物质，提升锂离子电池容量。由于石墨烯能够更好地形成导电网络，其效果远好于导电炭黑。但是片层较厚的石墨烯会阻碍锂离子的扩散而降低极片的离子电导率（一般认为 6 ~ 9 层最为适宜）。目前有研究表明，在使用 SP/SP + CNT/SP + CNT + G 时，添加有三种导电剂的电池内阻最低、容量最高，单独使用一种导电剂时，效果均不如两种或三种复合使用。

4）二元、三元导电浆料。在最新的研究进展中，部分锂离子电池选用的导电剂是

CNT、石墨烯、导电炭黑之间两者或三者的混合浆料。将导电剂复合做成导电浆料是工业应用的需求，也是导电剂之间相互协同、激发用途的结果。无论是炭黑、石墨烯还是CNT，将其三者单独使用时已经存在很大的分散难度，假如想要将其与活性物质均匀混合，则要在未进行电极浆料搅拌之前，将其分散开然后再投入使用。

提高导电剂的导电性，降低导电剂的使用量也是发展的趋势。目前碳纳米管优良的导电性，在改善循环和倍率上有独特的优势，使用量（质量分数）基本可以控制在0.3%～1%，能在很大程度上降低导电剂的总使用量，提升活性物质占比，因此越来越多的厂家使用碳纳米管。但是碳纳米管由于比表面积极大，对于电池厂家而言基本无法分散而直接使用。多数生产厂家实际通过以NMP（N-甲基吡咯烷酮）作为溶剂，用球磨等方式加上PVP（聚乙烯吡咯烷酮，polyvinyl pyrrolidone）等分散剂的方式，将碳纳米管分散好给电池生产厂家使用。因此电池生产厂家使用的碳纳米管本质上是碳纳米管浆料，存在来料品质不稳定、黏度受温度影响大等问题。所以，即使碳纳米管拥有诸多的性能，仍无法完全替代粉体导电剂。表3-7所列为不同类型导电剂的特点对比。

表3-7　不同类型导电剂的特点对比

名称	粒径/nm	类型	特点
Super-P	30～40	小颗粒炭黑	常用导电剂，价格便宜
科琴黑	30～50	超导炭黑	高纯度，支链结构，高电导率
乙炔黑	35～45	炭黑	介于Super-P和KS-6之间，电导率低，蓬松，影响压实密度
KS-6	6500	大颗粒石墨粉	性能优于Super-P，价格昂贵，可与Super-P混用，用于高品质电池
VGCF	3000～20000	气相生长碳纤维	用于高功率、高倍率型电池，分散困难
CNT	直径5，长10000～20000	碳纳米管	新型导电剂，导电网络充当“导线”，具有双电层效应，良好导热特性，减小极化，延长寿命，改善高低温性能

导电剂的添加，其追求目标是使用最少的量，搭载最广泛的、最牢固的导电网络，可以最大限度地提高电子传导速度。单一的导电剂，只能搭载单一的导电结构，无法将锂电池的导电性能发挥到极致，需要两种甚至三种导电剂复配使用，多种不同结构的导电颗粒构建成最优的导电网络。

（2）黏结剂　作为电极的黏结剂，应具备以下特性：具有一定的黏度；保证活性物质制浆时的均匀性和安全性；能在活性物质颗粒间起到粘接用途；将活性物质粘接在集流体上，不妨碍或有利于在碳材料（石墨）表面上形成SEI膜；能被有机电解液所润湿，不易燃烧；对电解液及其副产物具有化学稳定性；具有良好的加工性能；具有比较高的电子离子导电性；用量少，价格低廉。

黏结剂可分为正极黏结剂和负极黏结剂。

1）正极黏结剂。锂离子电池正极黏结剂一般都是高分子化合物，常用黏结剂有聚乙烯醇（PVA）、聚四氟乙烯（PTFE）、羧甲基纤维素钠（CMC）、聚烯烃类（PP、PE以及其他的共聚物）、PVDF/NMP或其他的溶剂体系、粘接性能良好的改性SBR橡胶、氟化橡胶和聚胺酯等。

PVA 的分子式为［C_2H_4O］$_n$，聚合度一般为 2.5 万～30 万，PVA 是一种亲水性高聚物白色粉末，密度为 1.27g/cm^3。PVA 可与其他水溶性高聚物混溶，如与淀粉、CMC、海藻钠等都有较好的混溶性。

PTFE 俗称塑料王，是一种白色粉末，密度为 2.12g/cm^3，热分解温度为 415℃。PTFE 电绝缘性能好，耐酸、耐碱、耐氧化。PTFE 的分子式为 $-CF_2-CF_2-$，是由四氟乙烯聚合而成的。常用 60% 的 PTFE 乳液作为电极黏结剂。

羧甲基纤维素钠（CMC）为白色粉末，易溶于水，并形成透明的溶液，具有良好的分散能力和结合力，并有吸水和保持水分的能力。CMC 对于负极石墨的分散能够起到很好的作用。CMC 在水溶液中会分解，其分解产物将在石墨表面吸附，吸附后石墨颗粒因静电而相互排斥，达到很好的分散效果。当 CMC 的比例很高时，多出来的 CMC 没有吸附到石墨颗粒表面，这些 CMC 结合导致相互之间的引力大于吸附后石墨颗粒之间的斥力，形成的石墨颗粒团聚。CMC 呈脆性，如果黏结剂只用 CMC 配备石墨负极浆料，在后序制片过程中，辊压时石墨负极会出现塌陷，分切时易出现严重的掉粉。

聚偏二氟乙烯（PVDF）用 NMP 做溶剂。PVDFD-*n* 是新推出的系列锂离子电池专用树脂型黏结剂。聚偏二氟乙烯产品呈粉末状，在溶剂中具有较高的黏度与黏结性，易于成膜。采用 PVDFD-1 制成的锂离子电池电极材料具有良好的化学稳定性、温度稳定性、优良的力学性能和加工性能。

2）负极黏结剂。负极黏结剂作为锂离子电池的辅助材料之一，在浆料中起到黏结的作用，虽然用量极少（仅用于石墨负极材料的匀浆和涂布），但它是不可或缺的组成部分。SBR（丁苯橡胶）使用不合理，会造成极片微观结构差异，影响石墨负极的黏结性能，在辊压时容易出现黏辊现象；还影响石墨负极与铜箔之间的黏结性能，导致极片在电池充放电过程中容易发生极化，引起负极掉料，缩短电池的使用寿命。因此，正确认识和分析 SBR 对锂电池性能的影响，并合理使用 SBR，对提升锂离子电池的性能有重要的意义。

SBR 在浆料中起到黏结的作用。只有石墨和炭黑颗粒均匀分散在浆料和极片中，锂离子电池才能表现出较好的性能。因为石墨和炭黑颗粒都是表面疏水性、非极性，如果没有添加剂，它们在水中会发生聚集而不能分散。石墨负极与炭黑分散时，以阴离子分散剂为主，以非离子分散剂为辅，可以取得稳定的分散体系。一般石墨负极选用 SBR 和 CMC（羧甲基纤维素钠）两者协同作为黏结剂，CMC 称为增稠剂，SBR 称为黏结剂。

SBR 的黏结性虽然很强，但不能长时间高速搅拌，所以选用 SBR 和 CMC 两者协同作为黏结剂。如果匀浆时加入 SBR 后再长时间地搅拌，SBR 容易破乳，因其结构遭到破坏而降低了黏结性。一般 SBR 选择在搅拌后期加入并低速搅拌，浆料配备后如果不能进行涂布，需要低速搅拌代替静置。另外 SBR 分散效果不好，过多的 SBR 会产生较大溶胀，所以不单独用 SBR 作为黏结剂。

匀浆工艺中，将 CMC 和 SBR 以合理比例混合，可以互相弥补缺陷，使石墨负极浆料具有良好的涂布性能。CMC 和 SBR 与石墨、炭黑之间的配比需要通过一系列的试验优化。CMC 和 SBR 混合的方式及搅拌工艺也能对浆料性能产生影响。

从电池负极的组成来看，石墨约用 96 份、SBR 用 1.5～2.3 份，但是石墨的比表面积是最小的，SBR 膜覆盖在石墨颗粒的表面，以及存在于石墨颗粒的中间，SBR 之间形成连接网络，起到桥梁作用。同时 SBR 颗粒的直径只有 150nm 左右，单独的 SBR 颗粒没有连接力，在浆料中只有很多SBR结合在一起形成SBR膜，才能形成连接力对石墨负极颗粒起到黏结的作用。SBR更多的连接是点对点的连接，把石墨与石墨颗粒、石墨和炭黑、石墨和铜箔联结在一起。

当CMC添加量很低时，SBR加入会吸附在石墨颗粒表面，对石墨的分散有一定的影响；随着CMC添加量的增加，石墨表面的吸附量也增加，SBR就不能吸附在石墨表面，进而对石墨的分散起不到作用；当CMC达到一定量以后，多余的没能吸附在石墨表面的CMC结合导致引力大于斥力，这样会形成石墨颗粒之间的团聚。因此，在石墨负极浆料的分散中CMC起到了很关键的作用。

在制浆过程中，如果出现SBR漂浮的情况，涂布后会使SBR的浓度分布不均，导致活性物质与箔材之间的黏结性变差，增加辊压时黏辊的风险。

锂离子电池电解液是极性大（因此溶解能力和溶胀能力高）的碳酸酯类有机溶剂体系，黏结剂必须能耐碳酸酯（至少是不溶解），同时必须满足在电化学环境中的稳定性，在负极中处于锂的负电位下不被还原，在正极中发生过充电等有氧出现的情况下不发生氧化。锂离子电池中的特点是伴随充放电过程，锂在活性物质中的嵌入、脱出引起活性物质的膨胀收缩（如石墨的层间距变化达到10%～11%），要求黏结剂对此能够起到缓冲作用。锂离子电池的电极在干燥过程中加热温度最高可以达到200℃，黏结剂必须能够耐受这样高的温度。

由此可见，黏结剂性能好坏对电池性能的影响很大，锂离子电池电极制备是采用涂布工艺，一般采用刮刀或辊涂布的方式，通过刀口间隙调节活性物质层的厚度。锂离子电池活性物质层的厚度很小，因此涂布刀口的间隙也很小，这样就要求在浆料中不能有大的团聚颗粒存在。制作电极要经过辊压、分切、卷绕等一系列过程才能进入电池壳体中，在这些过程中要求没有活性物质粉末脱落或片的脱落。

锂离子电池正负极材料的密度有很大的差别，一般正极材料的密度在4g/cm^{3}左右，负极材料的密度在2g/cm^{3}以下，不同黏结剂必须根据各种活性物质的密度、松装密度进行黏度调整（稀释或增稠），以保证活性物质在浆料中能稳定悬浮。

黏结剂的不燃性反映出黏结剂的安全性能。一般不燃性用氧化指数表示。如以下黏结剂的氧化指数为：PTFE＞95%，PVDF＝44%～58%，聚酰胺＝24%～29%，聚乙烯＝2.8%～5.7%。单从不燃性指标来看，氟化树脂最好。

（3）电池集流体（铝箔、铜箔、复合箔） 集流体是指汇集电流的结构或零部件。电池集流体泛指也包括极耳，极耳是从电芯中将正、负极引出的金属导体。

电池集流体承载正负极材料，在充放电过程中，将活性物质产生的电流汇集输出，或将电流输入给活性物质，是化学能与电能转换过程中电子的通道。电池制造工艺要求集流体材料导电性能好、化学与电化学性能稳定、机械强度高、能够与活性物质紧密结合不易分离。

1）正极集流体（铝箔）。正极电位高，正极集流体一般选用氧化电位相对较高的材料。铝的氧化电位高，且铝箔表层有致密的氧化膜，对内部铝也有较好的保护作用，因而正极集流体选用铝箔。铜箔在高电位下很容易被氧化，因而不作为正极集流体。

2）负极集流体（铜箔）。锂离子电池负极，铝与锂离子会生成铝锂化合物，从而造成腐蚀，因此锂离子电池不选铝箔作为负极集流体。铜箔与锂离子之间保持稳定，因此采用铜箔作为负极集流体。早期的锂离子电池使用压延铜箔作为集流体，因为价格因素，目前绝大多数锂离子电池使用电解铜箔作为负极集流体。

电池集流体以金属箔材为主，锂离子电池正负极集流体分别选用压延铝箔和电解铜箔。动力电池要求安全、高导、减重，因此锂电池用铜箔、铝箔的厚度持续减薄，性能不断优化。铝的电导率为铜的60.9%，但密度为铜的30.3%，按照体积电阻计算，输送相同容量时，铝导体质量为铜的50.5%，使用铝箔作为集流体，有助于提高锂离子电池的能量密度。在电池充、放电过程中，铝箔表面会形成致密的氧化物薄膜，提高了铝箔的抗腐蚀能力。集流体用铝箔厚度已由20μm下降到10μm，并有进一步减薄的趋势。目前，6μm电解铜箔、10μm铝箔已成为主流。

集流体对电池安全性、循环寿命、能量密度、质量以及价格均有重要影响。集流体正朝着更高的安全性、性价比、轻薄化方向发展。未来，锂电行业轻量化发展将进一步带动复合集流体需求。复合集流体是最具替代潜力的新型集流体材料，对锂电安全性提升、材料成本下降、能量密度提升均有重要作用。图3-29所示为锂电池用铝箔、铜箔。

图3-29　锂电池用铝箔、铜箔

传统集流体材料存在热失控安全隐患，如在制造缺陷中，集流体和金属极耳间通过焊接与电池正负端子相连，焊接过程会产生毛刺，会穿透相邻电极层之间的隔膜，从而引起电池内短路。另外电池老化造成的性能衰退，如内阻增大、锂枝晶沉积等也会造成内部短路。在电池运输或工作过程中，电芯产生形变，组件发生位移，可能造成传统金属箔材集流体断裂产生毛刺，刺穿隔膜，发生短路；或者由于电滥用（过充电、过放电）导致过量锂嵌入，造成枝晶生长，穿透隔膜，最终导致热失控。热滥用很少独立存在，往往是从机械滥用和电气滥用发展而来，并且是最终直接触发热失控的一环。因此，在锂电池不断朝着更高的安全性、高能量密度、高循环寿命、高性价比的方向发展下，集流体行业不断寻求变革，对新材料的需求十分迫切。

3）复合集流体。传统集流体的局限性促生了复合集流体材料产业的发展，复合集流体为当下最具替代性的新型集流体材料。复合集流体延续了铜箔轻薄化的思路，即用部分有机物替代金属，进一步降低金属用量。从结构上来看，复合集流体的构造类似“三明治”，即中间层为有机物，上下层为镀铜、镀铝。目前中间的有机物层常见的有聚对苯二甲酸类酯（PET）、聚丙烯（PP）、聚酰亚胺（PI）等。

相较传统集流体材料，复合集流体材料的优势在于更高的安全性、更低的成本、更高的能量密度、更长的电池使用寿命及广泛的兼容性。

复合集流体材料有利于减少锂电池内短路风险。复合集流体材料可有效吸收形变应力，减小因碰撞而产生的毛刺。同时，复合集流体材料的柔性大，可使锂离子更均匀地沉积在表面，抑制锂枝晶的生长，进而降低电池内短路风险。因此，复合集流体材料可为锂电池提供更高的安全性保障。

复合集流体相比传统集流体在重量上有大幅减少，为动力电池的轻量化赋能，符合新能源汽车行业发展趋势。在厚度相同的情况下，复合集流体材料中间的高分子材料的密度远低于金属密度，因此复合箔材集流体单平方米质量相比传统箔材集流体有较大幅降低。在6.5μm复合铜箔集流体中，中间高分子层（PP基膜）厚度为4.5μm，铜箔的厚度总计为2μm，铜箔的重量占82%。通过测算，6.5μm复合铜箔集流体的重量较6μm、4.5μm铜箔分别减轻59%、46%。

复合集流体材料可有效提升锂电池的能量密度。复合集流体材料的厚度相较纯金属集流体更薄，在电芯体积不变的情况下，电芯内可填充活性物质的空间增大，通过增大活性材料的用量及增厚浆料的涂布厚度，可以进一步提高电池体积能量密度。电池能量密度可以实现提升5%~14%。复合集流体采用高分子材料替换部分金属，原材料成本更低。复合铜箔集流体的主要技术路线包括化学镀、磁控溅射-水电镀、磁控溅射-蒸镀-水电镀。

覆碳铝箔集流体是将含碳层涂布在铝箔表面的复合集流体。含碳层是由碳纤维与经过分散剂处理后的导电炭黑颗粒构成，与铝箔紧密结合，可提高电极的导电性和耐蚀性。此外，在铝箔表面覆盖的石墨烯材料，可改善铝箔的耐蚀性能。

多孔金属集流体，如多孔铝箔、铜箔、不锈钢箔。多孔化处理的主要目的是减重，并增加集流体与正负极材料的接触性，有利于离子与电荷的流动。

未来，随着技术的不断进步和市场对轻量化、高性能材料需求的不断攀升，复合集流体在新能源领域有望迎来广阔的应用前景。

（4）外壳　锂离子电池需要一个容器把电芯包装起来形成一个独立的密封体系，将电解液灌注其内。电池外壳从材质上分为金属外壳和塑料外壳，从形式上分为硬体外壳体、铝塑膜软包。硬壳体有铝质、铁质、硬塑料，可制成方形或圆柱形。铝塑膜是专用复合有机材料膜，可制成袋状。不同电池的外包装方式需要不同的密封工艺（激光焊接、机械挤压或旋压、热压）。锂电池外壳是保护电芯和内部电路的一种保护壳，锂电池外壳的设计对于电池来说也是很重要的。

早期方形锂离子电池大多为钢壳，多用于手机电池，后由于钢壳的质量比能量低，且安全性差，逐步被铝壳和软包装锂离子电池所替代。但在柱式锂电池当中，绝大部分厂商都以钢材作为电池外壳材质，因为钢质材料的物理稳定性，抗压力远远高于铝壳材质，在各个厂家的设计结构优化后，安全装置已经放置在电池芯内部，钢壳柱式电池的安全性已经达到了一个新的高度。

铝壳是一种用铝合金材料制造出来的电池外壳，主要应用于方形锂离子电池上，采用铝壳包装的原因在于它重量轻，与钢壳比更安全。

铝壳设计有方角和圆角两种，铝壳的材质一般为铝锰合金，它含有的主要合金成分有Mn、Cu、Mg、Si、Fe等，这五种合金在锂电池铝壳中发挥着不同的作用，如Cu和Mg可提高强度与硬度，Mn可提高耐蚀性，Si可增强含镁铝合金的热处理效果，Fe可以提高高温强度。

铝壳合金材料构造有着显著的安全性能考虑，这种安全性能可以用材质厚度与膨胀系数来表示。同样容量的锂电池之所以比钢壳的轻，就是因为铝壳可以做得更薄。

铝塑膜作为电池电芯的封装材料，可以保护电池电芯，避免因受到外部的穿刺及碰撞而造成损伤；另外，保护层为聚酯薄膜的铝塑膜同时具有绝缘性。铝塑膜是由铝箔、多种塑料膜和黏结剂（包括黏结性树脂）组成的复合软包装材料，每一层材料都影响铝塑膜的性能，其中，铝箔是未经退火的“O”态铝箔；尼龙是尼龙 6；聚酯薄膜是未经拉伸的流延聚丙烯。多种材料搭配是为了使其具有高冲深、耐高温和耐蚀性等重要特性。

锂电池在外观设计方面也非常重要。外观精美是一方面，其最重要的是能保护电池芯和内部电路，让整体电池达到防水、防振等特殊要求。图 3-30 所示为电池外包装。

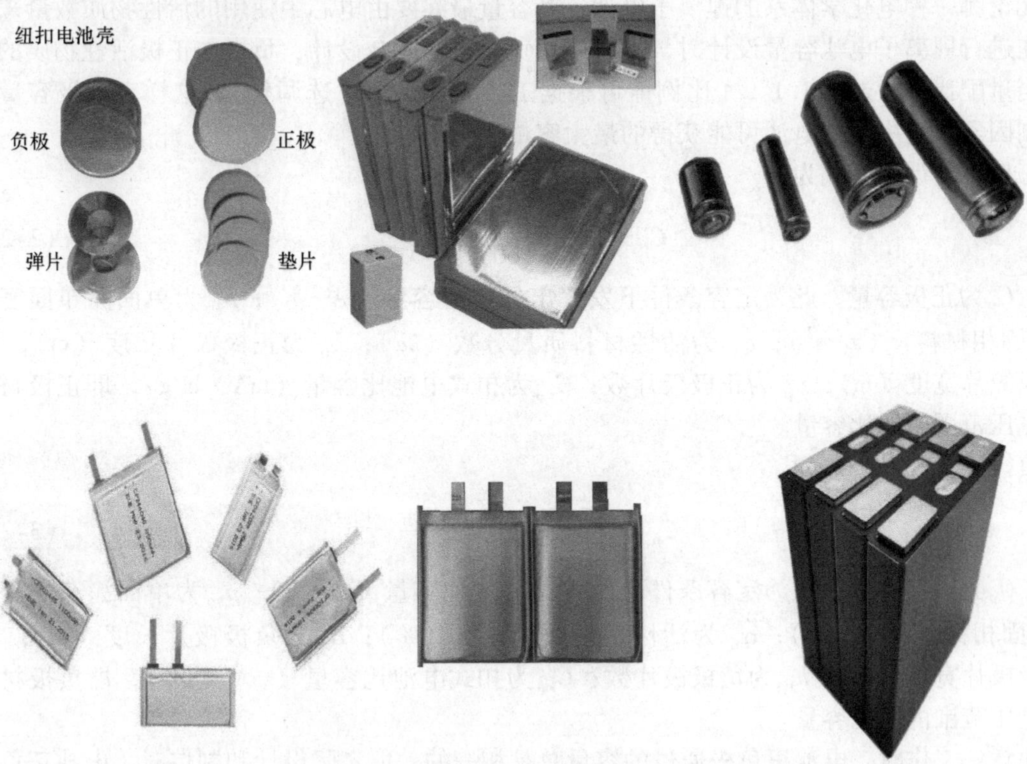

图 3-30 电池外包装

3.2.2 电池电性能设计

3.2.1 节比较详细地介绍了锂离子电化学体系中，各种主要材料和辅助材料的特性及作用。下面以磷酸铁锂电池为例，简要介绍一下锂离子电池电性能设计。

设计的 18650 型圆柱形单体电池，正极选用磷酸铁锂，负极选用人造石墨，采用陶瓷颗粒涂布的隔膜，采用浓度为 1mol/L 的以 DMC + EC 为溶剂的 $LiPF_6$ 电解液。

1. 工作电压

当电池体材料系确定后，正极活性物质是含锂的化合物，可以提供活性 Li^+，而负极活性物质接受活性 Li^+，且与正极活性物质之间形成电位差，两者决定了锂电池的电压特性。磷酸铁锂电池的标称电压为 3.2V，充电时最高电压为 3.65V，放电时一般截止电压为 2.0V。

电池体系：　　　　　　　　$LiFePO_4/LiPF_6/C$

正极反应： $LiFePO_4 \rightarrow Li^+ + FePO_4 + e^-$ （3-21）

负极反应： $LiC_6 \rightarrow Li^+ + C_6 + e^-$ （3-22）

电池反应： $LiFePO_4 + LiC_6 \rightarrow 2Li^+ + FePO_4 + C_6$ （3-23）

其中，正极反应是锂离子在磷酸铁锂正极上的插入反应，负极反应是锂离子在石墨负极上的插入反应，电池反应是锂离子在电池中的循环反应。

2. 容量

无论哪一种电化学体系的锂离子电池，其容量最终要由电芯中使用的活性物质数量来决定。在进行锂离子电池容量设计时，一般采用负极容量冗余设计，负极与正极活性物质的电化学当量配比一般选为1.1:1（比例值可根据工艺验证进行优选调整）。这样，正极容量成为限制因素，它决定了电池可能获得的最大容量。

正极容量计算公式为

$$C_p = \frac{2\rho_{sp}\alpha_p L_p W_p n_p C_{kp}}{1000} \tag{3-24}$$

式中，C_p为正极容量，此为定容条件下发挥出的电池容量（A·h）；ρ_{sp}为单面涂布面密度（所有固相材料）（g/m^2）；α_p为活性材料质量分数（%）；L_p为正极极片长度（m）；W_p为正极极片宽度（m）；n_p为正极极片数；C_{kp}为扣式电池比容量（mA·h/g），即正极材料指定电压范围内的比容量。

负极容量计算公式为

$$C_n = \frac{2\rho_{sn}\alpha_n L_n W_n n_n C_{kn}}{1000} \tag{3-25}$$

式中，C_n为负极容量，此为定容条件下发挥出的电池容量（A·h）；ρ_{sn}为单面涂布面密度（所有固相材料）（g/m^2）；α_n为活性材料质量分数（%）；L_n为负极极片长度（m）；W_n为负极极片宽度（m）；n_n为负极极片数；C_{kn}为扣式电池比容量（mA·h/g），即负极材料指定电压范围内的比容量。

注意：工作时，电池正负极通过的容量总是相等的；但实际设计和制造时，电池正负极的容量一般不同，受容量较小电极的限制。锂离子电池多为正极限制整个电池的容量，负极容量过剩。

18650型磷酸铁锂电池如图3-31所示，其常温标称容量一般在2.6A·h左右。

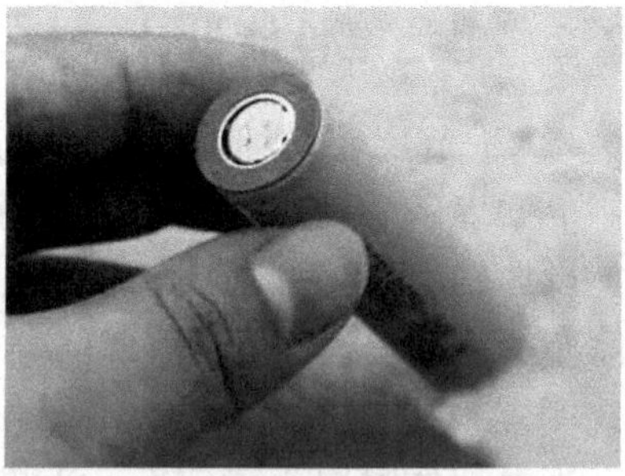
图3-31 18650型磷酸铁锂电池

3. 电极尺寸

通过提升压实密度将极片做得更薄，如通过大小颗粒掺混提高电极的压实密度，通过提高人造石墨的比例提升负极的压实密度等。但是，正负极材料压实密度的变化会影响电池的循环性能和倍率性能，通常也会受铝箔、铜箔厚度的制约。

各个电池制造商会因原材料和制造工艺不同，制造的极片厚度不同（0.2~0.3mm），极片外形尺寸也会有不同。通常正极、负极、隔膜的高度相近，大部分宽度为56~58mm，负极和隔膜的长度要比正极稍长些，长度多在760~860mm。图3-32所示为展开的卷绕电芯。

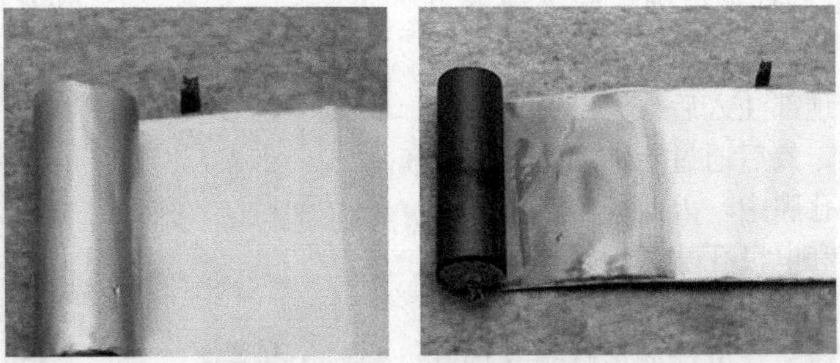

图 3-32　展开的卷绕电芯

有时极片边缘涂布氧化物涂层，其主要目的是避免正极极片在模切时由于涂布尺寸不均以及模切成型的极耳而存在表面露铝箔现象。此处的铝箔往往与负极极片的料区相对应，一旦隔膜出现损坏，两者接触，由于接触电阻小，通过的电流大，容易在短时间内使阳极的温度升高到足够引起 Li_xC_6 和电解液、黏结剂的反应，从而导致电池热失控而着火燃烧。此方法主要应用于软包及方形铝壳多极耳结构。

极片涂布的氧化物一般为 Al_2O_3、TiO_2、$Al(OH)_3$ 等纳米级颗粒。研究发现，在石墨负极片表面均匀地涂布一层纳米级的氧化铝陶瓷涂层可以改善负极界面稳定性。由于氧化铝涂层是纳米颗粒，具有较大的比表面积，能够快速吸附电解液，有利于锂离子在正负极之间的迁移，降低电池内部极化；并且涂布氧化铝涂层可以在一定程度上抑制负极 SEI 膜的增厚和锂枝晶的形成。在循环过程中，氧化铝的晶粒、尺寸基本保持稳定，并且可以有效改善界面的稳定性，提高电池的循环性能。同时有研究报道，氧化铝可以吸收 HF 和水分，这不仅有利于负极 SEI 膜的稳定，也有利于减小材料副反应的发生，从而提高锂离子电池的循环性能和耐久性能。

4. 电解液用量

Li^+ 从正极脱出至嵌入负极过程需要载体传输，这一载体就是电解液，脱出的 Li^+ 与电解液溶剂分子结合，形成溶剂化的 Li^+，在电场和浓差驱动下迁移到负极还原。充电过程 Li^+ 的溶剂化和去溶剂化过程示意图如图 3-33 所示。图中，①表示 Li^+ 在电解质中的扩散，②表示界面处 Li^+ 的溶解，③表示 SEI 传输 Li^+，④表示石墨在 SEI-石墨界面上的电荷转移，⑤表示 Li^+ 在石墨体中的扩散。

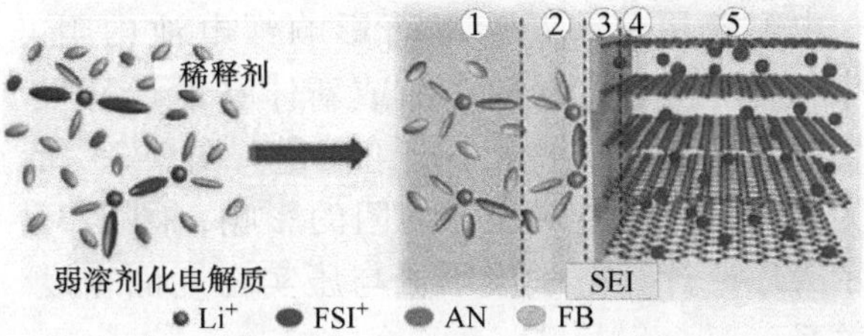

图 3-33　充电过程 Li^+ 的溶剂化和去溶剂化过程示意图

电解液成分包括锂盐、溶剂和添加剂，其中锂盐用以提供活性 Li^+，溶剂用以溶解锂盐，添加剂种类繁多，包括成膜添加剂、过充电保护添加剂、阻燃添加剂等，通常具有一定的功能化作用。为了保证活性物质的容量发挥作用，要求电解液必须完全浸润隔膜和电极，形成 Li^+ 导电路径，若电解液量过少，必然导致部分活性颗粒浸润不足，界面阻抗增加，恶化容量和循环寿命等，但电解液也不宜过多，否则会引起过多的产气，产生界面问题，并且副反应增多导致全电池首次效率偏低，此外，锂电池的 BOM（物料清单）成本也会增加。

图3-34是一款圆柱形电池电解液浸润电极过程示意图，黄色箭头代表电解液的流动方向。电解液从电池顶部注入后，大部分电解液积聚在电池壳底部，然后通过毛细压力缓慢渗透到隔膜和电极的孔隙中。因此，电解液的最终归宿位置为隔膜和电极孔隙。

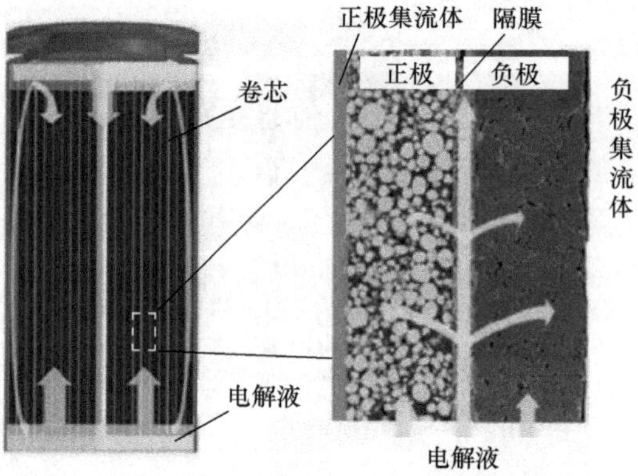

图3-34　圆柱形电池电解液浸润电极过程示意图（见彩插）

注液后如何实现电解液快速浸润隔膜和电极是关键，一方面注液量设计要足够填充内部孔隙，另一方面要保证电解液有较好的渗透效果，如渗透时间、电解液本征黏度、陈化温度、电极和隔膜孔隙结构等。但无论如何，电解液注液量设计的重要程度都要大于渗透效果，因为足够的电解液量是确保隔膜和电极浸润的基本前提。

因此，在锂电池新产品或新体系设计开发之初，就应该充分考虑单电芯的电解液用量问题，要坚决杜绝出现“注液量不足”的红线问题。在理论注液量设计过程中，一般有两种思路，一是用内部空间体积减去固体物质体积计算最大理论值，二是根据隔膜、极片和Overhang（悬垂）孔隙计算最小理论值。

极片孔隙与材料真密度和注液时的压实密度有关，而材料真密度又和材料配方有关。负极材料在嵌锂过程中，层间距会增大，宏观上表现为极片增厚，这就导致电极孔隙大大增加，因此需要更多电解液确保 Li^+ 传输路径通畅。

电极面密度、压实密度对理论电解液用量也有影响，分别计算不同面密度和压实密度下的电极孔体积。面密度变化时，电极孔隙率不会发生变化，但在容量不变的前提下，正极和Overhang孔体积没有太大变化，而负极孔体积增加，隔膜长度减小导致孔体积显著减小，理论可吸收电解液系数也随之下降。压实密度方面，显而易见的是随着正负极压实密度的降低，极片孔隙率均随之增加，而隔膜和Overhang孔体积没有太大变化。

电解液用量不足会显著影响锂电池内阻、倍率和循环性能，在新产品或新体系设计开发初期必须核算电解液最小理论用量。图3-35所示为电解液注液量对电池内阻的影响，图3-36所示为理论计算电解液用量与压实密度面密度的关系。

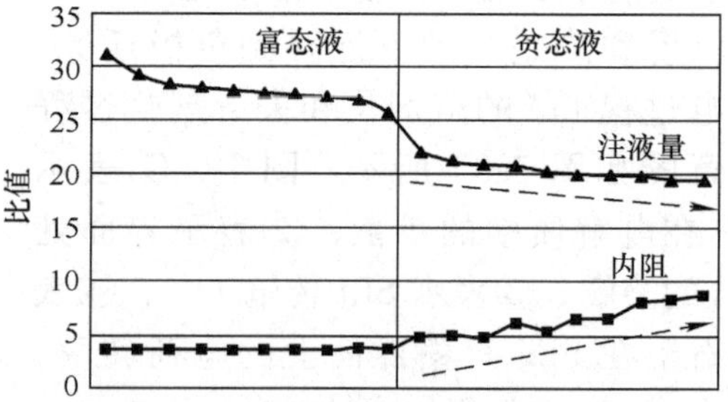

图3-35　电解液注液量对电池内阻的影响

总之，电解液用量与材料体系、工艺设计、电芯内部结构尺寸等多方面因素相关，基本原则是电解液必须填充所有电极孔隙，以确保离子导电通路。

工艺经验，一般按电解液与电芯总微孔（隔膜、极片和Overhang孔隙）体积比系数加注。兼顾容量、循环寿命，体积比系数在1.3～1.6之间为宜。也可按容量计算注液量，以三元电池为例，注液量为

$$m = kC_0 \tag{3-26}$$

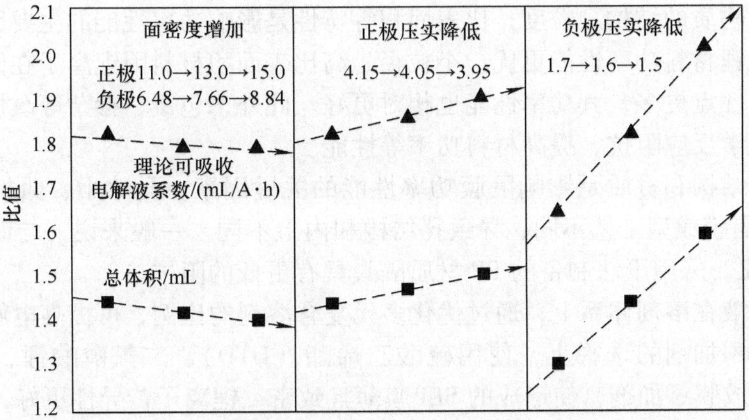

图3-36　理论计算电解液用量与压实密度面密度的关系

式中，m 为注液量（g）；k 为注液系数，一般取3～3.5g/A·h；C_0为单体电芯容量（A·h）。

3.2.3　电池外形

使用更薄的钢壳和盖帽来提升内部空间，“装”更多的材料，但是更薄的壳体对电池组装工艺有制约，如更薄的钢壳“滚槽”容易开裂，更薄的盖帽防爆阀可能会失效等。18650型电池一般选用钢质外壳，18表示壳体直径为18mm，65表示壳体高度为65mm，0表示为圆柱形电池。盖子一般有防爆阀结构，如图3-37所示。

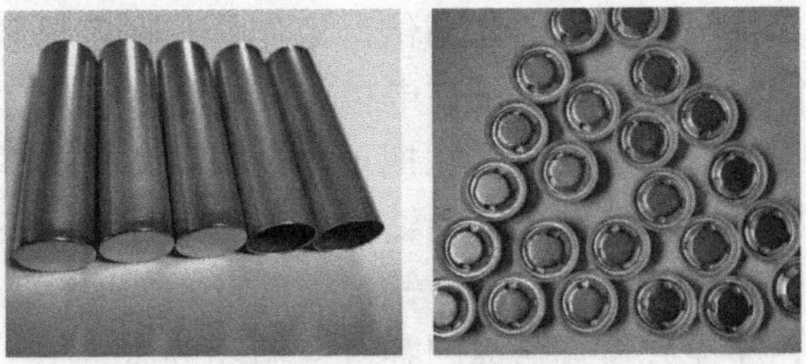

图3-37　壳体与盖子

3.2.4　循环寿命

磷酸铁锂电池正极结构稳定，循环寿命略长，一般标准条件下循环使用，循环寿命约3000次以上。

3.2.5　安全性

除了正负极材料体系具备较好的热稳定性外，隔膜应尽可能选择有较高闭孔温度的型号，并具备适当阻止锂枝晶穿透的功能。电解液中要添加适量的阻燃添加剂和过充电保护添加剂等。电池盖子的防爆阀要有适宜的启动压强。电池内部空占比设计要合理，热量导出应方便迅速。通常正常使用的电池是不会发生安全问题的。

3.2.6　功率性能

动力电池的功率特性是评价电池性能的一个重要指标，直接反映电池承受电流的能力。电动汽车对电池功率密度有较高要求。下面从电池原材料选型、电极、电池结构等方面阐述电池功率性能的设计要点。

组成锂离子电池的正负极活性物质、电解液、隔膜等主材及导电剂、黏结剂等辅材，均会不同程度地决定电池的功率性能。

正负极活性物质的结构、粒度、比表面积等特性是影响功率性能的主要因素。例如：尖晶石结构的锰酸锂材料功率性能更优；小粒径、高比表面积材料因锂离子在固相中的扩散路径更短、反应活性点更多，其功率性能也相对更好。此外，包覆、掺杂等改性手段也可大幅降低材料的电化学反应阻抗，提高材料功率等性能。

孔隙率、孔结构和材质是影响隔膜功率性能的关键因素。孔隙小、曲折度高的隔膜对 Li^+ 传输不利。隔膜成型工艺不同，导致孔结构和内阻不同。一般来说，与湿法制备工艺的 PE 材质隔膜相比，采用干法制备的 PP 材质隔膜具有更低的阻抗。

功率型电解液在溶剂体系上，通过优化多元复合溶剂的比例，可提高电解液电导率，降低溶液黏度；在添加剂的选择上，使用硫酸乙烯酯（DTD）、二氟磷酸锂、碳酸亚乙烯酯（VC）等低阻抗成膜添加剂，使形成的 SEI 膜薄且致密，锂离子传导性更好，并优化添加剂含量，实现功率性能和循环性能的平衡。

电池高功率应用需要具备更强的电子及离子传输能力。通过导电网络连接活性材料颗粒，为其中的电子、离子提供传输通道。相比能量型电池，高功率电池需要添加更大量的导电剂来保证电子、离子传输通道畅通。业界倾向于使用点型、线型、面型导电剂中的两种或三种形成复合导电网络，在相对单一导电剂添加更少的情况下，实现优良的导电性能。

磷酸铁锂电池可以以 0.2C ~ 10C 倍率使用，但高倍率性能是以容量损失和循环寿命损失为代价，且大电流高倍率工作是有一定极限的。因为正极材料磷酸铁锂结构稳定，电子导电能力不佳，锂离子在电极微孔中扩散困难，所以，一般不宜采用过大电流（充放电）。为了提升倍率性能，往往把正负电极做得更薄些，这样会降低电极单位面积承载的电流密度，减小极化。但这也会因辅材增加、活性物质变少而降低电池输出的容量。

一般情况下，磷酸铁锂电池以 1C 以下放电为宜，不易在 5C 及以上倍率长时间循环使用，那样会损害电池的容量及循环寿命。

3.2.7 高低温性能

动力电池的使用条件，涉及各种温度工况，如在 -30℃条件下使用，需要低温启动、低温充电、低温行驶等能力。而在热带地区使用，需要高温行驶和存放能力。这些都对动力电池提出了较高的要求，动力电池需要同时满足低温性能优异、高温寿命长的要求。当然，在车辆设计过程中，经常会设计低温加热和高温冷却装置，以补偿动力电池的温度缺陷。

磷酸铁锂电池的低温性能比三元锂离子电池差，但它也能在 -50℃条件下使用，只不过需要小电流工作，且输出电能会减少，约为常温下的 60%。

低温充电时，控制步骤主要是负极和电解液电导率。提升低温性能，多采用综合设计措施，如选用低温电导率高、黏度低的电解液，选用低阻抗负极，增加正极极片活性面积，改善正极活性材料表面状态等。降低负极阻抗主要是降低负极 SEI 膜阻抗，可通过减小负极材料粒径、使用高比表面导电剂、改善电解液配方等措施实现。

3.2.8 结构与安全

锂离子电池的碰撞性能是指电池在受到外部冲击或者碰撞时，其结构、化学性能和电气性能的稳定性。这对电池的安全性和可靠性至关重要。

电池在受到碰撞时，其外壳、隔膜、电极等结构部件应该能够保持完整，防止内部物质泄漏；其内部的电解液、活性物质等不应发生化学反应，不能导致电池性能下降或者短路；其电压、电流等电气参数不应发生突变，不能对外部电路造成影响。

为了提高锂离子电池的碰撞性能，可选择高强度、高韧性的材料（铝塑复合膜、高强度钢壳等），以保护电池内部结构；可优化电池结构设计，采用圆柱形电池，提升抗冲击性能；可采用多层隔膜，提高电池的电芯强度；可在电池内部设置防冲击结构，如增加防冲击垫片、防冲击槽等。同时进行严格的碰撞测试，包括跌落测试、冲击测试、火炮冲击测试等，以确保电池的碰撞性能。

动力电池特别关注安全防护设计。电动汽车碰撞后动力电池的安全法规见表3-8。法规重点关注的是动力电池碰撞后电解液是否泄漏、短路及保持在原位置。

表3-8　电动汽车碰撞后动力电池的安全法规

标准与法规	电安全要求
美国 FMVSS305	电解液泄漏：试验后30min内，若存在电解液泄漏，则电解液泄漏量不允许超过5L，且电解液不允许溢出到乘员舱 动力电池包位置：动力电池包至少应通过一个紧固点、支架或其他结构，使电池包保持在安装位置，并不得进入乘员舱
欧盟 ECE R94、ECE R95、ECE R135	电解液泄漏：碰撞结束30min内，不应有电解液从车载可充电储能系统（REESS）中溢出到乘员舱，布置在乘员舱外部的REESS电解液泄漏量不应超过7%，不包括开放型的动力电池。针对开放型的动力电池，其电解液泄漏量不应超过7%，且最大泄漏量不应超过5L REESS要求：布置在乘员舱里的REESS应保持在安装位置，REESS部件应保持在其外壳内。位于乘员舱外部的任何REESS部分不得进入乘员舱
中国 GB/T 31498—2021	电解液泄漏：碰撞结束30min内，不应有电解液从REESS中溢出到乘员舱，不应有超过5L的电解液从REESS中溢出 REESS要求：位于乘员舱里的REESS应保持在安装位置，REESS部件应保持在其外壳内。位于乘员舱外部的任何REESS部分不得进入乘员舱。碰撞结束30min内，REESS不应爆炸、起火

锂离子电池目前有圆柱形钢壳电池、方形钢壳或塑料硬壳电池、软包方形电池等结构形式。每种结构工艺制造工序各有特点。特有的包装结构，给电池带来不同的安全特点。

1. 软包电池

软包电池采用重量更轻且韧度更高的铝塑膜材料，同时单体电池内部装配为叠片式结构，其独特的封装材质及装配方式使得软包电池具有一些独特的力学特性。

重量较同等容量的钢壳电池轻40%，较铝壳电池轻20%，更容易进行兼顾大容量及高能量密度的电池设计。相对于硬壳材质，铝塑膜的抗冲击及耐磨损性能相对较差。软包电池组模组多采用框架或箱体结构，其机械安全设计需要重点关注，轻质且坚硬的框架（箱体）是基本要求。

当单体电池发生胀气时，铝塑膜柔软易变形的特点，可以耐受一定压力的气体膨胀，能起到一定的缓冲作用，非极端情况下可以大大降低发生爆炸的风险，但极端失控情况下，软包电池由于缺乏泄压阀的安全设计，当单体电池膨胀到一定程度破裂时，因与空气接触面积更大，反而更容易发生燃烧起火现象。图3-38所示为软包电池在充电过程中的胀气变形情况。

叠片式装配方式相对于卷绕式来说，内阻更小，可以有效降低电池自放电，但同时其更为复杂的生产工艺使得单体电池的一致性及良品率相对较低。

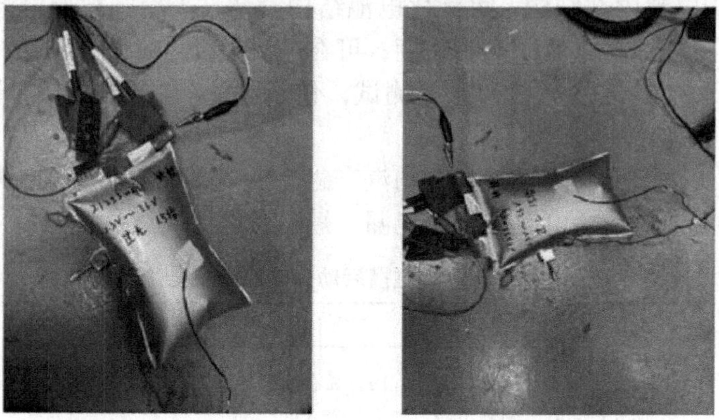

图 3-38　软包电池在充电过程中的胀气变形情况

软包电池外包装层主要为铝塑膜，外包装层的目的是为电池内部的电化学反应提供一个隔绝水分和气体的密封环境，对电池的使用寿命影响至关重要。

铝塑膜和极耳共同组成了软包装锂离子单体电池的外包装结构。其中，作为一种多层结构的膜材料，铝塑膜中间的铝箔层起到阻水、阻气的作用，内部的 PP 层除了需要满足热封可靠稳定性的要求，还需要具有较高的抗电解液腐蚀性。作为电池正负极的导流端子，极耳要和铝塑膜热封在一起，构成一个整体密封结构。

目前主流的动力电池用复合型铝塑膜的主要结构是四层膜，分别是 PET（聚对苯二甲酸类塑料）层、尼龙层、铝箔层和 PP（聚丙烯）层，总厚度控制在约 152μm。复合型铝塑膜各层厚度见表 3-9。

表 3-9　复合型铝塑膜各层厚度

层别	厚度/μm
PET（聚对苯二甲酸类塑料）层	12
尼龙层	20
铝箔层	40
PP（聚丙烯）层	80

铝塑膜要具备阻隔气体和水分的能力、耐刺穿能力、耐磨损能力、电解液条件下的稳定性、封装性能、耐高电压绝缘性、加工制造性能等。

铝塑膜软包电池要对铝塑膜冲坑，进行顶侧封装、排气封装以及过程中的绝缘测试工序。

2. 圆柱形电池

圆柱形电池主要是指外形为圆柱体，壳体采用铝壳或钢壳等刚性材料组合而成的电池。相较于其他电池而言，圆柱形电池工艺成熟，产品一致性高，外壳刚性和硬度高，不易变形、难破损，但圆柱形电池内阻较其他电池高，电池充放电时内部温度不均匀，散热困难。且在其成组时，由于单个单体电池容量低，成组串并联所需单体电池数量多，焊点及连接片多，导致成组后模组安全风险增加（如单体电池失效发生热失控）。

圆柱形锂离子电池已形成标准化和系列化。圆柱形电池尺寸相对固定，电动汽车用圆柱形动力电池产品规格尺寸见表3-10。

表3-10　电动汽车用圆柱形动力电池产品规格尺寸

序号	规格	外形尺寸/mm	
		直径	高度
1	18650	18	65
2	21700	21	70
3	26700	26	65/70
4	32700	32	70/134
5	4680	46	80

圆柱形电池的典型结构主要包括盖帽、钢壳壳体、正极片、正极连接片、负极片、负极连接片、绝缘片、隔膜等部件，部分电池中心插有中心针，如图3-39所示。

圆柱形电池盖子与卷绕电芯正极耳通过超声焊接的方式相连，经过一封、二封、蹲封的封装工艺组合与圆柱钢壳壳体搭配形成一个密封体，防止水分及空气的渗透。

盖子结构主要包括盖帽、正温度热敏电阻（PTC）、防爆阀、内部绝缘套、铝底板以及外部绝缘套。图3-40所示为盖子组成部件及其剖视图。

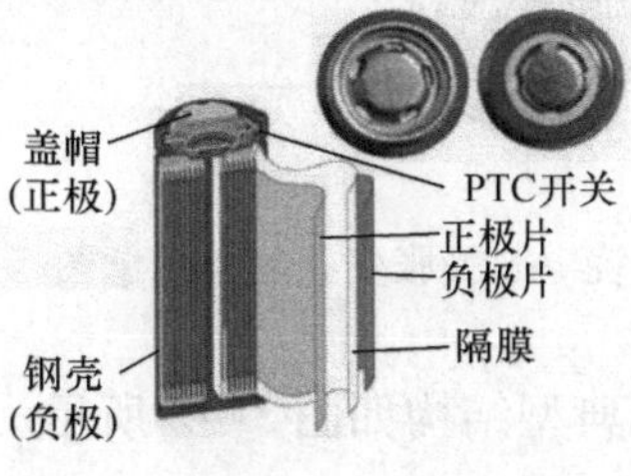

图3-39　圆柱形电池内部结构

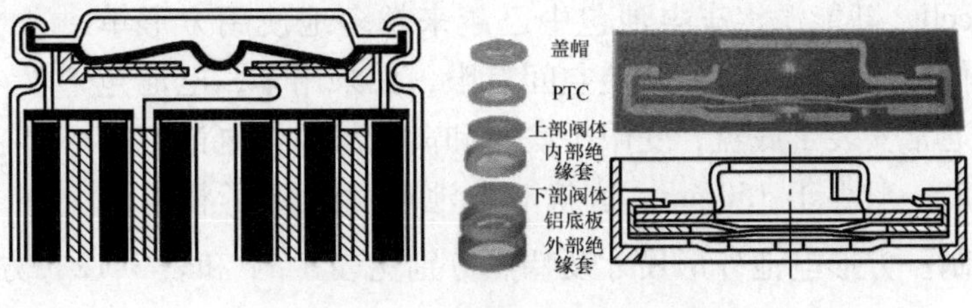

图3-40　盖子组成部件及其剖视图

圆柱形电池与方形铝壳及软包电池封口工艺的不同点在于，圆柱形电池是在封口完成之后进行后续的化成分容，在此过程中，产气均存留在电池内部。

圆柱形电池的盖子具有更好的密封性及适用性，可根据电池材料的不同体系及性能要求调整盖子防爆阀及电流断开装置（CID）作动压力，以期达到电化学性能与安全性能的平衡。目前，圆柱形电池盖子的防爆压力主要集中在2.0～3.5MPa，CID作动压力主要集中在1.2～2.0MPa。

对于特殊的性能要求方面，如长期在低温环境（<－30℃）下工作时，还需考虑盖子中绝缘套的材质是否存在劣化的问题，从而导致盖子密封不良，电解液泄漏以及水分、空气等渗透造成电池性能的衰退，甚至引起起火、爆炸等安全问题。

为追求电动汽车有较长的续驶里程，迫切需要提高电池的能量密度。在壳体外径不变的情况下，减薄壳体是减重增容的有效措施之一。早期钢壳壳体等壁厚，一般为 0.2 ~ 0.25mm。优化厚度的轻质壳体采用分区渐变壁厚方式减薄，钢壳端口部区域为厚壁，壁厚为 0.2 ~ 0.25mm，钢壳下部为薄壁，壁厚为 0.15 ~ 0.18mm。

电池壳体减薄在一定程度上能提升电池能量密度，但不能过薄。过薄壳体对电池的保护程度相应降低，在电池发生热失控时会增加爆炸风险。设计壳体壁厚时需平衡单体电池容量及安全性。

通常根据电池材料膨胀程度、极片、隔膜尺寸、壳体尺寸来确定电芯装配松紧度。在壳体内径尺寸已确定的条件下，装配松紧度和卷绕电芯外径会影响电芯能否顺利自动入壳。

根据电池的容量、涂布面密度可确定正极极片的尺寸。在卷绕过程中，负极极片涂布区域需在宽度和长度方向上有余量，以便包覆住正极极片，所以负极宽度要比正极宽 0.5 ~ 1mm，负极长度比正极长 3 ~ 5mm。同理，隔膜尺寸也要留出包覆余量，因为隔膜在卷绕过程中也需保证在宽度和长度方向完全包覆住负极极片。装配时，应综合考虑各种因素，如碾压处理的正极极片与负极极片的反弹变形量，注液后电极内物质（导电剂及黏结剂）的溶胀量，充放电过程中 Li^+ 从正极移动到负极后负极材料嵌入后因膨胀效应导致的膨胀程度，电池在后期实际循环应用过程中电极粉料脱落、隔膜粘连等情况。根据经验，一般确定圆柱形电池卷绕电芯装配松紧度为 96% ~ 98%。松紧度为卷绕电芯外径与壳体内径之比。

图 3-41 所示为卷绕电芯膨胀变化趋势示意图。

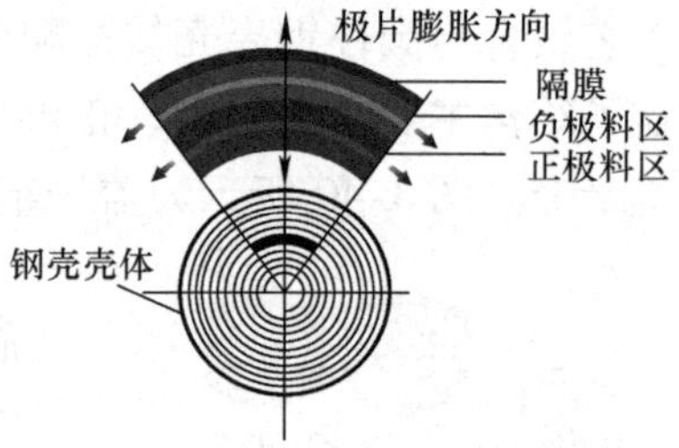

图 3-41　卷绕电芯膨胀变化趋势示意图

3. 方形电池（长方体）

方形电池的形状其实不是严格意义的正方体，多为长、宽、高不等尺寸的长方体，英文为 prismatic cell。新能源汽车电池包中已越来越多地使用方形单体电池。电动汽车安装空间有限，如乘用车，电池包通常安装于底盘，受限于底盘和离地间隙，电池包高度一般小于 150mm，这就对电池尺寸做出了相应限制。方形电池外形尺寸及特点分别见表 3-11 和表 3-12，方形电池典型结构如图 3-42 所示。

表 3-11　方形电池外形尺寸

厚度/mm	宽度/mm	高度/mm	适用场景或厂家
26.5/39/79	148	91 ~ 103	宁德时代，355 模组
29/58/86			宁德时代，390 模组
45/50	173	114/125	比亚迪、三星

表 3-12　方形电池的特点

优点	缺点
1）可配置多种安全组件 2）成组结构紧凑，无效空间小 3）比圆柱形电池易于散热 4）成组便利	1）结构件质量占比较高，质量能量密度较低 2）制造过程复杂，工艺管控要求较高 3）结构零件较多，成本较高 4）耐压能力差

方形电池中，结构件质量占比为12%~15%，可通过降低结构件质量占比来提升能量密度。

方形电池内极组一般采用叠片电芯，这是电池中的关键组件。充放电时，极组体积会发生变化，主要表现在厚度方向。装配时，装配系数依据经验选94%±3%，可根据实际需求进行调整。电池成组应用时，应重点关注单体电池充放电时的体积变化。

$$装配系数=\frac{组合极组厚度}{W}\times100\% \quad (3\text{-}27)$$

式中，W为电池壳体厚度减去2倍壳体壁厚的值。

各种极组的优缺点见表3-13。

叠片工艺可以使电池能量密度提高5%，循环寿命提高10%，成本降低5%。从长远来看，采用大容量方形电池有助于车辆成本下降。未来会越来越多地采用叠片极组来生产大容量电池，以满足大型动力电池包模块组合的需求。

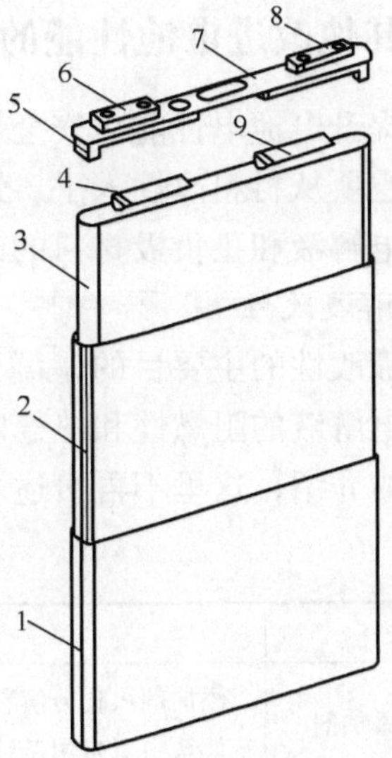

图3-42　方形电池典型结构
1—壳体　2—电芯绝缘膜　3—裸电芯
4—负极极耳　5—顶盖结构　6、8—极柱
7—顶盖片　9—正极极耳

表3-13　各种极组的优缺点

极组形式	适用电池类型	优点	缺点
全极耳卷绕	圆柱形	自动化	电解液浸润路径长，极片侧面和大面所处化学环境、力学环境不一致，能量密度低
模切极耳卷绕	圆柱形	能量密度优于全极耳形式	极片侧面和大面所处化学环境、力学环境不一致，自动化制造工艺复杂
叠片	方形或软包	能量密度优于模切极耳卷绕形式，极片化学、力学环境相似	自动化制造工艺复杂，工艺管控更严格

极耳引出主要有模切顶出和侧出。顶出的空间利用率高，但是极芯与内引出片焊接时的焊渣容易掉入极芯侧面，引起自放电增大，同时模切的成本高，效率低。侧出的工艺成熟，效率高且安全，但是最大的问题是能量密度低。极耳尺寸应充分考虑过电流需求和工艺能力。极芯尺寸要满足设计的能量要求，同时考虑与电池结构的匹配。

优化电解液浸润路径，保证极芯各个地方的电解液浸润程度相同，各组分的分布均匀，同时电解液消耗时，多余电解液的补充路径顺畅。应充分考虑传热设计，保证高倍率使用时的热量能够顺畅地传导出电池外部，并通过与模组和电池包的协同设计，最终传导出去。

方形电池的盖板要兼具电传输、绝缘、安全防护的功能，是集成度最高的组件。图3-43所示为方形电池盖板结构。

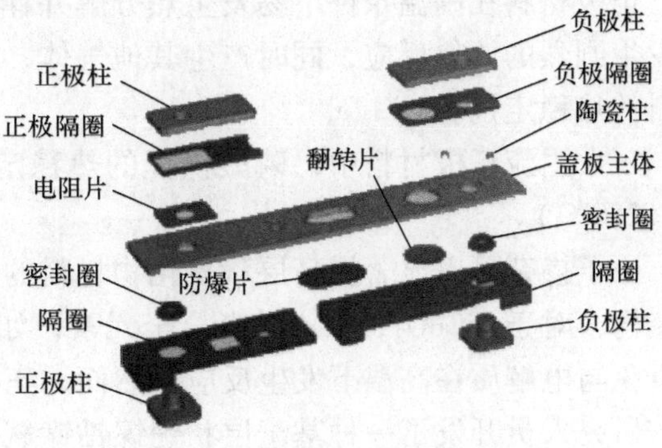

图3-43　方形电池盖板结构

3.2.9 其他改进电池性能的设计

为了提升电池电性能、安全性能等，不仅要在电设计、结构设计、工艺设计方面进行迭代优化，也要从材料改性入手，这是从根本上提升或解决某些特定问题的手段。

例如电解液和正负极材料的改性，就可以提升电池的安全性、低温性能及倍率性能等。

1. 电解液改性

电解液改性的主要目的是增强电解液的电导率、改善电解液低温下的解离度与离子活度、提升电解液的阻燃性和热稳定性。各种添加剂的作用机理已在电池材料体系选择中做了比较详尽的介绍，这里不再赘述。表 3-14 给出了电解液添加剂的特点。

表 3-14 电解液添加剂的特点

<table>
<tr><th colspan="3">方法</th><th>作用</th><th>优点</th><th>缺点</th></tr>
<tr><td rowspan="3">功能添加剂</td><td colspan="2">阻燃添加剂</td><td>添加剂汽化分解释放出含磷自由基，该自由基具有捕获体系中氢自由基终止链式反应的能力</td><td rowspan="3">用量少、针对性强，基本不增加电池成本和改变电池生产工艺</td><td rowspan="3">对电池寿命有一定影响，也有一定安全隐患</td></tr>
<tr><td rowspan="2">防过充电添加剂</td><td>氧化还原添加剂</td><td>利用氧化还原飞梭分流限压原理，在正常充电情况下，添加剂不发生反应，当充电电压超过电池的正常充放电截止电压时，添加剂分子发生反应，使电池电压被限定在添加剂的氧化电压附近</td></tr>
<tr><td>电聚合添加剂</td><td>当电池充电到一定电压时，聚合物单体分子在电解液中被氧化为自由基离子，然后耦合成聚合物并积聚在正极及其附近的隔膜表面，并向负极方向逐渐延伸。当生成的聚合物穿透隔膜时，即在正负极之间形成导电桥时，电池发生内部断路，从而达到在电池热失控和爆炸之前使电池报废的目的</td></tr>
<tr><td colspan="3">离子液体电解质</td><td>由于其阴离子或阳离子体积较大，所以阴、阳离子在室温下能够自由移动，具有较高的热稳定性</td><td>较低的熔点，几乎无蒸气压，较宽的电化学窗口，较高的热稳定性、不燃烧性</td><td>与传统的有机溶剂相比，性能上存在较大差距</td></tr>
</table>

2. 正极材料改性

正极材料在高温条件下易发生热分解并释放氧气，而且氧气会进一步与电解液中有机溶剂发生剧烈的放热反应，同时产生其他气体，进而引发严重的安全问题，所以需要提高正极材料的热稳定性。

三大主流正极材料中，磷酸铁锂的热稳定性最高（400℃），层状钴酸锂的热稳定性最差（250℃）。

原子掺杂可以显著提高层状氧化物材料的热稳定性，这是由于原子掺杂产生了稳定的晶体结构。对于 $LiCoO_2$，引入掺杂合金元素，如 Ni、Mn 等，可以大幅提高分解起始温度，同时避免与电解质在高温下发生反应。然而，正极热稳定性的提高通常伴随着比容量的牺牲。

研究人员开发了一种基于层状锂镍钴锰氧化物的正极材料。在这种材料中，每个颗粒都有一个富含 N 的中心体和一个富含 Mn 的外层，随着表面的靠近，Ni 浓度逐渐降低，Mn 和

Co 浓度逐渐增加，前者提供高容量，而后者提高热稳定性，该正极材料可以在不影响电池电化学性能的前提下提高电池的安全性。

提高正极材料热稳定性的另一种策略是对正极材料进行表面包覆。包覆层可以防止正极材料与电解液直接接触，降低正极材料相变及离子混排程度，提高其结构稳定性，从而减少副反应和热量的产生。包覆材料需要具备良好的热稳定性及化学稳定性，常见的有磷化物、氟化物和固体氧化物等。

$LiCoO_2$ 材料表面包覆质量分数为 3% 的 $FePO_4$ 时，相较于纯 $LiCoO_2$ 材料，可以在不影响电化学性能的前提下提高正极稳定性。氟化物包覆材料有较高的温度惰性，如 AlF_3 和 ZrF_x。在绝热环境中，AlF_3 包覆的 NCM 材料其热失控起始温度提高约 20℃。

氧化物类包覆材料有氧化镁（MgO）、氧化钛（TiO_2）、氧化铝（Al_2O_3）、氧化锆（ZrO_2）、氧化硅（SiO_2）等。氧化锆（ZrO_2）、氧化硅（SiO_2）材料可以显著降低热失控过程产热。

电池内阻是影响电池在充放电过程中产热的重要因素，热量产生与积累是造成电池内部副反应、导致电池性能衰退的重要原因。提高电池内部离子、电子的导电率，就能降低内阻，提高锂离子电池的安全性。

除传统包覆类材料外，一种新型包覆材料，即正温度系数（PTC）材料，也可以显著提高正极的安全性。PTC 材料的工作机制是，当温度升高时（100 ~ 130℃），材料的电阻会急剧增加，从而起到截断电流的作用，避免电池发生热失控。例如，聚 3-癸基噻吩包覆的 $LiCoO_2$ 正极，当温度上升高于 80℃时，导电聚合物层可以迅速转变为高阻状态，使电化学反应和副反应停止。具有超支化结构的枝端寡聚物涂层也可以作为一个热响应阻断层，从正极侧关闭电池。

3. 负极材料改性

目前商业化锂离子电池负极主要以碳材料为主。碳材料在实际应用过程中存在析锂风险。从负极材料自身角度出发，引发析锂的原因一方面为其自身 Li^+ 传输特性较差，另一方面为负极 SEI 膜形成不佳。

负极 SEI 膜的热分解非常容易引发热失控初始的链式反应，因此，提高负极 SEI 膜的热稳定性对电池安全至关重要。不同的碳材料负极 SEI 膜的热稳定性不同。硬碳、中间相碳微球以及石墨负极在 100% SOC 下的差示扫描量热法（differential scanning calorimentry，DSC）曲线表明，三种负极均在 120℃左右时发生 SEI 膜分解，但是分解反应的产热速率不同。其中，片层石墨负极反应最为剧烈，这主要是其在颗粒边缘处所形成的 SEI 膜质量较差所致。

除了传统的电解液配方优化及化成工艺改善外，可以通过石墨负极自身的改性提高 SEI 膜的热稳定性。例如：移除一些活性位点或缺陷来平滑石墨负极活性边缘界面；在石墨负极表面形成厚氧层；覆盖石墨负极表面的活性边缘。

此外，还可通过引入金属/非金属对碳材料进行掺杂或对碳材料进行表面氧化、碳包覆、聚合物包覆等表面处理的方法来提高其热安全性能。

原子层沉积（ALD）是一种普遍应用的负极改性方法，例如在天然石墨负极表面沉积一层 Al_2O_3 包覆层，可提高负极材料的热稳定性。另外，还可以在负极引入一种热敏聚合物微球，当温度升高时，该聚合物微球熔融变软，阻止 Li^+ 在负极界面的传导，进而切断电路。

除了针对传统碳负极的改性之外，其他负极材料体系，例如钛酸锂（LTO）及合金材料本身即具有良好的安全性。钛酸锂负极具有较高的嵌锂电位，因此在快充电和低温充电时不会有金属锂析出，大大提高了锂离子电池的安全性能。此外，钛酸锂还具备“零应变”性能，在充放电过程中体积变化非常小，具有很强的循环稳定性，所以钛酸锂电池也是提高电池安全性能的一种选择。但其目前商业化应用仍存在一些问题，如能量密度较低、高温产气等，可以进一步通过匹配高容量或高电压正极材料以及优化负极与电解液之间的界面稳定性进行改善。图 3-44 所示为提升能量密度在电池设计时采用的措施。

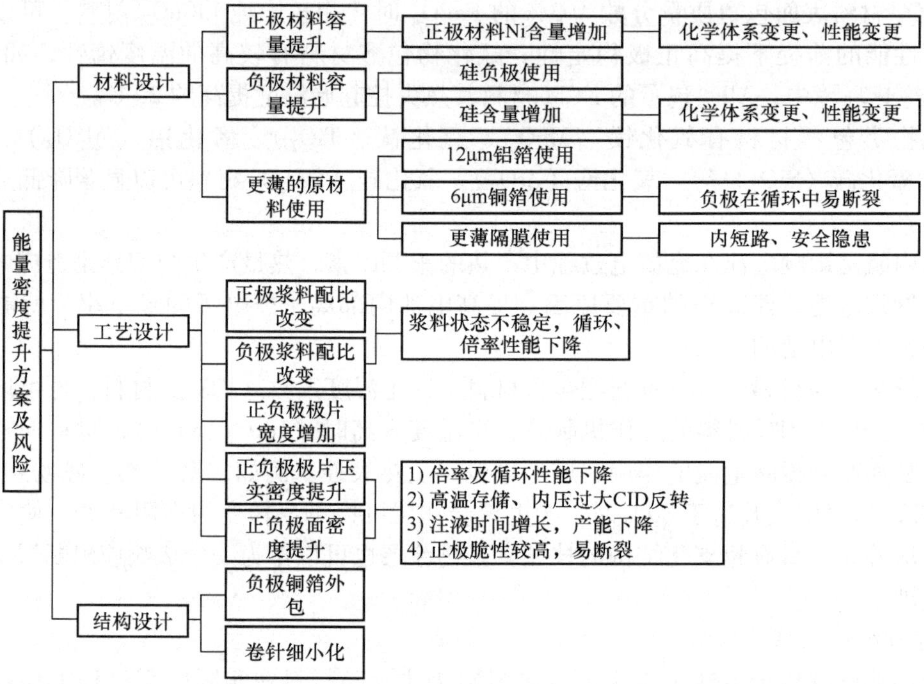

图 3-44　提升能量密度在电池设计时采用的措施

提升产品性能，主线以提升正负极材料性能为主。也有一些其他方式方法或措施，如 4680 电池端面揉压焊接可提升倍率性能，干法电极制造可缩短工艺流程并提升容量，材料预锂化可改善首效并延长循环次数等。受篇幅所限，这里就不一一介绍了。

习　题

1. 锂离子电池性能设计包含的内容有哪些？
2. 提高锂电池能量密度的方法有哪些？
3. 电池功率性能设计的要点有哪些？
4. 从单体电池设计的角度，如何设计一款高低温性能都优异的电池？
5. 简述提升动力电池使用寿命的方法。
6. 简述锂电池的碰撞性能。
7. 简述锂电池的结构类型及其特点。
8. 电池安全设计的要点有哪些？
9. 动力电池碰撞后对于电解液泄漏情况的具体要求是什么？

第4章

动力电池制造工艺及流程

4.1 概述

优秀的产品基于优秀的设计，但设计质量最终要通过工艺制造来实现。产品质量依赖于工艺制造水平。在大力发展电动汽车的时代，动力锂离子电池的制造生产线已经实现自动化、智能化、规模化。与最初的实验室生产条件相比，其单体和电池组的工艺制造水平早已脱胎换骨，不可同日而语。

制造工艺在锂离子电池性能和安全的提升中占据重要地位。锂离子电池制造工艺复杂，工序众多，任何一道工序出现问题都会影响最终电芯的循环寿命、储锂性能和使用安全等。

熟悉和掌握锂离子电池制造的基本工艺流程，可以有效管控制造工序中的风险点，保证电池的顺利生产和安全使用。

目前，国内锂离子电池制造，无论是圆柱形、方形还是软包电池，基本上都实现了从原材料输送到单体分容的全自动化生产。这样不仅提升了单位时间内产品的产出数量，也大大提升了产品的一致性。

圆柱形电池采用卷绕式装配方式，有的软包或方形电池也采用松散的卷绕后压平装配方式，大部分方形电池已采用叠片极组装配方式。产品质量及一致性，主要取决于生产过程中工艺控制和设备的精度。

本章将以锂离子电池制造工艺为主线，围绕预处理、制浆、涂布、烘干、辊压、化成等制造工序展开具体介绍，分析工艺基本流程和缺陷预防，为即将进入新能源汽车动力电池行业的学生提供知识储备。

4.2 工艺环境要求

锂离子电池因主要原材料易吸收水分而降低产品性能，所以工艺生产要在洁净的、较低露点的干燥间内进行。锂离子电池内部是一个较为复杂的化学体系，这些化学系统的反应过程及结果都与水分密切相关。如果水分失控，就会造成电池中水分超标存在，不但会导致电解质锂盐的分解，而且对正负极材料的成膜和稳定性产生恶劣影响，导致锂离子电池的电化学特性，诸如容量、内阻、循环稳定性等明显恶化。

4.2.1 水分影响

水分会和主要材料发生反应，消耗电池中的 Li^+，降低电池容量。

$$LiMO_2 + xH_2O \rightarrow (1-x)LiMO_2 + xLiOH + xHMO_2 \tag{4-1}$$

水分会和电解液发生反应，消耗电解液中的锂盐并生成有害气体：

$$LiPF_6 \rightarrow LiF + PF_5 \tag{4-2}$$

$$PF_5 + H_2O \rightarrow 2HF + POF_3 \tag{4-3}$$

$$POF_3 + ne^- + nLi^+ \rightarrow LiF + Li_xPOF_y \tag{4-4}$$

$$PF_5 + ne^- + nLi^+ \rightarrow LiF + Li_xPF_y \tag{4-5}$$

$$H_2O + e^- + Li^+ \rightarrow LiOH + 1/2H_2 \tag{4-6}$$

水分还会破坏 SEI 膜，降低电池的稳定性。

$$2ROCO_2Li + H_2O \rightarrow Li_2CO_3 + CO_2 + 2ROH \tag{4-7}$$

$$HF + ROLi \rightarrow LiF + ROH \tag{4-8}$$

$$Li_2CO + 2HF \rightarrow 2LiF + H_2CO \tag{4-9}$$

$$ROCO_2Li + 2HF \rightarrow nLiF + ROH + H_2CO_3 + ROH \tag{4-10}$$

1. 水分来源

车间中的水分来源多种多样，分析水分来源的目的是尽可能采取措施阻断非必然非合理的水分来源，减少水分对制程中材料的影响，提升材料稳定性和产品性能的一致性。

（1）空气　空气中的水分主要有空气环境中的水分、人体出汗和呼吸产生的水分、衣服被淋湿而未待干燥就进入车间、洗手后未烘干就进入车间等带入的水分。一般用相对湿度来衡量空气中的水分。温度和季节对相对湿度有很大的影响。在夏季，相对湿度雨天可以达到90%，晴天可以达到50%左右；在冬季，相对湿度雪天可以达到30%左右，晴天可以达到20%左右。人呼吸的时候，距离鼻孔 2cm，湿度则达到85%。湿度与含水量的关系见表 4-1。

表 4-1　湿度与含水量的关系

序号	21℃时的湿度（%）	水分含量（质量分数）/10^{-6}	含水量/(g/m^3)
1	1	245	0.3
2	2	512	0.6
3	10	2461	3.1
4	15	3697	4.6
5	20	4935	6.2
6	25	6176	7.7
7	30	7421	9.3
8	49	12120	15.2
9	82	20370	25.5

（2）物料　物料包含正极、负极、隔膜、电解液、包装材料等，物料中都容易带入水分。

目前正极极片普遍采用纳米级别的材料，这种材料具有很强的吸水性，很容易从周围的空气中吸收水分。负极极片的吸水性比正极极片相对低一点。但是，在没有控制湿度的环境下，负极极片从环境空气中的吸水量也是相当可观的。

隔膜是一种多孔性的塑料薄膜，其吸水性也是很强的。

电解液也非常容易吸水，它会和水发生化学反应，直至所有的电解液物质反应完成。

纸箱等包装物的含水量很高，也是水分的来源之一。虽然金属零件本身的吸水能力有限，但金属零件对水分却很敏感，水分的存在会使其生锈或者腐蚀。

2. 空气除湿

空气中水分可通过除湿系统进行控制，按原理可将除湿系统划分为转轮除湿系统和冷冻除湿系统两大类。由于除湿原理不同，它们的除湿效果也大有区别。

一般来说，冷冻式工业除湿机的适用范围为16～38℃，当温度在16℃以上，相对湿度要求在40%～60%时，可以选择冷冻式工业除湿机。最低相对湿度在30%时已无法再进行除湿，也就是说，冷冻式除湿机无法适用于低温环境。

当需要将湿度降到很低，或温度低于16℃时，可以选择转轮除湿机。转轮除湿机可在-30℃以下保持高效运行，最低可将相对湿度保持在0.1%。

（1）转轮除湿　转轮除湿技术最早是由美国的Bryant（布莱恩特）在1950年发明的，但是随着技术的发展，后来，日本、瑞典在转轮制造技术上逐步领先。近年来，我国自主创新研发的除湿转轮也开始占据行业市场。同时，转轮的组成成分发展为分子筛+硅胶结构，采用先进的固体吸附技术，可以进行连续稳定、大负荷的空气调湿运行，特别是在低温低湿工况下可实现-70℃的超低空气露点。

在除湿过程中，吸附转轮在驱动装置的带动下缓慢转动，当吸附转轮在处理空气区域吸附水分子达到饱和状态后，进入再生区域由高温空气进行脱附再生，这一过程周而复始，干燥空气连续地经温度调节后送入指定空间，达到高精度的温湿度控制。转轮除湿机工作原理如图4-1所示。转轮式除湿系统需要与外界空气隔离的房间和除湿机组。除湿机组一般会根据除湿厂房的容积配置数量，建安成本比较高。假定某型除湿机组在规定时间t内除湿量为W，则除湿速率为

$$v = W/t = V\rho\frac{(X_2 - X_1)}{1000}\frac{1.2}{t} \tag{4-11}$$

式中，v为除湿机组的除湿速率（kg/h）；W为除湿量（kg）；V为场所体积（m^3）；ρ为空气密度（kg/m^3）；X_2为除湿前相对湿度（%）；X_1为除湿后相对湿度（%）。

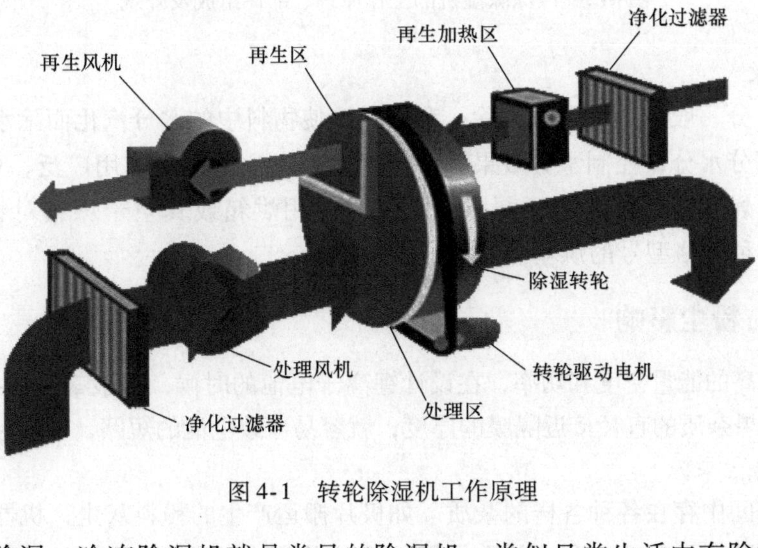

图4-1　转轮除湿机工作原理

（2）冷冻除湿　冷冻除湿机就是常见的除湿机，类似日常生活中有除湿功能的空调。冷冻除湿机采用冷凝法去除空气水分，这是一个物理过程。常温和相对高湿的空气中的水蒸

气遇到低温冷却铜管和翅片，形成水滴并液化，然后被除去。

冷冻除湿机的整个除湿过程细分为内循环和外循环两个循环过程，完成整个特定空间的除湿。

冷冻除湿机的外循环，一共分为三个过程：

第一个过程，通过风机把空间里的常温潮湿空气吸进机器。

第二个过程，吸进来的常温潮湿空气中的水蒸气通过蒸发器（冷却铜管和翅片）液化成水滴后，通过软管排出。

第三个过程，被蒸发器冷却处理后的干燥空气再经过冷凝器（高温铜管和翅片）升温至常温，通过出风口排出，如此周而往复，空气就降湿了。

冷冻除湿机的内循环中，压缩机把低温低压的制冷剂吸进来并压缩成高温高压的气体，高温高压的气体经过冷凝器（铜管和翅片，所以此铜管是很热的，供空气加热用）散热后变成中温高压的气体，中温高压的气体经过毛细管节流后变成低温低压的液体，低温低压的液体经过蒸发器（铜管和翅片，此时的铜管是低温，供常温潮湿空气冷却，让水蒸气液化析出）变成低温低压的气体，然后被压缩机吸入压缩成高温高压的气体，如此周而往复形成一个内循环。图 4-2 所示为冷冻除湿机的工作原理、部件组成及外观。

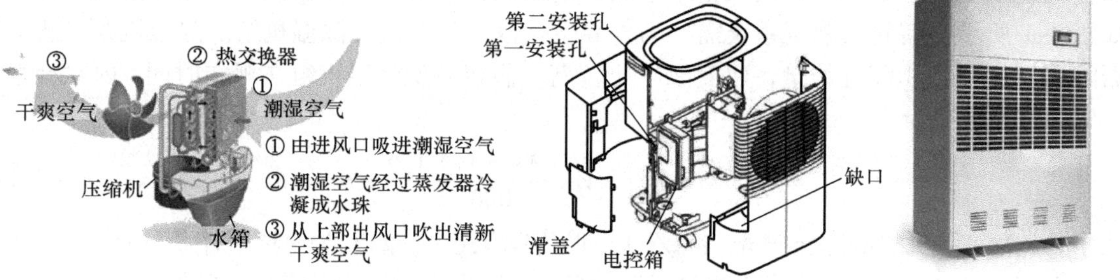

图 4-2　冷冻除湿机的工作原理、部件组成及外观

3. 物料干燥

物料中的水分一般采用干燥法去除，利用热能使物料中的水分汽化而除水。该方法能除去物料中的大部分水分，控制水分效果好。干燥法在电池生产中应用广泛，如原料的干燥、正负极极片的干燥及单体电池的干燥等。工厂一般用烘箱或真空干燥箱对物料进行干燥。图 4-3 所示为各种规格型号的烘箱。

4.2.2　杂质与粉尘影响

为了追求更高的能量密度和功率，在设计锂离子电池的时候，一般都会选择厚度在 20μm 以内的隔膜。如果杂质的直径接近隔膜的厚度，就容易导致电池的短路，甚至起火爆炸。

1. 杂质与粉尘来源

电池生产车间中存在各种各样的杂质。如极片搬运产生的粉料灰尘，机器和夹具磨损的金属颗粒，盖板和铝壳组装时刮擦的金属屑，激光焊接时喷溅的金属屑，员工工鞋带进来的土尘，还有头发、碎屑等。这些杂质通常粘附在极片、隔膜或者盖板上，可能会在生产过程

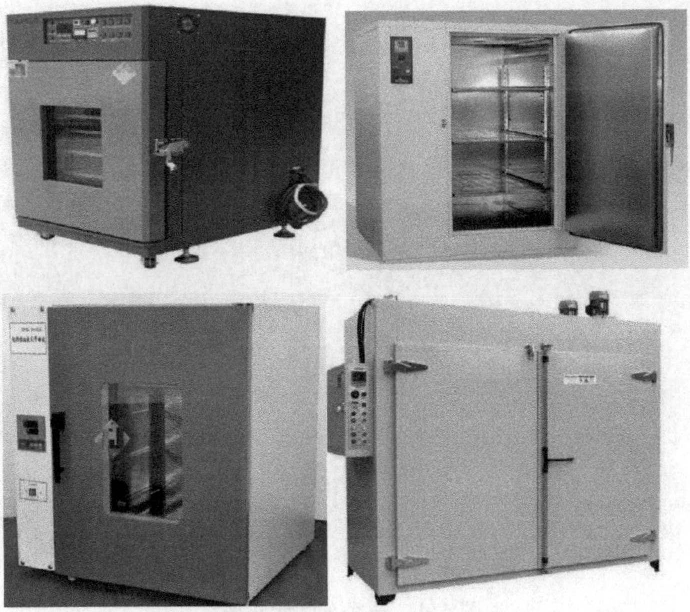

图 4-3　各种规格型号的烘箱

中进入电池内部，给电池造成很大的不良影响，有可能导致电池有较高的自放电，严重的甚至引起短路、起火等安全问题。

化学电源在电池外电路通过电子导电，电池内部通过离子导电。电池卷绕电芯要用隔膜隔开正极极片和负极极片，使得离子在电解液中穿过隔膜，进行化学反应。如果电池内部正极极片和负极极片直接接触，或者通过粉尘、金属碎屑接触，那么电池内部正负极之间造成电子导电，导致内部短路。短路会导致电池大量发热，进而可能出现起火爆炸。

2. 杂质与粉尘管控

洁净车间应保证杂质与粉尘符合生产工艺要求。洁净车间是与外界空气隔离并配置有空气净化系统通道的厂房。

净化系统由中央空调和空气净化系统构成，有更衣室、风淋室和洁净间三个组成部分。洁净车间工作人员首先在更衣室换上防尘服，然后进入风淋室吹淋以有效清除所带的尘埃及细菌，最后进入洁净间工作。

洁净车间（图 4-4）净化原理如下：气流→初效净化→加湿段→加热段→表冷段→中效净化→风机送风→管道→高效净化过滤器→吹入房间带走尘埃及细菌等颗粒→回风百叶窗→初效净化。重复这样的一系列过程，即可达到净化目的。

真空吸尘是最常用的除尘方式，它直接收集粉尘然后带出车间，不引起二次污染。因此，吸尘需要推广到车间的每一个角落。吸尘工具需要齐全，专用的吸尘器只能专用于某些领域，不能交叉使用。例如：专门用于吸负极粉尘的，就只用于吸负极粉尘；专门用于吸正极粉尘的，就只用于吸正极粉尘；专门用于吸地面粉尘的，就只用于吸地面粉尘。真空吸尘器的真空度越大，吸力也就越强；吸尘距离越近，吸力也越强。在使用真空吸尘枪时，在保证不损伤零件和产品的前提下，可以尽量靠近零件和产品，使其除尘更彻底。更换吸尘器的布袋时，要拿到车间外部更换，以免吸尘器的沉淀物重新飘散到车间中。

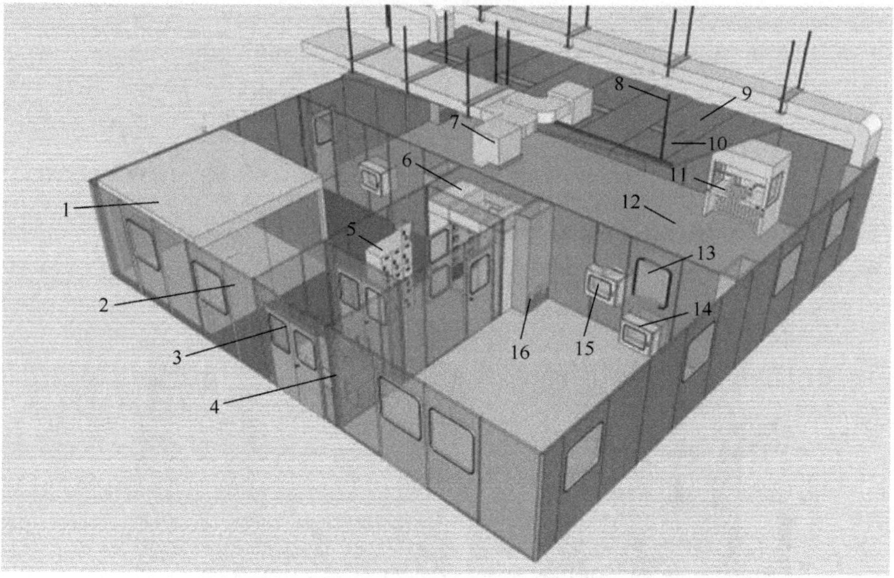

图 4-4　洁净车间示意图

1—层流罩　2—隔离板　3—洁净门　4—换鞋凳　5—换衣柜　6—风淋室　7—高速通风口　8—悬吊系统　9—吊顶板　10—LED 灯　11—超净工作台　12—环氧地坪　13—双层窗　14—传送舱　15—传送窗　16—出风口

一些边角区域的粉尘很难用吸尘器或者湿布清除，但可以用胶布借助工具进行收集，然后包扎起来，使其不脱落于各个角落。因此，胶布除尘也是值得推广的一种方法，它没有二次污染，更能固化粉尘。当然，选择黏性适中的胶布很重要。除尘也要按照一定顺序，一般遵循从上到下、从里到外、从左到右的方式，这样不会出现一些区域已经清理过后被二次污染的现象。

4.3　电池制造

4.3.1　工艺流程

电池制造工艺流程如图 4-5 所示。

4.3.2　原材料预处理

根据锂离子电池的工作原理可知，水的电化学窗口远小于锂离子电池中的有机电解液。因此，锂离子电池对水分较为敏感，极易与水发生副反应，水分的存在会影响电池的使用寿命，并增加安全风险。一般而言，锂离子电池对水分的要求为 100ppm（1ppm 即是百万分之一）以下，而对于有长寿命需求的电池，水分需低于 30ppm。当电池内部水分含量超标时，电池在使用过程中会发生胀气鼓包、微短路、容量下降、寿命缩短等问题，因此在电池制造工艺中对原材料和生产过程会有预处理要求，应严格控制原材料水分和生产段环境湿度。

原材料预处理主要是对原材料进行脱水干燥的一系列处理，将原材料中的水分含量控制在 1% 以下。需要处理的原材料包括正负极材料、黏结剂、导电剂、有机溶剂（如 NMP）

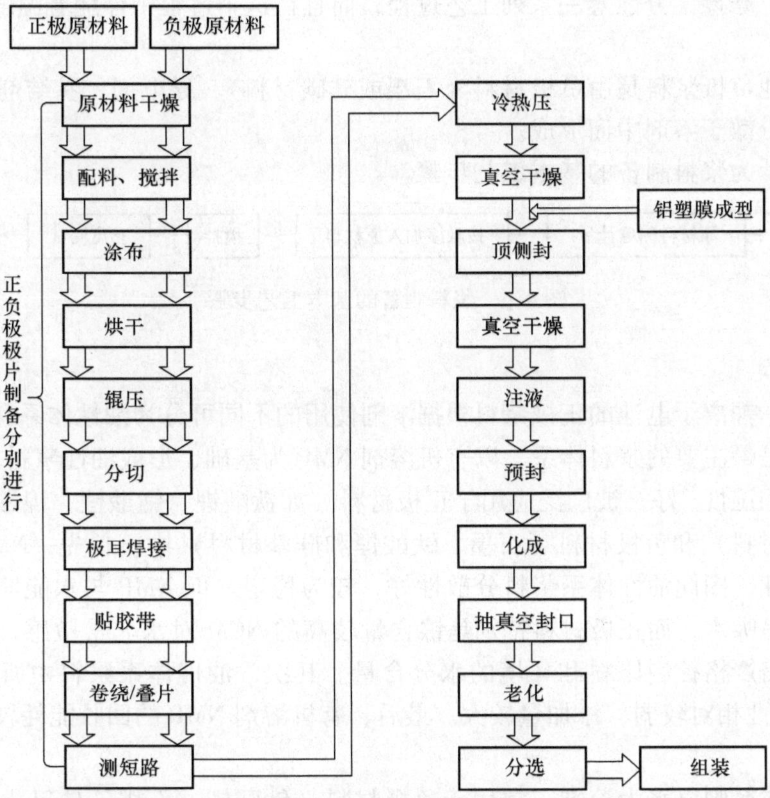

图 4-5　电池制造工艺流程

和隔膜等。根据每种材料的性质，其干燥处理的温度也各不相同：如三元正极材料的烘干温度一般为 100～150℃，磷酸铁锂正极材料的烘干温度一般为 110℃，石墨负极的烘干温度为 100℃，导电剂因极易吸水故烘干温度一般在 100℃以上，黏结剂（如 PVDF）的烘干温度一般在 80℃左右，隔膜的烘干温度则一般在 80℃以下。实际操作时，还需根据材料的比表面积、环境湿度、存放时间等条件来调整烘干温度和时间。通过对原材料进行脱水处理，可以使粉末材料（正负极、导电剂、黏结剂）的粒度更均匀，在后续拌浆过程中提升浆料的均匀性。对于烘干方法，除常规的烘箱外，现在常用的还有蒸汽干燥、远红外干燥和微波干燥。

4.3.3　浆料制备

锂离子电池的浆料制备是生产锂离子电池过程中的重要环节，浆料的质量和性能会直接影响电池最终的性能和寿命。锂离子电池浆料是一种含有正极或负极材料的浆体状物质，正极浆料、负极浆料的制作是电芯生产制造工艺的基础，是决定电极片能否达到电芯设计要求的重要工序之一。为了保证单体电池的一致性，提高整批电池的性能稳定性，必须要保障电池材料浆料的均匀性。

锂离子电池正极浆料是由正极材料、黏结剂（PVDF）、导电剂通过搅拌混合均匀分散于溶剂中而形成。它的制备包括了液体与液体、液体与固体物料、固体与固体颗粒之间的相互混合、溶解、摩擦、分散等一系列工艺过程，而且在这个过程中伴随着温度、黏度、粒度等参数的变化。

锂离子电池负极浆料是由负极材料（石墨或硅碳材料）、导电剂、黏结剂（CMC）通过搅拌混合均匀分散于溶剂中而形成。

图 4-6 所示为浆料制备的基本工艺步骤。

图 4-6　浆料制备的基本工艺步骤

1. 浆料种类

一般而言，锂离子电池的正极浆料根据溶剂使用的不同可分为油性体系和水性体系两大类。油性体系是最主要的浆料体系，以有机溶剂 NMP 为基础，形成油性浆料。

油性体系润湿性㊀好，被广泛应用于正极材料（如钛酸锂、锰酸锂、镍酸锂、磷酸铁锂和镍钴锰三元材料）和负极材料（石墨、钛酸锂和硅基材料）中。首先，NMP 与导电剂也有较好的润湿性，因此油性体系浆料分散性好，较为稳定。但 NMP 与水能够无限互溶，在制浆过程中较易吸水，而正极材料特别是镍含量较高的 NCM 对水非常敏感，因此在制备油性体系浆料时需严格控制原料和环境的水分含量。其次，油性体系浆料中所用黏结剂（如 PVDF）的黏结性相对较弱，添加量较大。最后，有机溶剂 NMP 的回收能耗较高，提高了经济成本。

水性浆料体系则以水为溶剂，常用于负极材料（钛酸锂、石墨、硅氧化物）浆料的制备。水性体系避免了有机溶剂的使用，减少了环境污染，降低了溶剂回收成本，也提升了生产流程的安全性。但由于水与负极粉体材料的润湿性较差，一般需要添加同时具有油性和水性的分散剂羧甲基纤维素钠（CMC），以提升浆料的均匀性。同时，因锂离子电池工作中对水的敏感性，后续工艺中对水性体系的干燥要求也相应提升。

2. 匀浆

（1）匀浆准备　浆料制备中的部分原材料润湿性较差、易团聚，因此在制备浆料时需要将这些材料根据各自的性质进行预处理。对于黏结剂和分散剂需要提前制成溶液，如 CMC 需要提前溶于水，PVDF 需要溶于 NMP 制得溶液；导电剂因极易团聚，不适合直接加入浆料中，应根据工艺要求不同选择提前与溶剂单独混合或与活性材料（正负极材料）干磨混合；活性物质会与少量溶剂进行预混合，在制备浆料前就实现润湿。

（2）搅拌混合　将需要预混合的活性材料先加入高搅拌机内，通过搅拌产生的剪切力打散、分散，而后逐步加入溶剂、导电剂浆料、黏结剂和分散剂溶液，形成均匀溶液。

（3）真空脱泡　通过真空操作使浆料中的气泡脱出，提高浆料的纯度和稳定性。

（4）匀浆过程　黏结剂与活性物质粉末的结合需要较长的时间，因此浆料需要经过一段长时间的慢速搅拌，使浆料实现均匀分散。同时，根据后续工艺需求，通过调控黏结剂、分散剂的含量对浆料的黏度和浓度进行调节。

（5）静置过滤　将调制好的浆料进行一定时间的静置，并通过筛网过滤除去制浆过程

㊀ 润湿性：液体在接触固体表面时的扩展和吸附能力，此处指有机溶剂对正负极粉体材料的浸润能力。

中未分散的大颗粒，确保浆料的均匀性和分散性。

3. 制备浆料的设备

根据制浆过程中的不同需求，一般常用设备有搅拌设备、研磨设备、筛分设备、过滤设备、储存输送设备、计量设备等，为了及时检验浆料的物化特性，还需配备粒度仪、黏度仪、密度计等。

搅拌设备是锂离子电池浆料制备过程中最常用的设备，用于将活性物质、导电剂、黏结剂和溶剂等均匀混合，常见的设备包括搅拌罐、搅拌器等。图 4-7 所示为行星混料机。

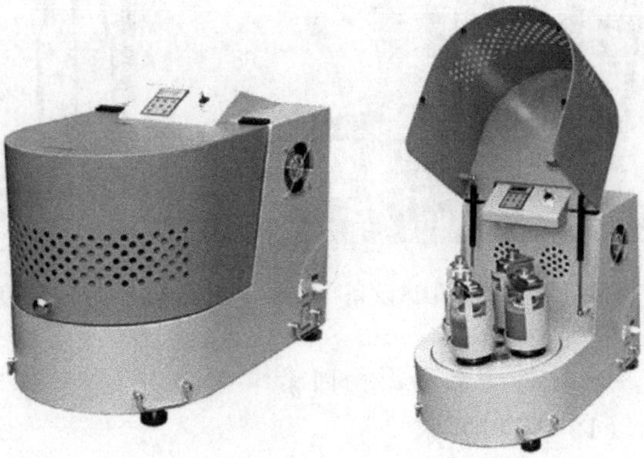

图 4-7　行星混料机

研磨设备用于对活性物质进行粉碎和细化处理，以控制活性物质的粒径和形态，常见的设备有球磨机和砂磨机。

筛分设备用于部分原材料的颗粒度筛选，常见的设备有多级振动筛分机。

过滤设备用于除去浆料中的杂质和固体颗粒，以提高浆料的纯净度和稳定性，常见的设备有过滤器和离心机等。

真空搅拌机用于在混合过程中取出浆料中的气泡和溶剂，以保证浆料的密实性和稳定性。

图 4-8 所示为匀浆搅拌机及浆料储存输送装置，图 4-9 所示为浆料研磨及输送设备，图 4-10所示为筛分机，图 4-11 所示为除铁过滤设备，图 4-12 所示为旋转黏度仪，图 4-13 所示为激光粒度仪。

图 4-8　匀浆搅拌机及浆料储存输送装置

图 4-9　浆料研磨及输送设备

图 4-10　筛分机

图 4-11　除铁过滤设备

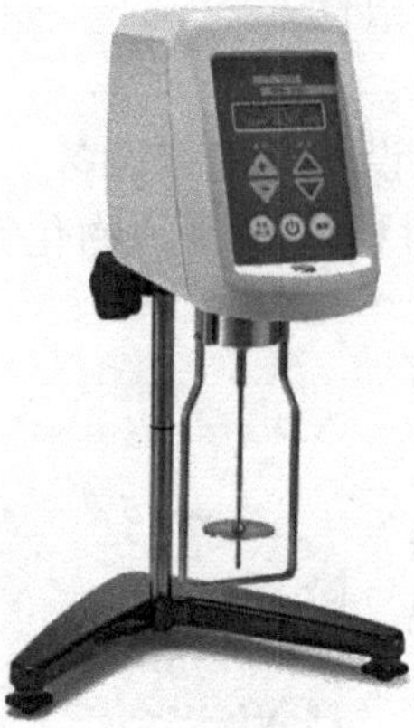

图 4-12　旋转黏度仪

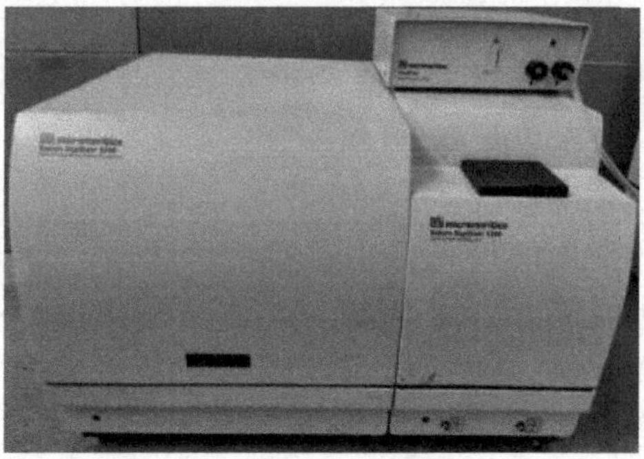

图 4-13　激光粒度仪

4. 浆料要求和影响因素

（1）浆料要求

1）浆料中的活性物质颗粒应具有适当的粒径，通常要求在微米级或亚微米级。这样的粒径级别有助于提高电极的比表面积，增强电极片与电解液的接触，提高电池的能量密度和充放电效率。

2）浆料应具有良好的均匀性，即各组分均匀分散在浆料中，避免出现团聚和聚集现象。这样有助于在后续涂布过程中提供均匀而稳定的电极，确保电池容量的一致性和可靠性。

3）浆料的浓度和黏度应符合后续涂布的要求。浓度过高可能导致浆料过于黏稠，不利于浆料在集流体上的流延；浓度过低则会导致浆料涂布的不均，出现露箔等缺陷。

4）浆料中黏结剂和分散剂应具备良好的化学稳定性和电化学稳定性，在后续完成电池制备进行充放电时，不参与电化学反应。

（2）浆料制备的影响因素　原材料中的活性物质、黏结剂、分散剂和溶剂的纯度、颗粒粒径等特性会影响浆料的流变特性和分散性。配方设计和配比也会影响浆料的流变特性和分散性，应适当选择活性物质、导电剂、分散剂和黏结剂的比例。例如，在实际生产中为提升活性物质含量会尽量压缩黏结剂的比例，但黏结剂比例的下降会影响最终极片的稳定性，因此需选择合适的黏结剂比例以达到电化学性能和极片黏结性之间的平衡。搅拌的工艺参数，如浆料制备过程中的搅拌速度、搅拌时间和搅拌温度会对浆料质量有重要影响。一般来说，搅拌速度越高，浆料的分散速度越快，但对活性物质结构和设备的损伤就越大。搅拌时间则与最终浆料的黏度直接相关，搅拌时间越长，浆料黏度越小，但在搅拌达到一定时间后，浆料黏度会趋于稳定。搅拌温度则与浆料的流动性和分散性相关，温度过高会导致浆料表面快速挥发而引起结皮，温度过低则会使浆料的流动性大大降低。

由上述内容可知，浆料制备需要用到大量的有机溶剂，这将带来环保问题，同时后续溶剂干燥回收涉及大量的能耗问题。因此，优化现有的浆料制备工艺，探寻先进的制备技术已成为电池制造工艺中的重要问题。现阶段已有部分企业和科研院所开始研究干法电极，即采用无溶剂的方法，将各原材料通过气流粉碎机等设备进行混合，形成不含溶剂的材料混合体，省去了常规工艺中的浆料制备过程，工艺流程简单，避免了有机溶剂的大量使用和后续蒸发处理，能耗较低且减少了对环境的污染，在未来的锂离子电池制造工艺中具有极大的应用潜力。

（3）浆料特性表征

1）黏度。浆体的黏度是反映浆料中摩擦或黏度（滞后）的特征量，是流体阻碍其相对流动的一个特征，也是鉴定浆料是否适合涂布的关键参数之一。

影响浆料黏度的因素有很多，如浆料的成分、环境条件、溶剂比、温度、搅拌时间等。浆料黏度太高时，虽然浆料稳定性较好，但是其流动性差，对铜箔和铝箔的流平表现以及浸润效果都不好，不利于涂布工序的进行，容易出现极片外观的异常。

浆料黏度太低时，虽然浆料流动性较好，但是储存性能差、容易沉降，分散性也比较一般。同时浆料黏度过低，会造成涂布烘干困难，易形成湿片，还会发生涂层龟裂、浆料颗粒团聚、面密度一致性不好等问题。

不过浆料的黏度也没有统一的标准，需要根据材料的特性及涂布机的性能进行相应的调整。现在一般将浆料黏度控制在4000～8000mPa · s之间。未来随着加工工艺水平的提升，浆料的黏度应该可以做到更高。测试工具用黏度计，测黏度时要保证浆料温度的一致性，以便对比浆料黏度的稳定性。

2）温度。为了使浆料混合均匀，需要经过混合、捏合以及高速分散等工序。在长时间高速的旋转及搅拌下，物料颗粒之间的摩擦会产生极大的热量，这些热量在浆料内部就会引起浆料的温度变化。

浆料温度对于下一道工序涂布的影响是面密度的不稳定，如果进入涂布头的浆料温度和涂布头唇口本身温度不同，涂布头唇口就变成了热交换器，其结果是涂布浆料从分配腔进口到末端流动时浆料的温度发生变化。温度的变化会引起黏度的变化，从而造成涂布厚度不均匀。所以需要对浆料的温度进行测试，并在浆料输送过程中安装温度控制系统，尽量保持浆料温度、涂布头温度、环境温度的一致性，以确保浆料涂布面密度的一致性。

3）粒度分布。活性物质的颗粒大小与粒径分布是浆料制程工艺中的重要因素，活性物质颗粒越小，则连续相黏度越大，由重力引起的浆料分层现象越弱，悬浮体系的稳定性越好。但当颗粒的粒径缩小到某一微小尺寸时，粒子之间的结合力成为主要作用，颗粒之间会发生团聚现象，不利于体系的稳定。所以，在浆料的分散中，颗粒粒径并非越细越好，而是要使其分布于一个较窄的尺寸范围，达到吸力与斥力的相互平衡，从而保证浆料体系的稳定。

4）固含量。浆料的固含量和浆料稳定性息息相关，同种工艺与配方，浆料固含量越高，黏度越大，反之亦然。在一定范围内，黏度越高，浆料稳定性越高。在实际生产过程中，检验浆料的固含量具有其他的意义，就是保证浆料制备投入的各种物料重量是准确的。为了确保固含量在需要的范围内，在生产中会采用烘干法进行测量，采用的仪器是水分测试仪。

电极浆料作为一个多组分的非平衡态体系，其存在的最大的问题便是内部颗粒由于静电吸引力、范德华力或氢键等作用团聚，或是在重力作用下发生沉降，从而影响了浆料的分散均匀性和稳定性。因此要做出稳定的浆料，就要综合考虑材料性质、配方、搅拌工艺、环境等多方面因素的影响，通过不断的实践才能得到最终的答案。

4.3.4　浆料涂布

浆料涂布是浆料制备后的工序，此工序的主要目的是将稳定性好、黏度好、流动性好的浆料均匀地涂布在正负极集流体基材（铝或铜箔带）上，形成厚度为 200 ~ 300μm 的涂层。涂布后极片的精度和厚度的一致性代表着活性物质在集流体上的分布情况，这将极大程度地影响锂离子电池的电化学性能、循环性能和安全性能。

涂布工序对锂离子电池的容量、一致性、安全性等具有重要的意义。因极片涂布工艺引起的电池失效占全部原因引起的锂离子电池失效的比例已超过 10%。

极片涂布一般使用专用设备，涂布时要考虑以下几个方面，如涂布层数、湿涂层的厚度、涂布液的流变性能、要求的涂布精度、涂布支撑物或基材、涂布速度等。

1. 涂布方法

常见的涂布方法有挤压涂布、辊式涂布和刮刀涂布三类。

（1）挤压涂布　挤压涂布作为一种精密的湿式涂布技术，其工作原理是，浆料在一定压力的流速下沿着涂布模的缝隙被挤压喷出并转移到基材上。这是一种连续的高速涂布方法，浆料均匀地沿着电极集流体表面涂布，形成均匀的薄膜。

挤压涂布精度较高，涂布速度快，涂布系统密闭，可防止涂装过程中污染物进入，浆料利用率高，可保持浆料性能稳定，可同时多层施工，可以在黏度较高的浆料中使用，适用于大批量和高要求的生产。它与转移涂布工艺相比具有更强的灵敏性和适应性，但挤压涂布所使用的设备一般较为复杂，对操作人员的技术水平有比较高的要求。

（2）辊式涂布　辊式涂布是现阶段较成熟、也较为常见的涂布方法。涂布辊旋转带动浆料，通过背辊和涂布辊的旋转将浆料转移到基材上。图 4-14 所示为辊式涂布机。

图 4-14　辊式涂布机

辊涂转移涂层由两个基本过程组成。首先，涂布辊的旋转带动浆料通过计量辊间隙，形成一定厚度的浆料层。然后，一定厚度的浆料层通过涂布辊和相反方向的背辊旋转，将浆料转移到集流体（箔带）上以形成涂层。

相比挤压涂布，辊式涂布的涂布速度较慢，但操作相对简单，稳定性好。在选择合适辊子材质、压力和滚动速度的基础上，即可实现均匀度较好的涂层。辊式涂布一般适用于中小批量生产和常规生产环境。

（3）刮刀涂布　刮刀涂布是一种常用的涂布方法，集流体基材（箔带）通过涂布辊与浆料槽直接接触，当带有浆料的基材通过涂布头装置时，多余的浆料被刮掉并回流，从而在集流体基材（箔带）表面形成一层均匀的涂层。涂布头的类型主要是“逗号刮板”，逗号刮板由多个“逗号刮刀”构成。“逗号刮刀”是涂布头中的关键部件之一，一般在圆辊表面沿母线形成逗号状刀片。这种刮刀具有高强度和硬度，易于控制涂布量和涂布精度，适用于高固含量和高黏度的浆料。

刮刀与基材之间的间隙决定了涂层的厚度。涂布过程中，通过调节刮刀的间隙对涂层厚度进行控制。刮刀涂布易于控制涂层厚度，但需要调配浆料黏度、刮刀角度以及刮刀间隙之间的关系，一般适用于小批量生产和实验室研发阶段。图 4-15 所示为小型刮刀涂布机，图 4-16 所示为逗号刮刀。

图 4-15　小型刮刀涂布机

图 4-16　逗号刮刀

在实际生产过程中，需要根据生产批量要求、材料流动特性、涂布厚度、均匀性要求、设备可用性和经济成本等多方面综合考虑，选择合适的涂布方法。一般实验室设备多采用刮刀式，消费类锂离子电池多采用辊涂转移式，动力电池多采用狭缝挤压方式。图 4-17 所示为槽式挤压涂布机。

图 4-17　槽式挤压涂布机

2. 涂布工艺的影响因素以及可能产生的缺陷

涂布过程中经常出现的问题是头厚尾薄、两面厚边、点状黑点、表面粗糙、箔外露等。涂布过程质量瑕疵如图 4-18 所示。

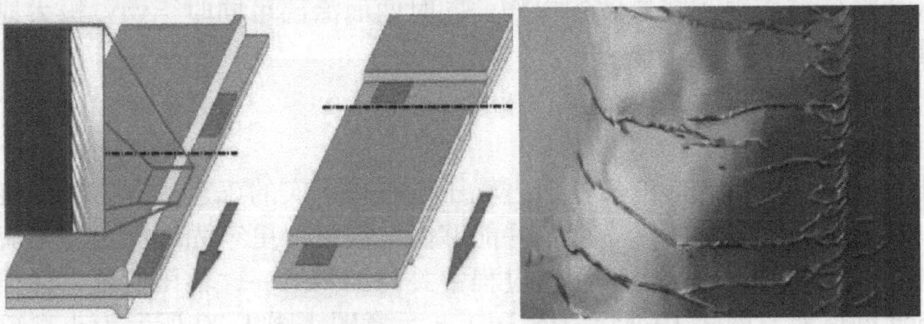

图 4-18　涂布过程质量瑕疵（厚边、压制裂痕）

浆料的流变特性、黏度、流动性以及浓度都会对涂布过程产生影响。若浆料黏度过高或过低，则均会导致涂布的厚度不均匀；若浆料中残留有颗粒物或未分散的黏结剂，则会导致涂布方向上产生细条纹；若浆料中的泡沫未除尽，则会导致极片表面产生气泡或斑点。

涂布速度和所需涂层的厚度也会影响涂布效果。过快的涂布速度会导致涂层不均匀或裂纹的形成，而过厚或过薄的涂层会导致涂层剥离。同时，涂布太厚或太薄也会影响辊压过程中的厚度均匀性。

涂布设备的状态和参数设置均会对涂布结果产生影响。当涂布头受到污染或涂布头有小缺口时，会导致极片产生拉丝和细条道；当设备发生机械振动时，会导致极片沿宽度方向产生周期性横条道；当涂布机头与极片的间隙误差过大时，会导致极片上浆料分布不均，一致性不佳。

若干燥温度过低，则会使极片干燥不完全；若干燥温度过高，则会使极片内部水分蒸发过快，导致极片出现龟裂、起皱。此外，干燥过程中产生的热应力也可能会导致黏结剂失效，使涂层与极片之间发生脱离。

通过上述涂布瑕疵与影响因素的分析，可以找到改善涂布质量的方法。例如：头厚尾薄可通过涂布阀或间歇阀的启闭时间进行调节；厚边问题可通过改变浆料特性、调整涂层间隙、调控浆料流量等得到改善；表面粗糙和条纹可通过稳定箔片传送、降低涂布速度、调整刮刀角度等改进。

4.3.5 极片烘干

涂布完成的极片需进行烘干处理。极片烘干就是将极片中溶剂或水分通过热空气接触蒸发后获得干燥涂层的过程。烘干温度和时间需要根据材料和工艺进行调整，以确保溶剂完全蒸发，使最终的电极片保持干燥状态。

伦敦大学的 Brett 教授等人比较了不同温度对 NMC622 基正极（PVDF 基黏结剂）和石墨基负极（水基黏结剂）的影响。在 60℃以上的温度下干燥，X 射线计算机断层扫描显示出 NMC622 颗粒集中在正极涂层表面的现象，而负极则在所有温度下都表现出相似的石墨分布。在 60℃、80℃、100℃和 120℃干燥的正极的放电容量显示出以下趋势：随着 C 倍率的增加，干燥温度越高，放电容量越高；而在室温下干燥的正极具有最佳的电化学倍率性能。

锂离子负极成分有石墨、导电剂和黏结剂，一般对水不敏感。负极片涂布后，只要将浆料内溶剂（主要是水）脱出即可，所以负极烘干温度大致为 80~105℃。

常见的烘干设备有单面冲击干燥器和双面悬浮干燥器两种，其中悬浮干燥器中的热风从上下周期性排列的悬浮风嘴中射出，极片在热风的作用下悬浮无摩擦传进，不与托辊直接接触，避免了极片涂层与托辊刮擦导致的损伤，同时两面涂层可同时干燥，极大地提升了干燥效率和热效能。

4.3.6 辊压

极片辊压是指将涂布干燥后的极片通过辊压机进行压实的工艺过程。辊压能够提高极片的压实密度，继而提高电池的能量密度，并能够使电极材料更牢固地固定在集流体上，提升电池的循环性能。因此，辊压是极片制造过程中关键工艺之一，辊压的效果在很大程度上会影响锂离子电池的性能。图 4-19 所示为辊压工艺示意图，图 4-20 所示为小型辊压机。

图 4-19　辊压工艺示意图

图 4-20　小型辊压机

1. 辊压目的

1）辊压工艺可以提升极片的光滑度和平整度。通过辊压工艺，极片表面的毛刺会大幅减少，由此可降低因刺穿隔膜而产生的内短路隐患。

2）辊压工艺可以提高电池的能量密度。极片干燥后，活性物质颗粒之间会存在较大的空隙，通过辊压工艺可以对活性物质进行压实，减小颗粒之间的空隙，提升极片整体的压实密度，极片的体积比容量可由此得到提升，继而提高电池的能量密度。

3）辊压工艺可以提高电池的倍率性能和循环寿命。随着活性物质颗粒之间的间隙变小，电极材料能够更牢固地贴附于集流体上，从而降低电池材料在循环过程中脱落的可能性，提升电池的循环性能；同时，在一定程度上压实密度的提升，使得活性物质之间锂离子扩散路径缩短，因而电池的倍率性能得到提升。

2. 辊压种类

现有的辊压工艺可根据辊压温度分为冷辊压和热辊压两类。冷辊压是一种常用的辊压工艺，是指采用辊压机对极片在室温下进行辊压的工艺过程。冷辊压工艺简单，适用于大规模生产和常规能量密度电池的生产。热辊压是指在传统冷辊压工艺的基础上，对辊压温度、辊压速度和辊压道次等工艺参数进行调整，从而提高极片辊压精度的技术。随着辊压温度的升高，极片涂层会发生一定程度的软化，更易被变形和压实，因此热辊压下极片的厚度一致性和压实密度更易得到提升。热辊压广泛应用于高性能和高功率要求的锂离子电池制造的应用中。

3. 辊压工艺的影响因素

（1）浆料和涂层质量　搅拌后浆料的均匀性等质量情况会对辊压后的涂层造成影响：当浆料中黏结剂含量不够而引起整体黏结性不够时，会导致辊压后极片表面粉体脱落或黏附在辊上；当浆料中粉料搅拌不均时，会引起涂布面密度不均而导致极片在辊压后表面颜色不均；浆料干燥后涂层上的气泡或杂质则会因引起辊压后极片的凹陷或者局部凸起。

（2）辊压力和速度　辊压过程中的压力和速度是影响极片变形和压实的关键因素：过大的辊压力会导致极片产生翘曲或裂边；辊压力过低会使极片应力分布不均而产生褶皱；辊压速度过快则会导致极片产生花纹。此外，过大的辊压力还会使颗粒之间接触过于紧密，离子传输通道减小，不利于材料的容量发挥；而过小的辊压力则相反，活性物质颗粒之间接触力偏小，不利于颗粒的电子导电，增大放电极化效应。

4. 辊压设备

辊压设备的稳定性是保证辊压后极片质量的关键因素：辊压过程中，由于轧制力的作用会使轧辊和设备部件产生受力变形，这些变形会最终导致极片厚度不均，出现中间厚两边薄的现象；而辊压设备的加工误差和安装误差会使轧辊在转动时作用在极片上的轧制力出现周期性的变化，致使极片出现纵向的厚度不均。

极片辊压完成后，通过收放卷设备进行极片的收卷工作，以便于后续的分切处理。

4.3.7　分切

锂离子电池极片经过浆料涂布、烘干和辊压之后，形成集流体及两面涂层的三层复合结构。然后根据电池设计结构和规格，对极片进行裁切。一般地，对于卷绕电池，应根据设计宽度对极片进行分条；对于叠片电池，应将极片裁切成片。锂离子电池极片分切工艺主要有三种方法：圆盘剪分切、模具冲切和激光切割。

圆盘剪分切刀具是一组对辊滚刀和滚轮，它们安装在涂布机尾端。滚轮之间的距离决定极片高度。切成条带状极片，再按长度要求用冲剪或辊剪完成截断。

传统极耳成型主要使用机械模切工艺，但该工艺模具损耗快、换模时间长、灵活性差和生产率低。

随着高功率、高光束质量的纳秒激光器以及单模连续光纤技术的飞速发展，激光极耳切割逐渐成为极耳成型技术的主流。激光切割实际是控制激光烧蚀轨迹以实现极片成型。

模具冲切是一组落料型模具，极片经过时，通过压模和切口模挤压，切下特定形状的极片。

有的生产工艺，会把极耳成型放在极片切割之前。极耳成型既可以用模具滚切，也可以用激光切割。

1. 分切的影响因素

分切时，分切设备种类、分切速度、刀片状态、极片厚度和种类、干湿程度等都会影响分切切口的质量。

（1）剪切刀具　分切过程的本质是通过刀具的剪切作用使极片发生塑性形变的过程，因此剪切刃的状况直接影响分切后极片的质量：若剪切刃不够锋利、润滑不佳，则会导致剪切过程中压应力降低，从而使极片切口处平整度下降，毛刺增多。

（2）激光切割　激光切割是利用高能密度激光束对切割材料进行加热和烧蚀的加工技术。激光切割具有切割速度快、切割质量高、无机械接触等优点。

与传统的机械加工技术相比，激光切割能够精确调节切割参数，使得切口平整无毛刺，大大提高了锂电池的品质；激光切割电池极片或极耳的切割速度可以达到10m/s；激光切割可以精确控制切割深度和位置，可以实现微米级别的切割精度；激光切割技术没有机械接触，实现了对锂电池材料的无损切割，避免了材料的变形和损伤。

（3）剪切拉伸作用　分切过程中极片会因剪切而受到拉伸作用，因此极片断开处或其他边缘位置的粉体会发生脱落，继而粘附在极片上产生粉尘杂质。

值得注意的是，分切过程中产生的毛刺和粉尘都会严重影响电池的安全性能。毛刺和粉尘的存在可能会刺穿隔膜，致使电池发生内部微短路而影响电化学性能，在一些极端条件下，如高温工作下，毛刺和粉尘的存在还可能导致电池发生严重胀气，甚至爆炸。

对于分切工序，传统的机械分切法操作简单，一直得到广泛应用。但机械剪切过程中刀具磨损较快，需要频繁磨刀或更换刀具，严重影响极片的质量和生产率。因此，近年来激光切割技术已逐渐应用到锂离子电池极片分切领域。激光切割的极片痕迹较小、切割面质量好、切割效率高，可有效解决机械分切产生的毛刺问题，但激光切割能量较高，容易熔融切割面的活性物质和集流体而产生复合杂质，因此激光切割在新能源领域的应用仍处于研究阶段。图4-21所示为分切后几种形式的质量瑕疵。

a) 毛刺　b) 涂层与箔分离　c) 分切波浪边

图4-21　分切后几种形式的质量瑕疵

2. 分切设备

图 4-22 所示为极片、圆盘刀具滚切设备和激光切割设备。分切设备一般是依据工艺设计选型，要求设备能与整条极片生产线兼容和匹配。

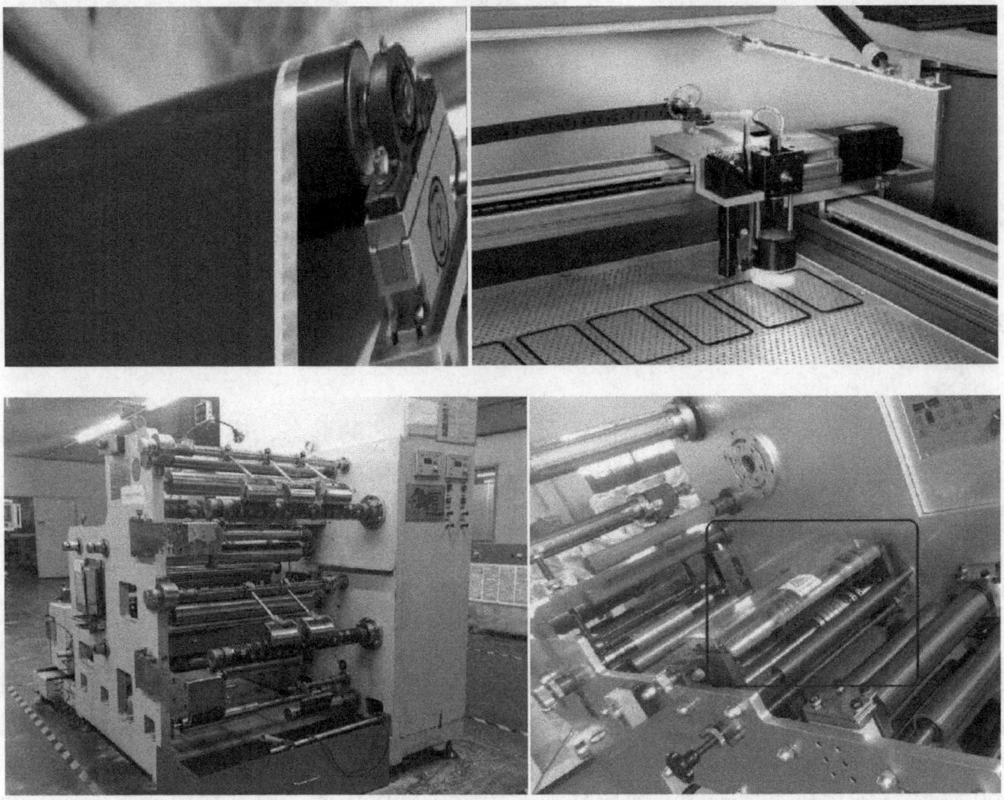

图 4-22 极片、圆盘刀具滚切设备和激光切割设备

4.3.8 电芯制备

圆柱形电池采用卷绕电芯。方形电池大部分采用叠片电芯（极组），少量采用松散卷绕压平的电芯。

卷绕电芯用自动卷绕机完成，自动送料、自动卷绕、自动粘胶带束缚电芯。极片一般按负极、隔膜、正极方式叠放，用卷针夹住扭转卷绕，外圈用滚轮挤压以保证卷绕紧实。图 4-23 所示为自动卷绕设备。

图 4-23 自动卷绕设备

叠片电芯用自动叠片机完成，自动送料、自动叠片，叠片时按负极、隔膜、正极顺次叠放，直至规定数量，再把全部正极极耳焊接在一起，全部负极极耳焊接在一起。图 4-24 所示为自动叠片设备。

图 4-25 所示为卷绕电芯和叠片极组。

图 4-24　自动叠片设备

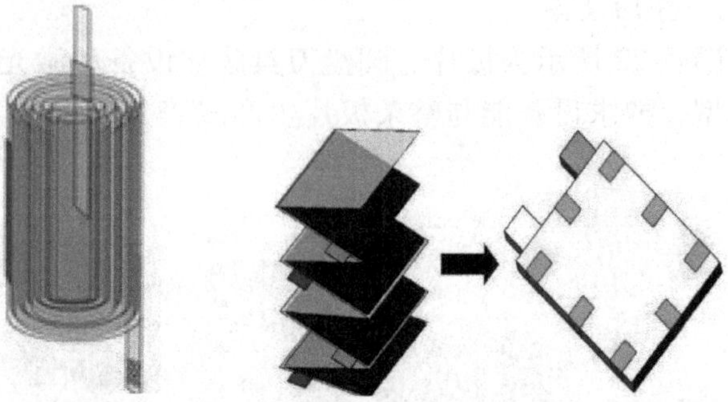

a) 卷绕电芯　　b) 叠片极组

图 4-25　卷绕电芯和叠片极组

4.3.9　注液及化成

1. 注液

电芯卷绕完成后就会入壳，焊接盖板，基本有了电芯的形态，成为长方体铝壳电池、铝塑膜软包电池或者圆柱形电池。电芯中留有孔隙，是预留的注液空间。

未注液电芯先进行烘烤，防止电芯内部水分过多，导致化成气体偏多，容量偏低。

注液是锂离子电池制程中的一道关键工序。注液效果的好坏不但影响电池性能，而且会制约生产率。锂离子电池注液就是将电解液注入电池内部，并将注入的电解液吸收到电芯中。

电池有加注电解液的专用注液孔，第一次注液完成后，将注液孔塞上，再进行常温静置和高温静置操作，然后进行第二次注液，以保证电解液注液量的准确。第二次注液完成后即会放入密封钉并进行焊接操作，焊接完成后进行负压氦检。

负压注液是主流的注液方式，即使是现在流行的等压注液，也是利用差压先将电解液注入电芯，再利用高压等压原理做静置循环，以增加电解液的浸润速度。

注液量计算公式为

$$m = kC_0 \tag{4-12}$$

式中，m 为注液量（g）；k 为注液系数，一般取 3 ~ 3.5g/(A · h)；C_0 为单体电芯容量（A · h）。

例如 100A · h 方形铝壳电芯，注液量为 300 ~ 350g。

注液后一般采用 45℃高温静置。

2. 化成

锂电池二次加注电解液后进入化成工序。化成就是电池的初始化，该过程可以激活电池中的活性物质，使锂电池活化。同时，锂盐与电解液发生副反应，在锂电池的负极侧生成固态电解质界面（SEI）膜，该层膜可阻止副反应进一步发生，从而减少锂电池中活性锂的损失。SEI 膜的好坏对锂电池的循环寿命、初始容量损失、倍率性能等有着很大的影响。

根据锂电池化成时温度、电流、注液口等条件的不同，化成工艺可分为以下几类：

（1）高温化成　充放电过程中，电芯始终处于高温环境中，高温可提高电化学反应速率和 SEI 膜成型速率。高温过程形成的 SEI 膜一致性较高，但疏松、不稳定。

（2）低温化成　充放电过程中，电芯始终处于低温环境中，低温过程形成的 SEI 膜致密稳定，但反应速率慢，化成时间较长。

（3）大电流化成　化成过程中，充放电电流始终处于0.5C、1C、2C等较大电流。大电流可提高电化学反应速率和SEI膜成型速率，但形成的SEI膜一致性不高、疏松且不稳定。

（4）小电流化成　化成过程中，充放电电流始终处于0.02C、0.05C等较小电流。小电流过程形成的SEI膜致密稳定，但反应速率的降低会延长化成时间。

（5）开口化成　充放电过程中，电芯注液口始终处于常压开放状态，电化学反应产生的气体可以及时排除，提高了SEI膜成型的一致性。化成设备简单、成本低，但静置时间长，对环境湿度条件要求高。

（6）闭口化成　充放电过程中，电芯注液口始终处于密封状态，化成过程无环境湿度条件要求。但化成设备工艺复杂，电芯壳体存在塑性变形风险。

（7）负压化成　充放电过程中，从注液口处将电芯抽真空至−80kPa。负压化成可将产生的气体及时排除，保证了SEI膜的稳定性和一致性。但化成设备复杂且对气密性要求较高，此外在抽真空过程中会产生电解液损耗。

不同化成条件对电池性能均会产生影响：

1）化成电流密度大，晶核形成速度快，会导致SEI膜的结构疏松，且在负极表面附着不牢固。相反，低电流密度下，晶核形成速度慢，则SEI膜的结构更加致密。但是，结构疏松的SEI膜可以浸润更多的电解液，从而使大电流密度下形成的SEI膜的离子电导率大于在低电流密度下形成的SEI膜。

2）化成是充电过程，随着充电的进行，电池内部电压升高，同时伴随着气体产生。一旦产气速率高于注液孔的排气速率，气体就会在电池内部的隔膜间聚集，导致隔膜与负极表面接触不均匀，从而影响锂离子在负极表面的嵌入过程，使得电化学反应过程中锂离子在负极表面分布不均匀，造成金属锂或锂的化合物在负极表面沉积。适当降低化成电压可以提高电池的首次充放电效率，降低电池内阻，改善电池循环性能。

3）化成温度会影响SEI膜的生成速率及组成，高温下SEI膜的部分组分会发生分解，造成SEI膜破裂，从而进一步消耗锂来生成新的SEI膜。

4）化成过程中会产生气体，如果气体没有及时排除，则会增加锂离子的传输距离，增大阻抗，造成电池充电容量降低。若充电中间加上合适的滚压压力，则可以帮助消除气体，不仅能提高电池化成容量，而且电池的倍率和循环性能也明显提高。

图4-26所示为自动注液机和化成设备。

4.3.10　电池分容

锂离子电池分容，即通过对电池进行充电放电，通过检测充满电后电池的放电容量，来给电池的容量分档。分容时常提到“电池首效”这个概念。

$$\text{电池首效} = \frac{\text{首次满放容量}}{\text{首次满充容量}} \times 100\% \tag{4-13}$$

电池采用不同的材料体系，其首效也不一样。电池在第一次充电时，SEI膜的形成会消耗部分的锂离子，也就是说，充电时从正极脱嵌的锂离子，并没有100%地在放电时回到正极，故而首充容量多于首放容量，如NCM三元材料的首效在85%~88%。工程师们为了最大限度地发挥电池的储存能力，提出了预锂化，即在化成前，通过外部输入锂离子，而不消

图 4-26　自动注液机和化成设备

耗材料的锂离子形成 SEI 膜的过程。

原本 100 个正极活性锂离子在经历首次充放电之后，只有 88 个可以继续循环使用。损失掉 12 个锂离子的原因，分别为负极首效损失了 8 个，以及正极首效造成嵌锂空间不够，有 4 个锂离子留在负极无法回到正极。

当正极首效为 88%、负极首效为 92% 时，全电池的首效为 88%，与较低的正极首效相等。而当负极首效更低时，如钴酸锂正极对石墨负极，全电池首效又与首效更低的负极相等。故而预锂化的目的是寻找外界锂源，让电池化成消耗的锂离子是外界锂源提供的，而不是消耗从正极脱嵌的锂离子，最大限度地保留了从正极脱嵌的锂离子，并提高了电池的容量。

图 4-27 所示为分容设备。分容后，对电池进行高温和常温静置，通过测试静置后电池的内阻和电压，再结合电池的放电容量，对电池进行分档，即可进行包装。

图 4-27　分容设备（充放电设备）

4.3.11　电池标识

电池标识较为常见，就是在电池外包装（壳体）上做出符合规定的一些图案或文字，以标明必要的生产信息，如正负极、生产厂家、批次、规格型号、品牌等，要求标识内容正确，字体清晰。

常用的设备有激光喷墨打码机、激光打标机和滚贴装置（滚贴不干胶标识）等。图 4-28 所示为激光喷墨打码机和激光打标机，图 4-29 所示为带有标识的锂离子电池。

a) 激光喷墨打码机　　　b) 激光打标机

图 4-28　激光喷墨打码机和激光打标机

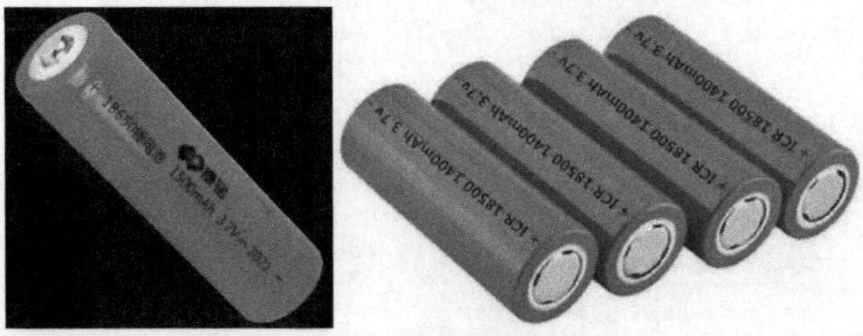

a) 圆柱形电池

b) 方形电池

c) 软包电池

图 4-29　带有标识的锂离子电池

习　　题

1. 简述动力电池制造工艺的环境要求。
2. 涂布工艺的影响因素以及可能产生的缺陷有哪些？
3. 锂离子电池内水分失控会导致什么后果？

4. 空气中水分可通过除湿系统进行控制，按原理可将除湿系统划分为哪几类？
5. 简述转轮除湿的除湿过程。
6. 冷冻除湿机的外循环分为哪三个过程？
7. 简述洁净车间的净化原理。
8. 当电池内部水分含量超标时，电池在使用过程中会发生哪些问题？
9. 原材料中有哪些因素会影响浆料的流变特性和分散性？
10. 简述辊压目的。
11. 简述辊压设备的稳定性是保证辊压后极片质量的关键因素。
12. 根据锂电池化成时温度、电流、注液口等条件的不同，化成工艺可分为哪几类？

第5章

动力电池CAE仿真

5.1 CAE 概述

5.1.1 仿真技术原理

CAE 是“计算机辅助工程”（computer aided engineering）的英文缩写，指利用计算机技术辅助工程分析和设计的一系列技术与方法。CAE 仿真技术的基本思路是通过建立数学模型，采用数值计算方法对模型进行求解，从而实现对真实工程系统的计算机仿真。与进行物理试验不同，CAE 仿真技术是在计算机虚拟环境下进行的一整套理论计算和数值仿真的过程。

5.1.2 仿真技术发展阶段

CAE 技术的起源可以追溯到 20 世纪 60 年代，随着计算机技术和数值方法的进步，CAE 技术逐步发展成为工程技术领域中的重要角色。CAE 技术经历了从手工计算到商业软件，从简单分析到多学科耦合，从确定性到随机优化的发展过程。CAE 技术的发展历史可以简单概括为五个阶段：

1. 起源

20 世纪 60 年代，随着计算机的普及，工程师开始利用计算机进行复杂工程问题的数值计算。这被认为是 CAE 技术的雏形阶段。当时的 CAE 工作主要包括手工编写计算程序，利用简单的数值方法如有限差分法等进行工程问题求解。这一时期 CAE 还未形成系统化的技术和流程。

2. 发展

20 世纪 70 年代，有限元法等数值方法的发展，使 CAE 技术有了较大进展。一些针对结构分析、流体分析的 CAE 软件开始出现。这个时期一些大型机构开发了自用的 CAE 软件，但尚未形成商业化软件。CAE 技术开始在航空航天等高技术要求的领域得到应用。

3. 商业化

20 世纪 80 年代见证了 CAE 软件的商业化进程。一系列商业化 CAE 软件进入市场，如 ANSYS、ABAQUS 等结构分析软件，Fluent、CFX 等流体分析软件。这些软件模块化且通用性强，大幅降低了 CAE 技术的应用门槛。个人计算机的快速发展也推动了 CAE 软件的普及。CAE 技术开始成为工业设计不可分割的部分。

4. 集成化

20 世纪 90 年代，可视化技术的进步使 CAE 软件的前处理和后处理更加智能化。各类

CAE 模块开始向集成化方向发展，多学科耦合分析成为可能。此外，CAD 软件的集成也简化了 CAE 的几何建模过程。CAE 技术在汽车、电子等制造业中得到广泛应用。

5. 优化和智能化

进入 21 世纪，一方面，高性能计算技术的发展使大规模复杂 CAE 仿真成为可能，各类优化算法的引入也使 CAE 仿真向优化设计方向发展；另一方面，人工智能技术的应用提高了 CAE 自动化和智能化水平。当前，CAE 技术正向多尺度、多物理场高效耦合的方向迈进，其重要性日益凸显。

从手工编程到完全集成化，CAE 技术经历了 60 多年的发展历程。可以预见，随着计算科学和人工智能技术的进一步发展，CAE 必将以更加智能化的方式深刻影响和改变未来的工程技术实践。之所以几十年来众多科学家与工程师前赴后继对 CAE 进行不断地迭代开发是因为相比进行实际的物理试验，CAE 仿真技术具有明显的优势：

1）成本低。进行 CAE 仿真只需要计算机软硬件环境，不需要建造实际的物理试验装置和样机，也不需要消耗实际的材料，大大降低了研发成本。

2）周期短。CAE 仿真可以在计算机环境中快速获得结果，而不受试验设备和材料准备的限制，可以大大缩短设计周期。

3）可重复性高。计算机仿真可以任意重复，不同参数组合可以快速进行多次仿真，获得大量数据。而物理试验的可重复性有一定限制。

4）参数可控。在计算机仿真中可以任意设定模型参数，进行如果条件下的计算。但在物理试验中参数不那么容易预置（preset）。

5）安全性高。仿真可以模拟某些危险工况，而不会对实际人员和设备产生危害。

6）可视化方便。仿真可以轻松获得试验难以测量的各种参数分布，并通过可视化手段进行表达。

7）高效集成。仿真软件可以方便集成不同的分析模块，进行多物理场耦合分析。

正因如此，CAE 仿真技术已经成为现代工程设计和分析中一项不可或缺的技术手段。它被广泛应用于机械、航空航天、汽车、船舶、电力等诸多工程领域。利用 CAE 仿真技术可以大大提高工程设计的效率，降低产品研发的风险。

目前，CAE 仿真技术正朝着更加精确、智能、综合的方向发展。一方面，不同物理场的多场耦合仿真被广泛采用，使仿真更贴近实际问题的复杂性。另一方面，各类优化算法、人工智能等前沿技术被引入 CAE 仿真的各个环节，极大提升了仿真的自动化水平。可以预见，CAE 仿真技术未来会成为工业产品设计和制造的“数字孪生”，实现从设计优化到过程模拟的全流程数字化，对工业产品的研发与制造产生深远的影响。

5.1.3 仿真模型

CAE 技术的基本原理主要包括数学建模、数值求解方法、多物理场耦合理论、优化方法和结果可视化等方面。

数学建模需要根据问题的特点选择合适的模型类型，并进行适当的假设简化处理。应用基本物理定律构建初始的描述方程，经过迭代优化使模型不断趋于完善是建模的常见过程。

1. 离散模型

不同模型类型各有优势。离散模型通过将连续问题离散化，便于计算机求解，常用于结构和传热问题。如有限元法中将结构分为单元，建立刚度方程：

$$\boldsymbol{KU}=\boldsymbol{F} \tag{5-1}$$

式中，$\boldsymbol{K}$ 为刚度矩阵；$\boldsymbol{U}$ 为节点位移向量；$\boldsymbol{F}$ 为节点力向量。

2. 稳态模型

稳态模型忽略时间效应，简化求解，便于分析稳态响应，如稳态传热方程：

$$\frac{\partial}{\partial x}\left(k\frac{\partial T}{\partial x}\right)+Q=0 \tag{5-2}$$

式中，$\frac{\partial T}{\partial x}$为温度梯度；$k$ 为导热系数；Q 为内热源热量。

3. 动态模型

动态模型含时间项，可描述瞬态过程，如动力学方程：

$$m\ddot{u}+c\dot{u}+ku=F(t) \tag{5-3}$$

式中，m 为质量；u 为位移；$F(t)$为外力；c 为阻尼系数；k 为刚度系数。

进行适当的假设简化也很重要，例如：忽略次要影响，仅考虑主要因素；采用理想化条件，忽略某些复杂情况；只考虑问题的主体，忽略边界效应等。这可以降低模型复杂度，但必须保留问题的主要特征。

应用基本物理定律可以直接建立问题的描述方程。某些难以从理论推导的，可以通过试验数据拟合出经验方程。几何约束也会对方程产生影响。描述材料屈服的经验方程也很重要。初步建立模型后，还需要进行逐步优化，如参考类似问题的成熟模型，用解析解或经验数据验证，定位修正不匹配部分，最终取得能准确描述问题的数学模型。

通过上述方式，可以系统地建立起既考虑问题本质又便于计算的数学模型。这是进行后续数值仿真分析的重要基础。

5.1.4 模型求解

CAE 技术中需要采用不同的数值方法来求解各类数学模型。针对不同的模型类型，使用不同的数值方法可以保证获得精确可靠的数值解。

1. 有限元法

对于离散模型，最常用的求解方法是有限元法。该方法将结构划分为单元，在每个单元上采用形函数逼近原始变量。假设解向量为

$$\boldsymbol{U}=\boldsymbol{Nd} \tag{5-4}$$

式中，$\boldsymbol{N}$ 为形函数矩阵；$\boldsymbol{d}$ 为节点解向量。

将其代入模型方程可得

$$\boldsymbol{Kd}=\boldsymbol{F} \tag{5-5}$$

式中，$\boldsymbol{K}$ 为整体刚度矩阵；$\boldsymbol{F}$ 为节点力向量。

最后求解这个矩阵方程即可获得节点解 $\boldsymbol{d}$。有限元法广泛应用于结构分析、热传导等问题的数值求解。

2. 有限差分法

另一种常见方法是有限差分法，它通过在节点处对方程进行泰勒展开，消去高阶无穷小量，将方程化为差分格式。如一维稳态传热方程可化为中心差分格式：

$$\frac{T_{i+1}-T_{i-1}}{2\Delta x}=-\frac{q}{\lambda} \tag{5-6}$$

式中，T_{i+1}、T_{i-1}为相邻节点的温度；Δx 为两节点的距离；q 为热通量，又称为热流密度；λ 为传热系数。

这就是有限差分格式的数值求解过程。

3. 边界元法

对于边界值问题，边界元法是一种常见方法，它通过构建边界上的积分方程替代原方程来求解。这种方法符合工程问题的边界特征，计算效率较高。

4. 控制体积法

控制体积法则是通过在空间控制体上进行物理定律的积分离散化来求解，这种方法在计算流体力学中应用广泛。

5. 蒙特卡洛法

蒙特卡洛法提供了一种独特的统计求解思路，它使用随机抽样进行多次模拟，并统计结果，可评估计算误差。

上述各数值方法为不同类型的数学模型提供了行之有效的求解思路。采用合适的数值方法对数学模型求解，是获得精确可靠数值解的关键。这也是 CAE 技术可以对实际工程问题进行可靠模拟的数学基础。

5.1.5 多场耦合

1. 多场耦合的类型

实际的工程问题往往会涉及多个物理场之间的相互作用和耦合，这些耦合包括流固热耦合、固流声学耦合、热电磁耦合等。正确建立描述多场耦合的数学模型，对于获得精确的数值仿真结果至关重要。

（1）流固热耦合　热与固体的相互作用就是一个典型的多场物理过程。固体中的热传导方程为

$$\rho c\frac{\partial T}{\partial t}-\nabla\cdot(k\nabla T)=\dot{q} \tag{5-7}$$

式中，ρ 为密度；c 为比热容；T 为温度；k 为导热系数；$\dot{q}$ 为内热源热量。

当考虑流体对固体边界的热交换时，流体端的能量方程为

$$\rho c\frac{\partial T}{\partial t}+\nabla\cdot(\rho\boldsymbol{u}cT)=\nabla\cdot(k\nabla T)+\dot{q} \tag{5-8}$$

这里加入了对流项$\nabla\cdot(\rho\boldsymbol{u}cT)$，其中 $\boldsymbol{u}$ 为流体流速。两方程通过边界条件耦合，组成了流固热耦合问题的描述。

（2）固流声学耦合　固体与流体的动力学相互作用也非常复杂。固体动力学方程为

$$\rho\frac{\partial^2 u}{\partial t^2}-\nabla\cdot\sigma=f \tag{5-9}$$

式中，u 为位移；σ 为应力；f 为流体力。

流体端的压力波动方程为

$$\frac{\partial^2 \rho}{\partial t^2}-\nabla\left(\frac{1}{c^2}\frac{\partial^2 p}{\partial t^2}\right)=0 \tag{5-10}$$

式中，ρ 为密度；p 为压力；c 为声速。

两方程耦合构成了固流声学耦合问题。

（3）热电磁耦合　电磁场与热传导也存在明显的耦合现象。热传导方程为

$$\rho c \frac{\partial T}{\partial t} - \nabla \cdot (k \nabla T) = Q + \frac{J^2}{\sigma} \tag{5-11}$$

式中，J^2/σ 为热源项；J 为电流密度。

电磁方程为

$$\nabla \times (\boldsymbol{u} \times \boldsymbol{B}) = \boldsymbol{\mu J} \tag{5-12}$$

式中，$\boldsymbol{u}$ 为电枢发射速度；$\boldsymbol{B}$ 为磁感应强度；$\boldsymbol{\mu}$ 为磁导率；$\boldsymbol{J}$ 为电流密度，取决于温度 T。

热传导方程和电磁方程互相耦合，描述了热电磁耦合的物理过程。

2. 多物理场耦合求解

多物理场耦合更贴近实际问题的复杂性，但也使数学模型更加复杂。建立准确的多场耦合模型和求解方法是 CAE 技术研究的前沿和难点。

CAE 技术可以便捷地提供参数化的数学模型。将其与优化算法结合，可以找到参数组合的最佳解，实现对工程系统的优化设计。

响应面法是一种高效的优化技术。它通过采样数据构建出一个响应面函数，来近似代替原来复杂的 CAE 模型。因为响应面函数形式简单，所以可以方便地搭配优化算法来搜索最佳设计参数组合。响应面法大幅减少了需要调用 CAE 仿真程序的次数，可显著提高优化效率。

遗传算法模拟了生物进化和自然选择的过程，属于一类随机全局搜索方法。它采用多个解的种群并进化迭代，通过遗传、交叉、变异等操作使种群逐步向优化目标逼近，避免陷入局部最优。遗传算法可有效解决复杂的非线性优化问题。

粒子群算法则是模拟鸟群或鱼群的集体行为，让每个解像一个粒子，在解空间中移动和迭代。它引入了动量因素，使粒子可以动态优化其搜索路径，并通过信息交流实现群体协同，加速找到全局最优解。

这些优化算法可有效找到 CAE 仿真模型中的设计参数最优组合。它们各有优势，也可组合使用。优化方法使 CAE 技术可产生实际工程设计中的最佳方案，而不仅仅停留在分析仿真阶段，将 CAE 向辅助优化设计的方向发展。

CAE 仿真可以产生大量的分析结果数据，针对不同类型的结果，选择恰当的可视化技术，可以极大地增强结果的解释和理解。

对于包含多个字段的结果，可以采用颜色映射或假彩色技术，将每个位置的解值在视觉上形象地表示出来。例如用不同颜色表示一个二维平面的温度分布场，或用颜色深浅表示三维模型上应力的大小。通过颜色和透明度的映射，可以清楚展示结果的整体分布情况。

对于需要表达时间演化过程的动态结果，生成动画是非常直观的手段。它可以让用户以视频的形式看到结果参数随时间的变化过程，观察某一过程的整体动态演化。用户可以调节动画的速度、方向等，交互式地分析结果。

某些三维结果甚至可以通过虚拟现实设备提供沉浸式的交互体验。用户仿佛身临其境地漫步在三维场景中，自然地与结果进行交互，获得更强的理解和体悟。这种沉浸式环境也可用于多人协同对结果进行探索和讨论。

可视化利用人类强大的视觉感知能力，将抽象的结果数据转换为直观的视觉信息，极大地促进了对结果的认知和理解。它使 CAE 技术更好地服务于工程问题的分析与决策之中。

通过上述数学建模、数值求解、多场耦合、优化和可视化等内容的学习，可以全面系统地掌握 CAE 技术的基本原理，为工程问题的计算机仿真分析奠定理论基础。这些原理思想对学习使用 CAE 软件也大有裨益。

5.2 CAE 在电池设计中的应用

CAE 仿真技术在电池的结构设计方面发挥着重要作用。利用 CAE 结构分析软件可以对电池壳体进行各种力学性能分析。

5.2.1 CAE 基本流程

CAE 的基本流程如下：

1）根据实际尺寸建立三维 CAD 模型，并进行合理的网格划分，这将直接影响计算的精度。

2）对网格模型赋予材料属性，如密度、弹性模量、泊松比等参数。材料参数的正确设置对仿真结果的准确性至关重要。

3）对壳体施加负载条件和约束，模拟使用环境下的工作载荷，如压力载荷、冲击载荷、约束支撑等。

4）仿真求解。通常选择有限元法进行离散化求解，计算获得壳体在负载下的位移、应力和应变分布。

5）后处理。通过云图、剖面图等形式清晰可视化结果，便于设计人员分析和理解。

5.2.2 CAE 功能模块

结构仿真分析可以直观地评估电池壳体的整体结构刚度和局部强度，提供重要的结构优化依据。例如：通过计算安全系数分布，可以判断局部强度是否满足要求；通过计算塑性应变，可以判断是否出现局部屈服；动力学仿真可以评估碰撞条件下的应力峰值等。这些都是实际试验难以获得的信息，CAE 仿真为电池结构设计提供了强有力的支持。

另一方面，CAE 仿真也可以快速获得不同参数下电池的性能，因此可以与优化算法相结合，找到电池的最佳设计参数。优化过程首先需要建立含可变参数的 CAE 计算模型。然后，根据算法的要求采用不同参数组合进行若干次的仿真计算，记录每次的目标性能指标。算法会解析这些采样数据，根据优化策略更新参数，使性能指标不断向最优目标逼近。经过足够次数的迭代后，就可以找到使电池体积利用率、传热效果、电化学性能等达到最佳的设计参数组合。

电池制造工艺也可以利用 CAE 技术进行数值模拟。建立混合、反应、烘干等工艺的物理动力学模型，采用离散化方法，把无限空间中有限的个体映射到有限的空间中去计算模拟工艺过程，分析温度场、流场等参数的分布，找出最佳工艺方案。这种虚拟的工艺试验可以大幅减少实际试错次数。

电池的电化学性能也可以通过 CAE 电化学模型进行描述、预测和分析。电化学模型考虑电极反应动力学、电荷传输与扩散等过程，进行耦合的多物理场计算，得到电解质浓度分布、电流分布等参数，并进一步分析电池的利用率、极限电流等性能指标，为电化学材料的设计选择提供依据。

最后，CAE 流固耦合分析还可以对电池的热管理系统进行仿真。建立固体热传导与流体流动的物理耦合模型，模拟不同工况下电池的温度场分布和冷却液的流场分布，找出使热平衡和系统效率最佳的散热器结构设计方案。

通过上述分析可以看出，CAE 技术覆盖了电池设计过程的方方面面，是电池企业必不可少的数字化设计和分析手段，可以极大地提高电池产品的设计质量和研发效率。

5.3 LS-DYNA 用于有限元分析

5.3.1 LS-DYNA 软件概述

LS-DYNA 是一款通用的非线性有限元分析软件，具有接触碰撞、高速动态、复杂非线性等分析功能。它在动力电池的碰撞安全性能分析方面被广泛使用。

利用 LS-DYNA 可以建立精细的电池三维立体模型，进行高质量的网格划分，为准确捕捉碰撞响应奠定基础。LS-DYNA 包含各种材料模型，可以准确描述电池壳体和内部组件的碰撞变形行为。

在施加约束及碰撞后，LS-DYNA 可以进行精确的非线性动态碰撞仿真。它采用显式时间积分法，既可以准确模拟高速碰撞过程中的复杂非线性应力应变响应，又可以模拟电池各组件间的复杂接触和碰撞效应。

LS-DYNA 具备成熟的联结技术，可以方便地对电池单体进行集成，建立整个电池包的高质量模型。并可以灵活地设置传感器，提取各关键部位的应力应变结果。

后处理中，LS-DYNA 提供了包括云图、动画等在内的各种后处理工具，可以清晰地可视化各种输出结果，如电池变形、内部应力云图、碰撞力曲线等，便于对碰撞结果进行定量分析。

总之，LS-DYNA 提供了专业的预处理、求解和后处理功能，是动力电池结构设计中碰撞安全性能分析的重要仿真工具。它可以大幅减少实际碰撞试验的次数，使电池碰撞安全性能分析更加高效、精确。

5.3.2 电池结构有限元仿真分析流程

1. 有限元模型建立

在 LS-DYNA 仿真中，建立高质量的计算网格模型是确保结果精度的基础。将电池的三维 CAD 模型导入 LS-DYNA 后，第一步就是进行网格划分。LS-DYNA 中包含了多种自动化的网格生成算法，如 mapped meshing（映射网格划分）、free meshing（自由网格划分）等。

根据仿真的精度需求，需要控制网格的密度和生成方式。对电池壳体曲面部分，需要使用曲面网格来拟合其复杂几何特征；对一些关键的内部组件和过渡区域，可以指定更高密度的网格，或直接进行裂分操作，避免这些区域网格变形过大；针对可能发生碰撞的区域，需要精细网格来捕捉应力峰值。另外还要检查网格质量，处理一些过于扭曲的单元。

此外，不同材料的电池组件可采用不同大小的网格，按照其材料本构特征来设置。一般元件尺寸可在2～5mm范围选取。精细网格将大大提高结果的精度，但也会增加计算量。因此，建模时需权衡网格密度、计算时间及硬件条件，选择合适的网格密度水平。

通过LS-DYNA强大的网格生成和处理能力，可以为电池结构碰撞仿真建立高质量的计算网格，奠定精确仿真的基础。

2. 材料组分选择

在LS-DYNA中，选择合适的材料模型对仿真结果的准确性至关重要。LS-DYNA内置了各类金属、塑料、复合材料、橡胶等广泛的材料模型库。

针对电池壳体，首先需要确定其材料类型，如钢、铝合金、复合材料等。然后在材料库中搜索该材料的推荐模型，不同模型对材料力学行为的描述精细程度不同，应根据仿真需求选择。例如：用于简单线性分析可以选择线性弹性模型；若需要考虑材料塑性变形则可选择增强的塑性模型；对复合材料壳体，还可以应用各向同性弹塑性损伤模型等。

对于电池内部的活性材料、隔膜、引线等部件，也需要根据其材料特性选择合适的材料模型。复杂部件也可以只采用等效的简化材料描述。此外，LS-DYNA还支持卡尔曼滤波器技术，可以使用少量试验数据对材料模型进行修正和增强。

通过LS-DYNA强大的材料模型库，可以建立起电池组件的高精度材料模型，使结构分析结果更加准确。

3. 载荷与边界条件设置

在LS-DYNA预处理中，根据仿真的具体目标，需要合理地向模型施加各种负载和边界条件。

对于碰撞仿真，第一步是确定碰撞体的几何形状、质量特性、初始速度方向等参数。然后可以通过施加初始速度来定义其碰撞状态。对电池本身也可以施加初始旋转或位移来模拟其初始运动状态。

对于静力学分析如压缩试验，可以施加分布或集中压力来模拟stamping（冲压载荷）加载。此外还可以施加热载荷、振动载荷等各种类型载荷。同时，需要设置合适的边界约束条件来模拟电池的实际安装状态。例如固定电池的底面或侧面，而碰撞面保持自由。加载和边界条件要尽可能模拟实际工作情况。

加载和约束条件直接决定了仿真的计算场景。LS-DYNA提供了灵活方便的负载、约束定义方式，可以绘制各种加载面，并精确控制加载属性和分布形式。配合丰富的加载类型，可以构建精确的仿真负载场景。

合理的loads（载荷）和boundary conditions（边界条件）对获得可靠的仿真结果至关重要，是仿真预处理非常关键的一步。

4. 求解控制设置

在LS-DYNA中求解控制是确保计算稳定和提高效率的关键步骤。

LS-DYNA默认采用显式时间积分法求解器。不同于隐式方法，它不需要矩阵求逆，计算效率高，适合处理高速动力碰撞等强非线性问题。因此也最适合电池碰撞仿真。

在显式求解器中，需要合理设置时间步长。时间步长直接影响计算稳定性。通常情况下，时间步长为最小单元传播时间的1/10～1/100。也可以启用LS-DYNA的自动时间步长控制功能，软件会根据解的变化自动调整时间步长。

终止时间需要设置足够长，以捕捉完整的瞬态碰撞过程。同时还要注意结果文件不要过大。

对于碰撞仿真，接触是非常关键的物理特征。应仔细定义碰撞体之间以及自接触的接触算法、力学特征、界面摩擦等参数，使之准确反映实际接触力学状态。

合理的求解器设置可以保证计算的稳定性、准确性和效率，是进行精确可靠的 LS-DYNA 仿真的关键一步。

5. 提交仿真求解

在完成模型建立、负载施加及求解器设置后，下一步就是提交仿真求解。

LS-DYNA 会自动根据定义的材料模型、接触算法等条件，选择合适的数值求解方法。对于大多数非线性问题，其默认采用显式时间积分法。

在求解过程中，LS-DYNA 会连续确定各单元和接触面的状态，判断是否发生了塑性流动、破坏等情况，并调用对应材料模型进行切换和更新单元状态，处理非线性问题的路径依赖特性。

对于高速动态碰撞问题，LS-DYNA 采用中心差分法确定节点加速度，并进行积分获得速度和位移，用于更新几何形状。碰撞接触过程通过罚函数（penalty）接触算法和库仑（Coulomb）摩擦模型进行处理。

仿真完成后，结果文件将包含各时间步骤中网格节点的位移解、速度解、应力应变解等详细信息。这些结果将在后处理中进行可视化处理。

LS-DYNA 采用了先进的有限元算法，可以有效地求解复杂的大变形动力碰撞问题，自动切换不同的求解流程，使仿真过程高效可靠。这为电池碰撞分析提供了准确的数值模拟手段。

6. 仿真后处理

在 LS-DYNA 求解完成后，需要利用其专业的后处理工具对大量的仿真结果进行可视化，辅助分析工作。

LS-DYNA 的后处理模块 LS-PrePost 支持多种后处理功能。它可以直观地用云图显示各时刻节点的应力、变形等分布情况，直接判断局部应力集中区域，也可以剖切并放大细节观察。

LS-PrePost 同时提供了动画功能，可以将整个计算过程用动画的方式可视化，便于分析变形的演化过程和碰撞的整体过程。

此外，LS-PrePost 还提供了多种曲线图绘制功能，可以提取元素或节点的物理量时间历程，如碰撞力-时间曲线、冲击加速度曲线等，进行进一步的定量分析。

后处理结果将作为设计优化的依据。LS-DYNA 强大的后处理能力使复杂的仿真结果变得直观可读，大大提高了分析的效率。仿真后处理是进行有效仿真分析的关键环节之一。

7. 设计优化

在可视化处理了仿真结果后，设计人员可以根据结果进行深入分析，作为设计优化的依据。

首先，从变形模式可以判断电池结构变形的主要方式，是否发生局部过度变形。这会提示需要增强的部位。

然后，从等效塑性应变和应力云图判断电池在碰撞中的局部应力分布情况。找出应力集中区域，分析应力状态是否超过材料极限。这可以评估结构的安全强度裕量。若存在过大应力，则需要检查该区域的网格质量，必要时进行局部网格精化；也可以考虑在该位置设置加强肋，或更换高强度材料。

接着，可以从碰撞力时间历程、加速度曲线等分析碰撞峰值力水平，并与标准进行对比，判断安全性。

最后，重复仿真验证优化方案的有效性，直到设计结果满足安全强度和变形要求。

仿真结果的合理分析可以明确结构的薄弱环节，并有针对性地提出优化方案。LS-DYNA 仿真为电池结构设计提供了重要的理论依据，可以减少实际试验的次数，使设计更加高效可靠。

8. 模型校验

为了验证仿真模型的准确性，需要进行模型校验。模型校验可以采用实际试验结果与仿真结果的对比。

首先，可以进行简单的组件级别试验，如材料拉伸试验、压缩试验等，获得一些基本的力学响应数据。

然后，在 LS-DYNA 中建立相应的仿真模型，采用与试验完全一致的加载和边界条件进行仿真。

接着，比较试验结果与仿真结果，如应力应变曲线、变形模式等的区别。如果存在明显的偏差，则需要检查材料参数的定义，必要时调整材料模型中的系数，使其能够对试验结果进行更准确的拟合。

通过与试验结果的对比，可以不断优化材料模型，使仿真结果不断逼近实际情况。当取得足够小的误差时，即可认为仿真模型已经过验证。

模型校验是保证仿真结果准确可信的重要环节。LS-DYNA 提供了先进的仿真功能和参数修正技术，使电池结构仿真与试验结果取得高度一致性成为可能，大大提升了仿真的可靠性。

9. 小结

LS-DYNA 具有完整的非线性动力学仿真功能，在电池高速碰撞场景的建模和分析方面表现突出。

LS-DYNA 可以处理复杂的大变形碰撞接触问题，通过高质量的网格技术捕捉应力集中，材料非线性特性可以描述复杂的动力响应。它也可以轻松地对成百上千的电池单体进行集成仿真。

与静力学分析不同，LS-DYNA 采用了先进的显式时间积分法，可以精确捕捉动态碰撞过程，自动切换材料不同状态，无须受稳定性限制，即可获得高速碰撞的精确数值解。

借助 LS-DYNA 的专业碰撞仿真引擎，工程师可以直接在数字模型上评估电池的安全性能，获得细节内部变形和应力分布，而无须进行成本极高的物理碰撞试验，大幅提升了设计效率。

LS-DYNA 使电池结构设计验证手段从简单的静力分析提升到精确的动力学模拟。它已成为电动汽车领域中电池碰撞安全设计必不可少的仿真工具。

5.3.3 动力电池建模仿真案例

动力电池电芯的仿真分析需要大量可靠的试验数据作为支撑，才能使建立的模型具有准确性和预测能力。试验数据的获取主要包含电芯的力学响应测试和材料本构关系测试两大部分。

首先是电芯的力学响应曲线的获得。这需要进行各向压缩试验和动态碰撞试验来全面考察电芯的机械行为。具体来说，可以用准静态加载设备对电芯进行不同方向的压缩试验，常见的有 *XY*、*XZ* 和 *YZ* 三个主要受力面。加载形式可以是平板压缩也可以是局部压痕，后者通常使用半球或半圆柱压头。加载过程中同时测量电芯的应力-位移响应以及电压变化情况，以判断电芯的失效情况。另外，也需要进行动态碰撞试验，通常采用落锤的形式，以考察电芯在碰撞脉冲激励下的响应。动态碰撞试验中除了测量应力-位移曲线，还需要测量加速度波形。通过这两类试验，可以全面获取电芯的准静态和动态下的力学响应规律。图 5-1 所示为 *YZ* 平面半圆柱准静态挤压试验设置。

压头与电池撞击前

图 5-1　*YZ* 平面半圆柱准静态挤压试验设置

在进行这些试验时，需要考虑一些影响因素。例如：电芯的充电状态即 SOC 会明显影响其力学性能，所以需要测试不同 SOC 下的响应；加载速度也会影响结果，所以准静态试验要选择不同的加载速率，动态试验也要进行多种碰撞速度的测试；压头形状的不同同样会导致不同的应力分布，因此准静态试验要采用不同形状的压头进行压痕测试。通过这些参数的综合考虑，可以获得电芯在各种情况下的力学响应曲线。图 5-2 所示为 SOC =0 时 *YZ* 平面压缩试验结果及典型示意图。

另一关键部分是材料本构（本体结构）关系的测试。电池的有限元模型需要输入准确的材料参数才能实现精确的仿真计算。因此，对电池的壳体和电芯进行拉伸试验和压缩试验以得到这些数据非常必要。具体来说，可以通过线切割或者其他方式从完整电池上切割出壳体和电芯的样本，进行标准的拉伸试验和压缩试验，测量应力-应变关系。电池壳体由金属材料制成，可以看作均质材料；而卷绕电芯的各方向应变响应可能不同，所以要在三个主要受力方向上分别测试。通过这些试验可以获得电池组分准确的本构关系曲线和材料参数，为建模提供支持。

获取充足和可靠的试验数据是开展电池仿真分析的基础。无论是准确的力学响应曲线，还是精细的本构关系参数，都是确保计算结果准确性的前提。充分考虑各影响因素设计试验方案，并严格执行获取数据，在后续建模和仿真计算中起着重要的支撑作用。图 5-3 所示为

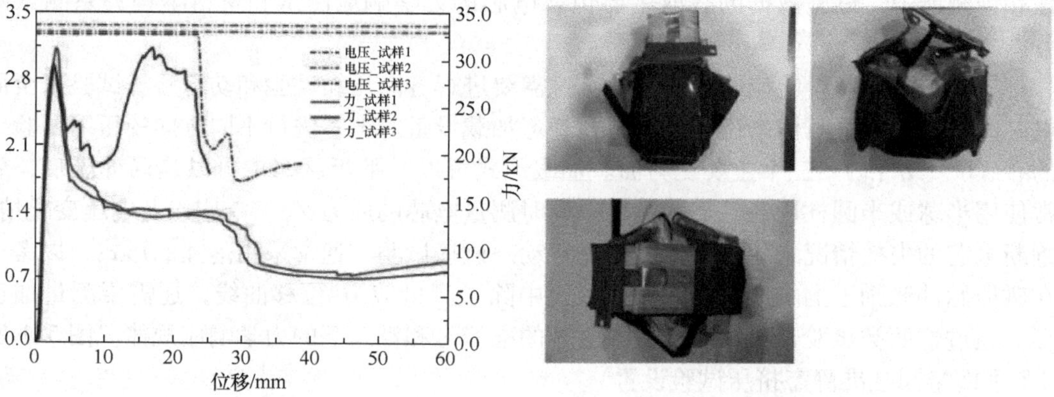

a) 试验结果　　b) 典型示意图

图 5-2　SOC = 0，*YZ* 平面压缩试验结果及典型示意图（见彩插）

电池卷绕电芯 *YZ* 平面法向挤压试验结果。

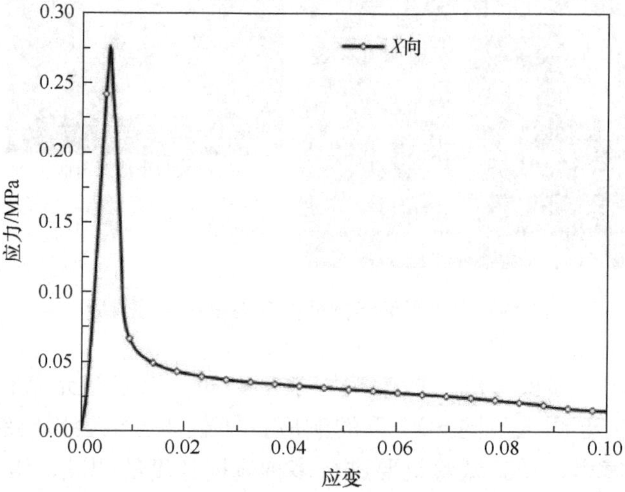

图 5-3　电池卷绕电芯 *YZ* 平面法向挤压试验结果

在材料方面，还通过拉伸、压缩和剪切试验得到了电池外壳和内部核心部件的各向同性和各向异性力学性能参数，包括弹性模量、屈服强度、断裂强度和断裂延伸率等，这些参数对建立电池的计算模型也至关重要。图 5-4 所示为电池壳体拉伸试验结果。

在获取充分的试验数据支持后，下一步是建立电池的有限元计算模型。电池的几何结构中，外壳为较薄的 shell（壳）结构，而内部的卷绕电芯比较复杂。因此，通常采用壳体与卷绕电芯分体建模的思路。

具体来说，外壳部分使用 shell（壳）单元进行网格划分，结合电池的实际尺寸构建壳体模型的轮廓。壳体的上下盖面以及侧壁都需要创建 shell（壳）网格，并合理控制网格尺寸，既要保证计算精度，也要控制单元数目。壳体四周的焊缝以及可能的损伤区需要细化网格，便于设置损伤模型。内部卷绕电芯部分则采用三维 solid（实体）六面体网格进行建模。根据卷绕电芯的几何形态，尽量使用结构化的六面体网格进行划分，控制合理的网格密度。

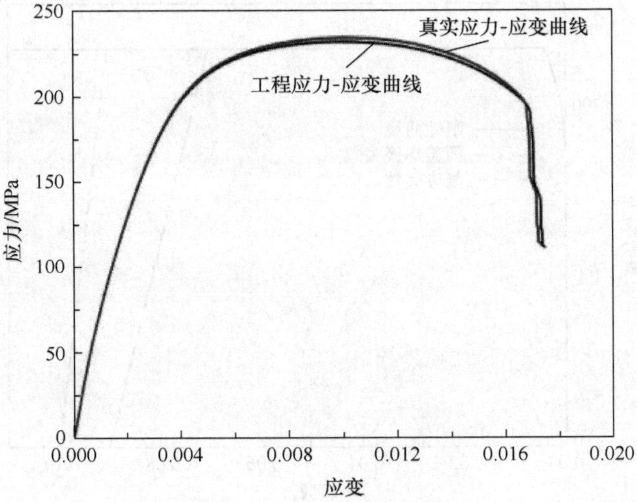

图 5-4　电池壳体拉伸试验结果

卷绕电芯网格的间隙可以与壳体内部表面进行吻合。重点部位的网格可以适当细化。图 5-5 所示为方形锂电池单体整体模型。

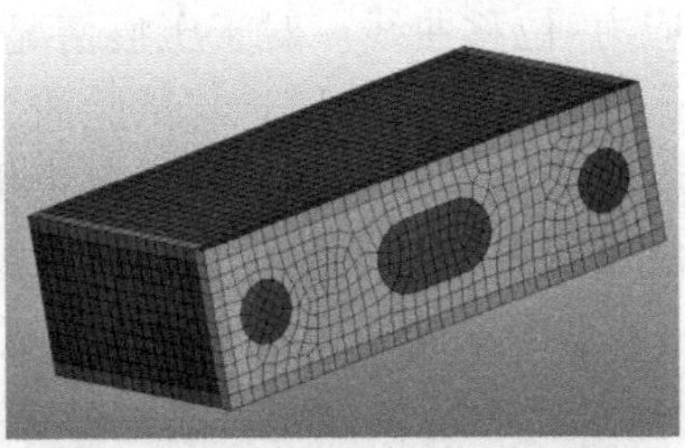

图 5-5　方形锂电池单体整体模型

在生成网格后，对材料进行建模。壳体材料一般为各向同性金属，可以采用简单的线性塑性模型。但也可以在可能断裂的部位设置细化网格，并添加可损伤塑性材料模型，用于预测壳体的裂纹扩展。卷绕电芯的本构比较复杂，可以采用多曲线塑性模型，并在压溃阶段添加破坏模型，如蜂窝断裂模型，以描述卷绕电芯的层间破裂行为。材料参数可以根据第一步获得的本构关系曲线进行输入，图 5-6 所示为失效参数曲线设置。

壳体和卷绕电芯网格之间需要设置接触算法，考虑滑动、分离等非线性接触效应。加载工况中还要加入模拟实际压头的刚体单元。最后，在壳体与加载工具之间设置合理的接触定义。

通过上述过程，在试验数据的支持下，即可建立起电池的有限元计算模型。模型的精细程度直接决定了后续仿真结果的准确性，所以需要充分考虑电池的结构特征和损伤模式，采用合理的网格与材料设置，以获得可靠的仿真分析结果。

在建立好电池有限元模型之后，下一步就是进行仿真计算，这主要包括设置加载工况、获得解决结果、进行对比验证等。

首先需要建立与试验相对应的不同加载工况进行仿真分析。例如进行 *XY*、*XZ*、*YZ* 三个主要受力面的压缩计算，加载形式可以是简单的平板压缩，也可以是半球等非线性压头的压痕接触分析。加载速率需要与试验保持一致。同时要调整压头的位置，控制电池的初始位置，使问题设置与试验场景尽可能吻合。

有了准确的加载工况后，进行静力学分析求解，获得电池在不同压缩程度下的应力、变形等结果。重点需要提取与试验结果对应的数据，例如电池在压板接触面上的反力，用于获

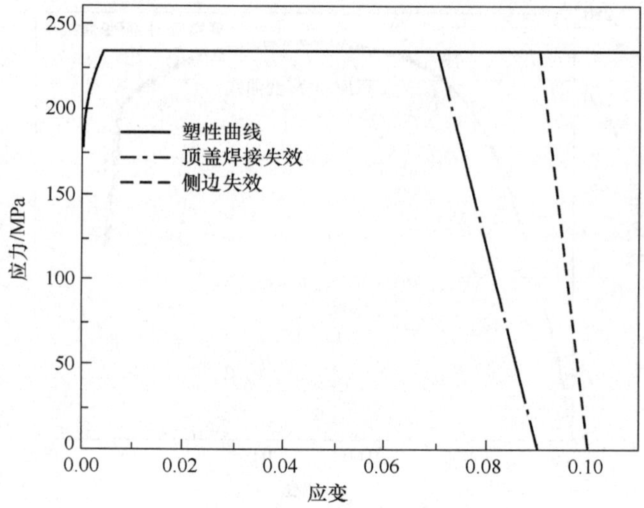

图 5-6　失效参数曲线设置

得应力-位移曲线。对于压痕情况，可以提取压头接触区的反力。

得到仿真结果后，与试验曲线进行对比，判断计算模型的准确性。两者的应力水平、刚度、峰值点等关键参数需要定量化比较。如果误差较大，则需要重新考虑材料参数的选择、接触设置等，进一步优化模型。如果相关性较好，则基本验证了模型的正确性。图 5-7 所示为 *YZ* 平面法向平板挤压模拟和试验曲线对比。

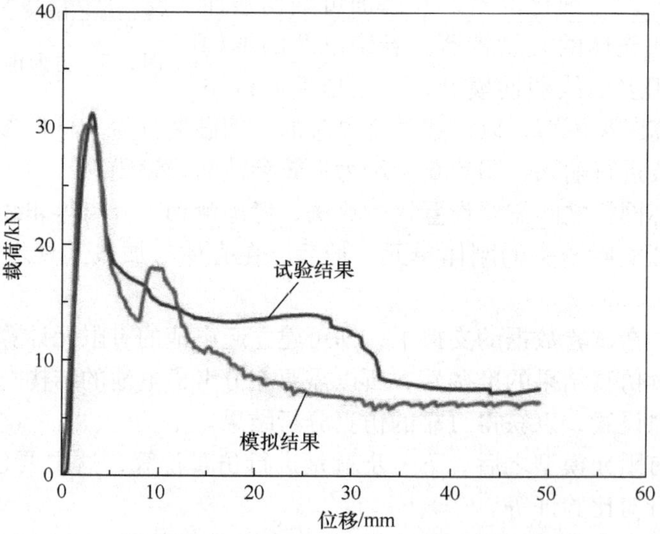

图 5-7　*YZ* 平面法向平板挤压模拟和试验曲线对比

验证后，可以根据试验获得的电池失效位移，在模型上提取对应加载程度下的卷绕电芯应力分布云图。重点分析压溃区域的最大应力，作为电池损伤的评价指标。结合多个加载工况，可以得到电池在不同方向上的失效应力标准，即提出总体的电池失效判据准则，为后续的电池结构设计提供参考。图 5-8 所示为 *YZ* 平面法向平板压缩高度为 23.7mm 物体时卷绕电芯应力分布图。

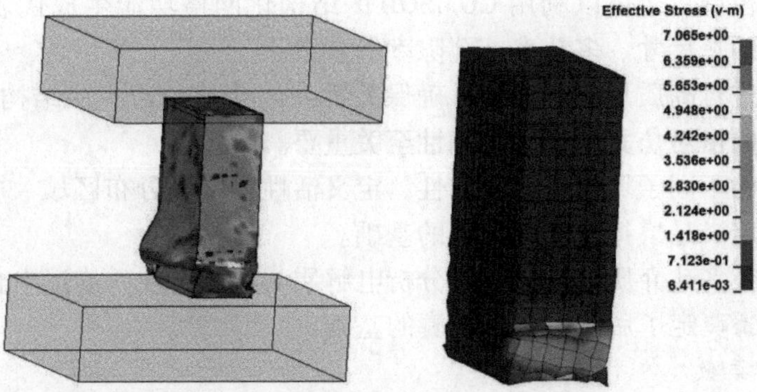

图 5-8　*YZ* 平面法向平板压缩高度为 23.7mm 物体时卷绕电芯应力分布图（见彩插）

5.4　COMSOL 用于电化学仿真

5.4.1　COMSOL 软件概述

COMSOL Multiphysics 是一款通用的多物理场有限元仿真软件，其电化学模块可以有效地模拟动力电池的电化学性能。

利用 COMSOL 可以建立电池电极的多孔介质模型，设置电极的几何结构参数、活性材料参数、电解质参数等，准确描述电极的微观结构。同时结合充放电的边界条件，可以模拟电解质中的电荷及物质迁移、扩散过程。

COMSOL 的电化学模块可用于描述电极反应动力学过程，建立包括电子传递速率、化学反应速率、电荷传递过电位等参数的 Butler- Volmer 电化学反应模型。该模型是评估电池功率性能的关键。

在求解过程中，COMSOL Multiphysics 采用有限元法对多物理场进行耦合计算，求解电解质中的离子浓度分布，以及电极中的电流分布和电势分布，从而可以评估电池的利用率、极限电流、充放电性能等电化学指标。

COMSOL 还提供了丰富的后处理工具，可以直观地通过电流线分布、浓度云图等可视化结果，分析电化学过程，为电极材料与结构的优化提供依据。

总之，COMSOL 电化学模块为建立精细的电池电化学模型提供了有力支持，使电池设计更高效。

5.4.2　电化学仿真分析流程

采用 COMSOL 软件进行电池电化学仿真分析的基本流程分为建立电极多孔介质模型、定义电解质参数、建立电化学反应模型、设置初始边界值、多物理场耦合解析、后处理与分析、试验数据验证等七个部分。

1. 建立电极多孔介质模型

电极的多孔微结构对电池的电化学性能有直接影响。为准确描述电极的几何结构特征，第一步需要建立三维的多孔介质模型。既可以通过实际电极的 SEM、CT 扫描结果构建精细的三维微结构几何模型，也可以利用 COMSOL 的结构化网格功能生成代表性的多孔电极立体结构。设置模型的总尺寸、多孔率、孔隙率等参数。

然后，对模型进行高质量的网格化，确保关键处如孔壁的边界层结构能够被准确解析。合理的几何结构和网格对仿真结果的准确性至关重要。

接着，对电极的不同子域设置材料属性，定义活性材料的分布区域、电导率、孔隙率等参数。精确的材料定义是模拟电化学反应的基础。

建立精细的电极多孔介质模型，对于分析电解质的输运特性、描述电化学反应过程是必不可少的。这一步骤奠定了后续电化学仿真的基础。

2. 定义电解质参数

在建立电极模型之后，第二步需要针对电解质定义相关参数，为描述电化学反应过程奠定基础。

首先，电解质的初始浓度场是非常重要的参数。其浓度的大小及分布直接影响电池的容量和动力学性能。因此需要根据具体的电池系统设置电解质盐类在电极孔隙中的初始浓度分布。

然后，电解质区域的运动学参数也需要进行定义，如迁移率、扩散系数等参数。这些参数决定了电解质中离子的运动速度，对结果有重要影响。其值可以参考已有的试验数据进行设置。

对于多组分电解质，每个组分都需要单独定义，并设置它们之间的相对运动关系，如电化学当量、活性系数等参数，建立完整的物质迁移模型。

电解质参数的合理定义是确保仿真准确的关键。COMSOL 中提供了方便设置电解质相关参数的功能模块和图形界面。借助其丰富的材料数据库，可以高效地定义电解质区域的各项参数。

3. 建立电化学反应模型

电化学反应的动力学过程可以由 Butler-Volmer 方程进行描述。这一步需要根据电极材料的特性，确定 Butler-Volmer 方程中的相关参数。

$$i = i_c - i_a = nFA[k_f C_O(0,t) - k_b C_R(0,t)] \tag{5-13}$$

$$i = FAk^0[C_O(0,t)e^{-\alpha F(E-E^0)} - C_R(0,t)e^{(1-\alpha)F(E-E^0)}] \tag{5-14}$$

式中，i，i_c，i_a 为电流密度、阴极电流密度、阳极电流密度；n 为该电极反应中涉及的电子数目；F 为法拉第常数；A 为电极/溶液的界面面积；k_f，k_b 为正向、反向的反应速率；C_O，C_R 为氧化剂和还原剂在电极表面的浓度；k^0 为界面电荷传递的反应速率常数，其值与电极材料的活性位点密度和电子传递速率有关，可以通过电化学测试获得该参数的值；α 为电子传递的对称因子，它反映电子传递速率相对于离子传递速率的比例。其值通常取 0.3 ~ 0.7，需要根据具体材料进行确定；$E - E^0$ 为开路电荷传递过电位，它反映电极反应平衡状态下的过电位损耗，可以通过测试获得，也可从文献取得经验值。

准确获取这些参数的值对建立合理的 Butler-Volmer 动力学模型非常关键。COMSOL 模块中也内置了许多常见电极材料的动力学参数，供直接调取使用。

合适的电化学动力学模型可以准确预测电极反应速率，是评估电池功率性能的重要基础。

4. 设置初始边界值

在建立了电极与电解质的多孔介质模型和电化学反应模型后，下一步需要设置初始边界值，为后续的模拟计算奠定基础。

首先是电解质组分的初始浓度分布场。这可以根据电池的充放电初始状态来设定，如充满电时局部存在极化浓差，放电后盐类浓度降低等情况。合理的初始浓度场十分重要。

其次是电极表面的初始电势场。这反映电极内部电子和电解质离子的初始电荷平衡状态。通常可以设置为与电流收集体的电势相等。

除初始场外，还需要定义模型边界的负载条件。通常是施加边界电流密度或电势，模拟电池的充放电状态。也可以一面施加电流，另一面固定电势。

合理的初始边界值场是数值求解的前提。COMSOL 提供了直观的图形界面进行初始化场的定义。准确的设置将大大影响后续的仿真计算结果。

5. 多物理场耦合解析

在完成电池模型的建立和相关参数的定义后，下一步是运行多物理场的耦合解析。

COMSOL 会自动调用其多物理场模块，融合电化学模型中的多个物理场进行耦合求解。主要耦合的物理场有：

1）电荷传递与迁移描述电荷在电极和电解质中的传递。

2）物质迁移与扩散描述电解质盐类浓度的迁移和扩散。

3）化学反应动力学描述电极反应速率。

4）电中和描述电荷守恒。

COMSOL 会自适应地选择迭代求解器，处理多个物理场的相互作用，得到电极电流分布、电解质浓度分布、电势分布等结果。

仿真过程中，用户可以监测残差的收敛性，必要时改变求解器类型或调整参数，以保证获得收敛的稳定解。

多物理场耦合求解是电化学分析的核心要素。COMSOL 提供了专业的多物理场模块进行自动化求解。

6. 后处理与分析

在 COMSOL 完成多物理场耦合求解后，需要利用其强大的后处理模块对结果进行分析。

首先，通过浓度云图可以清晰地显示电解质组分在电极孔隙中的浓度分布情况。识别存在浓差的局部区域，分析导致这种分布的原因。

然后，通过绘制电流线图可以观察电流在电极内部的传递路径，判断电流分布是否均匀，存在瓶颈的区域等。

接着，可以得到电极表面的极化曲线，与 Butler-Volmer 模型进行对比，验证电化学反应模型的正确性。

最后，根据电流分布和浓度分布，可以计算电极的有效利用率、平均反应速率以及充放电的极限电流等重要指标。

这些定量结果可以识别电极设计中存在的问题，并有针对性地提出优化措施，如改变多孔结构、增加活性材料利用率等，指导电池电极的优化设计。

COMSOL 的丰富后处理工具使电化学分析结果的提取变得快速简单。

7. 试验数据验证

为了验证 COMSOL 建立的电池电化学模型的准确性，必须与试验数据进行对比。可以进行一些基本的电化学测试，如充放电曲线测试、循环伏安测试等，获得电极的一些动力学响应数据。

然后，在 COMSOL 模型中设置与实际测试相一致的条件，如电流密度、温度等，运行仿真。

将测试结果如极化曲线、循环曲线与 COMSOL 的仿真结果进行对比，分析两者的误差。如果误差较大，则需要检查模型中的参数设置，如调整 Butler- Volmer 方程中的电子传递速率，或修改电解质的运动学参数，使其能更准确地符合试验结果。

通过不断修正模型参数，使仿真结果与试验结果达到一致，即可认为该模型是有效的，可以用于后续的预测分析。

与试验结果的对比验证是建立可靠电化学模型的最后一步。COMSOL 提供了方便的模型校准功能，大大简化了这一迭代优化过程。

8. 小结

COMSOL 拥有专业的电化学及多物理场分析模块，可对电池电极的复杂电化学过程进行精确的建模和仿真，大大优化了电池电化学设计。

它可以构建微观细节的电极多孔结构，精确定义电解质运动学参数，应用 Butler- Volmer 等经典方程描述电化学反应，实现对电池内部电流分布、电势场和浓度分布的高精度模拟。

不同于实物的试验研究，COMSOL 仿真可以自由控制参数（parameters），快速预测材料和结构参数的影响，获得各种典型工况下电极的工作状态，指导电池设计。

COMSOL 还可以轻松与试验数据实现对接，通过不断校正模型使仿真结果达到高度准确性，真正发挥理论研究与实际应用的结合效果。

借助 COMSOL 的专业电化学仿真能力，研发人员可以全面提升电池设计效率，缩短研发周期，大大改进电池的电化学性能指标。它已成为电池研发中不可或缺的数字化研究平台。

5.4.3 电池仿真案例

1. 导入仿真参数

在 COMSOL 进行电池仿真时，首先需要确定模拟所需要的参数，如电池的放电电流、充电电流、容量、截止电压等。为了后续模型建立及仿真计算方便直接调用这些参数值，COMSOL 提供了导入参数的功能。

具体操作上，在“Model Builder”（模型构建）窗口的“Model Inputs”（模型输入）节点上右击，选择“Import”（输入）节点，在打开的导入窗口中选择参数所在的 Excel 文件，然后勾选需要导入的参数，如放电电流和电池容量，设置参数名称等属性，单击“Import”导入。导入后参数会出现在“Model Inputs”节点下方，电池仿真参数的输入如图 5-9 所示。

导入的参数可以在模型各处引用，只需写出参数的名称即可，例如在边界条件中可以直接引用导入的放电电流参数。这样可以避免在模型中多处手动输入参数值，降低出错概率，也使得修改参数值更为方便。

另外，导入的参数也可以用于表达式、函数、参数化等高级用法。例如可以通过表达式

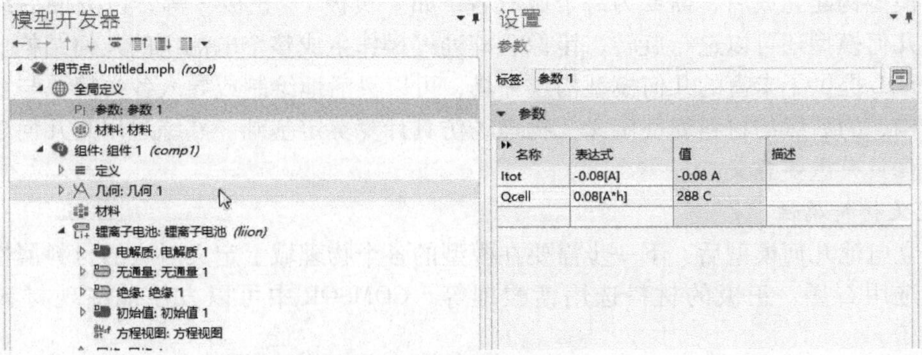

图 5-9　电池仿真参数的输入

定义参数与温度的关系，这样模拟中参数可以自动随温度变化。

总体来说，导入参数的主要优点有：①避免多处手工输入，减少错误；②便于参数值修改；③可以用于表达式定义参数之间关系；④方便参数化及设计优化。

推荐在 COMSOL 电池仿真中先导入所需参数，以获得上述便利。

2. 创建电池的几何模型

在确定了仿真参数后，下一步就是在 COMSOL 的“Model Builder”模块中创建电池的几何模型。根据电池的实际结构，可以绘制二维或三维模型，主要包含负极、正极、隔膜等部件。

具体操作上，可以使用“Model Builder”模块中的形状构建工具绘制简单几何形状，如矩形、圆等，也可以使用更高级的曲线及表面构建工具生成复杂形状。每个部件使用 Form Union（模件集成）或 Form Assembly（模件组合）等工具进行布尔运算，生成最终的电池整体几何结构。

此外，对于复杂几何结构，COMSOL 也支持导入外部建模软件生成的 CAD 模型，如 SolidWorks 等。操作上在“Import”节点选择导入 CAD 文件，然后进行三维模型修复，即可在 COMSOL 中使用该模型。几何模型的输入如图 5-10 所示。

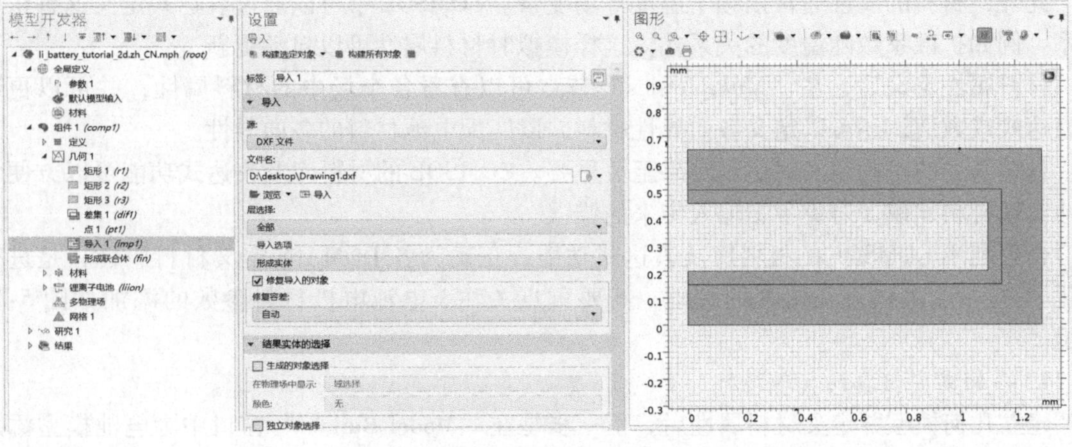

图 5-10　几何模型的输入

几何模型构建完成后，需要为每个域命名，如“负极”“正极”等，以方便后续物理场的分配。几何模型还可以进行旋转、镜像、阵列等操作生成整个电池组的几何结构。

COMSOL 提供了丰富的几何模型构建工具，可以灵活地绘制或导入各类简单与复杂的电池几何结构，为后续的材料属性定义及物理场仿真计算奠定基础。熟练运用其几何建模功能对电池仿真具有重要意义。

3. 定义材料属性

在建立电池几何模型后，下一步需要在模型的各个物理域上定义对应的材料属性，如负极的材料选用石墨，正极的材料选用锰酸锂等。COMSOL 中可以方便地实现材料属性的定义。

具体操作上，在“Model Builder”窗口的“Materials”（材料）节点上右击，选择“Add Material”（添加材料），在材料库中找到电池常用材料，如 $LiMn_2O_4$ 等，直接拖动到对应域上即可定义材料属性。对于材料库中没有的材料，可以自定义，即在 Material 浏览器中输入各项物理参数。电池电极材料的选择如图 5-11 所示。

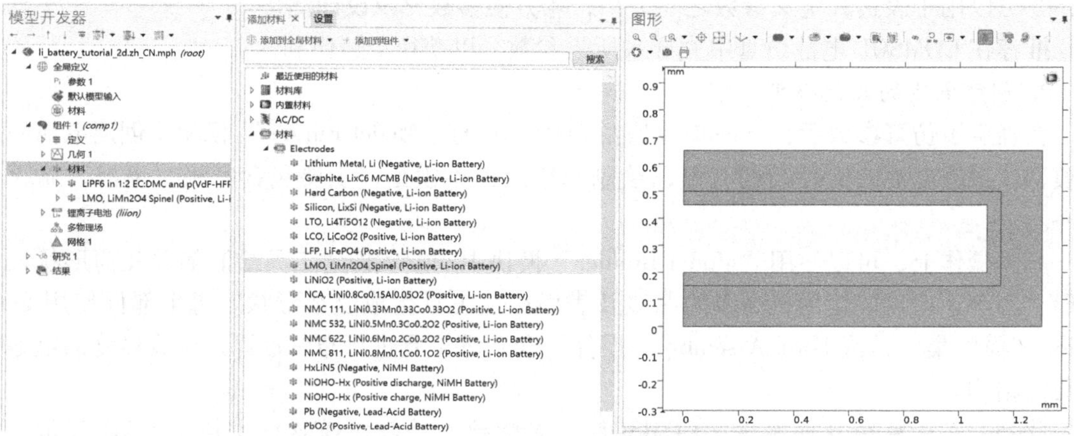

图 5-11　电池电极材料的选择

此外，材料的属性通常依赖于温度等场变量。COMSOL 中可以通过表达式定义这种依赖关系，例如扩散系数随温度的关系式。这样模拟时材料属性可以自动更新。

材料属性定义后，在“Multiphysics”节点可以查看各个场中的材料属性，并可以更改其表达式或数值，还可以定义各向异性材料，以匹配电池材料的各向异性。

材料属性的正确定义对仿真结果至关重要。COMSOL 的材料库及表达式功能可以方便快捷地实现材料建模，避免手工输入带来的错误。

合理利用 COMSOL 的材料库及表达式功能，正确为各 DOMAIN 定义材料属性，是进行电化学-热耦合多物理场仿真的基础，需要重点关注。电池电极材料参数的添加如图 5-12 所示。

4. 添加需要仿真的物理场

建立几何模型并定义材料属性后，下一步是在“Model Builder”窗口中为电池模型添加需要仿真的物理场。

对于锂离子电池，主要需要添加锂离子电池界面，该界面基于 Newman 等人的理论模

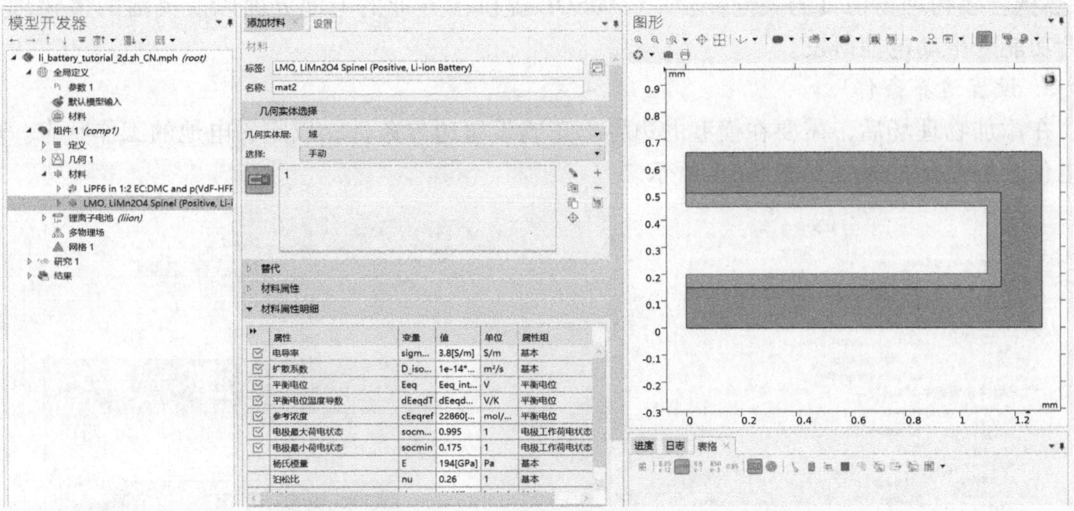

图 5-12　电池电极材料参数的添加

型，使用熔融盐理论描述电解质，可以模拟电极中的电化学反应、扩散运移等过程。

在该界面下，需要将电极部件设置为多孔电极，如图 5-13 所示。在“多孔电极”节点中，需要输入一些参数，如电极材料的体积分数，表示活性材料在整个电极中的体积占比；电解质的体积分数，表示充电时电解质在孔隙中的占比；还有孔隙率等参数。这些参数可以匹配实际电极的制备工艺参数。

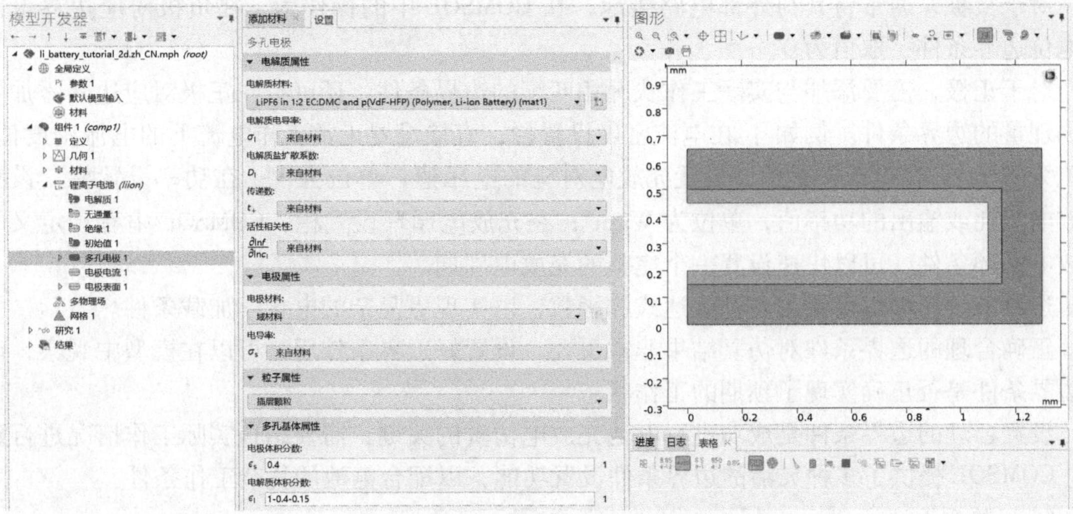

图 5-13　电池多孔电极材料的添加

添加好锂离子电池界面后，还可以再添加热传导场，以模拟发热效应。通过“Multiphysics”节点可以实现不同物理场的耦合。

最后，将物理场的设置绑定到对应的几何域上，否则不会进行求解计算。

合理添加物理场界面，正确设置多孔电极参数，以及将字段与域进行绑定，是实现电化学-热耦合多物理场仿真的关键步骤。COMSOL 提供了专业的电池界面以及灵活的多物理场耦合功能来推动电池研发。

5. 设置边界条件

在添加物理场后，需要在模型的边界上正确设置边界条件，以定义电池的工作状态。电池电化学加载条件设置如图 5-14 所示。

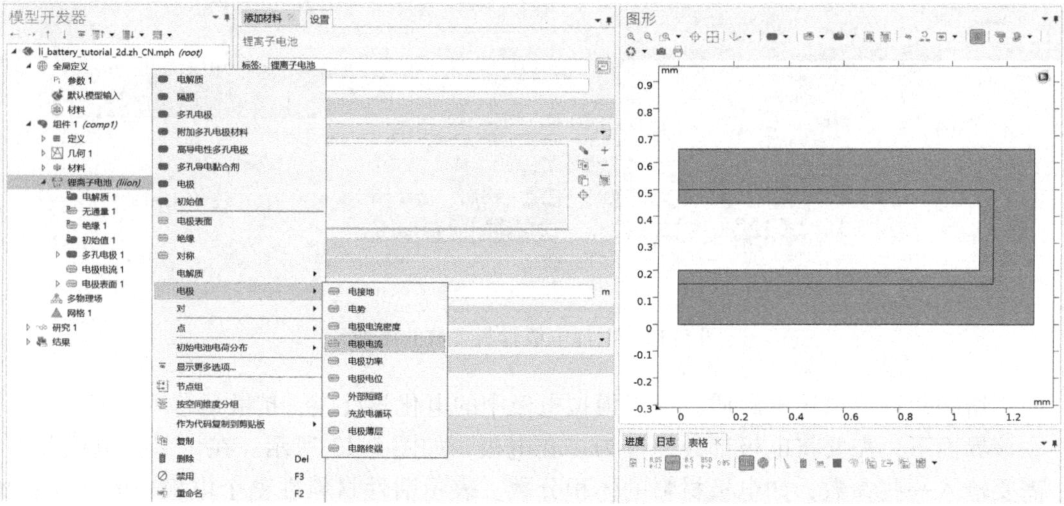

图 5-14　电池电化学加载条件设置

对于负极，通常将其与外部电路接地，在 COMSOL 中的操作为，在负极对应边界上添加电位边界条件，取值为 0。

对于正极，需要添加与实际工作状况相匹配的边界条件，还可以在正极对应边界添加各个物理量的边界条件。例如：在电流密度设置栏，直接设置正常工作电流下的电流密度值，单位为 A/m^2；在电压设置栏，设置充放电对应的电压值，单位为 V；在功率设置栏，设置充放电消耗或输出的功率值，单位为 W/m^2；在充放电循环设置栏，COMSOL 中有预定义的充放电循环条件，可以快速设置一个完整的充放电周期。

边界条件还可以设置为各种表达式和函数，以实现更复杂的电化学加载条件。

正确合理的边界条件对仿真结果非常重要。设置好边界条件后，可以在模型中观察，确认边界条件是否正确实现了预期的工作状态。

设置合理的边界条件是成功进行电池充放电仿真的关键，需要结合实际工作情况进行建模。COMSOL 提供了多种灵活的边界条件设置功能，以配合电池的复杂工作条件。

6. 网格划分

COMSOL 提供了多种网格类型，如六面体网格、四面体网格、三角形网格等。通常三维模型选用四面体或六面体网格，二维模型选用三角形网格。网格类型应匹配物理场的数值求解方法。

网格划分时，可以手动对边界和界面进行种子大小控制，或全局指定元素数量，控制网格的总数。也可以使用自动网格划分功能，自动生成不同密度的网格。

对于电池模型，不同部件根据其结构特征和场分布情况，可以采用不同密度的网格，以提高关键部位的计算精度。例如集流体附近区域可以采用更细密的网格。

网格划分完成后，应检查网格质量，如扭曲度、偏差率等指标，以确保网格质量良好。必要时进行网格优化。

合理的网格对提高计算结果的精度非常关键。一般需要多次调整网格密度和类型，比较不同网格下的计算结果，以确定最佳网格设置。图 5-15 所示为电化学仿真有限元网格划分。

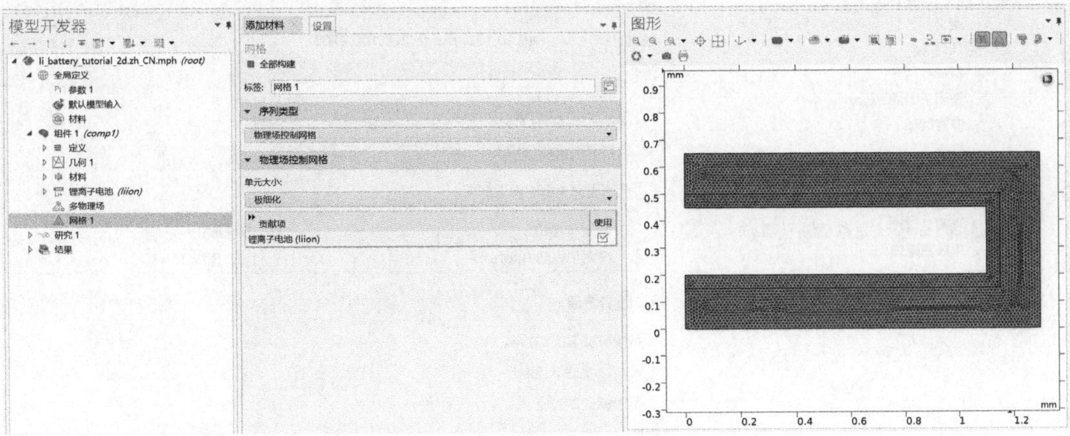

图 5-15　电化学仿真有限元网格划分

7. 设定求解控制参数

在网格划分完成后，需要在 COMSOL 的求解器设置模块中设定求解控制参数。

对于时域的电池充放电模型，首先需要选择时域求解器，然后在时间范围内设定求解的总时间段。例如设置为 0～1000s，以完整模拟一个充放电过程。

此外，还需要设置结果输出的时间点或时间段。输出间隔不宜太小，否则输出文件会很大；输出间隔也不宜太大，否则会错过一些重要的物理量变化。通常可以根据充放电过程不同阶段适当缩小或扩大输出时间间隔，以获取重点关注的电化学参数变化。

对于求解控制，可以设定最大步长限制，以防突变造成发散。设定相对容差和绝对容差以控制求解精度。适当调节这些参数可以使求解既精确又高效。

另外，COMSOL 提供了多种求解算法，不同算法对于具体物理场求解的适应性不同，可以尝试选择最优求解算法。

合理设定求解器参数对提高仿真准确性及计算效率都非常关键。一般根据具体模型逐步试验，并结合经验确定最佳的参数组合。图 5-16 所示为电化学仿真求解器参数设置。

8. 仿真求解

在完成上述电池模型构建的所有步骤后，就可以单击求解器中的“计算”按钮启动仿真求解。

COMSOL 求解器将根据设置的时间范围，在各时间点依次进行充放电过程的数值计算，求解电池内部的电化学反应动力学、电荷与质量传递方程等。图 5-17 所示为电化学仿真计算过程。

计算过程中，COMSOL 会显示求解进度，判断求解是否收敛，如果发散则会自动调整步长重新求解。求解完成后，会在输出时间点生成各项物理量的数值结果。这些结果主要包括：

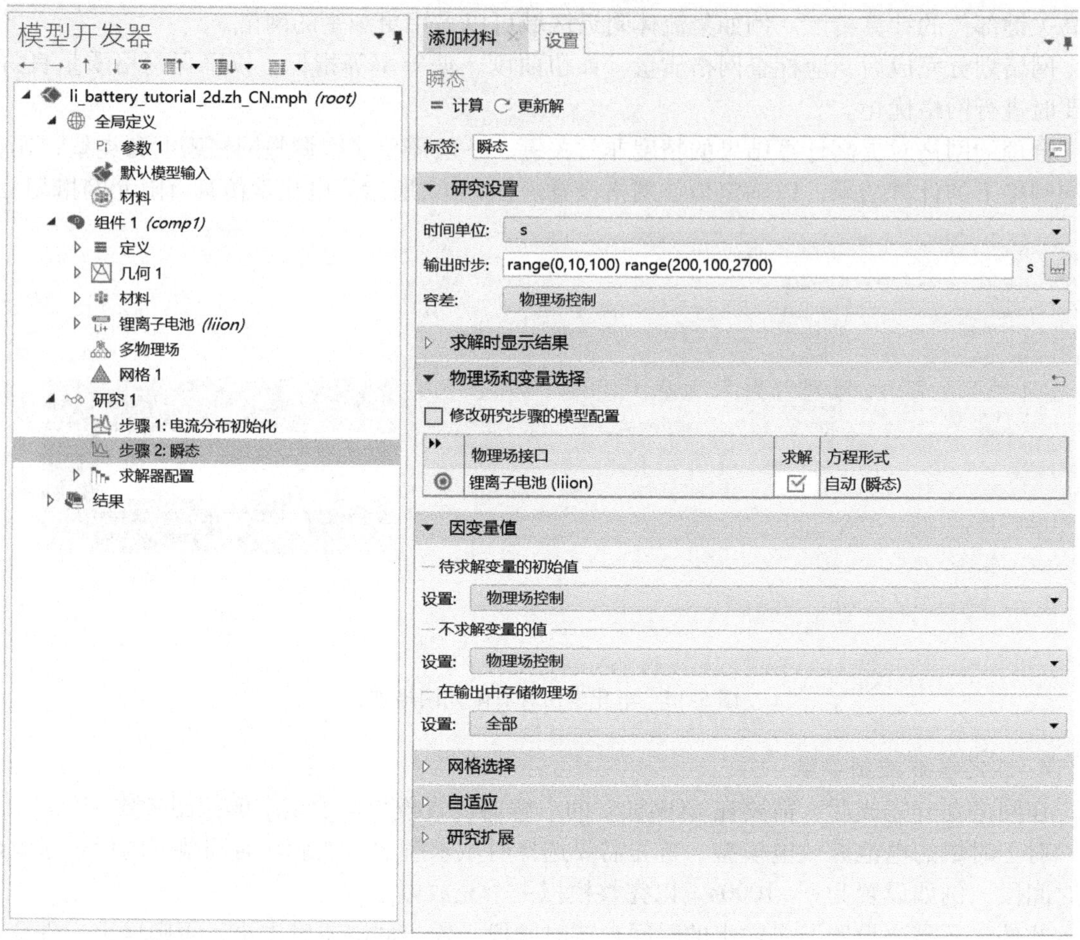

图 5-16　电化学仿真求解器参数设置

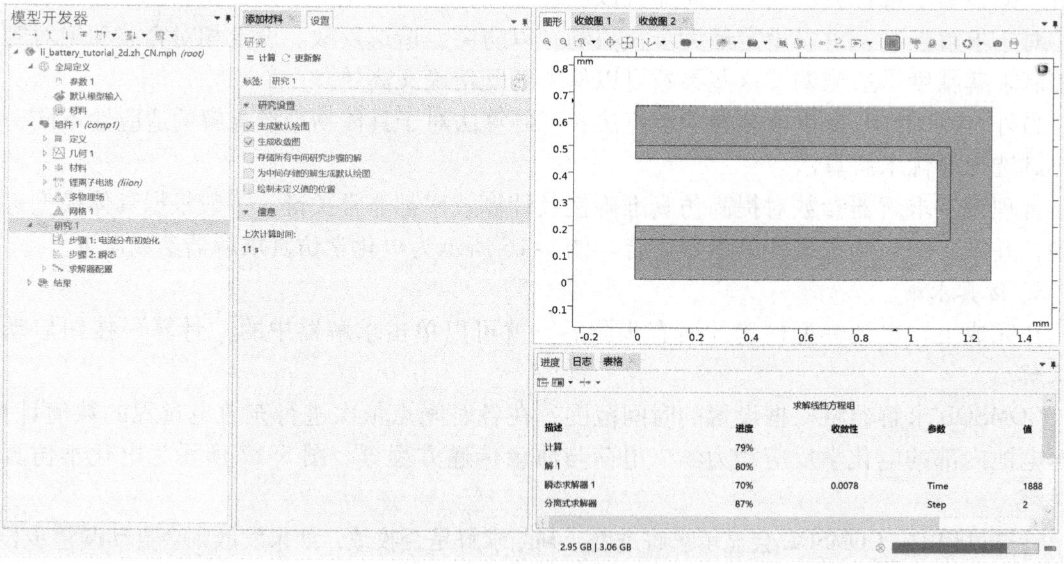

图 5-17　电化学仿真计算过程

（1）电位分布　显示电池在充放电过程中，电极平面内电位的二维或三维分布。
（2）离子浓度分布　显示电解质中间离子浓度随时间和空间的演化分布。
（3）极化曲线　显示充放电过程中电池两端电压随时间的动态变化曲线。
（4）热源密度分布　显示电池中产热的空间分布，后可输入热模块计算温度场。
（5）电流密度分布　显示电池内部电流流动的分布情况。

这些结果可以助力深入理解电池内部工作机理，评估电池性能，并作为优化设计的参考。

9. 后处理

COMSOL 求解完成后，可以通过 postDataProcessing 进行结果处理，并可视化结果，以分析电池内部物理场的分布状况。

首先，通过切片、矢量箭头、色盘等方式可视化电位场、浓度场、反应速率等分布。不同切片可以观察电极和电解质界面以及电池内部不同位置的物理场演化。

其次，可以创建多种图表展示结果，如极化曲线图、浓度随时间变化图等。也可以呈现参数化结果，展示操作参数对电池性能的影响。图 5-18 所示为电化学仿真后处理显示电解质盐浓度分布。

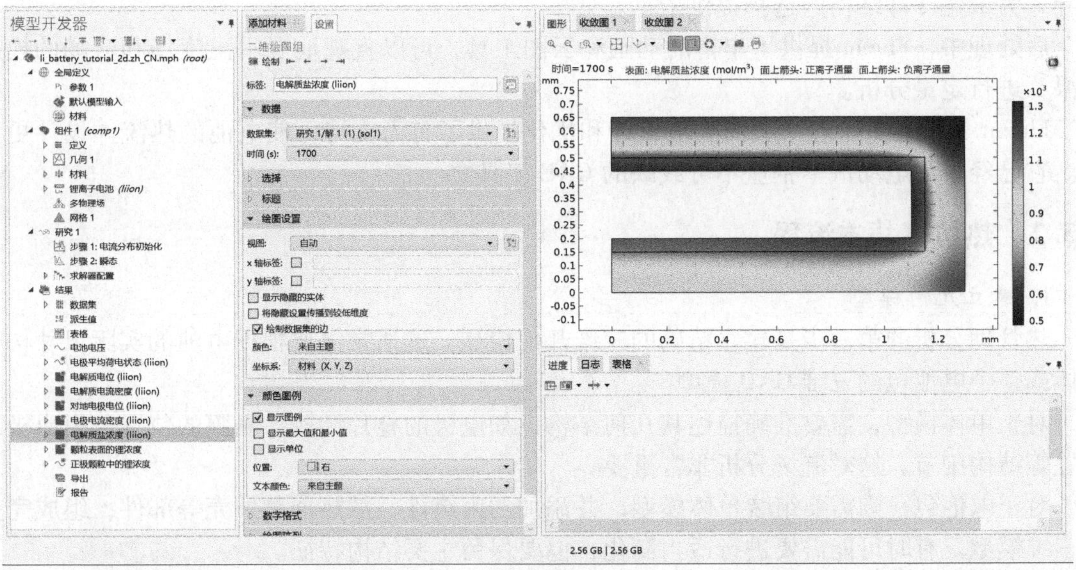

图 5-18　电化学仿真后处理显示电解质盐浓度分布

然后，利用数据探索工具进行参数研究。例如，将电流密度作为参数，自动运行多次仿真，获得电压-电流极化曲线。

最后，导出结果数据进行外部后处理，或与测试数据进行比较，定量评估模型的准确性。

通过这些后处理手段，可以全面而直观地分析结果，发现电池内部工作机制，为设计提供支撑。

5.5 Fluent 用于电池热仿真

5.5.1 Fluent 软件概述

Fluent 是一款功能强大的计算流体动力学（CFD）软件，被广泛应用于动力电池的热流体分析和冷却系统设计中。

Fluent 可以建立电池单体和整个电池组的三维模型，进行结构化网格划分。同时导入电池的热功率密度分布数据，作为热源进行加载。

Fluent 包含丰富的材料库，可以准确定义电池组件的流体和传热特性参数，如密度、动力黏度、比热容、导热系数等。

Fluent 采用了先进的有限体积法在三维模型上直接求解功率散发的耦合传热对流方程，得到电池内部流体的速度、压力和温度等分布数据，可以清晰地展示出电池内的流场特征和温度场分布。

此外，Fluent 还可以进行不同冷却结构方案的数值对比，如直冷板与涡流通道的热性能差异，为最优冷却结构的选择提供依据。

后处理中，Fluent 提供了丰富的动画和云图工具，可以直观地展示温度场和流场的模拟结果，进行定量分析。

Fluent 为电池热管理系统的数值设计和优化提供了有力支持，使电池的热流体设计更高效。它已经成为电动汽车企业不可或缺的 CAE 工具之一。

5.5.2 热仿真基本流程

1. 建立几何模型

热管理分析的第一步是建立精确的三维几何模型。这通常需要根据电池的实际尺寸构建单体或整个电池包的三维 CAD 模型。

对于单体模型，需要准确描述其几何结构，如电极的叠片结构、隔膜的位置、引出极的位置等结构细节。这对流场分析非常重要。

对于电池包，则需要组装单体模型，并添加约束组件、散热器和外壳等部件，组成完整的三维模型。有时可能需要进行适当简化，但要保留主要结构特征。

然后对模型进行结构化的网格划分，控制网格密度，保证关键流场区域如流道附近网格精细。一个合理的计算网格是保证后续 Fluent 求解结果准确的基础。

精准的三维 CAD 建模和合理的网格划分是热分析的第一步。这将直接影响流场和温度场分布的计算精度。

2. 定义材料属性

在建立几何模型后，下一步是向模型中加入材料信息，为流热场分析提供基础数据。

对于固体区域，如电池单体、壳体等，需要设置其密度、比热容、导热系数等固体材料的传热参数。Fluent 内置了大量材料的热物性参数，可以直接调用。

对于流体区域，如空气或冷却液，需要输入密度、比热容、导热系数、动力黏度等参数。不同温度下的变化也可以通过分段函数定义。

一些组件的热特性可能需要通过测试获得，如电池的等效内部热阻可以从发热量曲线中分析。这些经验数据也可以加入 Fluent 材料中。

不同材料之间的界面的热阻效应，也需要输入对应的界面传热系数来描述。

准确、完整的材料属性定义是热分析的基础。Fluent 提供了方便快捷的材料数据库和图形化界面进行材料属性的定义。

3. 添加边界条件

在定义材料属性后，需要对模型施加各种边界条件来定义流热场的 LOAD，包括流体入口条件、固体界面条件及发热 LOAD 条件。

对于流体入口，需要设置进入流场区域的流体的速度或质量流量大小，以及入口处的温度值。这可以模拟不同的冷却工况。

对固体壁面的边界，需要给出界面传热系数，描述固壁与流体之间的传热强度。这取决于流体状态和壁面的表面粗糙度。

电池中的发热量是驱动流热场变化的关键因素。需要导入电池在不同充放电功率下的发热量分布数据，作为内部热源加入仿真模型中。

同时，对于对称模型，还需要设置对称面上的滑移边界条件。出口设置为压力出口，可以让流体自然流出。

精确合理的各类边界条件对提高流热场分布计算结果的准确性非常关键。Fluent 提供了灵活方便的边界设置功能。

4. 设置求解器参数

在完成模型建立和边界条件设置后，需要配置求解器的参数，以保证数值计算的准确度和稳定性。

1）选择合适的求解器。Fluent 提供了压力-速度耦合求解器，可以处理流场和传热的相互作用，使之稳定收敛到配合的解。

2）设置离散格式。结合分析对象的特征，选择第一序或第二序上游的离散格式，处理不同类型的求解方程。

3）确定残差的容限，即求解中判断收敛的阈值。将其设置为 $10^{-6}\sim10^{-3}$量级。太大会影响精度，太小会导致难以收敛。另外，对于难以求解的方程，可以启用 Fluent 的多格拉级数法来获得初始基础解。初始场的影响也需要关注。

4）选择多网格法。先在稀疏网格上求解，再投影到细化网格上，以提高计算效率。

合理的求解器配置对获得稳定、精确的数值解有决定性影响，需要根据具体模型进行试验性调整。

5. 定义初始热场

在设置求解器后，需要定义流热场初始状态，然后启动迭代求解过程。

流场的初值可以设置为在整个流域内均匀分布的压力和速度场。这可以快速启动流动建立过程。也可以设置对应物理入口的真实压力/速度分布作为初始猜测值。

温度场则可以简化设置为环境温度均匀分布。更好的方式是预先进行一次仅含传热方程的稳态分析，得到温度场分布，再导入耦合分析中。

6. 求解计算

有了初始值，然后启动求解器迭代计算。随着迭代进行，流场和温度场会从初始状态演化到与载荷和边界条件对应的真实物理分布状态。

求解过程中，需要关注残差的下降情况，必要时调整求解器的参数，或重新初始化。重复求解直到残差满足收敛条件，表示获得了数值解的稳定结果。

精心设置的初始猜测场可以加速求解过程，获得精确可信的流热场数值解。这是进行后处理分析的基础。

7. 后处理分析

获得稳定的流热场数值解后，需要利用 Fluent 的后处理工具进行详细分析。

通过温度云图可以清晰地展示出电池内部的温度分布情况。通过直观地观察热量集中的区域，可判断是否存在局部过热。

流线图和矢量图可以显示流场的特征，是否存在回流和低速区域，可以作为优化流道形状的依据。

同时，可以利用剖面的温度曲线、流速曲线等进行定量分析，提取特定部位的物理量，判断流速或温升是否合理。

针对优化方案，可以计算出每种方案的平均温升、最高温度、流速范围等统计参数，直观地进行性能评估和对比。

利用 Fluent 丰富的后处理手段可以从多个角度分析仿真结果，为电池热管理系统的模型优化提供重要依据。

Fluent 的后处理功能使复杂的模拟结果变得直观可读，能够有效地服务于电池热管理系统的分析和优化之中。

8. 优化设计

优化设计的最后一步是对不同结构方案进行比较和评估，选择出最优解。

首先，可以建立多套模型，分别对应不同的流道形状、流量设置、散热器参数等方案。对每个方案分别进行流热场分析，得到温度云图和流场结果。

然后，可以定量分析每个方案的温度分布指标，如最高温度、平均温升、温差均匀性等，并进行数值对比。同时，计算每个方案的流场特征参数，如流速范围、流动均匀性、是否存在回流等。这反映了冷却液的传热效果。将每个方案的流热场指标进行整体评估和权衡，识别出在温升、热应力和流动性能方面最优的设计方案。

有时还需要结合其他指标如流量大小、压降性能、制造难易程度等进行平衡设置，选择出综合效果最佳的优化方案。

Fluent 仿真为设计人员提供了快速评估和对比不同方案优劣势的手段，可以有效地指导电池热管理系统的优化设计。

Fluent 软件强大的计算流体动力学求解能力，使其可以高效而精确地模拟电池内部复杂的冷却流动和热传递过程，为电池的热管理系统设计提供了有力的支持。

Fluent 可以直接对三维几何模型求解冷却液的速度和压力场以及与电池耦合的传热方程，全面预测电池在不同流量及冷却条件下的温度分布、流动模式等关键参数。

而进行多次实际的热管理试验验证需要极高的时间和设备成本。Fluent 仿真可以在计算机上快速获取大量的设计方案比较，指导工程师优化流道结构、流量设置等，使电池系统的热性能最大化。

Fluent 也可以直接分析新型电池结构和材料在热管理方面的特性，评估其应用可行性，提供理论依据。

借助 Fluent 的流热传递数学模型和先进的数值算法，工程师可以不受实际限制，自由地在计算机中探索和优化设计方案，大幅提升电池热管理系统的设计效率和质量。它已经成为电动汽车企业设计电池系统不可或缺的有力数字化工具。

5.5.3 热管理仿真案例

电池液冷散热仿真首先需要建立精细的参数化三维模型。为获取准确的几何结构，建议使用专业的 CAD 软件如 Creo、SolidWorks 等进行模型绘制，而非仅仅依赖 Fluent 自带的 Geometry 简单模型器。软件中可以灵活地设计出电池的外形轮廓，以及电极的大小位置；还可细致地描绘电池表面的花纹图案，如电池间的小间隙及电极边缘等细节，这些对后期的流体流动计算非常重要。图 5-19 所示为电池几何结构的建构。

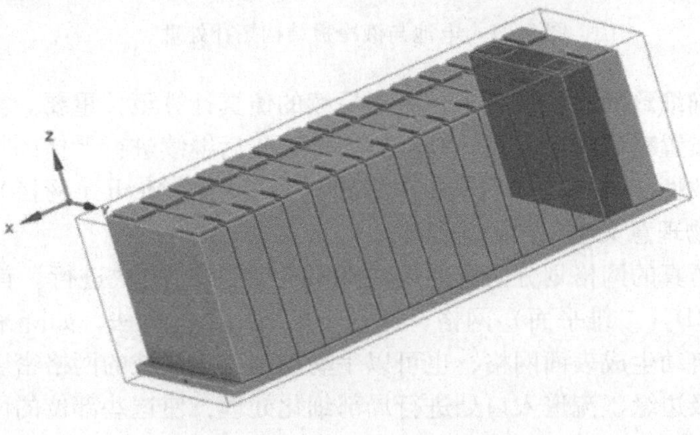

图 5-19 电池几何结构的建构

接下来需要构建液冷板及其内部流道。流道的类型和复杂蜿蜒曲折形状关系到冷却液流动效率。需要注意的是，板与电池之间要严丝合缝，避免间隙，同时流道位置要与液体入口和出口准确对齐。各部件之间必须设置精确的定位约束关系，并进行充分的拓扑处理，确保不存在缝隙。图 5-20 所示为液冷板几何结构的建构。

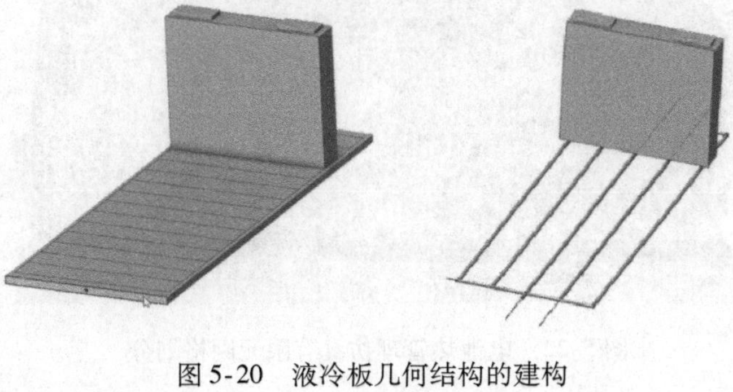

图 5-20 液冷板几何结构的建构

三维模型制作完成后，需要判断体积大小，如果过大，则将部件进行拆分，分别导出通用文件格式。小模型可以直接一体导出。然后在 Fluent 中导入模型文件，对各部件进行摆放定位，使用布尔操作进行组装。导入之后仍需进行液密性检查，再次进行拓扑处理和修复，确保一体化模型的正确性。图 5-21 所示为电池与液冷板结构拓扑处理。

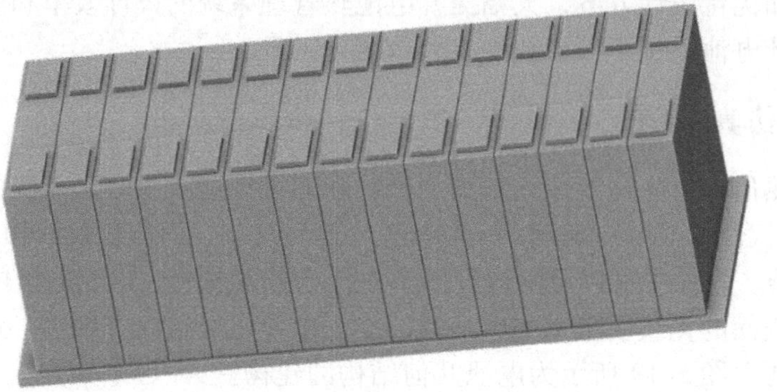

图 5-21　电池与液冷板结构拓扑处理

综上所述，准确细致的参数化三维模型对后续的仿真计算至关重要。需要使用专业软件绘制各组成部分，设置精确约束关系，并在导入 Fluent 后继续进行严格的拓扑关系处理，以保证几何模型的有效性。只有在优质模型的基础上，后期的 Mesh（网格）与 Solver（求解器）求解才能得到物理意义唯一的精确结果。

电池液冷散热仿真的网格划分阶段需要在 Mesh（网格）模块进行。首先在模型表面生成三角形或四边形 2D（二维平面）网格，这一步可采用不同算法，如降采样法、智能大小函数法等。软件会自动生成表面网格，也可以手动控制特定区域的网格密度大小，在一些曲面特征部位，如电极边缘、流道入口处进行局部细化处理，使这些部位的网格变细。

在完成表面网格划分后，软件会自动扩展生成体网格。体网格常用主要算法有 tetra mesh 和 poly mesh 两种。tetra mesh 用于生成四面体网格，计算量较大但形状灵活；poly mesh 用于生成多面体网格，计算效率更高。一般根据模型大小及计算能力选择合适算法。体网格同样可进行区域智能控制，自动判定密度分布。图 5-22 所示为电池热管理仿真有限元网格划分。

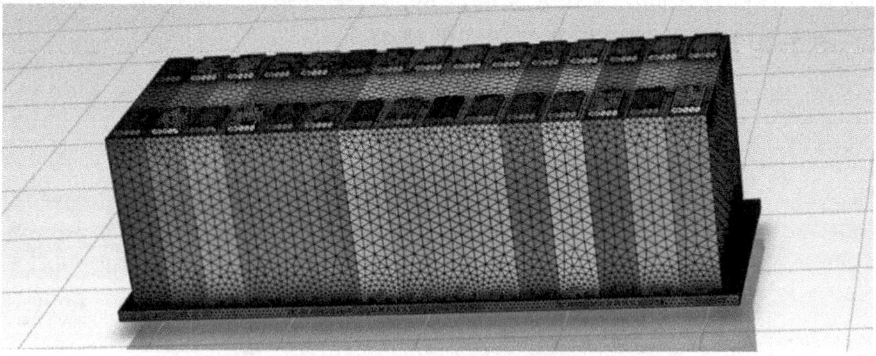

图 5-22　电池热管理仿真有限元网格划分

随后需要检查各区域网格质量，重点关注体网格的扭曲和倾斜情况。通用标准为监测 Skewness（偏斜）值，表征单元形态的扭曲程度，一般要求低于 0.7，部分关键区域可适当提高要求，如电极端面等。网格质量会直接影响计算的稳定性和收敛性。

网格划分完成后要进行网格平滑，去除锯齿状边缘，提升网格质量。并需要设置合理的增长率，防止相邻网格大小变化过快。确认无误后保存生成的网格文件，以导入求解器模块。精细可控的网格对提高计算结果的准确性至关重要，需要重点关注电池结构关键部位的网格处理，同时兼顾计算成本。合理高质量的网格是保证数值仿真成功的基础。图5-23所示为电池热管理仿真网格质量检查与提升。

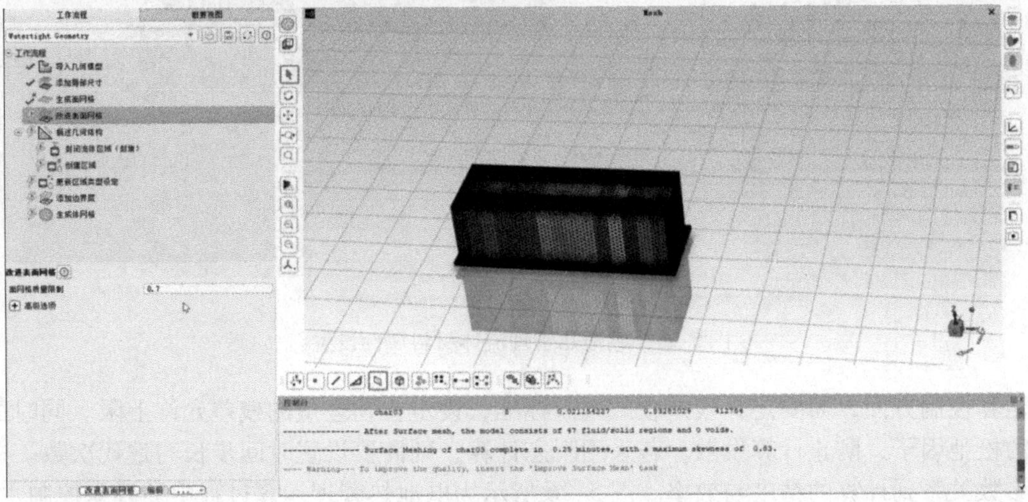

图5-23　电池热管理仿真网格质量检查与提升

在求解器设置阶段，首要工作是定义模型中的各区域材料属性。电池本体、正负极的材料可以在数据库中查找相应材料，如锂电池常用的镍钴锰层状复合材料；也可以直接自定义材料，输入密度、比热容、导热系数等参数。由于电池发热效应明显，需要将电极的热源项开启，并定义电池在不同功率密度下的发热率，可以采用曲线拟合的方式关联发热量与功率。图5-24所示为电池热管理各固体区域材料属性设置。

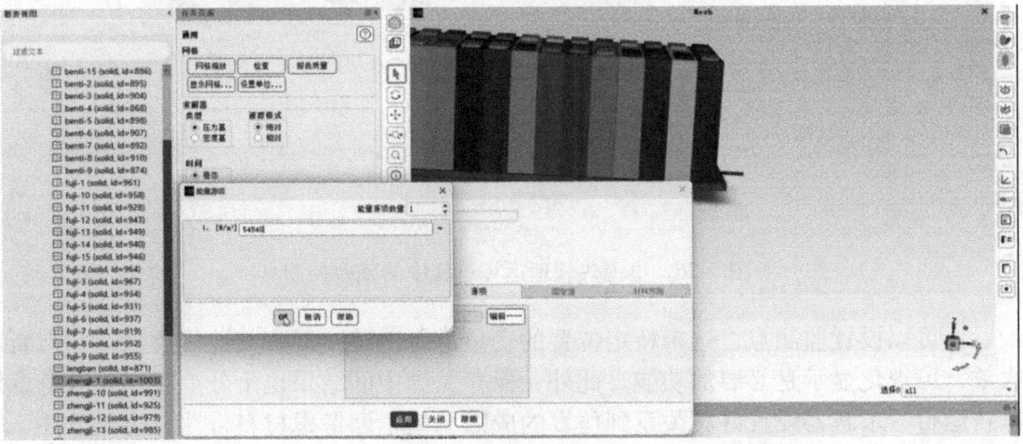

图5-24　电池热管理各固体区域材料属性设置

冷却液一般选择常见的低凝固点混合液，同样需要定义液体的密度与黏度等参数。液体入口设置为速度入口，以定义入口流速；出口采用压力出口。表面边界条件根据实际交互设定，如电池表面采用对流换热系数，与液冷板的亚表面采用内耦合换热。图 5-25 所示为电池热管理流体材料属性设置。

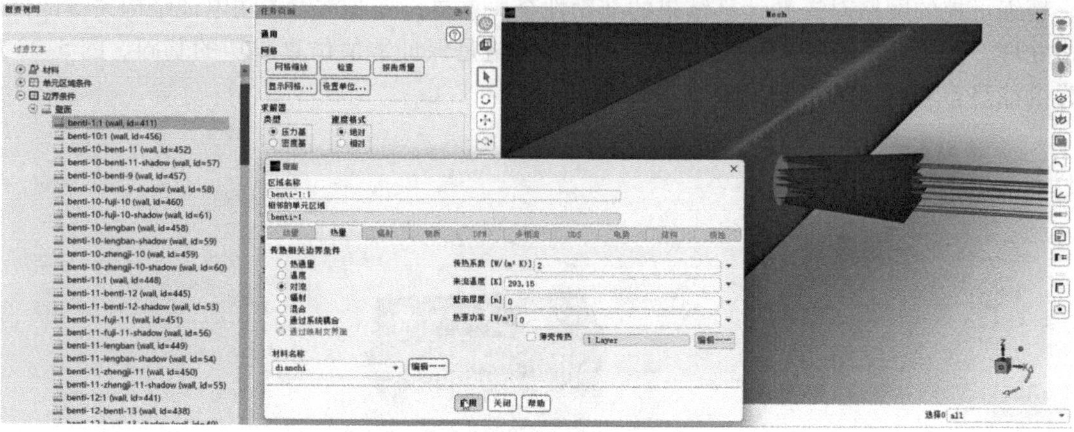

图 5-25　电池热管理流体材料属性设置

运算控制方面，需要定义残差收敛判断标准，设定各物理量的残差允许上限。同时配置恰当的松弛因子，防止计算发散。若采用瞬态计算，则需要设置时间步长与迭代次数。这些控制参数关系到计算的精度与效率。图 5-26 所示为电池热管理运算过程中的残差控制。

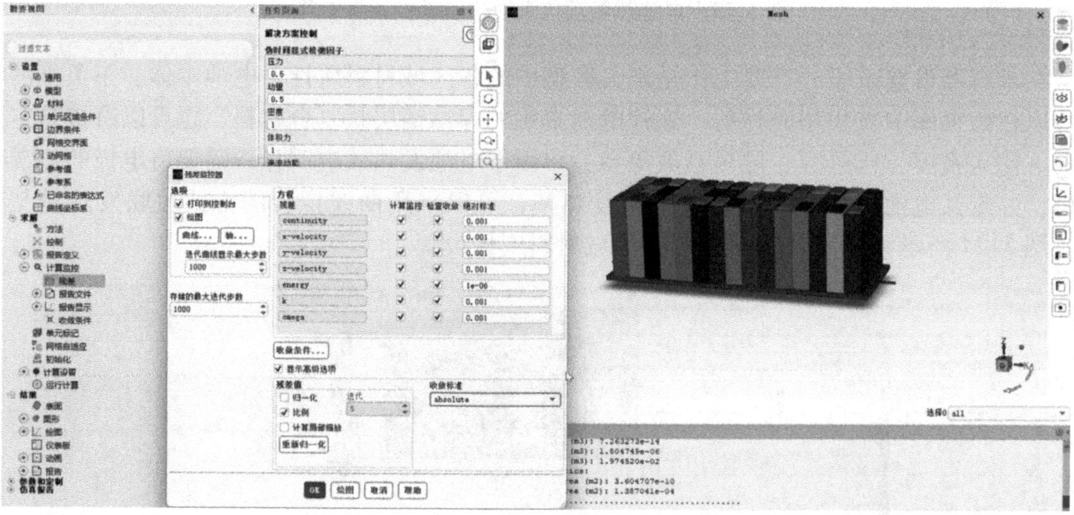

图 5-26　电池热管理运算过程中的残差控制

最后，可以设置监测点，选择特定位置的变量进行追踪，观察其迭代历程，并判断计算是否收敛，可视化显示是必要的功能。此外，保存关键中间结果也十分重要，以避免意外中断后重新运行。求解器设置好坏关系到仿真的成败，应全面考虑材料特性、边界条件、求解控制等参数的合理配置。图 5-27 所示为电池热管理运算过程的迭代参数设置。

在求解器设置完成后，就可以启动计算进行迭代求解。软件会自动进行物理量的离散和线性方程组的构建，编译成可执行的程序，然后提交给求解器，借助高性能计算资源进行数值计算。

一种判断方式是实时监测迭代过程中残差的变化，即各物理量计算方程的误差。随着迭

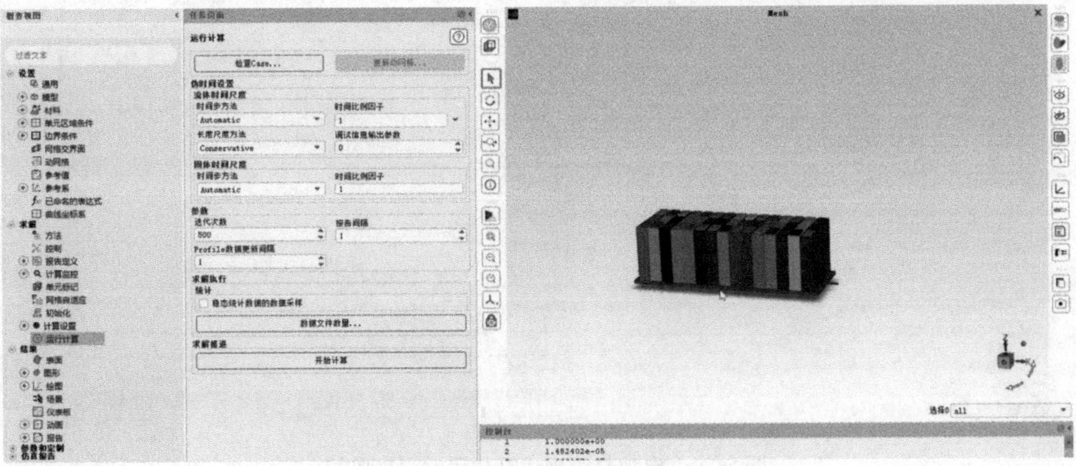

图 5-27　电池热管理运算过程的迭代参数设置

代次数增多，由于采用了各种收敛技术，残差会持续下降，当低于预定义的阈值时，说明求解已收敛，此时主要物理量场变化不大，基本达到稳态。因此，残差监测是判断收敛的主要依据。图 5-28 所示为电池热管理运算过程的残差监控。

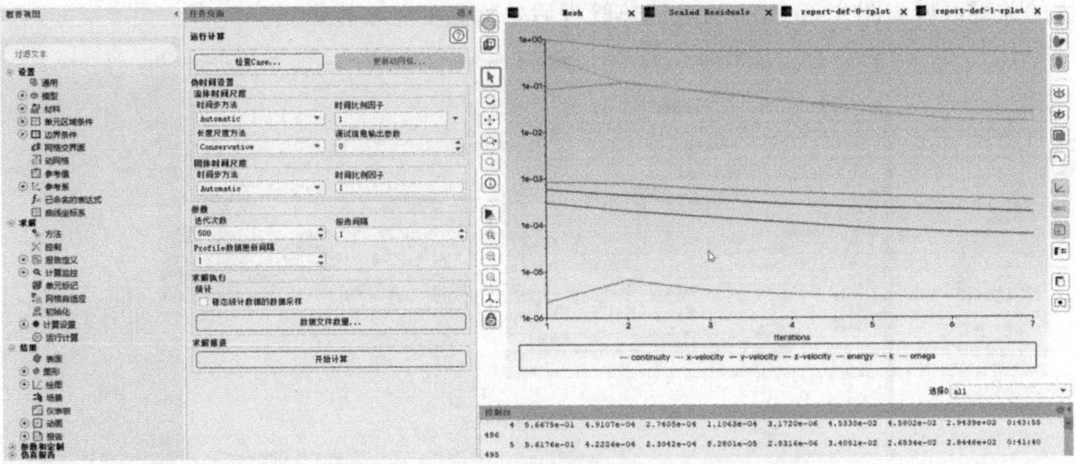

图 5-28　电池热管理运算过程的残差监控

另一种判断方式是追踪监测点的变量变化，如电池表面某点的温度。当监测点温度轮廓趋于平稳时，也可认为计算收敛。监测点追踪更直观，但会受点位选取影响。图 5-29 所示为电池热管理运算过程的温度监控。

两种判断方式可相互验证。若达不到收敛，则需要扩大迭代步数，调整控制参数。

对于瞬态计算，时间步进也需要控制，步长太大会发散，步长太小则会耗费时间。采用自适应调整步长的方法，在控制误差的前提下，可以自动选择最大步长，以大幅提升计算效率。并行计算可以充分利用多核资源，例如在 4 核 CPU 上可将模型划分为 4 区，同时迭代求解，可将速度提高 2 ~4 倍，大模型可以采用分布式计算，但要注意及时保存重要中间结果。

总之，在求解计算阶段，通过定量监测残差、关键变量的迭代历时曲线，可以判断计算

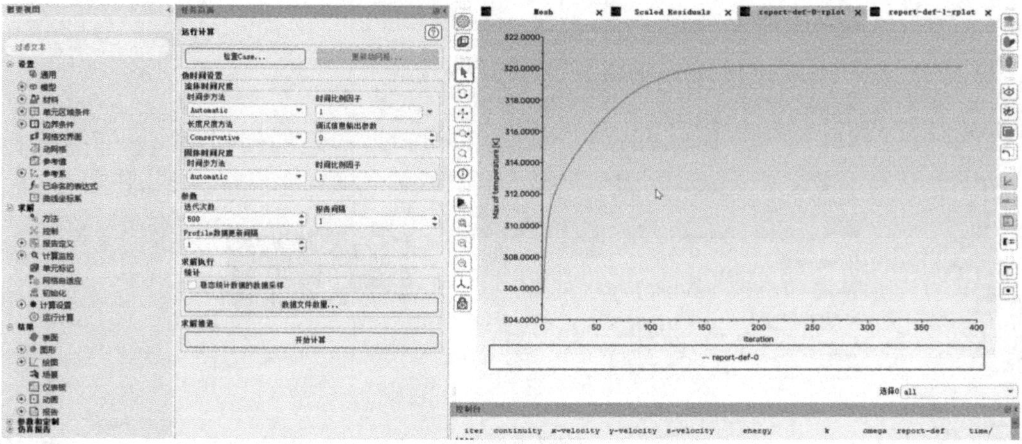

图 5-29　电池热管理运算过程的温度监控

是否已收敛，并可以采用各种技术手段提升求解速度，使仿真高效完成。

在求解计算完成后，可以进行后处理来全面观察和分析结果。后处理的重要手段之一是提取不同切面的轮廓图。例如可以剖切几何中心垂直平面，提取电池和冷却液温度云图，直观显示温度分布状况。通过在不同切面提取温度云图并进行对比，可以清楚地找到温度梯度最大的关键区域。图 5-30 所示为电池热管理后处理温度分布显示。

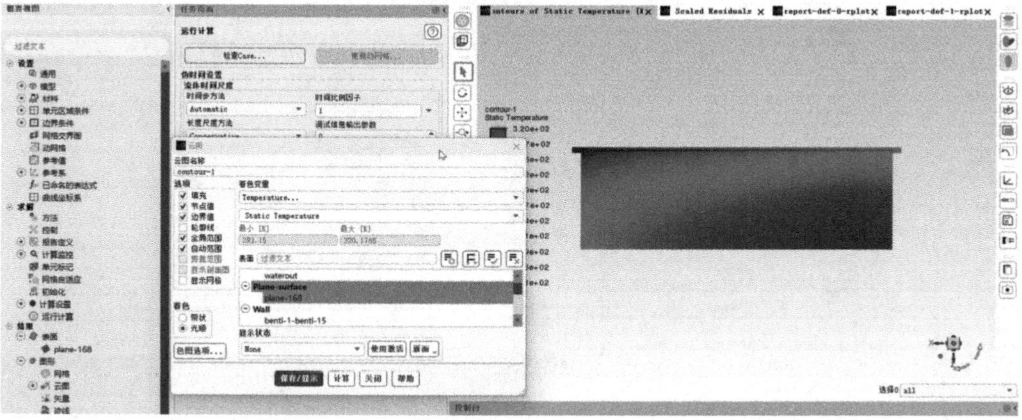

图 5-30　电池热管理后处理温度分布显示

此外，也可以提取流场的速度矢量图。速度矢量图中的箭头表示速度方向，颜色表示速度大小，可以清楚地观察流场分布。既可以剖切也可以提取整体速度矢量图。还可以采用流线图形式，更清晰地展示流场轨迹。图 5-31 所示为电池热管理后处理流场速度显示。

对于判断冷却效果，可以利用报告表进行量化统计。例如：对出口平面进行面积平均，计算流出液体的平均温度；对液体体积进行整域平均，统计其平均温升情况，并与不同方案进行对比。

综上所述，后处理阶段通过各种可视化手段直观展示结果，采用不同统计方式进行量化分析，并辅以迭代历时曲线输出，进行全面的计算结果分析，是数值仿真的重要环节。

在完成上述仿真计算后，根据结果对模型进行优化，以改善散热效果。如果发现电池温

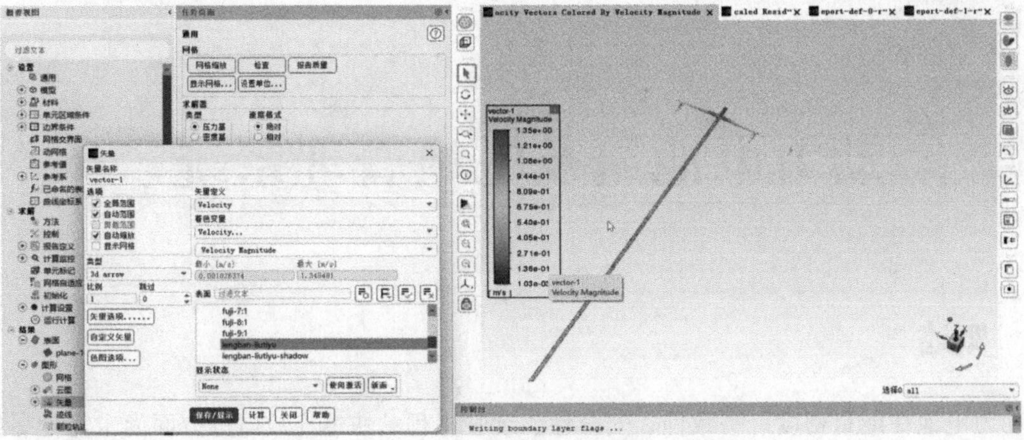

图 5-31　电池热管理后处理流场速度显示

度过高，则可以增加冷却液的流道数量，提供更多的热交换面积；或者通过调整流道内部结构，增加流体流经电池表面的湍流，进一步增强对流热传递。如果发现液体流速过低，导致输出温度过高，则可以考虑增加液体入口速度，或改变流道内部结构，减小流体流动阻力；也可以通过改变流道的形状，减少绕流死水区，优化流场分布。

此外，仿真结果还可能提示边界条件设置不当，导致计算偏差过大。这时可以调整边界条件，如修改表面换热系数，调整电池功率负荷对应的发热量分布。

进行模型优化后，需要再次从网格划分开始，重复整个仿真流程，以获得新的结果。通常需要进行多次迭代计算，比较不同方案的散热性能，如平均出口温度、最大表面温度等指标，从中确定出最佳的几何结构、流场分布、边界条件组合，使其在满足设计限制的前提下，实现最佳散热效果。

优化是一个迭代寻找最优解的过程。只有重复仿真计算、改进模型、对比结果，才能在理论上获取最佳工作方案。与实际测试相结合，仿真可以大幅缩减产品试验调试的周期，是产品设计不可或缺的重要环节。

习　　题

1. 简述有限元分析方法的一般思路。
2. CAE 仿真技术具有哪些明显的优势？
3. 简述 CAE 在电池设计中应用的基本流程。
4. LS-DYNA 具有哪些功能？
5. 对于高速动态碰撞过程，LS-DYNA 可以通过什么进行处理？
6. 采用 COMSOL 软件进行电池电化学仿真分析的基本流程分为哪几个部分？
7. COMSOL 多物理场模块进行耦合求解时，其主要耦合的物理场有哪些？
8. 精准的三维 CAD 建模和合理的网格划分对 Fluent 热管理仿真有哪些直接影响？
9. 简述热仿真的基本流程。
10. 在 COMSOL 软件中构建一个二维圆柱形电池，从材料库中选择三元锂为正极，进行一次电化学仿真。

第6章

动力电池组及电池管理系统

6.1 概述

动力电池在能量密度、一致性、安全性、续驶里程、快速充放电等方面尚未完全尽如人意，应改变“让电池适应汽车”的传统思维，采取“让汽车适应电池”的新思路。

在技术创新层面，走“三化”技术路线，即车身轻量化、驱动高效化和电池高能化。通过车身轻量化降低电动汽车行驶过程中的能源消耗，从而减少对能源的需求；通过驱动高效化提高能源的传递与转化效率，将电池储存的宝贵能量尽可能多地传递到轮胎上做有用功；通过电池高能化提高电池的储能总量，并提高制动能量回收比例。这就需要在动力电池组技术上创新，在电池组管理上创新。其中驱动高效化和电池高能化都要在很大程度上依靠电池管理系统（battery management system，BMS）。因此，电池管理系统对于电动汽车而言具有重要的意义，它能够在单体电池性能一定的前提下，尽可能提高电源的利用率及可靠性，实现储能高能化。

本章所涉及的动力电池管理技术，以及动力电池、电辅助系统等问题，从属于电动汽车的动力电池系统，融合了电子、自动控制以及通信网络等相关技术，重点解决动力电池的监测、安全保护以及优化管理问题。

6.2 电池组

目前电动汽车主要分为纯电动汽车（electrical vehicles，EV）、增程式电动汽车（re-hance-extended electrical vehicles，REEV）、插电式电动汽车（plug hybrid electrical vehicles，PHEV）和轻混电动汽车（hybrid electrical vehicles，HEV），每种车型都会配置不同规格、不同能量的电池组（电池包）。

汽车用电池组（电池包），往往由数个电池模块组成，每个模块由多只单体电池以串并电路组合在一起，单体电池可以是圆柱形、方形或者软包的电池。单体容量可大可小。

电池包能量一般有45kW·h、70kW·h和120kW·h等规格，电池包输出端电压一般有低压48V、高压288V、336V、384V以及544V等。

传统电动汽车用动力电池组（电池包）主要由外壳（CTP无外壳）、电池模块、BMS和信号传感器电路、内部电路及对外电接口（电连接器）、加热及冷却装置、均衡模块等组成，部分电池组内有消防灭火装置。

6.2.1　电池组结构

不同车型的电池包的能量可能不同，整车厂对电池包能量的需求根据续驶里程来确定。不同厂家的电池包，基本实现了标准化、系列化、高能量化、高安全性。

随着技术进步，续驶里程在不断提升。某一车型配置的电池包，2015 年一次充电可续驶 200 ~ 300km；2020 年同样车型同样外形电池包，一次充电可实现续驶 400 ~ 500km。各个厂商仍在继续提升电池包单位体积的比能量，未来有望向一次充电续驶 700 ~ 900km 的目标迈进。

所有技术整合和续驶里程提升，主要是基于单体电池结构的改进和比能量的提升。在技术不断推陈出新的时代，比亚迪开发了刀片电池（磷酸铁锂），宁德时代开发了麒麟电池（镍锰钴 NCM），特斯拉试制了大容量 4680 型电池（镍锰铝 NCA），这些电池的开发推动了动力电池技术发展。

在与整车结合方式上，也有不同结构。早期是独立电池包，再将电池包安装到车桥上。为进一步提升乘用车续驶里程，充分利用车桥与车体之间的有效安装空间，现在实现了电池模块与车桥整合一体化或者单体电池与车桥整合一体化结构，如 CTB 结构、CTP 结构和 CTC 结构。

1. CTB 结构

比亚迪刀片电池于 2020 年 3 月 29 日公开发布，刀片电池性能和结构对于电动汽车电池而言具有开创性意义。典型刀片电池的长度、宽度、厚度尺寸分别为 960mm、90mm、13.5mm。因其又长又薄的外形而得名刀片电池。传统方形电池的长度、宽度、厚度尺寸分别为 148mm、97mm、79mm。刀片电池采用叠片工艺，将极片模切后按照负极、隔膜、正极、隔膜、负极的顺序设定层数叠成极组，并通过热压将极片与隔膜固定，最后经封装、注液、化成等工序做成单体电池。

刀片电池组结构是将一组电池平铺在底板上，电池两端正极和负极分别连接到两侧端板上，由两端边框提供支撑力。封装边框可以再次为电池提供支撑力，起到双重保护作用。模组上盖板上设置有液冷板。电池模组上盖板和底板与电池之间使用结构胶粘贴成了类似蜂窝铝板的结构，使每一个电池充当结构梁。

刀片电池组的液冷板布置在电池上方，同时在电池与电池之间设计了导热层，这种方案的热交换面积比传统方形电池大很多，能够有效地将电池的热量传递给液冷板，再加上刀片电池本来散热性能就好，所以刀片电池的热管理设计优异，能将电池内最大温差控制在 1℃内（行业标准 5℃）。刀片电池组在模块设计上减少了很多结构件，但有横梁、上下箱体与电池紧密连接，直接与车桥整合在一起，即电池模组与车身一体化结构——CTB（cell to body）结构，也称为电池底盘一体化结构。这种结构使电池组的体积能量密度有明显的提升。

体积集成效率按 45% 计算，刀片电池组整车体积能量密度约为 240W · h/L，提升了 50%，与传统组合方式的三元锂离子电池组体积能量密度持平。质量集成效率按 80% 计算，质量能量密度约为 150W · h/kg，略低于传统三元锂离子电池组。

刀片电池由于电池又薄又长，针刺测试后无明火、无烟，表面温度为 30 ~ 60℃，表现出优异的安全性能。刀片电池组在充放电循环 3000 次以上，总行驶里程可以达到 120 万 km。图 6-1 所示为刀片电池单体、组合、循环数据图组。

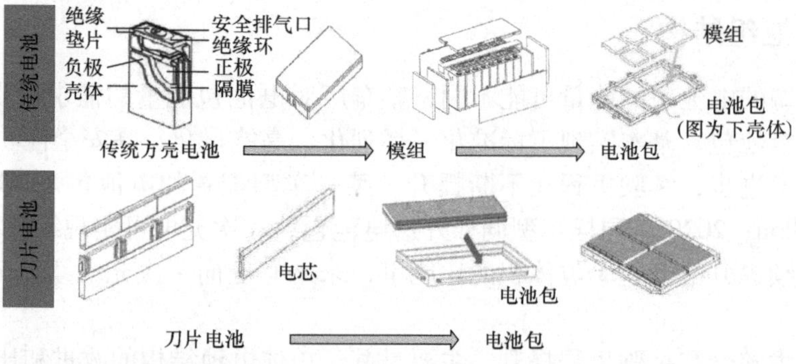

a) 传统电池与刀片电池对比

b) 刀片电池

c) 刀片电池在电池组中排列方式示意

d) CTB结构电池组部件组合示意

e) CTB结构电池组外观

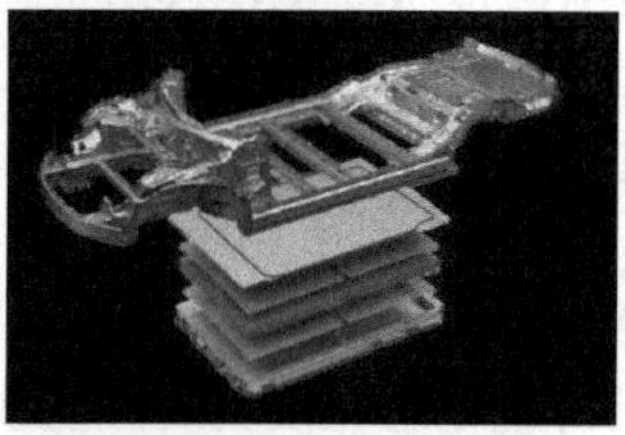

f) CTB结构电池组与车桥安装空间匹配示意

g) 已安装CTB电池组的车桥

图 6-1　刀片电池单体、组合、循环数据图组

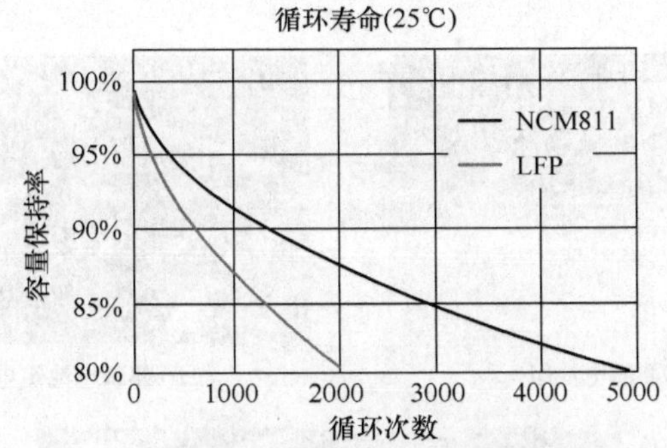

h) 磷酸铁锂电池与三元电池循环次数对比

图 6-1　刀片电池单体、组合、循环数据图组（续）

2. CTP 结构

宁德时代的麒麟电池组，在单体层面，并没有做太大或太多的设计改变，一如传统的方形 NCM 锂离子电池。宁德时代单体电池采用高镍三元材料正极（NCM811 或 NCM523 等），质量能量密度较磷酸铁锂电池有较大提升，可以达到 255W · h/kg，普通三元材料正极（NMC523）的锂离子电池质量能量密度为 150 ~ 180W · h/kg。

宁德时代在电池组结构上做了创新，通过单体设计和集成形式的优化，取消了电池模块结构，直接从大单体到电池包，实现了无模组的 CTP（cell to pack）结构。2019 年推出的第一代 CTP1. 0，电池包体积利用率达到 50%。到目前，已推出缺省了支撑并保证刚度的模组结构梁 CTP3. 0，电池包体积利用率提高到 72%。能量密度越高，意味着同样容积的电池组中，可以容纳更多的单体电池，从而提高电池组的可用容量。图 6-2 所示为麒麟电池单体、组合结构和外形组图。

a) 麒麟电池

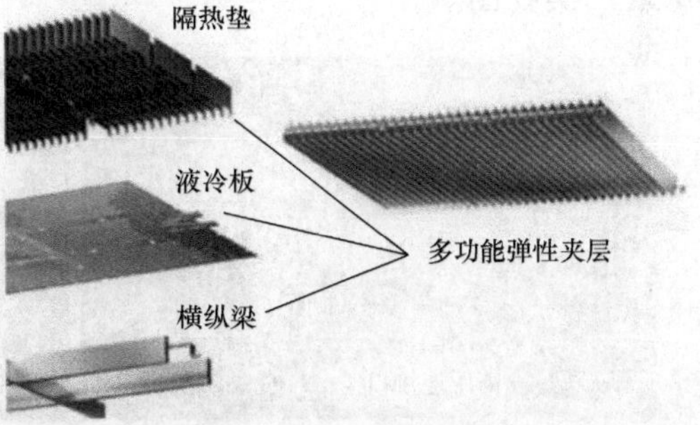

b) 麒麟电池组上盖板部件组合

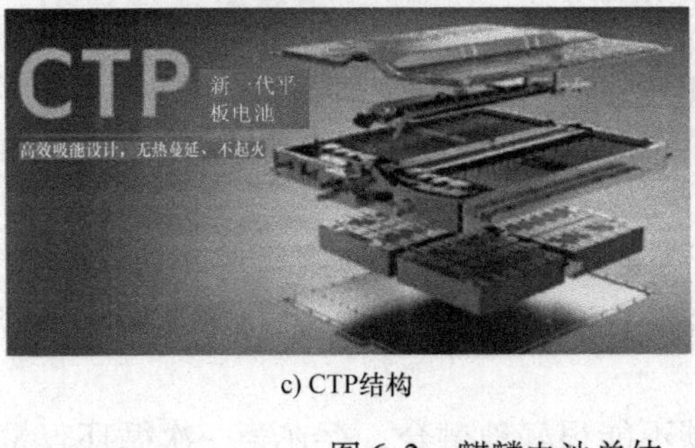

c) CTP结构

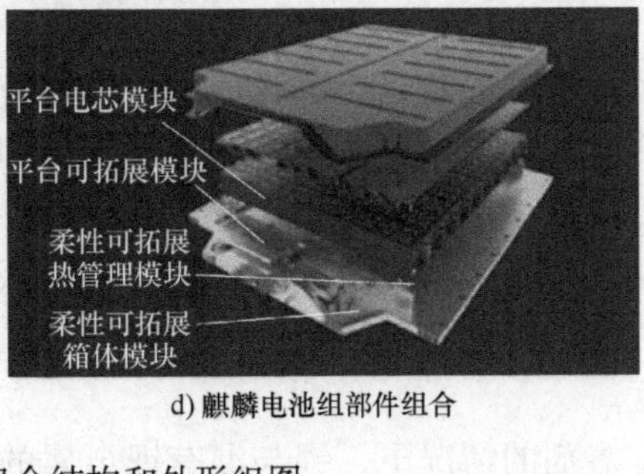

d) 麒麟电池组部件组合

图 6-2　麒麟电池单体、组合结构和外形组图

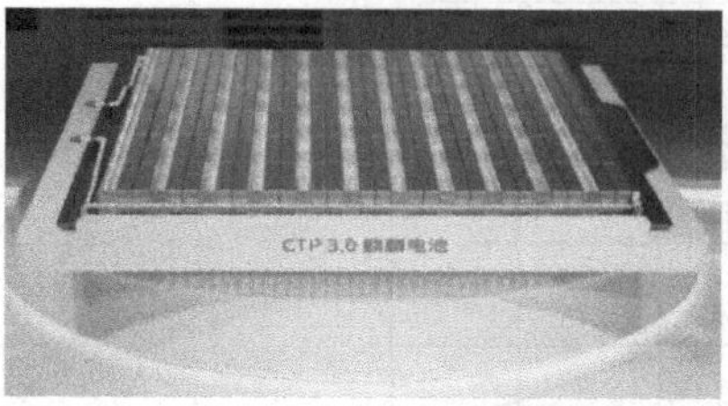

e) CTP3.0麒麟电池组

f) 麒麟电池组电路连接

g) 麒麟电池外观图

图 6-2　麒麟电池单体、组合结构和外形组图（续）

3. CTC 结构

特斯拉电动汽车电池组（电池包）早期使用松下 18650 型锂离子电池，电池组规格不同，能量大小也有所不同。以特斯拉 Model S 为例，其电池包由 16 个电池模块串联组成，每个电池模块由 444 只单体串并联组成，共计 7104 只 18650 型单体电池。早期的电池组没有主动或被动的制冷、加热措施，一般用发泡剂或有机胶填充电池模块中单体之间的缝隙，在电池包内壁、上盖板、下底板加阻燃及隔热衬层。图 6-3 所示为早期特斯拉 Model S 电池组（18650 型）实物图。

图 6-3　早期特斯拉 Model S 电池组（18650 型）实物图

为了提升续驶里程，降低成本，特斯拉于 2020 年 9 月首次公开发布 4680 电池，2022 年 4 月，特斯拉首批搭载 4680 电池包的 Model Y 车型成功交付。2023 年 9 月，美国得克萨斯州超级工厂已生产 2000 万只 4680 电池。

特斯拉 4680 电池的尺寸为直径 46mm、高度 80mm。电池采用高镍正极、硅碳负极体系，干法电极工艺。单体电池采用大中心孔卷绕电芯，揉压全极耳，兼顾了高能量密度和高功率密度。

在有溶剂的情况下，锂与混有锂金属的碳不能很好地融合，存在第一次循环容量损失问题，干电极技术会大大改善这种问题。干电极能增加正极材料厚度，将其从 55μm 提升至 60μm，从而提高电池能量密度，实现质量能量密度 300W · h/kg。干电极技术有望使大容量圆柱形电池的质量能量密度突破 500W · h/kg。图 6-4 所示为圆柱形 4680 锂离子电池与其他型号电池的对比，图 6-5 所示为揉压全极耳卷绕电芯端面，图 6-6 所示为干电极正极材料与黏结剂粘合微观图。干电极是将少量（5%~8%）细粉状 PTFE 黏结剂与正极粉末混合，然后将混合的正极与黏结剂粉末通过挤压机形成薄的电极材料。

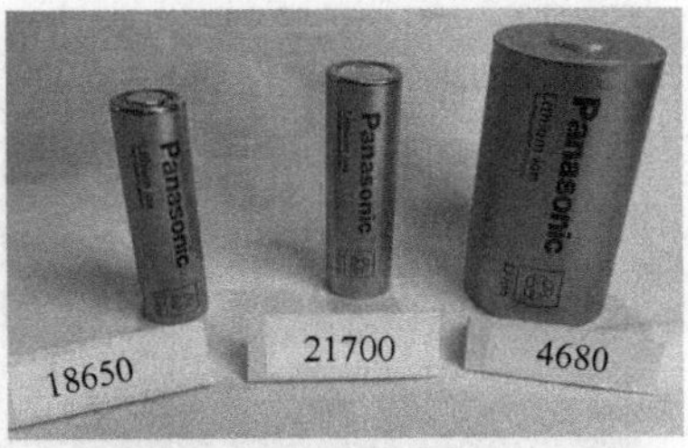

图 6-4　圆柱形 4680 锂离子电池与其他型号电池的对比

图 6-5　揉压全极耳卷绕电芯端面

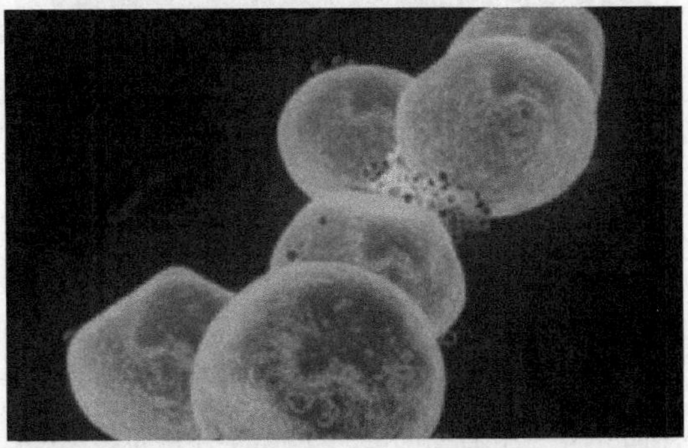

图 6-6　干电极正极材料与黏结剂粘合微观图

对于相同能量电池组（如 Model S），使用4680 单体电池时仅需要 828 只，单体数量减少，导致其他结构件减少。整个电池系统的总重约 438kg，冷却系统与电池共重约 348kg，电池管理器、上下壳体及线缆经过优化共重约 90kg。对比 Model S 的电池布置形式，可以看出 4680 电池组的重量要轻了不少。另外，特斯拉采用了电池车身一体化的 CTC（cell to chassis）结构，可提高电池组的能量密度，其质量能量密度可达 215W · h/kg。使用 4680 型电池组比使用 21700 型电池组可节省 5% 的占用面积。图 6-7 所示为 4680 型电池组与 21700 型电池组对比示意，图 6-8 所示为 4680 型单体组合结构方式，图 6-9 所示为 4680 型单体电池组合的电池组实物外观，图 6-10 所示为节省空间的 4680 型单体排布示意，图 6-11 所示为 CTC 结构 4680 型单体电池排布，图 6-12 所示为特斯拉 4680 型单体电池组成电池组的部件组合示意。

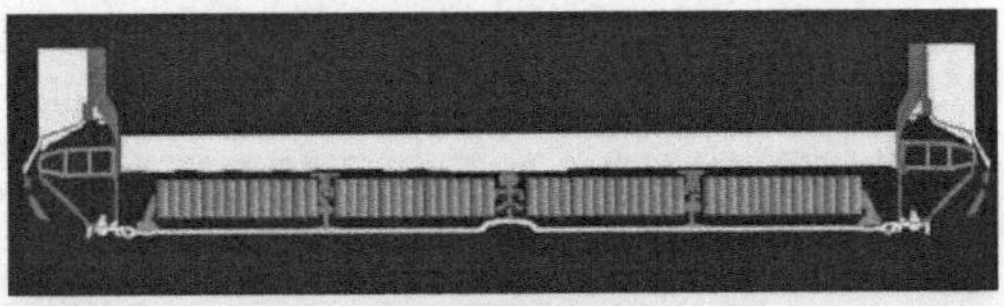

a) 4680型电池组

b) 21700型电池组

图 6-7　4680 型电池组与 21700 型电池组对比示意

图 6-8　4680 型单体组合结构方式

图 6-9　4680 型单体电池组合的电池组实物外观

图 6-10　节省空间的 4680 型单体排布示意

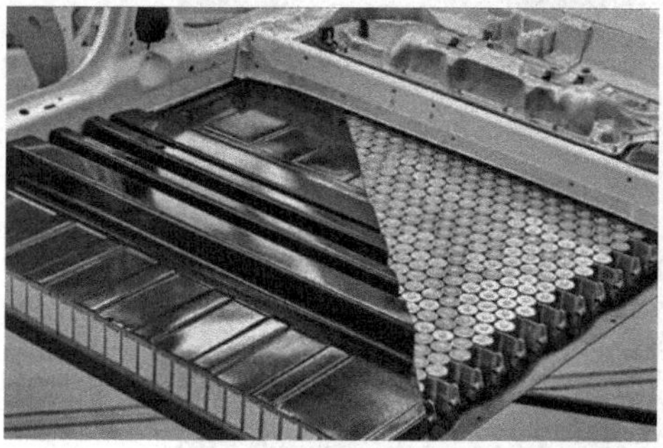

图 6-11　CTC 结构 4680 型单体电池排布

6.2.2　箱体

电池包箱体就是电池组的外壳体。早期电池包箱体多为金属材质（如铁、铝），后来为了减重并兼顾机械强度，多采用工程复合塑料热压注塑，一次成型。它是由电池模块及相关电子部件、内部线路的容器及支架，与内部能量部件、电子部件构成的一个完整的、独立的且相对密闭的物体。电池包不同形状的箱体如图 6-13 所示。

图 6-12　特斯拉 4680 型单体电池组成电池组的部件组合示意

在箱体设计上，常用仿真手段来实现箱体的材料优选，实现兼顾箱体轻质与高机械强度的优化，实现内部有效容积最大化和结构的兼容，实现合理的热散失与保温的平衡。

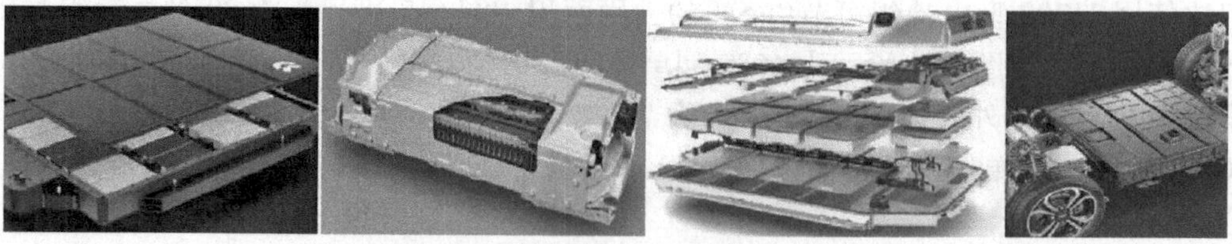

图 6-13　电池包不同形状的箱体

电池包应符合 GB 38031—2020《电动汽车用动力蓄电池安全要求》中相关条款的要求。例如封装后电池包要能散热，能防水气和尘土进入，材料应阻燃，不易泄漏、耐机械冲击等。壳体大部分采用加强肋（横梁结构）设计，金属构件、注塑壳体多采用下箱体、上盖子形式。

6.2.3　电池组标准化接口

电动汽车电池组使用过程中，大部分需要用电网补充充电（轻混车型或增程式车型电池组除外）。电池组充电的电连接接口与充电枪（充电插头）及充电桩要适配，且应符合相关标准。目前已有中国标准、美国标准和欧盟标准。下面简要介绍我国的相关标准。

新能源汽车充电桩相关标准分为国家标准、国家能源局标准和国家电网标准三种。

1. 国家标准

1）GB/T 18487. 1—2023《电动汽车传导充电系统　第 1 部分：通用要求》。

2）GB/T 20234. 1—2023《电动汽车传导充电用连接装置　第 1 部分：通用要求》。

3）GB/T 20234. 3—2023《电动汽车传导充电用连接装置　第 3 部分：直流充电接口》。

4）GB/T 27930—2023《非车载传导式充电机与电动汽车之间的数字通信协议》。

2. 国家能源局标准（行业标准）

1）NB/T 33008. 1—2018《电动汽车充电设备检验试验规范　第 1 部分：非车载充电机》。

2）NB/T 33008. 2—2018《电动汽车充电设备检验试验规范　第 2 部分：交流充电桩》。

主要规定了交/直流充电桩的充电功能、通信方式、安全防护、电磁兼容等检测方法与检测要求，是目前市面上投入运营的充电桩必须过检的权威标准。

3. 国家电网标准（企业标准）

1）Q/GDW 10591—2018《电动汽车非车载充电机检验技术规范》。

2）Q/GDW 10592—2018《电动汽车交流充电桩检验技术规范》。

这两个标准的内容与行业标准较相似，但测试要求更严格，尤其在直流桩 CAN 通信兼容性上增加了物理层与链路层测试项目，保证国网充电桩的 CAN 通信的鲁棒性，是国家电网充电桩招标时的验收标准。

图 6-14 所示为充电枪、车用充电接口及充电桩。

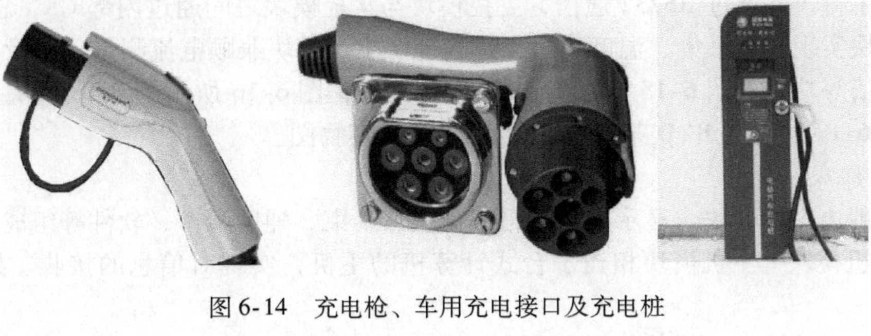

图 6-14　充电枪、车用充电接口及充电桩

6.2.4 电池管理系统（BMS）

BMS 是电动汽车不可或缺的重要部件，是管理和监控动力电池的中枢，现在已被整合在车机系统中。它作为电池组、整车系统和电机之间的关键桥梁，不仅是动力电池组的核心技术，更是评价纯电动整车性能的重要标杆。

1. BMS 定义

电池管理系统是一种能够对电池组进行监控和管理的电子装置，通过对电压、电流、温度以及 SOC 等参数采集、计算，进而控制电池组的充放电过程，实现对电池组的保护、提升电池组的综合性能。

电池组管理依据涉及范围可以分为广义和狭义两个方面。广义电池组管理是指对电池组充电、负载放电的管理，以提高电池组性能为目的，协调充电和放电，在适当情况下可以调整充放电速度。相当于一个系统的电源管理和能源管理部分。比较典型的应用是，混合动力车的电池组管理。由于混合动力车的能源供给不仅仅是电池组，还有其他能源，因此可以根据电池组的实际情况安排电池组的充放电速度，以及能量供给比例。狭义电池组管理是指对电池组各项状态及参数的管理，并提供必要的数据通信功能。它不涉及充电管理和放电管理。

电池组充电受充电器的供电能力和充电电压等限制，属于管理电池组功能的外延，不受电池管理系统操控；电池组放电主要受负载大小影响，负载大小的调整一般在更高级别的管理层完成，而不是由电池管理系统根据电池组自身情况来调整。

电池管理只监测电池状态，以及电池组中各个单体状态，并根据其状态对电池组及其内部部件做适当控制调整等。电池管理并不对电池组外的其他部件做控制，仅提供通信的数据状态告知功能。但是电池管理可接收上层主控模块的控制信息并做必要的控制响应。

目前一般意义上的 BMS 是指狭义的电池管理概念。充电管理由充电器实现。低端产品一般通过电池端来实现，充电器通过电池组电压来判定采用哪种充电方式，如恒流充电、恒压充电、涓流充电、浮充电等。一般根据充电协议由电池管理系统通过 CAN 线对充电机做出指令。放电管理和负载管理由电池管理的上层主控模块根据电池管理提供的信息做必要的调整。

2. BMS 电路架构

BMS 电路采用主从（master-slave）结构，包含一个主控模块和多个从控模块，每个从控模块最多管理 60 只单体电池。主控模块与充电机、车辆控制器通过外部 CAN 总线通信，主控模块与手持设备通过 RS232 通信，主控模块与从控模块之间通过内部 CAN 总线级联。

从控模块实现电压采集、温度采集、热管理，主控模块兼顾电流测量、绝缘检测以及与其他设备通信等功能。图 6-15 所示为 BMS 主从架构，图 6-16 所示为 BMS 模块基本框架功能详解，图 6-17 所示为 BYD 某型车电池组的 BMS 实物图。

3. BMS 组成

BMS 一般由主机模块、显示模块、采集模块、线束、辅助配件、软件等组成。

（1）主机模块　主机模块相当于台式计算机的主机，实现对信息的接收、处理、储存和发送。

（2）显示模块　显示模块把电池组相关数据呈现给驾乘或维护维修人员，主要包括电

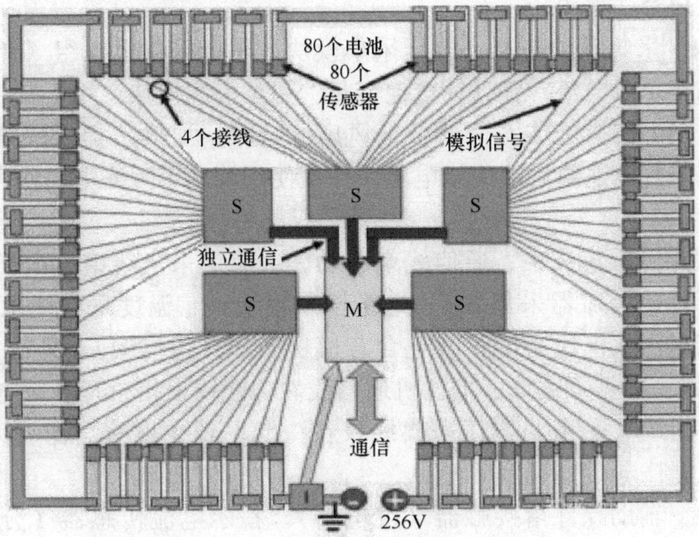

图 6-15 BMS 主从架构

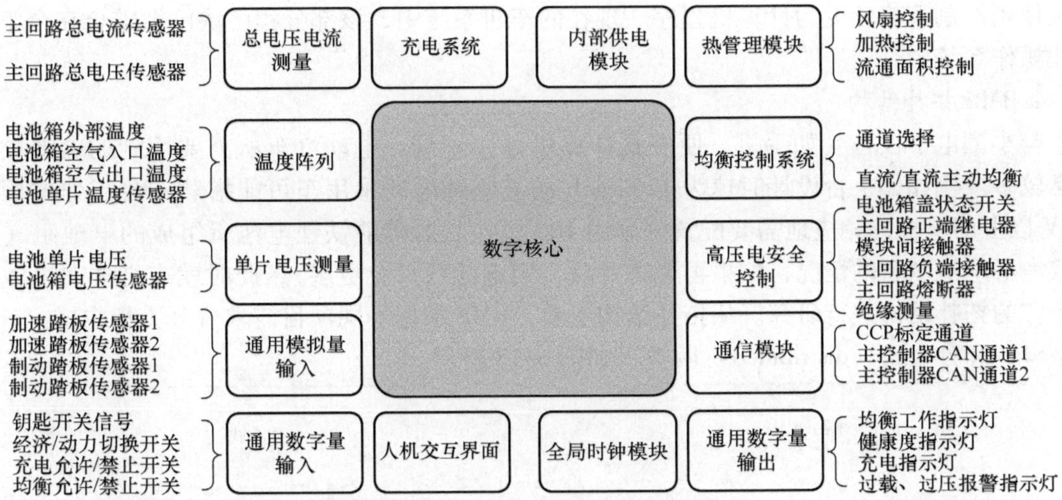

图 6-16 BMS 模块基本框架功能详解

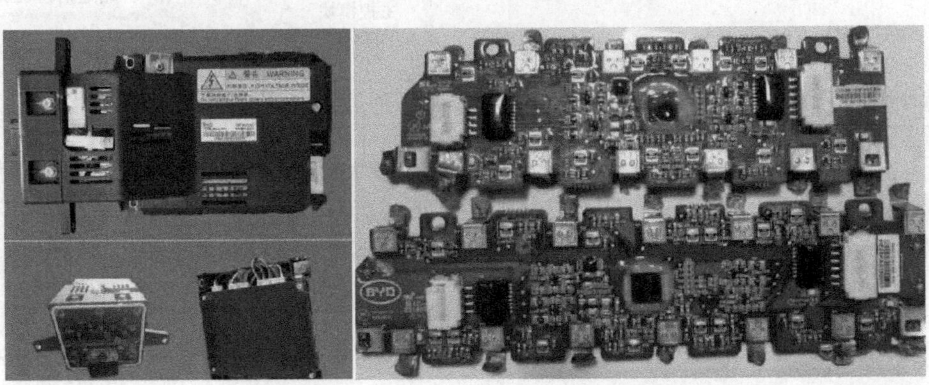

图 6-17 BYD 某型车电池组的 BMS 实物图

池组实时容量、电压及功率等。

（3）采集模块　采集模块包括：电压采集模块，用于采集电池组（单体）电压；电流采集模块，用于采集总线电流，并计算电池容量；温度采集模块，用于实时监测电池组温度及环境温度，为启动温控措施或安全预警（风扇或液冷、加热）提供决策依据；绝缘采集模块，用于监控整车、电池组对地绝缘电阻，保证使用期内不因漏电而伤害驾乘人员或接触车体人员。

（4）线束　线束分采集线束、通信线束和功能线束。采集线束有电压采集线束、电流采集线束（霍尔器件或分流器采集线）、绝缘性采集线束、温度采集线束（包含温度传感器）等。通信线束指主从模块通信线（包含各模块间转接通信线）、外部 CAN 线、显示屏通信线、485 通信线、数据下载线、上位机通信线。功能线束指管理系统电源线、继电器控制线、风扇线、均衡线（一般与电压采集线绞在一起，现在也有均衡线束是分开设计的，通过外部单充机独立补电）。

（5）辅助配件　辅助配件指接触器（继电器）、霍尔电流传感器（分流器）、DC 电源（适配电池组、DC/DC）、风扇、加热带、温感探头和各类开关。

（6）软件　软件是在硬件模块上执行的逻辑算法。该算法可以把电池组的故障识别、安全使用控制策略转变为计算机程序。现在的车机系统中，该部分程序块已被整合在全车智能化操作系统中。

4. BMS 拓扑结构

与小型电子设备（如手机、便携式计算机等）不同，电动汽车所需要用到的电池数量通常较多。例如，一台设计时速为 120km/h 的五座纯电动乘用车可能搭载一台工作电压为 300V 以上的电机，相应地需要配置一个由 100 只左右的磷酸铁锂电池所组成的电池组（这里仅考虑电池串联的情况，如果再考虑并联，则电池数量会更多），此时就有必要对电池管理系统的拓扑结构进行研究。从拓扑结构上看，BMS 根据不同项目需求可分为集中式（centralized）和分布式（distributed）两类，如图 6-18 所示。

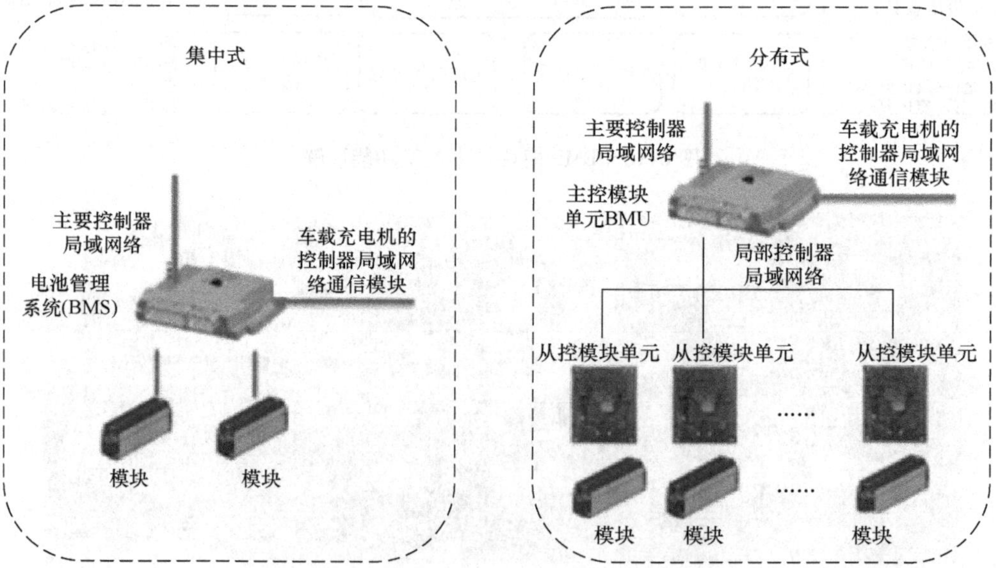

图 6-18　BMS 拓扑结构

（1）集中式BMS结构　集中式BMS结构具有成本低、结构紧凑、可靠性高的优点，一般常见于容量低、总压低、电池系统体积小的应用场景中，如电动工具、机器人（搬运机器人、助力机器人）、IoT智能家居（扫地机器人、电动吸尘器）、电动叉车、电动低速车（电动自行车、电动摩托、电动观光车、电动巡逻车、电动高尔夫球车等）、轻混合动力汽车。

集中式BMS结构的硬件可分为高压区域和低压区域。高压区域负责采集单体电池电压和系统总压，并监测绝缘电阻。低压区域包括供电电路、CPU电路、CAN通信电路、控制电路等。随着乘用车动力电池系统不断向高容量、高总压、大体积的方向发展，在插电式混动、纯电动车型上主要还是采用分布式架构的BMS。

（2）分布式BMS结构　分布式BMS结构能较好地实现模块级（module）和系统级（pack）的分级管理。由从控模块单元CSC负责对module中的单体进行电压检测、温度检测、均衡管理（有的会独立出CSU模块单元）以及相应的诊断工作；由高压管理单元（HVU）负责对pack的电池总压、母线总压、绝缘电阻等状态进行监测（母线电流可由霍尔传感器或分流器进行采集），然后CSC和HVU将分析后的数据发送至主控模块单元电池管理单元（battery management unit，BMU），由BMU进行电池系统电池状态估计（battery state estimate，BSE）、电系统状态检测、接触器管理、热管理、运行管理、充电管理、诊断管理，以及执行对内外通信网络的管理。

目前主流的量产电动车型普遍采用了分布式BMS结构，如BMW i3/i8/X1、Tesla Model S/X、GM Volt/Bolt、BYD秦/唐、荣威e550/e950/eRX5等。

分布式BMS结构的优势在于，根据不同的电池系统串并联设计进行高效的配置，BMS连接到电池之间的线束距离更短、更均匀、可靠性更高，同时也支持体积更大的电池系统设计（如MW级储能系统）。

5. BMS电路及拓扑关系

在电池管理系统中，硬件电路包括两个功能模块，即电池监测回路（battery monitoring circuit，BMC）和电池组控制单元（battery control unit，BCU）。

电池管理系统拓扑结构主要由两个层面拓扑关系构成，即BMC与各个单体电池之间的拓扑关系、BCU与BMC之间的拓扑关系。

（1）BMC　BMC与单体电池之间的拓扑关系可分为“一对一”和“一对多”两种。

1）一对一。即一个BMC对应一只单体电池。在实际工作中，可以为每只单体电池配置一块单独的监控电路板，对电池的电压、电流、温度等物理量进行监测，如图6-19所示。

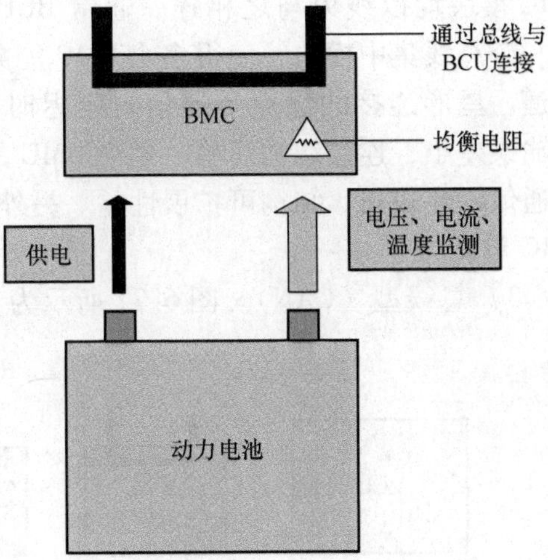

图6-19　一对一结构

图6-19中，BMC电路板负责对电池的电压、电流、温度等信息进行监测。根据需要，可以在BMC中加入通信及均衡控制功能，以便向BCU报告有关信息，并通过旁路电阻的方式对所管辖的单体电池实施能量耗散型的均衡管理。

有时可以把这样的BMC电路板封装到动力电池单体内部构成“智能电池”，即单体电池本身具备一定的自治功能。这种“一对一”拓扑结构的好处在于BMC与单体电池的距离较短，在一定程度上能缩短采集线路的长度，并减小复杂度，采集精度高，抗干扰性好。然而，其缺点为电路板的相对成本较高，同时由于电池管理系统的工作电源往往由被监控的动力电池所提供，因此，可能使得整个电池管理系统的能耗相对更大。

2）一对多。即一个BMC管理多只动力电池。一块电路板由多只动力电池所共享。电池组BMC配置数量减少，因此“一对多”电路成本较低。但该电路复杂，采集线路较长，抗干扰性相对较差。较长采集线会降低电压采集精度。一对多结构如图6-20所示。

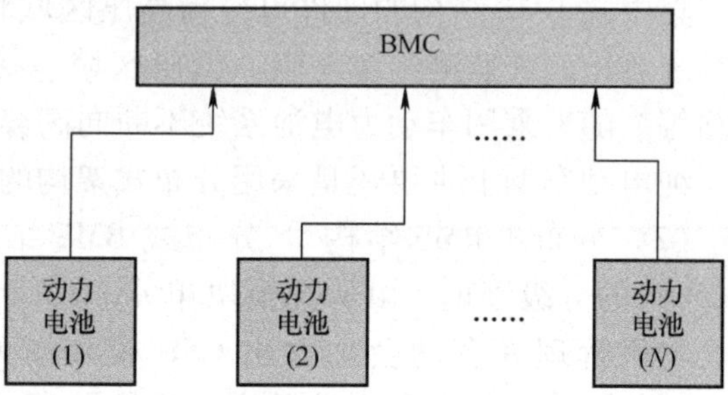

图6-20　一对多结构

（2）BCU与BMC的关系　BCU与BMC的拓扑结构关系可以分为以下三种。

1）共板。在某些电动汽车的应用案例中，由于动力电池的只数较少，电池管理系统的规模相对较小，BCU与BMC可以设计在同一块电路板上，对车上的所有动力电池进行统一管理。在某种特殊的情况下，BCU和BMC的功能甚至可以合并到同一块集成电路芯片中完成。采用这种拓扑结构的电池管理系统成本相对较低，但不适用于电池数量较多、规模较大的电动汽车应用场合。

2）星形。相对于“共板”结构，其他的拓扑关系归为BMC与BCU分离的独立结构，因此需要解决BMC与BCU之间的相互通信，一般采用特定通信协议。通信总线物理连接可以采用不同的拓扑结构组合。BCU与BMC星形连接如图6-21所示。

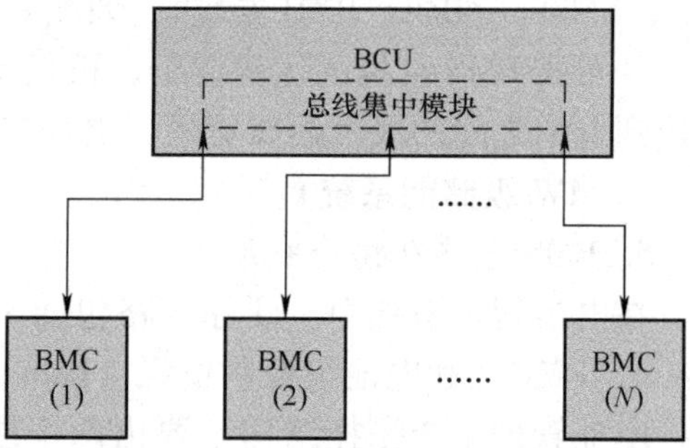

图6-21　BCU与BMC星形连接

星形连接即BCU位于中央位置，每一个BMC模块均以线束与之相连。通常BCU中还带有一个总线集中模块，使得多个BMC能共享通信信道。星形连接的优点是通信时延迟时间较短，传输误差小，连接结构简单，某个BMC的退出或者故障不会对其他BMC的通信造成影响。但通信线路较长，结构可扩展性差。另外，受总线集中模块端口数量的限制，不能随意增加BMC单元。

3）总线型（CAN）。图6-22所示为BCU与BMC总线型（CAN）连接。

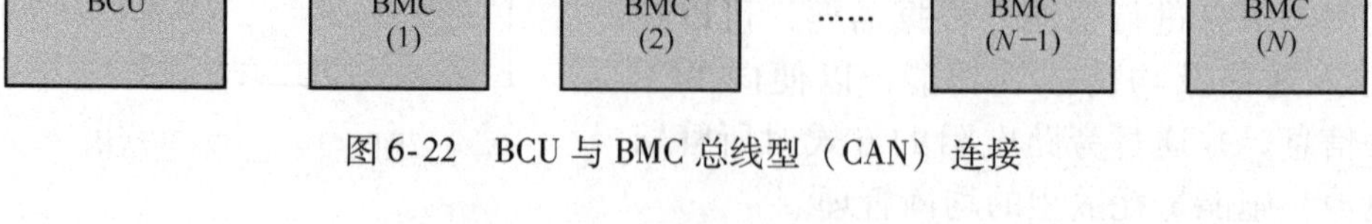

图6-22　BCU与BMC总线型（CAN）连接

CAN 连接，每块电路板都是通信总线的一部分。与星形连接相比，用于通信信道线材的开销相对较少，连接方式灵活，可扩展性强，可根据需要增加电池及 BMC 数量。若某一个 BMC 退出整个系统，则可把相邻通信线路稍做延长。

总线型连接的通信线路存在相互依赖性，当第 N 个 BMC 与 BCU 通信时，要利用第 $N-1$ 个 BMC；若某一个 BMC 出现故障，则会影响其后的 BMC 与 BCU 之间通信。

采用星形或者总线型物理连接，都存在“介质访问竞争”，因此 BCU 与 BMC 之间在交互通信时要进行隔离设计。

6. BMS 基本功能

BMS 负责管理、维护、监控电池各个模块，主要是防止电池过充电、过放电，以延长电池使用寿命，保障电池正常运行。它是连接车载电池和电动汽车的重要纽带。

BMS 的主要功能包括对电池组进行物理参数实时监测、电池状态估计、在线诊断与预警、充放电与预充控制均衡管理、热管理等。通过 CAN 总线接口与车载控制器、电机控制器、能量控制系统、车载显示系统等进行实时通信。

不同厂家的 BMS 功能有所不同，不同应用场合的 BMS 也有所不同。但各类 BMS 必须具备基本功能，如电压监测、剩余容量估算、安全保护等。图 6-23 所示为某型电动汽车 BMS 基本功能总览图。

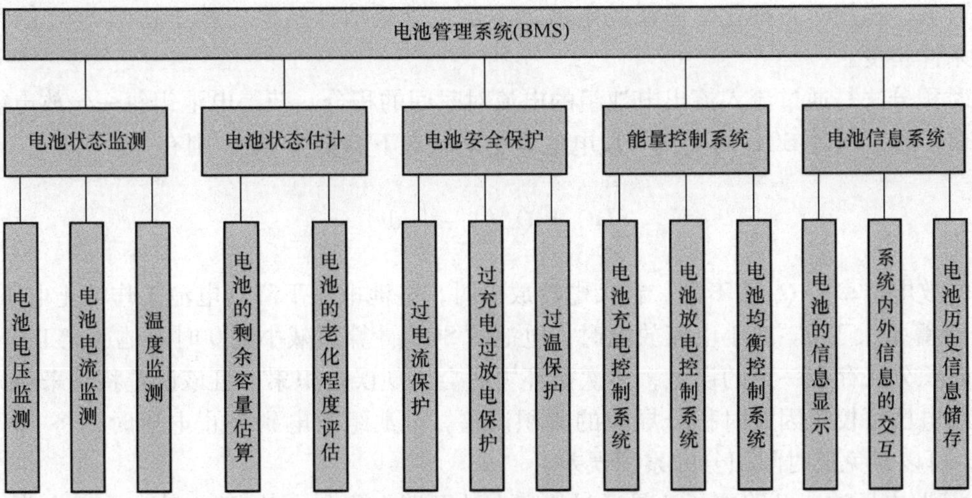

图 6-23　某型电动汽车 BMS 基本功能总览图

（1）电池状态监测　电池状态监测一般是指对电压、电流、温度等物理量的监测。其中，温度监测包括对电池温度、环境温度、电池箱体温度的监测。这些数据用于电池剩余容量估计和安全保护。

（2）电池状态估计（SOC、SOH、SOP）　电池状态估计包括电池剩余容量估计、电池健康状态估计和电池功率状态估计。状态估计就是量化过程。

1）SOC。电池状态（state of charge，SOC）即电池荷电状态，是电池特性的重要参数之一。一般用电池放置一段时间后或者使用一段时间后剩余容量与额定容量比值表示。

传统汽车驾驶人常常留意车上剩余油量以便知道何时需要补充燃料。电动汽车驾驶人需要知道剩余容量以便决定何时补充充电。这就是电池管理系统中剩余容量估算功能存在的价值。

SOC 可用百分比表示，也可换算成等效里程表示，或者用以当前速度匀速行驶还能行驶的剩余时间表示。因为是估算值，会与真实值不同，存在一定的误差。

SOC 估算是 BMS 必不可少的功能，用户通过 SOC 可以预估电池的剩余容量。单体电池的 SOC 估算也非常重要，因为最小单体的 SOC 决定了整个电池组的 SOC，可以通过单体 SOC 判断均衡使能。但 SOC 估算是行业难题，很难有一种算法能够适应所有型号电池以及所有使用条件。选择 BMS 主要考虑 SOC 估算精度。

SOC 估算精度的影响因素较多。电池容量不是定值，温度和电流都会影响电池的容量。例如：充放电电流相对于额定充放电工况，动力电池一般表现为大电流可充放电容量低于额定容量，小电流可充放电容量高于额定容量；不同温度下电池组容量存在着一定变化，温度选择及校正会影响电池性能和可用容量。电池使用过程中存在性能衰减和自放电，这也会影响容量估算精度。电池组建模和容量估算与单体电池有一定的区别。电池组容量是按照总电压来估算和校正的，如果单体电池差异较大，则将导致容量估算产生较多的误差。

SOC 估计方法包括传统方法（安时积分法、开路电压法）、基于电池模型的方法（卡尔曼滤波算法）。各种算法各有优缺点，各个厂家所用算法也不尽相同。

① 安时积分法。安时积分法是从 SOC 定义出发，计算变化的容量来估算 SOC 的方法。它简单可靠，适用于各种化学体系的电池。不足之处是估计结果依赖于初始 SOC 值和电流传感器采样精度。

安时积分法是通过流入流出电池组的电流对时间的积分，获得电池组每一轮放电能够放出的电量，确定电池 SOC 的变化。设电池满充电状态下容量为 Q_m，则有

$$\mathrm{SOC} = Q_m\left(1 - \int_0^t i\mathrm{d}t\right) \tag{6-1}$$

不同放电倍率下 Q_m 值不同。在大电流放电时，电池电压下降到电池工作截止电压以下，但 SOC 计算值大于 0。在小电流放电时，电池的 SOC 计算值减小到 0 时电池还能工作。

安时积分法存在一定的误差，多次循环之后会出现误差积累，且该误差将越来越大。利用电池组电压可校正因安时积分导致的累积误差。电池组放电到终止电压时，将 SOC 计算值置 0，可以避免长时间积分的累积误差。

② 开路电压法。开路电压法是通过构建电池开路电压与电池 SOC 对应的工作曲线，查表获取 SOC 的方法。该计算方法简单准确，但同样依赖于电压采样精度，且 OCV-SOC 曲线斜率较小时不适用，若无法实时获取电池的开路电压（open circuit voltage，OCV），则无法实时计算电池 SOC。

由电池的工作特性可知，电池组的开路电压和电池的剩余容量存在着一定的对应关系。某动力电池组的电压与容量的对应关系如图 6-24 所示。

不同充放电倍率时电池组电压不一致，在电流波动比较大时该方法不适用。不同应用工况下电池组内阻不一样，同样充放电倍率下不同时期的电池组电压不一致，该方法在电池使用寿命的不同阶段估算精度不同，应根据使用时段修正电池内阻，从而提高容量估算精度。

开路电压法对单体电池的估算要优于电池组，当电池组中出现单体不均衡时，电池组容量低但电压很高，所以该方法不适合个体差异大的电池组的容量估算。

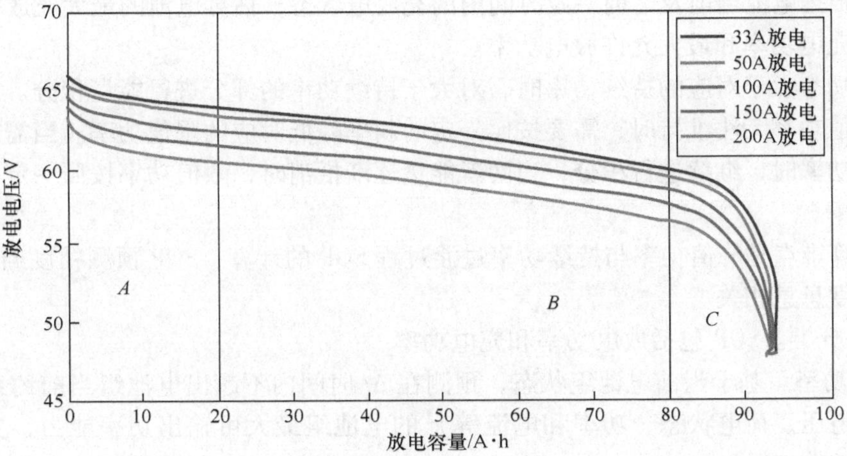

图 6-24　某动力电池组的电压与容量的对应关系（见彩插）

③ 卡尔曼滤波算法。卡尔曼滤波算法是基于假设电化学反应是线性系统这一前提进行间接测量的 SOC 估计方法。系统中的状态向量（电芯 SOC）不能用测量设备直接测量，但观测向量（电芯电压和温度）可以测量。因此，状态向量（电芯 SOC）可根据观测向量进行反向估计。

卡尔曼滤波算法迭代过程分为时间、量测更新两部分。具体算法推导参考国防工业出版社 2013 年出版的《最优状态估计：卡尔曼，$H\infty$ 及非线性滤波》。

电池等效电路模型是基于卡尔曼滤波算法的 SOC 估计模型，它将电池等效电路模型方程与卡尔曼滤波算法的状态空间方程相结合，进行闭环 SOC 算法。与传统方法相比，该方法可以实时修正 SOC 误差，但需要高精度电池模型作为支撑，算法复杂，计算量大，算法实现难度较大。

目前，商业化的 SOC 用得比较多的是“安时积分 + 满充修正 + OCV 修正 + 卡尔曼滤波”混合算法。

2）SOH。电池健康状态（state of health，SOH）即电池老化程度。它反映电池当下健康水平、整体性能。它与电池性能衰减程度和循环次数密切相关。电池健康状态也用百分比来表示。即经过多次循环的电池充电后所能放出的最大容量与电池出厂时最大容量的百分比。电动汽车动力电池相关标准要求，经过 500 次 100% DOD 循环后的 SOH 不低于 80%。

SOH 受动力电池使用过程中的工作温度、放电电流的影响，在使用过程中需要不断估计和更新，以确保驾驶人获得准确信息。SOH 通常使用两点法计算，先根据 OCV-SOC 曲线确定两个准确的 SOC 值，再计算这两个 SOC 之间累积充入或放出的容量，然后计算出电池容量，从而得到 SOH。

3）SOP。电池功率状态（state of power，SOP）为某一状态下电池可能允许的最大输出或输入功率，是表征电池组实时功率能力的参数。SOP 预测用于评估动力电池在不同荷电状态下充、放电功率的极限能力。在电动车辆应用过程中，可优化动力电池组和车辆动力性能之间的匹配，以满足车辆的加速和爬坡等性能要求，并可最大限度地发挥电机再生制动能量回收功能等。在合理使用电池方面，可避免电池出现过充电或过放电现象，并对于延长电池使用寿命具有重要的理论意义和应用价值。

SOP是根据电池当前及之前一段时间内的充放电状态，估算电池的最大充放电能力，包括最大允许充电功率和最大允许放电功率。

当需求功率大于对应的持续功率时，对大于持续功率的部分进行能量积分。当大于一定的阈值，峰值功率无法维持时，需要按照一定的斜率降低对应的限值功率。当需求功率小于对应的恒定功率时，继续进行积分，当两者能量逐渐抵消时，限值功率按照一定斜率开始恢复至峰值功率。

SOP计算难点是峰值功率与持续功率过渡过程SOP的计算。SOP预测精度与SOC估计、动态模型精度息息相关。

① SOP分类。SOP包括放电功率和充电功率。

a. 放电功率。基于当前电池组状态，预测在 Δt 时间内不超出电池组当前约束条件（包括电池单体电压、荷电状态、功率和电流等）的电池组最大可输出功率能力，主要用于极限加速、爬坡等工况。

b. 充电功率。基于当前电池组状态，预测在 Δt 时间内不超出电池组当前约束条件（包括电池单体电压、荷电状态、功率和电流等）的电池组最大吸收功率能力，主要用于快速充电和再生制动工况。

② SOP预测方法。峰值功率常用的预测方法有复合脉冲法、基于电池单体电压法、基于电池SOC法、基于电池动态模型预测算法以及由复合脉冲改进得到的基于电池单体电压法和最新研究的多参数约束的动态峰值功率估计算法。

a. 复合脉冲法。在《PNGV电池测试手册》中，采用复合脉冲法，基于电池单体电压的限制来估算电池峰值功率。电路模型采用反映电池极化特性的内阻模型，内阻是电池SOC的函数。

该方法主要考虑了电池组瞬时功率，不适用于给定时间内的持续峰值功率预测。没有考虑电流约束，会造成估算功率比电池实际功率偏大的结果。

由于充放电脉冲较大，对于内阻较大的电池可能产生过充电、过放电现象，容易导致安全问题，电池组的使用寿命也会受到影响，所以该方法一般在SOC为10%～90%时使用。

假设电池组由 m 个单体组成，其中有 m_s 个模块串联，每个模块由 m_p 个单体并联组成。对于电池组某一单体 n，该方法可表达为

$$v_n(t)=\mathrm{OCV}_{Sn(t)}-Ri_n(t) \tag{6-2}$$

式中，$v_n(t)$ 为单体电池 n 的工作电压（V）；$Sn(t)$ 为单体电池当前状态下SOC值；$\mathrm{OCV}_{Sn(t)}$ 为单体电池当前SOC状态下的开路电压（V）；$i_n(t)$ 为电池的充电或放电电流（A）；R 为充电或放电内阻（Ω）。

b. 基于电池单体电压法。该模型假设电池的充电内阻和放电内阻等于欧姆内阻，通过式（6-3）、式（6-4）预测瞬态电流。与复合脉冲法相比，该方法不再受电压限制，但是如果时间 Δt 较大，电池仍然有过充电或过放电的危险。

$$i_{\max,n}^{\mathrm{dis,volt}}=(\mathrm{OCV}_{Sn(t)}-V_{\min})/R^{\mathrm{dis}} \tag{6-3}$$

$$i_{\min,n}^{\mathrm{chg,volt}}=(\mathrm{OCV}_{Sn(t)}-V_{\max})/R^{\mathrm{chg}} \tag{6-4}$$

对于某一单体 n，其功率 P 为

$$P_{\min}^{\text{chg,volt}} = m_{\text{p}} \sum_{n=1}^{m_{\text{s}}} i_{\min}^{\text{chg}} V_n(t+\Delta t) \tag{6-5}$$

$$P_{\max}^{\text{dis,volt}} = m_{\text{p}} \sum_{n=1}^{m_{\text{s}}} i_{\max}^{\text{dis}} V_n(t+\Delta t) \tag{6-6}$$

式中，$OCV_{Sn(t)}$为单体电池当前SOC状态下的开路电压；$i_{\max,n}^{\text{dis,volt}}$为单体电池$n$在放电时的最大电流；$i_{\min,n}^{\text{chg,volt}}$为单体电池$n$在充电时的最小电流；$R^{\text{dis}}$、$R^{\text{chg}}$为放电、充电电阻；$V_{\max}$、$V_{\min}$为最大、最小电压；$V$为电压；$P_{\max}^{\text{dis,volt}}$为放电时的最大功率；$P_{\min}^{\text{chg,volt}}$为充电时的最小功率；$t$为时间。

c. 基于电池SOC法。该方法基于电池使用过程中最大或最小SOC的限制获得电池峰值充放电电流，进而计算出电池组的峰值功率。电池从当前某一时刻开始，在给定时间Δt内以恒定电流放电（或者充电），则$t+\Delta t$时刻第k个单体电池的SOC可表示为

$$s_k(t+\Delta t) = s_k(t) - i_k(t)\left(\frac{\eta_i \Delta t}{C}\right) \tag{6-7}$$

式中，η_i为电池库仑效率，是放电电流的函数；C为电池的额定容量。

$$i_{\max}^{\text{dis,SOC}} \approx \frac{s(t) - s_{\max}}{\eta_{\text{dis}} \Delta t / C} \tag{6-8}$$

$$i_{\min}^{\text{chg,SOC}} \approx \frac{s(t) - s_{\max}}{\eta_{\text{chg}} \Delta t / C} \tag{6-9}$$

式中，$s(t)$为电池组当前状态下的SOC；η_{chg}为电池的充电效率；η_{dis}为电池的放电效率。

它根据电池SOC和温度，可查表确定最大持续充放电功率和最大瞬时充放电功率。

基于电池SOC法考虑了Δt时间内的持续峰值功率，符合电池实际充放电过程。当SOC允许使用范围较大时，仅用SOC作为约束计算出的峰值电流结果偏大，一般将此方法与复合脉冲法结合使用。实际使用时将电池SOC、温度、P做成工作表格，以查表确定最大持续充放电功率和最大瞬时充放电功率。

（3）电池安全保护　电池安全保护是BMS的最重要功能。电池安全保护包括过电流保护、过充电过放电保护、过温保护。电池安全保护功能的实现要以状态监测、状态估计为前提。

1）过电流保护。过电流保护是指在充、放电过程中，如果工作电流超过了安全值，就应该采取终止充放电过程或者减小电流的保护措施。

动力型的磷酸铁锂电池一般都支持1C倍率持续充放电。例如，100A·h磷酸铁锂电池允许持续使用100A电流对其进行充电或放电。磷酸铁锂动力电池支持短时间（10s以内）过载（不高于3C）的放电，以满足汽车起步、提速时要提供较大电流的要求。

不同厂家、不同型号动力电池所支持的过载电流倍率、过载持续时间是不一致的。某型号动力电池支持不超过1min的3C过载电流，电池管理系统在设置过流保护功能控制阈值时，应参考过载放电特性数值。

2）过充电过放电保护。过充电保护是电池荷电状态为100%时，防止继续充电对电池造成损坏，采取切断充电回路的保护措施；过放电保护是电池荷电状态为0时，防止继续强制放电对电池造成损坏，采取切断电池放电回路的保护措施，这均属于电池组的安全保护

措施。

在电动汽车行驶过程中，不会有过放电情况发生。在容量不足（例如小于5%）时，系统会给驾驶人警告并提示容量不足。这项功能可归入“能量控制管理”范畴。它需要电机控制器、整车控制器等电池管理系统以外的车机部件共同完成。

在实际操作过程中，过充电过放电保护有一种简单的实现方式，即设定充电、放电的截止保护电压，即如果检测到的电池组电压高于或者低于所设定的门限电压值，则及时切断电流回路以保护电池。

为了避免整车电池组有一个电池电压低于放电门限电压被保护而成能量隐性浪费，有必要对电池进行均衡管理。均衡管理功能的相关内容将在后文介绍。

3）过温保护。过温保护是当电池组温度超过规定值时采取的保护性措施。动力电池在高温下工作可能引起难以控制的化学反应（热失控），轻则损伤电池，严重时将会引起火灾或交通事故，造成人员伤亡。

过温保护需要考虑环境温度、电池组温度以及每个单体电池本身温度。温度变化有一个过程，温度控制也具有滞后性，所以过温保护往往要考虑一些“提前量”。

若检测到环境温度或者电池箱体温度过高，接近电池损坏的门限值，则应采取相应的保护措施。或者某个单体电池温度突然快速上升，虽然还没有达到安全门限值，也应采取保护措施。这些措施包括仪表红标闪烁警告和起动主动制冷等。

（4）能量控制管理　能量控制管理常被归入“电池优化管理”的范畴，即它不属于电池管理系统基本的、必备的功能，以往有许多电池管理系统并不参与电池的充电、放电管理，也不具备均衡控制管理的功能。

1）充电控制管理。电池的充电控制管理，是指电池管理系统在电池充电过程中对充电电压、充电电流等参数进行实时的优化控制，优化的目标包括充电时长、充电效率以及充电的饱满程度等。

2）放电控制管理。电池的放电控制管理，是指在电池放电过程中根据电池的状态对放电电流大小进行控制，这一项功能在以往某些系统中常被忽视，在这些简单的系统中，电池包被认为只需要提供电能，不产生安全问题即可。然而，在一个较为先进和完善的系统中，加入了放电控制管理的功能，可以使动力电池组发挥更大的效能。例如，在动力电池组剩余容量小于10%的状态下，如果能适当地限制电池组的最大放电电流，尽管会对汽车的最高速度产生影响，但这有利于延长车辆的续驶里程，更为重要的是，有利于延长动力电池组的寿命。

制动能量回收常常也是能量控制管理的重要内容之一。在某些混合动力汽车中，需要通过充放电控制管理把电池的荷电状态维持在60%～80%，以腾出容量空间容纳回收能量。这个状态下电池组等效内阻较小，可使充放电效率更高。

（5）数据采集

1）电压采集。电池单体电压采集模块是动力电池组管理系统中的重要一环，其性能好坏或精度高低决定了系统对电池状态信息判断的准确程度，并进一步影响了后续的控制策略能否有效实施。常用的单体电压检测方法有以下五种：

① 继电器阵列电路。图6-25所示为继电器阵列电路原理框图，其由端电压传感器、继电器阵列、A-D转换芯片、光电隔离器（简称光耦）、多路模拟开关等组成。如果需要

测量 n 块串联成组电池的端电压，就需要将 $n+1$ 根导线引入电池组中各节点。当测量第 m 块电池的端电压时，单片机发出相应的控制信号，通过多路模拟开关、光耦和继电器驱动电路选通相应的继电器，将第 m 和第 $m+1$ 根导线引入 A-D 转换芯片。通常开关器件的电阻都比较小，配合分压电路之后由于开关器件的电阻所引起的误差几乎可以忽略不计，分压电阻、A-D 转换芯片和电压基准的精度会影响采集电压精度。电阻和芯片误差很小，在被测电池单体电压较高而且对精度要求也高的场合最适合使用继电器阵列电路，整个电路结构简单。

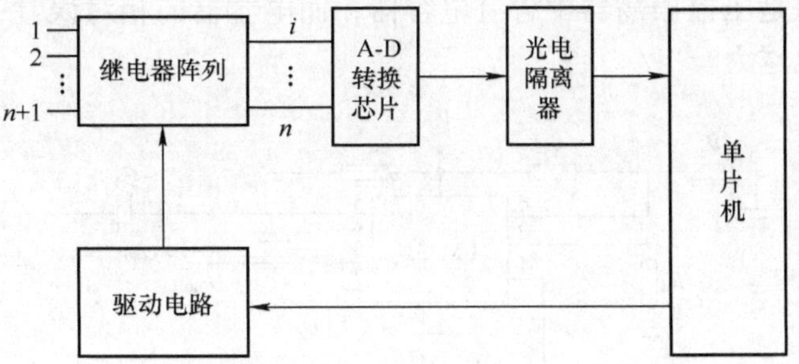

图 6-25 继电器阵列电路原理框图

② 恒流源电路。恒流源电路采集电压不使用转换电阻，将电池端电压转化为与之呈线性变化关系的电流信号，以此提高系统的抗干扰能力。在串联电池组中，由于电池端电压就是电池组相邻两节点间的电压差，故要求恒流源电路具有很好的共模抑制能力，一般在设计过程中多选用集成运算放大器来达到此种目的。出于设计思路和应用场合的不同，恒流源电路会有多种不同形式，图 6-26 所示为由运算放大器和绝缘栅型场效应管组合构成的减法运算恒流源电路。

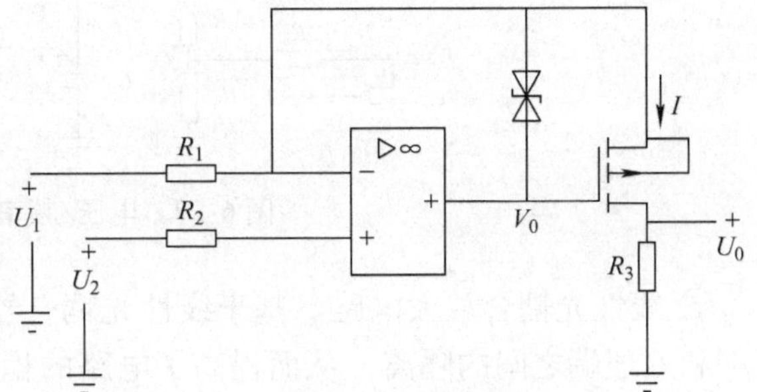

图 6-26 恒流源电路

该电路采用运算放大器，是具有高开环放大倍数并带有深度负反馈的多级直接耦合放大电路。其输入级采用差动放大电路，并集成在同一硅片上，故两者的性能匹配非常好，且中间级具有很高的放大能力。依据差动电路原理，该电路有很强的共模信号抑制能力。用运算放大器对电压进行测量，测量信号被高共模抑制和放大，测量精度会提高。

恒流源电路结构较简单，共模抑制能力强，采集精度高，具有很好的实用性。

③ 隔离运放电路。隔离运算放大器是一种能够对模拟信号进行电气隔离的电子元件，广泛用作工业过程控制中的隔离器和各种电源设备中的隔离介质。一般由输入和输出两部分组成，两者单独供电，并以隔离层划分，信号经输入部分调制处理后经过隔离层，再由输出部分解调复现。隔离运算放大器非常适合应用于电池单体电压采集电路中，它能将输入的电池端电压信号与电路隔离，从而避免了外界干扰，使系统采集精度提高，可靠性增强。隔离运放电路虽然性能优越，但是较高的成本影响了其广泛应用。

④ 电压/频率（V/F）电路。当利用电压/频率（V/F）转换电路实现电池单体电压采

集功能时，电压/频率变换器的应用是关键，它是把电压信号转换为频率信号的元件，具有良好的精度、线性度和积分输入等特点。图 6-27 所示为电压/频率（V/F）电路，该电路采用 LM331 压/频变换器，LM331 是美国 NS 公司生产的高性价比集成 V/F 芯片，它采用了新的温度补偿能隙基准电路，在整个工作温度范围以内和电源电压低到 4.0V 都有极高的精度。该采集方法中，电压信号直接被转换为频率信号，随即就可以进入单片机的计数器端口进行处理，而不需 A-D 转换。此外，为了配合压/频转换电路在电池单体电压采集系统中的应用，相应选择电路和运算放大电路也需加以设计，以实现多路采集的功能。这种方法所涉及的元件比较少，但是压控振荡器中含有电容器，而电容器的相对误差一般都比较大，而且电容越大相对误差也越大。

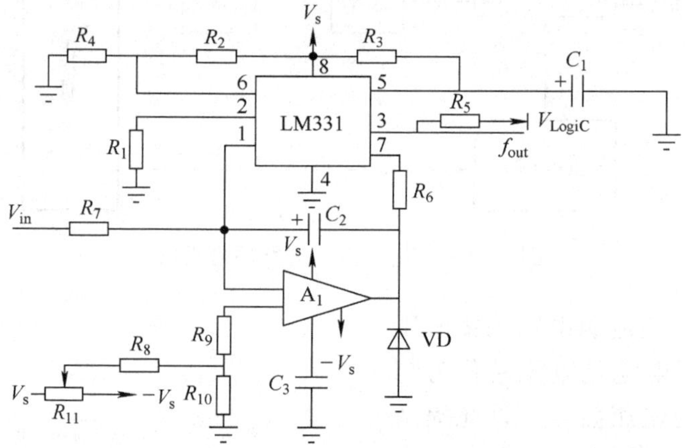

图 6-27　电压/频率（V/F）电路

⑤ 线性光耦合放大电路。基于线性光耦合器件的电池单体电压采集电路实现了信号采集端和处理端之间的隔离，从而提高了电路的稳定性与抗干扰能力。图 6-28 中的线性光耦 TIL300 由一个利用红外 LED 照射而分叉配置的隔离反馈光二极管和一个输出光二极管组成，并采用特殊工艺技术来补偿 LED 时间和温度特性的非线性，使输出信号与 LED 发出的伺服光通量呈线性比例。TIL300 具有 3500V 的峰值隔离度，带宽大于 200kHz，适合直流与交流信号的隔离放大，并且输出增益稳定度为 ±0.05%/℃。从图 6-28 中不难看出，电池单体电压值（即 U_1 与 U_2 之差）经运算放大器 A_1 后被转化为电流信号 I_{p1} 并流过线性光耦 TIL300，经光电隔离后输出与 I_{p1} 呈线性关系的电流量 I_{p2}，再由运算放大器 A_2 转化为电压值，得以进行 A-D 转换并完成采集。值得注意的是，线性光耦两端需要使用不同的独立电源，在图中分别标示为 I+12V 和 ±12V。可见，线性光耦合放大电路不仅具有很强的隔离能力和抗干扰能力，还使模拟信号在传输过程中保持了较好的线性度，因此可以与继电器阵列或选通电路配合应用于多路采集系统中，但其电路相对较复杂，影响精度的因素较多。

2）温度采集。电池工作温度不仅影响电池性能，还直接关系到电动汽车使用安全，因此准确采集温度参数尤为重要。采集温度的关键是选择合适的温度传感器。温度传感器主要有热电偶、热敏电阻、热敏晶体管、集成温度传感器等。

热敏电阻阻值随温度变化而变化，用一个定值电阻和热敏电阻串联起来构成一个分压器，可把温度转化为电压，再通过模数转换成数字信息。热敏电阻成本低，但线性度不好。

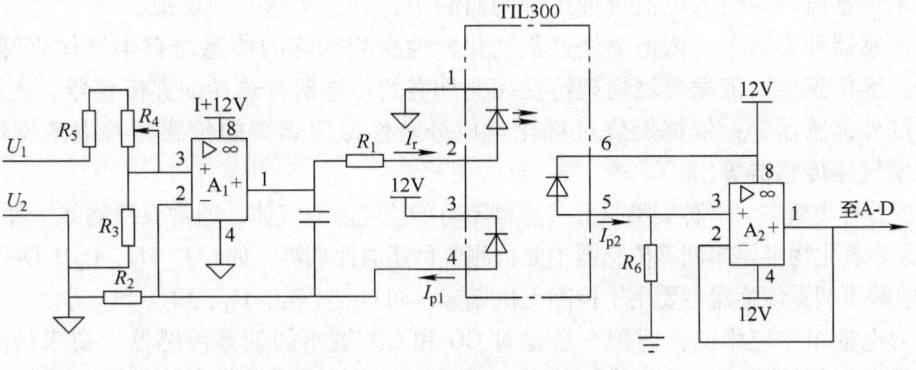

图 6-28 线性光耦合放大电路

双金属体热电偶在不同温度下会产生不同的热电动势，采集该电动势的值再通过查表得到温度的值。由于热电动势的值仅和材料有关，所以热电偶的准确度高。热电动势是毫伏级信号，采集时需要放大，采集外部电路比较复杂。热电偶用金属熔点比较高，一般用于高温测量。

集成温度传感器在日常生产生活中用得越来越多。温度传感器基于热敏电阻制成。在使用时需要校正，校正后的精度可以媲美热电偶并直接输出数字量，很适合在数字系统中使用。

3）电流采集。常用的电流传感器有分流器、互感器、霍尔电流传感器和光纤传感器等四种，电流传感特点见表 6-1。

表 6-1 电流传感器特点

传感器类型	插入损耗	布置形式	测量对象	电气隔离	使用方法	适用场合	价格	普及程度
分流器	有	嵌入主电路	AC、DC、脉冲	无隔离	小信号需隔离放大	小电流，控制测量	较低	普及
互感器	无	开孔导线传入	AC	隔离	使用简单	交流测量，电网监控	低	普及
霍尔电流传感器	无	开孔导线传入	AC、DC、脉冲	隔离	使用简单	控制测量	较高	较为普及
光纤传感器	无	开孔导线传入	AC、DC	隔离	—	高压测量，电力电网	高	未普及

需要说明的是，光纤传感器价格昂贵，影响其在控制领域应用。分流器成本低、频响应好，但使用麻烦，必须接入电流回路。互感器只能用于交流测量，霍尔电流传感器性能好，使用方便。目前在电动车辆动力电池管理系统电流采集与监测方面应用较多的是分流器和霍尔电流传感器。

4）烟雾采集。在车辆行驶过程中可能由于过热、挤压和碰撞等原因而导致电池出现冒烟或燃烧等极端恶劣的事故，若不能及时发现并得到有效处理，势必导致事故的进一步扩大，对周围电池、车辆以及车上人员构成威胁，严重影响车辆运行的安全性。为防患于未然，近年来烟雾监测被引入电池管理系统的监测中，并越来越受到重视。

烟雾传感器种类繁多，依据燃烧过程物化特性探测烟雾的传感器有半导体烟雾传感器、接触燃烧烟雾传感器；依据燃烧物理特性探测烟雾的传感器有热导烟雾传感器、光干涉烟雾传感器、红外传感器等；依据燃烧过程化学成分特性探测烟雾的传感器有电流型烟雾传感器、电势型气体传感器等。

烟雾成分种类繁多，一种类型烟雾传感器不可能检测所有气体，通常只检测某一种或两种特定性质烟雾。氧化物半导体烟雾传感器主要检测各种还原性烟雾，如 CO、H_2、C_2H_5OH、CH_3OH 等；固体电解质烟雾传感器主要用于检测无机烟雾，如 O_2、CO_2、H_2、Cl_2、SO_2 等。

在动力电池组中应用的传感器一般是对 CO 和 CO_2 敏感的烟雾传感器。要求传感器结构紧凑并耐受车辆长期行驶振动。路面灰尘、振动有时会引起传感器传出错误失实信号，使用时要加以识别。

动力电池管理系统中烟雾报警装置应安装于驾驶人控制台，以便驾乘人员接收报警信号后及时对故障定位，迅速采取安全措施。

北京理工大学开发了一款电动客车的电池烟雾报警装置。报警传感器采用 9V 碱性电池供电，24h 工作。报警电路采用车上 24V 蓄电池电源供电。通过内部烟尘传感器检测烟尘浓度，当烟尘浓度未达到阈值时，装置内部控制器控制继电器输出为开路；当烟尘浓度超过阈值时，装置内部控制器控制继电器输出为短路，将 +24V 电源迅速引入显示板，与显示板上的 −24V 电源形成报警回路，发出声光信号。车载烟雾报警装置电路原理如图 6-29 所示。

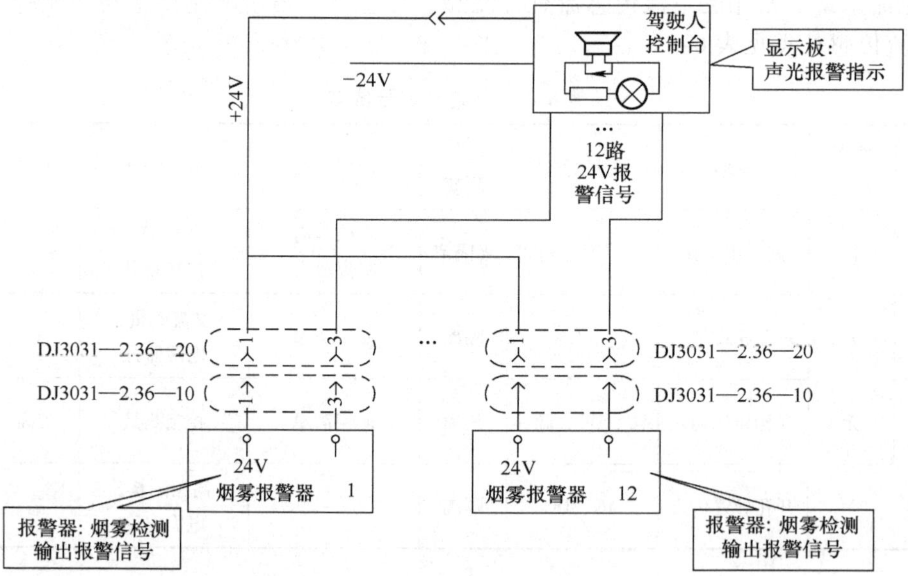

图 6-29　车载烟雾报警装置电路原理

（6）电池信息管理　电动汽车动力电池组中单体电池数量较多，电池管理系统检测的项目较多，每秒钟都将产生大量的数据。有些数据在仪表盘上显示，有些数据要传送给电池管理系统以外的信息处理芯片（整车控制器、电机控制器等），也有一些数据要存储以备追溯。

1）显示。电池管理系统通常通过仪表把电池状态信息显示出来，以告知驾驶人或汽车维修人员。需要显示的信息通常包括以下三类：

第一，实时电压、电流、温度信息。由于汽车上的电池只数较多，因此，不需要将每只电池的信息都进行显示，通常只需要把整个电池组的总电压、总电流、最高电池电压、最低电池电压、最高电池温度、最低电池温度等信息反映在仪表上。

第二，电池剩余容量信息。这好比传统汽车上的油量表，反映电池剩余容量的百分比。为了使驾驶人获得更为直观的感受，通常也会把剩余行驶里程的估算值显示在仪表上。

第三，告警信息。当电池组存在安全问题或即将发生安全问题的时候，需要及时通过仪表通知驾驶人。此时，往往还需要配合声音告警等多种其他手段来引起驾驶人的及时注意。

2）系统内外信息交互。先进的电动汽车控制，离不开车载信息通信网络。对于电池管理系统而言，往往同时具有“内网”和“外网”两级网络。其中，内网用于传递电池管理系统的内部信息，例如在一个分布式电动汽车电池管理系统中，所有的动力电池先被划分为若干个“小组”，各小组由一块电路板进行管理，各小组的电路板通过内网将每个电池的具体信息传至电池管理系统的主电路板。同时，外网用于电池管理系统与整车控制器、电机控制器等其他部件交互信息。外网应该是双工（支持双向通信）的。一方面，电池管理系统需要将电压、电流、温度等信息发送给其他部件；另一方面，整车控制器也需要将“是否有充电机接入”“是否允许进行充电”等信息发送给电池管理系统。

3）电池历史信息存储。历史信息存储并非电池管理系统所必需的功能，但在先进的动力电池管理系统中往往考虑这项功能。信息存储从时效上具有两种方式，即临时存储与永久存储。其中，临时存储是利用RAM暂时保存电池信息，例如暂存上一分钟估算所得的剩余容量及在过去一分钟内电流的变化信息，以便估算出此时此刻电池的剩余容量值；永久存储可利用EEROM、Flash Memory等器件来实现，可保存时间跨度较大的历史信息。

进行电池历史信息存储具有以下几个方面的意义：

第一，数据缓冲，提高分析估算的精度。例如，由于存在干扰，实时监测到的电压、电流的数值难免存在错误，利用历史数据，有助于对可能存在错误的数据进行滤波，以得到更精确的数据。

第二，有助于电池状态分析。特别是能根据一段时间电池的历史数据，对电池的老化状态等进行评估。

第三，有助于故障分析与排除。电池历史信息存储功能类似于飞机的黑匣子，当电动汽车发生故障以后，可以通过对历史数据的分析发现故障原因，利于故障排除。

（7）电池安全管理　电池安全管理主要包括烟雾报警、绝缘检测、自动灭火、过电压和过电流控制、过放电控制、防止温度过高、在发生碰撞的情况下关闭电池等功能。相关的功能大部分在前文做了介绍，在此不再重复，这里重点介绍电池系统的绝缘监测技术。

电动车辆动力电池组电压有288V、336V、384V以及544V等。人体可以承受的直流安全电压为36V，因此，电气绝缘性能是电池安全管理的一项重要内容，绝缘性能的好坏不仅关系到电气设备和系统能否正常工作，而且关系到人的生命财产安全。

检测绝缘性是实施安全管理的前提与基础，检测绝缘性的方法包括：

1）直接测量漏电流。在直流系统中，直接测量漏电流是一种最简单也是最实用的方法。将万用表调到电流档，串在电池组正极与设备壳体（或者接地部位）之间，可检测到电池组负极对壳体之间的漏电流。同样也可以串在负极与壳体之间，检测电池组正极对壳体之间的漏电流。该方法简单易行，在现场故障检测、车辆例行检查中常用。

2）电流传感法。霍尔电流传感器是对高压直流系统进行检测的一种常见传感器，将电池系统的正极和负极动力总线一起同方向穿过电流传感器，当没有漏电流时，从正极流出的电流等于返回到电源负极的电流，因此，穿过电流传感器的电流为零，电流传感器输出电压为零，当发生漏电现象时，电流传感器的输出电压不为零。根据该电压的正负可以进一步判断该漏电流是来自于电源正极还是负极。该方法在待测动力电池组处于工作状态下进行，无法在电源系统空载时使用。

3）绝缘电阻表测量。用绝缘电阻表测量绝缘电阻的阻值，绝缘电阻表俗称兆欧表，绝缘电阻表大多采用手摇发电机供电，故又称为摇表。它的刻度是以绝缘电阻为单位的，是电工常用的一种测量仪表。绝缘电阻表测量原理如图 6-30 所示。

该仪表的工作原理是通过一个电压激励被测装置或网络，然后测量激励所产生的电流，利用欧姆定律测量出电阻。绝缘电阻表主要由两大部分构成：一部分是手摇发电机，另一部分是磁电式比率表。通过摇动手柄，由手摇发电机产生交流高压，经二极管整流，提供测量用的直流高压，再用磁电式比率表测量电压线圈和电流线圈中的电流比值，用指针指示器指明电阻刻度。目前已有手持电子绝缘电阻表，测量用的直流高压由绝缘电阻表自带电源经高压模块变换提供。手摇式绝缘电阻表和手持式数字万用表实物如图 6-31 所示。

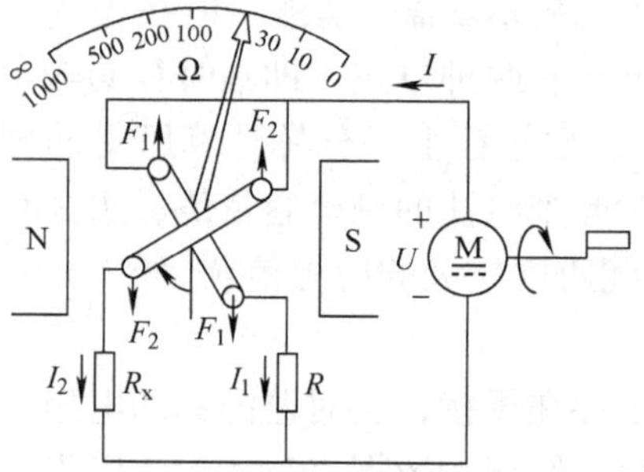

图 6-30　绝缘电阻表测量原理

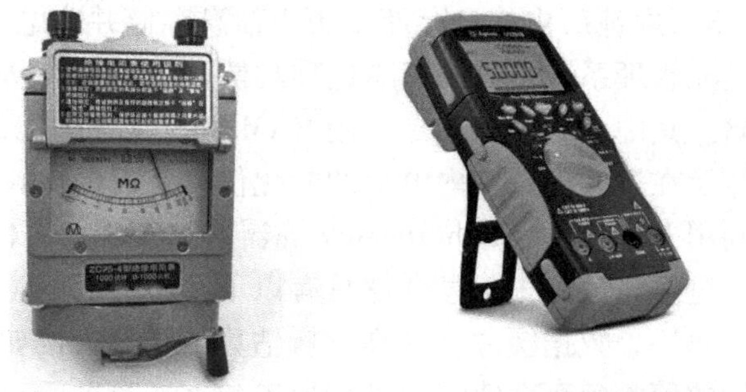

图 6-31　手摇式绝缘电阻表和手持式数字万用表实物

4）电路测量。上述三种方法均需专用仪表进行测试，一般难与电池管理系统集成在一起。电池管理系统中常用的方法是电路测量。电路测量绝缘性原理如图 6-32 所示。

图 6-32 中，R_1、R_2、R_3、R_4分别是大阻值电阻（500kΩ 以上）；R_+和R_-分别是动力电池组正、负极对车体的绝缘电阻；R 和 R'是分压电阻，阻值小（200Ω 左右），可以使 A-D转换芯片在分压电阻上得到 mV 级的模拟信号。

当开关 S 为断开状态时，通过测量芯片，可以得到R_+和R_-两端的电压，这样就可以得到如下方程：

$$\frac{V_1}{R_+}+\frac{V_1}{R_1+R_2+R}=\frac{V_2}{R_-}+\frac{V_2}{R_3+R_4+R'} \tag{6-10}$$

式中，V_1、V_2为当开关 S 断开时，正负母线对地电压。

同理，当开关 S 闭合时，可以得到另一个方程：

$$\frac{V_1'}{R_+}+\frac{V_1'}{R_1+R_2+R}=\frac{V_2'}{R_-}+\frac{V_2'}{R_3+R_4+R'} \tag{6-11}$$

式中，V_1'、V_2'为当开关 S 闭合时，正负母线对地电压。

由于串联电阻 R_1、R_2、R_3、R_4、R、R'阻值已知，联立式（6-10）、式（6-11）构成的方程组就可以解出 R_+和 R_-。

电池管理系统中使用的绝缘电阻测量方法还有平衡电桥法、高频信号注入法和辅助电源法等。随着动力电池的电压越来越高，应用越来越普及，电动汽车的绝缘安全问题显得愈发重要，各种绝缘监测的方法也不断被研究人员设计和验证。

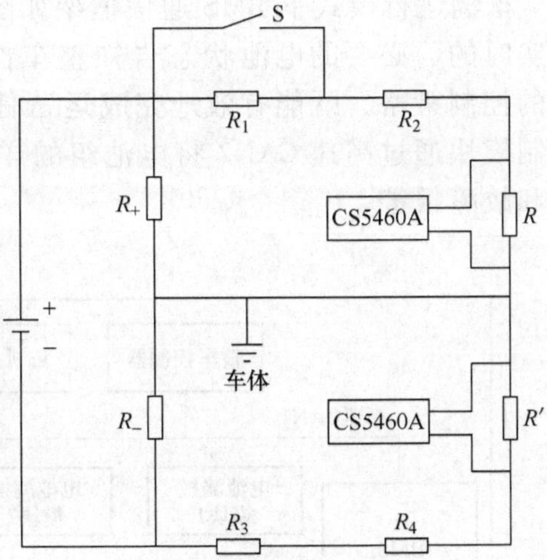

图 6-32 电路测量绝缘性原理

（8）数据通信 数据通信是 BMS 重要功能之一，主要包括内部主控模块板与检测板之间的通信、BMS 与车载主控模块控制器和非车载充电机等设备间的通信等。

CAN 通信方式是现阶段电池管理系统通信应用的主流。在国内外大量产业化的电动汽车电池管理系统以及国内外关于电池管理系统数据通信标准中均提倡采用该通信方式。RS232、RS485 总线等方式在电池管理系统内部通信中也有应用。

图 6-33 所示为某纯电动客车 BMS 通信框架，该系统已经商业化应用。其中，RS232 主要实现主控模块板与上位机或手持设备的通信，完成主控模块板、检测板各种参数的设定；RS485 主要实现主控模块板与检测板之间的通信，完成主从板电池数据、检测板参数的传输；CAN 通信分为 CAN1 和 CAN2 两路，CAN1 主要与车载主控模块控制器通信，完成整车所需电池相关数据的传输；CAN2 主要与车载仪表、非车载充电机通信，实现电池数据的共享，并为充电控制提供数据依据。

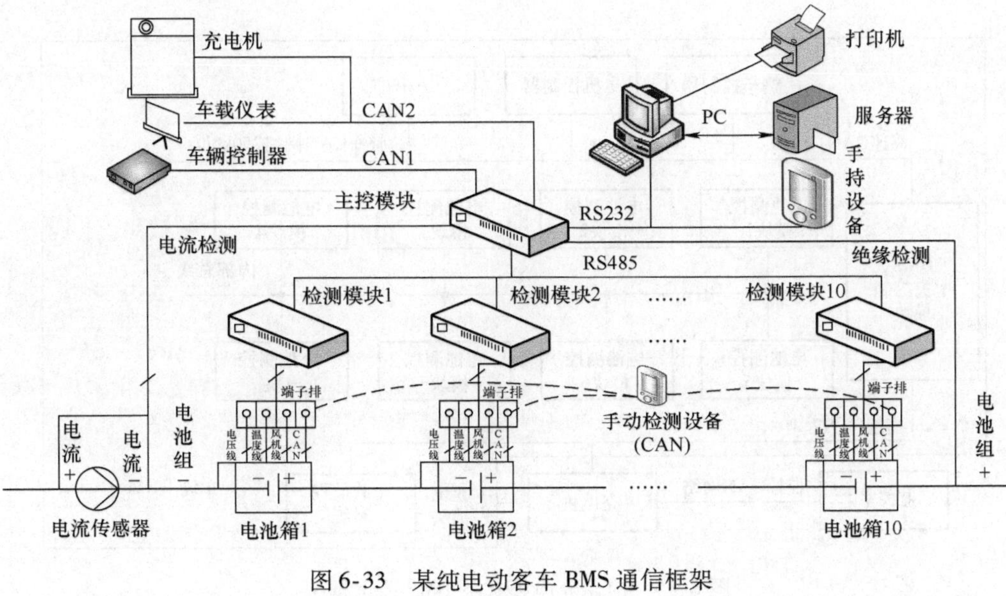

图 6-33 某纯电动客车 BMS 通信框架

车辆运行模式下 BMS 通信框架如图 6-34 所示。BMS 中央控制模块通过高速 CAN1 将实时的、必要的电池状态告知整车控制器以及电机控制器等设备，以便采用更加合理的控制策略，既能有效地完成运营任务，又能延长电池使用寿命。同时，BMS 中央控制模块通过高速 CAN2 将电池组的详细信息告知车载监控系统，实现电池状态数据显示和故障报警。

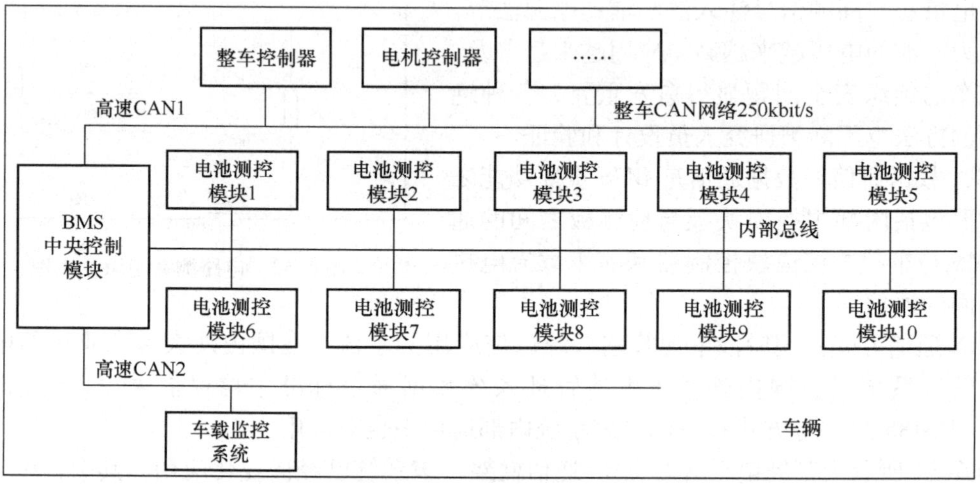

图 6-34　车辆运行模式下 BMS 通信框架

应急充电模式下 BMS 通信框架如图 6-35 所示。充电机实现与电动汽车的物理连接。此时的车载高速 CAN2 加入充电机节点。充电机通过高速 CAN2 了解电池的实时状态，调整充电策略，实现安全充电。

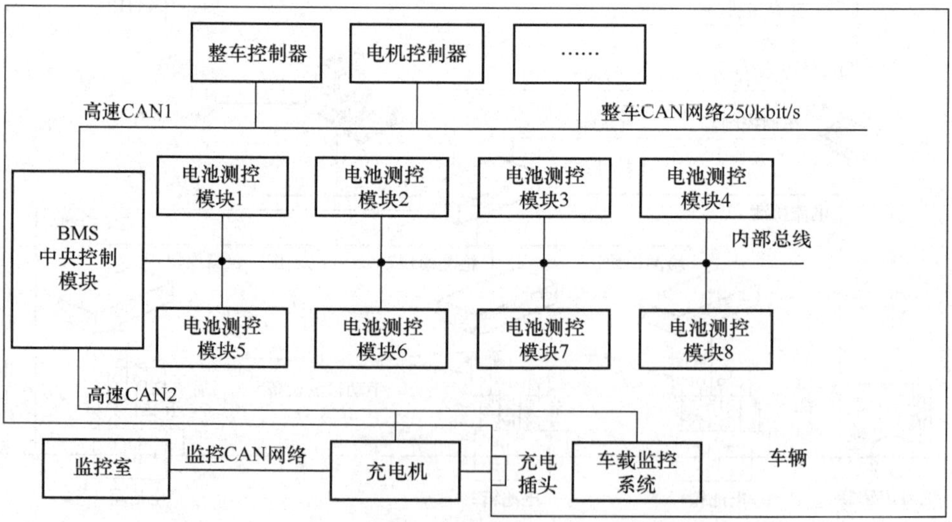

图 6-35　应急充电模式下 BMS 通信框架

(9) 均衡管理　由于受生产工艺不稳定等先天因素或者使用环境不一致等后天因素的影响，电池组内的各个单体电池总存在一定程度的不一致性。正如前面“电池安全保护”部分所提到的那样，电池组中只要有一个电池的电压低于放电的门限值，就要对整个电池组进行保护，但此时电池组内其他电池往往还带有一定量的剩余电荷，因此，对电池进行均衡管理有利于把剩余电荷利用起来，从而提高电池组的放电效能。

电池组的均衡管理，是指采取一定的措施尽可能降低电池不一致性的负面影响，以达到优化电池组整体放电效能，延长电池组整体寿命的效果。

动力锂离子电池组在长期使用中需要均衡管理。由于技术和成本等原因，并非所有电池组中的 BMS 都具备均衡功能。电池均衡的主要形式是充电均衡或放电均衡，实现容量平衡或电压一致。一般情况，均衡电路中的均衡电流较小。

为了平衡电池组中单体电池的容量和能量差异，提高电池组的能量利用率，在电池组的充放电过程中需要使用均衡电路。根据均衡过程中电路对能量的消耗情况，可以分为能量耗散型电路和非能量耗散型电路两大类。能量耗散型电路是将多余的能量全部以热量的方式消耗，非能量耗散型电路是将多余的能量转移或者转换到其他电池中。

另外，均衡电路也分为主动均衡电路和被动均衡电路。主动均衡电路是 DC/DC 变换器开关电路，可以实现电池组向单体均衡（放电均衡效果尤佳）、单体向电池组均衡（充电均衡效果尤佳）、电池组与单体之间双向均衡、单体与单体之间均衡。被动均衡电路是电阻耗能，多余容量通过均衡电阻被消耗实现充电均衡。

BMS 能够精确检测电池组的使用状况，电池在不同温度下会有不同的工作性能（容量），当出现容量不一致时，BMS 启动均衡功能来平衡电池组中每一个电池的容量，优化电池不一致性，从而提高锂电池整体性能，保护电池免受过度充放电的损害。

1）能量耗散型电路。能量耗散型电路是通过单体电池的并联电阻进行充电分流，从而实现均衡，如图 6-36 所示。

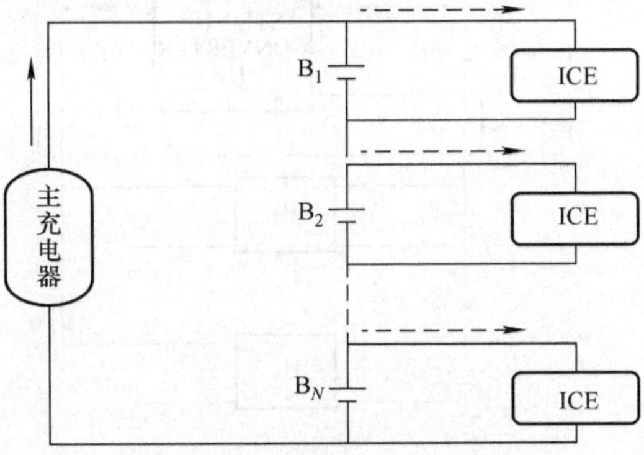

图 6-36　能量耗散型电路原理
（ICE 为单体电池均衡器）

能量耗散型电路结构简单，均衡过程一般在充电过程中通过分流完成，对容量低的单体电池不补充容量，存在能量浪费和增加热管理系统负荷的问题。

能量耗散型电路一般有以下两种：

① 恒定分流电阻均衡充电电路。每个电池单体上都始终并联一个分流电阻。这种方式的特点是可靠性高，分流电阻的值大，通过固定分流来减小由于自放电导致的单体电池差异。其缺点在于无论电池充电还是放电过程，分流电阻始终消耗功率，能量损失大，一般用于能够及时补充能量的场合。

② 开关控制分流电阻均衡充电电路。分流电阻通过开关控制，在充电过程中，当单体电池电压达到截止电压时，均衡装置能阻止其过充电并将多余的能量转化成热能。这种均衡电路工作在充电期间，特点是可以对充电时单体电池电压偏高者进行分流。其缺点是由于均衡时间的限制，导致分流时产生的大量热量需要及时通过热管理系统耗散，尤其在容量比较

大的电池组中更加明显。例如，10A·h 的电池组，100mV 的电压差异，最大可达500mA·h以上的容量差异，如果以2h 的均衡时间，则分流电流为250mA，分流电阻值约为140Ω，产生的热量为2W·h 左右。

2）非能量耗散型电路。非能量耗散型电路的耗能相对于能量耗散型电路小很多，但电路结构相对复杂，可分为能量转换式均衡电路和能量转移式均衡电路两种。

① 能量转换式均衡电路。能量转换式均衡电路是通过开关信号，将电池组整体能量对单体电池进行能量补充，或者将单体电池能量向整体电池组进行能量转换。其中单体能量向整体能量转换，一般都是在电池组充电过程中进行，其电路如图 6-37 所示。该电路是通过检测各个单体电池的电压值，当单体电池电压达到一定值时，均衡模块开始工作。把单体电池中的充电电流进行分流从而降低充电电压，分出的电流经模块转换把能量反馈回充电电路，达到均衡的目的。能量转换式均衡电路还可以通过续流电感，完成单体到电池组的能量转换。

电池组整体能量向单体转换电路如图 6-38 所示。这种方式也被称为补充式均衡，即在充电过程中，首先通过主充电模块对电池组进行充电，由电压检测电路对每个单体电池进行监控，当任一单体电池的电压过高时，主充电电路就会关闭，然后补充式均衡充电模块开始对电池组充电。通过优化设计，均衡模块中充电电压经过一个独立的 DC/DC 变换器和一个同轴线圈变压器，给每个单体电池上增加相同的次级绕组。这样，单体电压高的电池从辅助充电器上得到的能量少，而单体电压低的电池从辅助充电器上得到的能量多，从而达到均衡的目的。

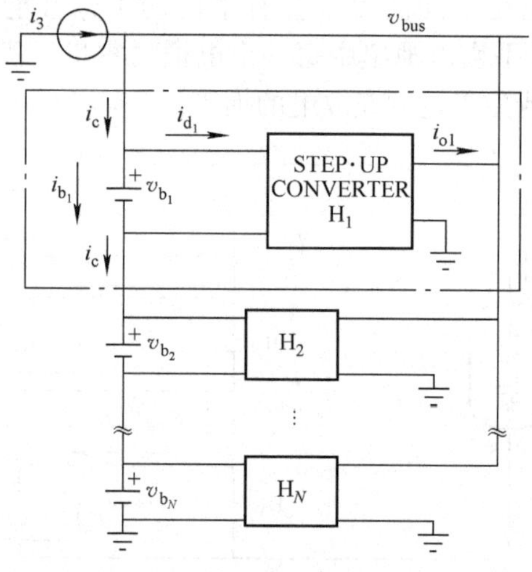

图 6-37　单体电压向整体电压转换电路

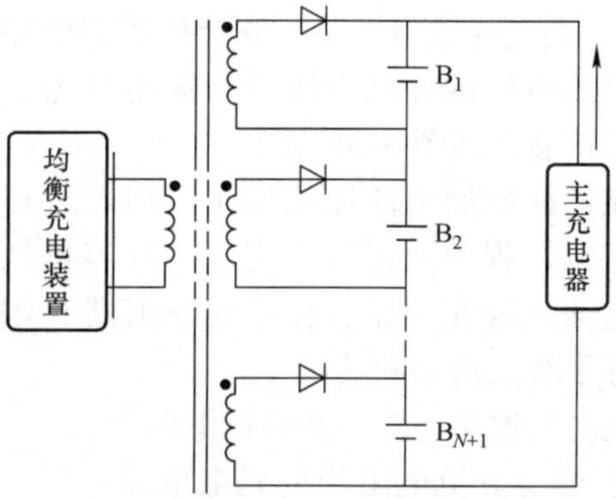

图 6-38　电池组整体能量向单体转换电路

此方式的问题在于次级绕组的一致性难以控制，即便次级绕组匝数完全相同，考虑到变压器漏感以及次级绕组之间的互感，单体电池也不一定获得相同的充电电压。同时，同轴线圈也存在一定的能量耗散，并且这种方式只有充电均衡，对于放电状态的不均衡无法起作用。

② 能量转移式均衡电路。能量转移式均衡电路是利用电感或电容等储能元件，把电池组中容量高的单体电池能量转移到容量比较低的电池上，如图 6-39 所示。该电路是通过切换电容开关传递相邻电池间的能量，将电荷从电压高的电池传送到电压低的电池，从而达到

均衡的目的。另外，也可以通过电感储能的方式，对相邻电池间进行双向传递。此电路的能量损耗很小，但是均衡过程中必须有多次传输，均衡时间长，不适于多串的电池组。改进的电容开关均衡方式，可通过选择最高电压单体与最低电压单体电池间进行能量转移，从而使均衡速度增快。能量转移式均衡电路中能量的判断以及开关电路的实现较困难。

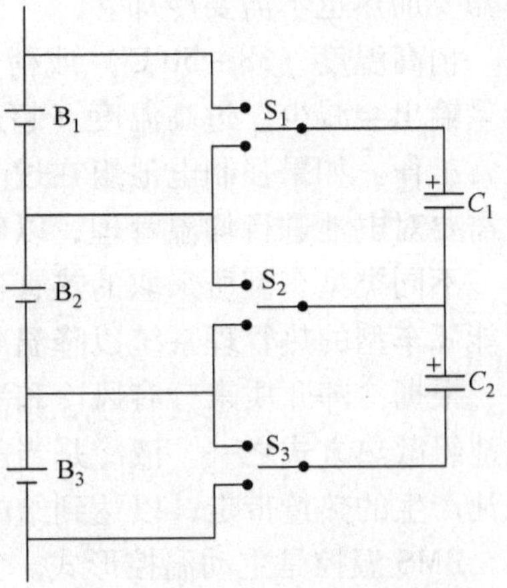

图6-39　开关电容均衡电路示意图

除上述均衡方法外，在充电应用过程中，还可采用涓流充电的方式实现电池的均衡。这是最简单的方法，不需要外加任何辅助电路。其方法是对串联电池组持续用小电流充电。由于充电电流很小，这时的过充电对满充电池所带来的影响并不严重。由于已经充饱的电池没办法将更多的电能转换成化学能，多余的能量将会转化成热量。而对于没有充饱的电池，却能继续接收电能，直至实现满充状态。这样，经过较长的周期，所有的电池都将会达到满充状态，从而实现了容量均衡。但这种方法需要很长的均衡充电时间，且要消耗相当大的能量来达到均衡。另外，在放电均衡管理上，这种方法不起任何作用。

3）均衡可能带来的问题。现有的电池均衡电路中，均以电池组电压来判断电池容量，是电压均衡。电压均衡效果取决于电压检测的准确性和精度。电压检测电路存在漏电流，其大小直接影响电池组一致性。

电压不是电池容量的唯一量度，电池内阻及连接方式的接触电阻也会导致电池电压的变化。电压均衡会导致过度均衡。过度均衡会导致能量浪费，极端情况下可能导致本已容量均衡的电池组出现新的不均衡。

能量耗散型电路结构简单，均衡电阻在分流过程中消耗了能量发热，热量过多会引起电路热管理问题。能量耗散型电路具有高温升特点，会降低电路可靠性。它不适用于动态均衡，仅适合于小型电池组或者容量较小的电池组。

能量转移式电路采用容量补偿原理，可从容量高的电池中分出部分容量补偿给容量低的电池。该均衡电路要对各个单体电池电压进行检测判断，使得采样电路很复杂，均衡器体积大、成本高。能量转移通过储能媒介实现，有能量损耗，需要及时控制。该均衡方式一般应用于中大型电池组中。

能量转换式电路采用开关电源实现能量变换。电路复杂程度较转移式低，成本也较低。同轴线圈到各单体之间的导线长度和形状不同，变压比有差异。这导致对每个单体电池均衡的不一致，产生均衡误差。同轴线圈本身存在电磁泄漏，也消耗能量。

（10）热管理　由于过高或过低的温度都将直接影响动力电池的性能和使用寿命，并有可能导致电池系统的安全问题，电池箱内温度场长久不均匀分布将造成各电池模块、单体间性能的不均衡。因此，电池热管理对于电动车辆动力电池管理系统而言是必需的。可靠、高效的热管理对于电动车辆的可靠安全应用意义重大。

BMS的热管理功能包括对电池温度准确测量和监控，电池组温度过高时进行有效散热和通风，低温条件下可快速加热，有害气体产生时能有效通风，以保证电池组温度场均匀。

锂离子动力电池工作的最佳温度范围为10～38℃，当处于这个温度区间时，电池组既不需要加热也不需要冷却。

稍高温度（38～50℃）或稍低温度（-20～-10℃），电池组可耐受，可进行工作，但能量输出会减少。过高温度（超过50℃）或过低温度（低于-20℃）都会导致电池组不能正常工作。如果强制电池组在过高或过低温度下工作，就会加速电池组循环寿命的衰减。这时需要对电池进行均温管理，以确保其工作在最佳的温度范围内。

不同类型车型所采取的热管理策略不同，热管理本质是降温、保温、升温这三种。目前新能源车型的热管理系统以降温冷却为主。

根据冷却介质来分有风冷和液冷。风冷在早期的电动乘用车上有广泛的应用，目前也是电池组散热方式之一。液冷是当前应用最多的电池组散热方式。它通过液体对流换热方式将电池产生的热量带走，以达到给电池组降温的目的。

BMS温控是主动温控形式。它会根据电池组温度信号，及时启动温控装置进行散热制冷或者加热升温，达成控制阈值后及时终止散热制冷或者加热升温动作。图6-40所示为比亚迪电池包液冷热控原理示意图。

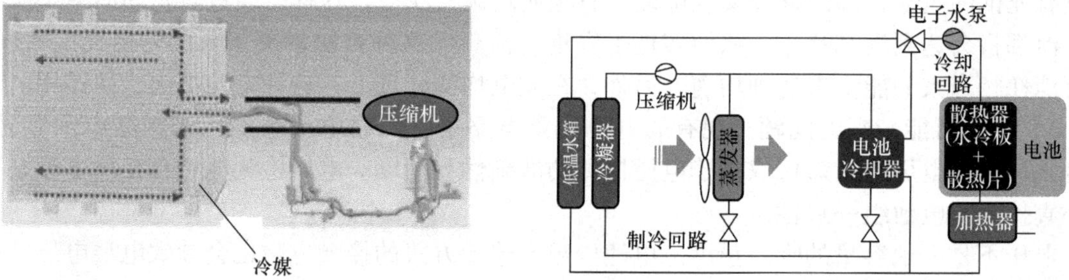

图6-40　比亚迪电池包液冷热控原理示意图

电池包加热多采用膜式加热片电路，贴装在电池组底板、顶板或周围侧板上。

关于电池散热，不同厂家采用方式不同。采用直接风冷为电池组散热，这种方式最简单，成本最低，但电池包不容易成为密封体系。特别是在低温环境中为电池组加热时，系统能量损失较多。液冷是采用毛细热管均衡电池组内部温度，通过第二次换热将热量散向电池包外环境，这种方式成本高。电池组内部采用金属鳍片或蛇形液体冷却板散热，再通过壳体散热或二次换热，这种结构复杂，成本高。但为了确保电池正常且安全使用，厂家都会选择适宜车型市场定位的温控方式。

1）热管理设计流程。性能良好的电池组热管理需要系统化设计和适宜的管理策略。美国国家可再生能源实验室（NREL）提出的电池组热管理设计流程最具代表性，其具体内容如下：

第一步，确定热管理目标和要求。根据电池温度特性和适宜工作温度范围，确定热管理控制目标，要尽量满足电池适宜工作温度要求。

第二步，测量或估算模块生热功率及热容量。根据电池比热容，进行电池散热量或加热量仿真计算，确定散热或加热功率。

第三步，进行热管理效能首轮评估，以优化传热介质、散热结构。电池组散热一般采用风冷或液冷方式，风冷方式效率低、结构简单，液冷方式效率高、结构复杂。加热方式有循环热风加热、液流加热、热源直接加热、热辐射加热等。

第四步，预测模块和电池组的热行为。根据电池组应用工况，对应用过程中散热量和加热功率进行预测和评估。

第五步，设计热管理系统。对热介质和热行为评估，进行热管理系统的工程设计。

第六步，进行热管理功能试验验证。采用等比例或缩小比例电池系统和电池热管理系统，在试验台架模拟实际工况进行热管理系统工作效果检验。

第七步，进行热管理系统优化，实施热管理技术迭代。

2）热管理设计关键技术。

① 电池热场计算及温度预测。电池不是热量的优良导体，电池表面温度分布不能充分说明电池内部的热力学状态，实际工作中也很难实现对电池内部温度的准确测量。

采用数学模型热仿真计算，可估算电池内部温度场，预测电池热行为。这对于设计电池组热管理系统是不可或缺的环节。美国加州大学 Yufei Chen 等在计算锂聚合物电池内部温度场时使用了三维模型，该模型已经在大量的电池热管理系统中进行应用。

$$\rho c_p \frac{\partial T}{\partial t} = k_x \frac{\partial^2 T}{\partial x^2} + k_y \frac{\partial^2 T}{\partial y^2} + k_z \frac{\partial^2 T}{\partial z^2} + q \tag{6-12}$$

式中，T 为温度；ρ 为平均密度；c_p 为电池比热容；k_x、k_y、k_z 为电池在 x、y、z 方向上的导热系数；q 为单位体积生热速率。

② 传热介质的选择。传热介质对热管理效果有很大影响，传热介质要在设计热管理方式前确定。按照传热介质可分为空冷、液冷及相变材料冷却三种方式。

空气冷却是最简单的方式，只需让空气流过电池表面。空冷方式结构简单，散热系统重量较轻，成本较低。当产生有害气体时，能及时有效通风。空气传导热量，在电池壁面之间换热系数低。降温和加热速度慢。

液体冷却分为直接接触和非直接接触两种方式。矿物油可作为直接接触传热介质，水或防冻液可作为典型的非直接接触传热介质。液冷必须通过水套等换热设施才能对电池进行冷却，这在一定程度上降低了换热效率。电池壁面和流体介质之间的换热率与流体流动的形态、流速、流体密度和流体导热系数等因素相关。液冷方式下，液冷介质与电池壁面之间换热系数高，降温、加热速度快，体积较小。但液冷系统有水套和换热器，管路存在漏液的可能。它重量大，结构相对复杂。

相变材料是指随温度变化而改变形态并能提供潜热的物质。相变材料由固态变为液态或由液态变成固态的过程称为相变过程。相变材料具有在一定温度范围内改变其物理状态的能力，既能实现动力设备在比较恶劣的热环境下电池有效地降温，又能满足各电池单体间温度分布的均衡，从而达到动力设备的最佳运行条件，延长电池寿命的同时提高动力设备的动力性能。电池热管理系统所采用的相变材料应具有较大的相变潜热，以及理想的相变温度，经济安全，循环利用效率高。

在实际应用中，空气冷却和液体冷却应用较多。日本丰田公司的混合动力电动汽车 Pirus和本田公司的 Insight 都采用了空冷的方式。美国通用汽车公司的增程式电动汽车 Volt 采用了液冷的方式，单体电池的最大温差不超过 3℃。中国电动汽车多采用空冷方式，液冷和相变材料也有应用。

③ 散热结构与模块排布方式。电池箱内结构设计会造成不同电池模块之间的温度差异，

加剧电池内阻和容量的不一致性，如果长时间积累，就会造成部分电池过充电或者过放电，进而影响电池的寿命与性能，并造成安全隐患。电池模块排布时，中间位置的电池容易积累热量，边缘的电池散热条件要好些。因此，在进行箱体结构设计和模块排布时，要尽量保证电池组散热的均匀性。

空冷散热一般有串行和并行两种通风方式，在风道设计时，需遵循流体力学和空气动力学的基本原理，保证流体较大换热面积和流畅进出。

④ 测温点配置与风机选择。在设计时，要选择温度传感器的数量与测温点的位置。以空冷散热方式为例，设计散热系统时，在保证一定散热效果的情况下，应该尽量减小气体流动阻力，降低风机噪声和功率消耗，提高整个系统的效率。一般采用试验、理论计算和流体力学的方法，通过估计压降、流量来估计风机功率消耗。当流动阻力小时，可以考虑选用轴向流动风扇；当流动阻力大时，离心式风扇比较适合。当然也要考虑到风机占用空间的大小和成本的高低。

电池箱内电池组的温度分布一般是不均匀的，因此需要知道不同条件下电池组热场分布，以确定危险的温度点。温度传感器数量越多，测温越全面，但会增加系统成本和复杂性。利用有限元分析、红外热成像或者实时的多点温度监控方法，可以分析和测量电池组、电池模块和电池单体的热场分布，决定测温点个数与位置，使测得的温度具有代表性和差异性。安装位置尽量避免传感器被冷却风吹到，以提高温度测量的真实性和稳定性。电池组要预留温度传感器的空间。

日本丰田公司的混合动力电动汽车 Puris 电池组有 228 个电池单体，有 5 个温度传感器。北京理工大学电动客车动力电池每箱用 6 个温度传感器。图 6-41 所示为温度传感器和在电池组中的安装位置。

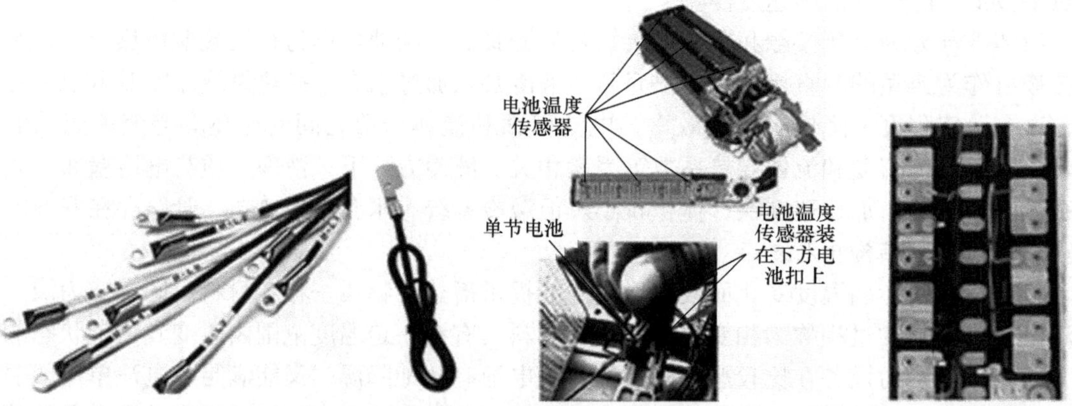

图 6-41　温度传感器和在电池组中的安装位置

7. BMS 国内外供应商

BMS 自产自用的电池制造商有宁德时代、中信国安盟固利、国轩高科、微宏动力等，它们掌握整套核心技术优势，有很强的市场竞争力。BMS 自产自用的整车厂有比亚迪、北汽新能源、中通客车等，除了掌握核心技术，在成本方面也比其他企业有优势。BMS 也有独立第三方制造商，如东莞钜威动力、惠州市亿能电子、深圳科列技术等企业。

国内主流车用 BMS 厂家都有被动均衡技术，而且其中绝大部分都有主动均衡技术储备。

在厂家给的配置单上，主动均衡是一个成本高的“选配”功能。被动均衡的BMS装机量较大，占据新能源汽车市场较高的份额，远远高于主动均衡BMS的市场份额。国内的新能源汽车主要是中低端产品，考虑到成本及配置需求方面，被动均衡相对较易接受。随着新能源汽车产品向高端发展，对BMS的要求也越来越高，主动均衡技术将成为未来的发展趋势。在软件方面，其最核心的技术在于SOC算法，大部分BMS厂家的SOC估算精度在5%以内，部分在8%以内。

国内外主流BMS供应商的技术参数见表6-2。

表6-2 国内外主流BMS供应商的技术参数

技术参数	国际主流厂商	中国主流厂商
配套方案	主从结构	主从结构
温度范围	-40~85℃	-40~85℃
技术指标	电压测量精度：0.1%FS 电流测量精度：0.1%FS 电流测量范围：0~±600A SOC估算精度：5% 均衡方式：主动平衡	电压测量精度：0.5%FS 电流测量精度：0.5%FS 温度测量精度：0.5℃ SOC估算精度：5% 均衡方式：主动平衡
车型应用范围	纯电动汽车、混合动力汽车	纯电动汽车、混合动力汽车
功能安全	电池过充电、过放电、温升保护、绝缘防护、高压互锁、预充电	电池过充电、过放电、温升保护、绝缘防护
适用电芯范围	锰酸锂电池、三元材料电池	铅酸电池、镍氢电池、锂电池等动力电池

8. BMS应用实例

特斯拉电动汽车的核心技术之一就是电池管理系统（BMS）。其BMS可以有效实现超过7000只1865型电池的一致性管理，达到高安全性和可靠性目标。此外，在电池冷却、安全、电荷平衡等与BMS相关的领域，特斯拉申请的核心专利超过140项，因此BMS技术是特斯拉的核心竞争力之一。Model S与Model X使用松下NCA系列1865型特制电池，这种圆柱形电池能量密度大，但对温度相对敏感、一致性差。特斯拉解决1865型传统电池短板的措施包括改进活性电化学材料，改进电芯结构，优化模组结构，采用先进故障保护机制和电池充放电控制策略等。

Model S使用了多达7104只电池。按照3.6V的工作电压和3.2A·h的电容量来计算，总能量约为82kW·h。电池组质量近700kg。每个单体电池、电池模块和电池方块都有防过电流的熔丝，每个层级都有电流、电压监控，一旦电流过大就立刻熔断。

特维斯BMS可实现单体电荷平衡，排除单体电池故障。当某一电池因过充电、过放电、温度过高导致容量与其他电池不同时，监控器就会使能量在电池间进行转移，防止其电压超过安全范围产生异变。当异变产生时，监控器断开对应的电源开关，从而将此电池单体隔离。

电动汽车的安全性能主要体现在电池组温度及电流的控制上。特斯拉电池组每一个单体电池都安装有热敏电阻及光导纤维。当单体电池温度过高时，监控器启动电池冷却系统。当汽车剧烈碰撞时，电池组与电机的能量传输被立即阻断，电池组外保护层使电池组免受碰撞，从而避免剧烈爆炸。

电池组冷凝系统采用双模冷却方式。第一层冷却为电池组降温，保证电池单体温度低于安全值；第二层冷却回路包括第二冷却储液罐，与至少一个转动部件进行热交换，保证电池组冷却系统的独立性。冷却管道曲折布置在电池间，冷却液在管道内部流动，带走电池产生的热量。冷却管道内部被分成四个孔道，为了防止冷却液流动过程中温度逐渐升高，使末端散热能力不佳，热管理系统采用了双向流动的流场设计。冷却管道的两个端部既是进液口，也是出液口，电池之间及电池和管道间填充电绝缘但导热性能良好的材料（如 STYCAST 2850 CT），作用是将电池与散热管道间的接触形式从线接触转变为面接触，有利于提高单体电池间的温度均一性，并提高电池包的整体热容，从而降低整体平均温度。图 6-42 所示为 Tesla 电池组一层，图 6-43 所示为冷却装置，图 6-44 所示为冷却管道内部结构，图 6-45 所示为冷却管道端部结构。

图 6-42　Tesla 电池组一层

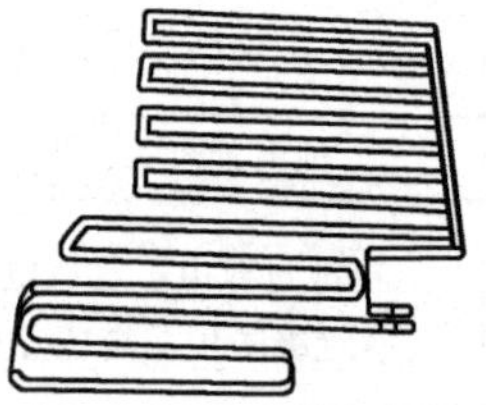

图 6-43　冷却装置

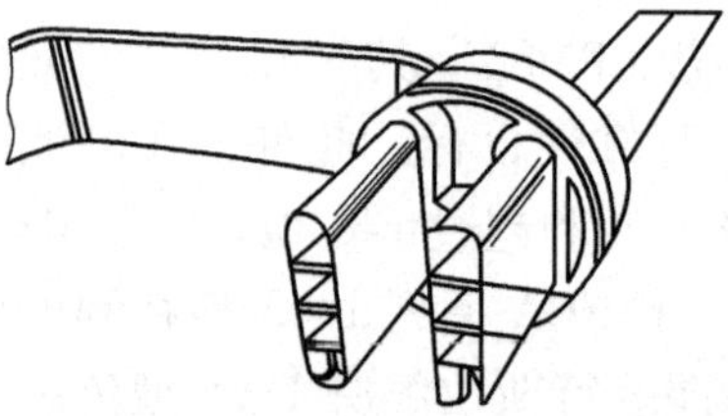

图 6-44　冷却管道内部结构

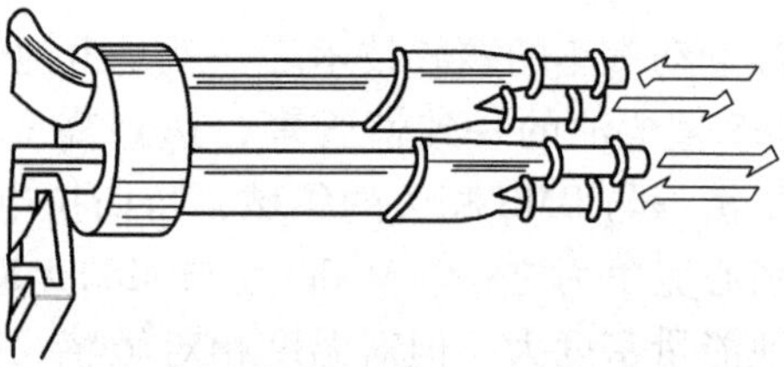

图 6-45　冷却管道端部结构

通过上述热管理，特斯拉 Roadster 电池组内各单体电池的温度差异控制在 ±2℃内。有报告显示，在行驶 16 万 km 后，Roadster 电池组的容量仍能维持在初始容量的 80% ~85%，而且容量衰减只与行驶里程数明显相关，而与环境温度、车龄关系不明显。上述结果的取得，依赖电池热管理系统的有力支撑。

日产聆风纯电动汽车采用了少见的被动式电池组热管理系统。电池组由 192 只33. 1A · h的层叠式锂离子电池组成。4 只单体电池采用两并两串的连接形式组成模块，48 个模块串联组成电池组。电池组采用密封设计，与外界不通风，内部也无液冷或空冷措施。在寒冷地区使用可选装加热件。聆风采用低阻抗锂离子电池，使用时减少产热。单体采用薄体结构，厚度约为 7. 1mm。电池内部热量容易导出，不易产生热量的积聚。

通用汽车公司的 Volt 使用 288 只 45A · h 层叠式锂离子电池。96 只单体串联成模块，3 个模块并联组成电池组。电池组采用液冷，液冷介质为 50% 水和 50% 乙二醇混合物。单体电池间间隔加装金属散热片（厚度 1mm），散热片刻有流道槽。冷却液可在流道槽内流动带走热量。

在低温环境下，加热线圈可以加热冷却液使电池升温。电池组的寿命设计为 8 年或 160000km。Volt 的电池组组内温度差可控制在 2℃以内。

6.3 未来技术发展趋势

基于电化学体系或材料创新，电动汽车用动力电池会不断提升单体电池质量比能量，向着大容量方向发展，并提升单体性能生产一致性。

电池组结构向轻质、耐碰撞冲击、高阻燃、耐滥用方向改进，并逐步提升成组性能一致性，朝着主动温控智能化、宽温度范围使用、高安全、高可靠、长寿命及快充电、长续驶里程方向努力。

BMS 技术会向着功能集成化、管控智能化、软件模块化方向前行。

习　题

1. 简述目前新能源汽车在技术创新层面走“三化”技术路线。
2. 目前电动汽车主要分为哪些？
3. 电池包箱体的构成部分有哪些？
4. 简述电池管理系统（BMS）的定义。
5. BMS 一般由哪些部分组成？
6. 主机模块在 BMS 中起什么作用？
7. BMC 与单体电池之间的拓扑关系“一对多”形式相较于“一对一”形式有哪些缺点？
8. 电池状态估计的重要参数有哪些？
9. 简述电池历史信息存储三个方面的意义。
10. 热管理系统中空气冷却有哪些特点？

第7章

动力电池基本性能与测试

7.1 概述

通过电池充放电试验、电池安全性能试验和电池寿命试验，可全面了解动力电池性能，比较并评价批次产品的一致性。通常依据相关国家标准，对动力锂离子电池进行测试，使其符合国家标准的规范要求。

电池充放电性能测试，是指规定条件下的容量测试。容量测试主要包括室温容量测试、倍率容量测试、高低温容量测试和特定用户要求环境下的容量测试。有的容量测试会叠加力学环境要求。电池循环寿命测试通常被看作电池可靠性评判指标之一，有时也被纳入容量测试项目中。

电池容量测试，完整的操作由一次充电过程和接续的放电过程组成。

在一种充放电制度下，对同一目标产品进行重复的充放电过程，称为电池循环寿命测试，一次完整的充放电过程被记为一次循环，这个测试要在预设的最低放电容量时终止，终止测试前所有循环次数的累积数值为该电池规定制度下的循环寿命。

从被测产品角度出发，电性能测试分为单体、模组（块）和系统的测试。

（1）单体电性能测试　单体电性能测试着重考察室温放电容量和产品一致性，主要通过获取的试验数据（如开路电压、特定充放电倍率下的电压-时间曲线、电流-时间曲线、电池交直流内阻、短路恢复电压、自放电率等）来分析评价。

（2）模组电性能测试　模组电性能测试除了考察放电容量和产品一致性外，通常还增加了模组耐高温、耐低温、耐倍率充放电性能的测试项目，以及模组荷电保持性能和储存性能的测试项目。

（3）电池组系统电性能测试　电池组系统电性能测试要考察包括高低温容量、能量、功率、内阻、零负载、存储中容量损失以及能量效率等。

从能量使用和储存角度出发，电性能分为充电性能、放电性能和储存性能。

单体动力电池和模块的电性能试验，除倍率充电外，其他试验在开始前均需按规定充电方法对测试样品充电。

电池容量是指在一定的放电条件下可以从电池获得的容量，用符号 C 表示，单位为安时（A·h）。本章内容中，1h 率额定容量（A·h）用 C_1 表示；1h 率充电、放电电流（A）用 I_1 表示，其数值等于 C_1；3h 率充电、放电电流（A）用 I_3 表示，其数值等于$\frac{1}{3}C_1$。

GB/T 31486—2015《电动汽车用动力蓄电池电性能要求及试验方法》中规定了单体动力电池和模块的电性能试验方法，以此作为充放电的标准方法。这是为了保证在不同试验过程中充电条件的一致性。

除另有规定外，试验应在温度为（25±5）℃，相对湿度为15%~90%，大气压力为86~106kPa的环境中进行。标准中所提到的室温是指（25±2）℃。

7.2 性能测试

7.2.1 单体电池

用于单体电池充放电的设备，具有多路直流充电回路，每路可完成一只单体电池的充放电。每路电压一般在5V左右。

充电电流为直流，可大电流输出，单路电流一般在0~10 A或更高的50A。充电电流大小可调控设置，充电时采用CV方式，即恒流充电至规定电压转恒压充电，直至电流降低到规定值停止充电。

放电电路采用可调控负载的恒流或恒压电路，部分放电电能可以回收反馈电网。对充放电设备要定期检校，以保证测试数据的准确性。

GB/T 31486—2015规定，单体电池正式测试容量前要做一次平衡放电，放出受试样品原本已有的容量。一般以 $1I_1$ 电流放电至企业技术条件中规定的放电终止电压，搁置1h（或企业提供的不大于1h的搁置时间），然后按企业提供的充电方法进行充电。

若企业未提供充电方法，则依据以下方法充电：对于锂离子电池，以 $1I_1$ 电流恒流充电至企业技术条件中规定的充电终止电压时转恒压充电，至充电电流降至 $0.05I_1$ 时停止充电，充电后搁置1h（或企业提供的不高于1h的搁置时间）。图7-1所示为单体电池充放电试验设备。

图7-1 单体电池充放电试验设备

1. 案例一

下面简单介绍1865型锂离子电池充放电案例。图7-2所示为1865型锂离子电池充放电现场。

图7-2 1865型锂离子电池充放电现场

GB/T 31486—2015《电动汽车用动力蓄电池电性能要求及试验方法》规定了电动汽车用动力电池的电性能要求、试验方法和检验规则。该标准适用于装载在电动汽车上的锂离子电池和金属氢化物镍电池单体和模块，其他类型电池参照执行。

例如，该标准中规定的锂离子电池性能测试充放电流程是：先以 $1I_1$ 恒流充电至截止电压4.2V，转4.2V 恒压充电，截止电流 $0.02I_1$；搁置0.5h，然后以 $1I_1$ 恒流放电，放电截止电压2.75V，转恒压2.75V 放电，放残余容量，电流降低至 $0.02I_1$ 时终止。

图7-3 所示为典型的1865 型锂离子电池充放电曲线。

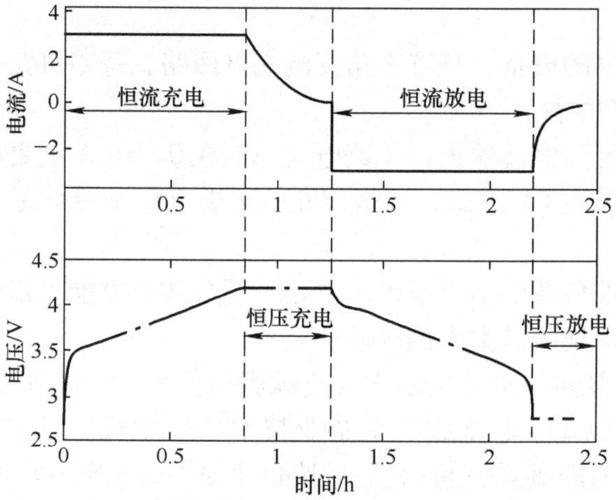

图7-3　典型的1865 型锂离子电池充放电曲线

2. 案例二

下面简单介绍 2170 型锂离子电池充放电循环案例。

图7-4 所示为 2170 型锂离子电池充放电循环设备。

图7-4　2170 型锂离子电池充放电循环设备

GB/T 31484—2015《电动汽车用动力蓄电池循环寿命要求及试验方法》规定了电动汽车用动力电池的标准循环寿命的要求、试验方法、检验规则和工况循环寿命的试验方法和检验规则。该标准适用于装载在电动汽车上的动力电池。

例如，该标准中规定的锂离子电池循环寿命测试充放电流程是：先以 $1I_1$ 恒流充电至截止电压 4.2V，转 4.2V 恒压充电，截止电流 $0.05I_1$；然后以 $1I_1$ 恒流放电，放电截止电压 2.75V。重复上述过程，直至容量降至初始容量的80%，终止试验。

统计循环周次。用循环次数对应每次容量，作点状曲线，归一平滑后，得到该型电池规定循环制度下的循环次数-容量曲线。2170 型锂离子电池循环性能曲线如图 7-5所示。

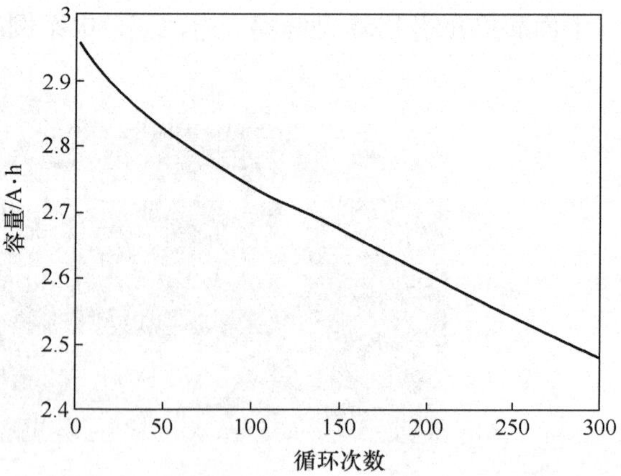

图7-5　2170 型锂离子电池循环性能曲线

GB/T 31484—2015 中规定的充电方法：室温下，按照企业规定的充电方法进行充电；若企业未提供充电方法，则依据以下方法充电：对于锂离子电池，以 $1I_1$（A）电流恒流充电至企业规定的充电终止电压时转恒压充电，至充电终止电流降至 $0.05I_1$（A）时停止充电，充电后搁置 1h（或企业规定的不高于 1h 的搁置时间）。

电池的电性能通过充放电曲线表现出来，图 7-3 显示了电流和电压在恒流充电和恒压充电时的不同。在恒流充电时，电池内部会产生热量，而且电池的电阻会在每个电极上产生过电位。设置恒压充电是为了削弱过电位对充电过程的影响。在恒压充电时，电流随时间逐渐减小，当电流减小到某个特定值，充电完成。放电是一个比较简单的过程，恒流放电时，电池电压会逐渐降低，直至降到截止电压，终止放电。

电池循环寿命是衡量电池能用多久的一个指标，用循环次数来描述。

7.2.2 电池模块

用于电池模块充放电的设备，其充电电压输出多为高电压，一般在 50V 以上，有的可以达到 400V 甚至更高。充电电路有单路或多路，电流为直流，可大电流输出，电流一般在 0～100A，有的上限到 500A（根据需要配置）。充电电流大小可设置调控。放电电路采用可调控负载的恒流或恒压电路，部分放电电能可回收反馈电网。对充放电设备要定期检校，以保证测试数据的准确性。图 7-6 所示为电池模块充放电设备。

图 7-6 电池模块充放电设备

GB/T 31486—2015 规定室温下，动力电池模块先以 $1I_1$（A）电流放电至任一单体电池电压达到放电终止电压。搁置 1h（或企业提供的不高于 1h 的搁置时间），按企业提供的充电方法进行充电，然后按规定的放电电流恒流放电，当达到规定的模块终止电压时终止放电，计算放电容量。

若企业未提供充电方法，则依据以下方法充电：对于锂离子电池模块，以 $1I_1$（A）电流恒流充电至企业技术条件中规定的充电终止电压时转恒压充电，至充电电流降至 $0.05I_1$（A）时停止充电，若充电过程中有单体电池电压超过充电终止电压 0.1V 时则停止充电。充电后搁置 1h（或企业提供的不高于 1h 的搁置时间），然后按规定的放电电流恒流放电，当达到规定的模块终止电压或任一单体动力电池电压达到放电终止电压时终止放电，计算放电容量。

电池模块的容量测试及循环寿命测试方法与单体电池相似，容量计算及循环次数统计可参照单体电池。

电池模块的室温倍率充电性能测试按以下步骤进行：

1）室温下，电池模块以 $1I_1$ 电流放电至任一单体电池电压达到放电终止电压，静置 1h。

2）室温下，电池模块以 $2I_1$（最大电流不超过 400A）电流充电，直至任意一个单体电压达到充电终止电压，或达到企业规定的充电终止条件，并且总充电时间不超过 30min，静置 1h。

3）室温下，电池模块以 $1I_1$ 电流放电至任一单体电池电压达到放电终止电压。

4）计量放电容量（以 A · h 计）。

对室温倍率充电性能的要求：放电容量应不低于初始容量的 80%。

7.3 容量

7.3.1 单体电池

根据 GB/T 31486—2015，按照如下步骤测试室温放电容量：

1）单体电池按前述的方法充电。

2）室温下，电池以 $1I_1$ 电流放电，直到放电至企业技术条件中规定的放电终止电压。

3）计量放电容量（以 A · h 计），计算放电比能量（以 W · h/kg 计）。

4）重复步骤 1）~3）5 次，当连续 3 次试验结果的极差小于额定容量的 3%，可提前结束试验，取最后 3 次试验结果的平均值。

单体电池室温放电容量应不低于额定容量，并且不超过额定容量的 110%，同时所有测试对象的初始容量极差不大于初始容量平均值的 5%。

7.3.2 电池模块

1. 室温放电容量

根据 GB/T 31486—2015，按照如下步骤测试室温放电容量：

1）电池模块按前述的方法充电。

2）室温下，电池模块以 $1I_1$ 电流放电至任一单体电池电压达到放电终止电压。

3）计量放电容量（以 A · h 计），计算放电比能量（以 W · h/kg 计）。

4）重复步骤 1）~3）5 次，当连续 3 次试验结果的极差小于额定容量的 3%，可提前结束试验，取最后 3 次试验结果的平均值。

电池模块室温放电容量应不低于额定容量，并且不超过额定容量的 110%，同时所有测试对象初始容量极差不大于初始容量平均值的 7%。

2. 室温倍率放电性能

GB/T 31486—2015 规定，电池模块室温倍率放电性能分高能量和高功率两类。室温下，最大允许持续输出电功率（W）和 1C 倍率放电能量（W · h）的比值低于 10 的动力电池为高能量型，反之则为高功率型。

能量型电池模块室温倍率放电性能按照如下步骤进行：

1）电池模块按前述的方法充电。

2）室温下，电池模块以 $3I_1$（最大电流不超过 400A）电流放电，直至任意一个单体电压达到放电终止电压。

3）计量放电容量（以 A · h 计）。

能量型电池模块室温倍率放电容量应不低于初始容量的 90%。

功率型电池模块室温倍率放电性能测试按照如下步骤进行：

1）电池模块按前述的方法充电。

2）室温下，电池模块以 $8I_1$（最大电流不超过 400A）电流放电，直至任意一个单体电压达到放电终止电压。

3）计量放电容量（以 A·h 计）。

功率型电池模块室温倍率放电容量应不低于初始容量的 80%。

3. 低温放电容量

根据 GB/T 31486—2015，电池模块低温放电容量试验按照如下步骤进行：

1）电池模块按前述的方法充电。

2）电池模块在（-20±2)℃下搁置 24h。

3）电池模块在（-20±2)℃下，以 $1I_1$ 电流放电至任一单体电池电压达到企业提供的放电终止电压（该电压值不低于室温放电终止电压的 80%）。

4）计量放电容量（以 A·h 计）。

锂离子电池模块低温放电容量应不低于初始容量的 70%。

4. 高温放电容量

根据 GB/T 31486—2015，电池模块高温放电容量试验按照如下步骤进行：

1）电池模块按前述的方法充电。

2）电池模块在（55±2)℃下搁置 5h。

3）电池模块在（55±2)℃下，以 $1I_1$ 电流放电至任一单体电池电压达到室温放电终止电压。

4）计量放电容量（以 A·h 计）。

电池模块高温放电容量应不低于初始容量的 90%。

5. 高温充放电循环试验案例

高温充放电循环试验中，通常需要将充放电设备和温度环境设备组合在一起使用。将被测试产品置于可调控温度的恒温箱中，通过导线与充放电设备连接。高温充放电循环试验设备及过程、数据图如图 7-7～图 7-10 所示。

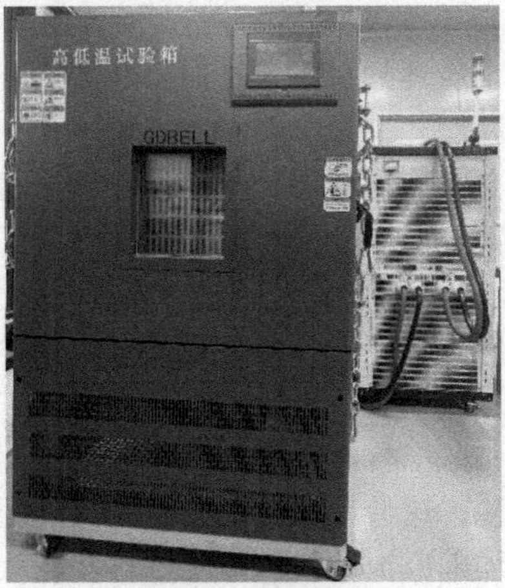

图 7-7 高温充放电循环试验设备（高低温试验箱和充放电设备）

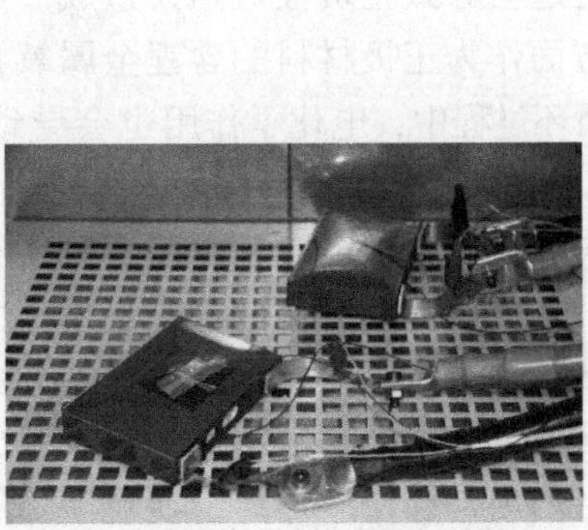

图 7-8 高温充放电循环试验前

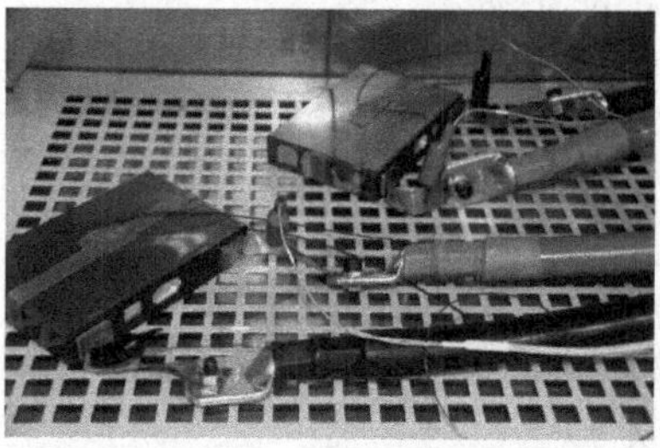

图 7-9　高温充放电循环试验后

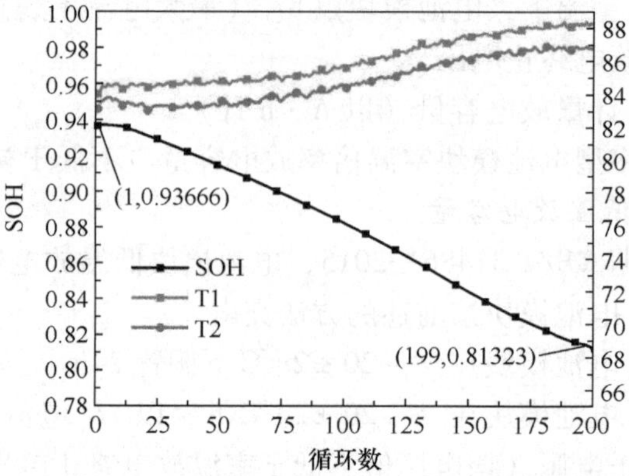

图 7-10　高温充放电循环 200 次试验曲线

电池循环寿命的影响因素包括试验条件及电池本体质量两方面。

（1）试验条件　试验条件主要是指电池循环时充放电电流的选择、环境温度的选择及放电深度的选择。一般来说，对于同一规格型号电池，在同样温度环境、同样放电深度（depth of discharge，DOD）条件下，采用中高倍率充放电电流进行寿命循环测试，试验寿命终止时的总循环次数要比低倍率的少；对于同一规格型号电池，在同样温度环境、相同充放电倍率条件下，采用中高放电深度进行寿命循环测试，试验寿命终止时的总循环次数要比低放电深度的少。

（2）电池本体质量　电池本体质量主要是指电池单体设计质量和制造质量。电池设计包括正负极活性物质配比设计、电芯容量设计、电池结构设计、电池热设计、密封设计、电池安全设计、电池制造工艺设计等。设计是否合理、科学和优秀从根本上决定了电池产品的性能。

制造质量主要是指核心材料如正极、负极、隔膜和电解液的制造质量，主要是工艺控制过程中形成的质量特性。

从微观角度观察，电池电极在充放电过程中，由于一定的原因，锂离子在迁移到负极表面时，部分锂离子没有进入负极活性物质形成稳定的化合物，而是获得电子后沉积在负极表面成为金属锂。这部分锂不再参与后续的循环过程，导致容量下降。这就是电化学反应使得负极表面产生金属锂沉积而降低循环寿命的机理。金属锂的沉积，不但会造成循环寿命的下降，严重时还会导致正负极短路，造成严重的安全问题。

另一方面作为正极材料的含锂金属氧化物，虽然具有足够的化学稳定性和热稳定性，但是在长期循环过程中，电化学作用也会导致材料分解，形成一些电化学惰性物质（如Co_3O_4、Mn_2O_3等），也生成一些可燃性气体。这会破坏电极间的容量平衡，造成锂离子电池容量的不可逆损失。严格限定电池充电截止电压不高于材料分解电压，提高正极材料化学稳定性和热稳定性，可在一定程度上改善电池循环性能。

电解液的溶剂在电池循环过程中会被少量消耗，一部分与电极活性物质结合，一部分分解。电解液也可能因密封性不良泄漏或逸出造成损耗，这会造成电池电芯电液干涸。电解液量变少或不均匀，会使液体离子导电率降低，并增加电极浓差的扩散困难程度，从而导致欧姆极化、浓差极化逐渐增大。这也会影响电池的循环性能。

电极活性物质在充放电循环过程中因各种作用导致的结构松散、与集流体剥离，会导致电子传导困难和活性损失，这也会影响电池的循环性能。

核心部件性能恶化一般是不可逆的，它所导致的电池循环寿命缩减是不可能恢复的。

如图 7-10 所示，在高温 70℃下的循环充放电，随着电池温度的上升，恶化的进程会加速，循环次数迅速减少，只完成 200 个循环，表征循环性能优劣的健康状态（SOH）数据由 0.937 下降到 0.813。

负极在充放电时，会造成电解液等物质分解，生成部分气体，导致软包电池体积膨胀。

7.4　储存性能

GB/T 31486—2015《电动汽车用动力蓄电池电性能要求及试验方法》，除了对单体电池的外观、尺寸、质量、充电方法和室温放电容量，以及电池模块的外观、尺寸、质量、充电方法、室温性能、高低温性能、耐振动性能的规定外，还提出储存等方面的要求与规定。储存性能主要是考察动力电池在室温和高温环境下的荷电保持与容量恢复能力。

7.4.1　荷电保持及容量恢复能力

1. 室温

室温荷电保持与容量恢复能力试验按照如下步骤进行：

1）电池模块按前述的方法充电。

2）电池模块在室温下储存 28d。

3）室温下，电池模块以 $1I_1$ 电流放电至任一单体电池电压达到放电终止电压。

4）计量荷电保持容量（以 A·h 计）。

5）电池模块再按前述的方法充电。

6）室温下，电池模块以 $1I_1$ 电流放电至任一单体电池电压达到放电终止电压。

7）计量恢复容量（以 A·h 计）。

2. 高温

高温荷电保持与容量恢复能力试验按照如下步骤进行：

1）电池模块按前述的方法充电。

2）电池模块在（55±2）℃下储存 7d。

3）电池模块在室温下搁置 5h 后，以 $1I_1$ 电流放电至任一单体电池电压达到放电终止电压。

4）计量荷电保持容量（以 A·h 计）。

5）电池模块再按前述的方法充电。

6）室温下，电池模块以 $1I_1$ 电流放电至任一单体电池电压达到放电终止电压。

7）计量恢复容量（以 A·h 计）。

锂离子电池模块，其室温及高温荷电保持率应不低于初始容量的 85%，容量恢复应不低于初始容量的 90%。

7.4.2　储存

储存试验按照如下步骤进行：

1）电池模块按前述的方法充电。

2）电池模块室温下，以 $1I_1$ 电流放电 30min。

3）电池模块在（45±2）℃下储存 28d。

4）电池模块室温下搁置 5h。

5）电池模块再按前述的方法充电。

6）电池模块室温下，以 $1I_1$ 电流放电至任一单体电池电压达到放电终止电压。

7）计量放电容量（以 A·h 计）。

电池模块储存后容量恢复应不低于初始容量的 90%。

7.5 安全性能

GB 38031—2020《电动汽车用动力蓄电池安全要求》系统全面地规定了电动汽车用动力电池单体、电池包或系统的安全要求和试验方法。GB 38031—2020 较 GB/T 31485—2015 相比，优先将电池系统作为安全要求的主体，同时也完善和调整了电池的系统安全要求，并辅以必要的单体安全要求。

相比于笔记本计算机、手机，以及固定用途（如储能、备用电源）等应用场景，电动汽车用锂离子动力电池的使用环境更加复杂多变和苛刻。例如电池需要暴露在极宽的温度范围内工作、持久的振动，以及高倍率的充放电等。大倍率充放电会导致极高的温度，高温又会引起电池内部各种分解副反应的发生，并有最终导致发生热失控的风险。此外，与电子产品用电池不同的是，电动汽车用动力电池的容错率更低。以 1865 型电池为例，其发生内部自发失效（或称为现场失效）的概率可以控制在四千万分之一到千万分之一之间，这对于消费类电子产品的电池而言是相对可靠的，但是在电动汽车上使用时，由于电池包内的单体动力电池数量通常数以百计甚至数以千计，因此对于电池安全性的要求更高。

本节主要内容是电池组经受热和电的安全性能测试及要求。

7.5.1 热失控

锂电池热失控是指锂离子电池在异常情况下，如过充电、过放电、短路等情况下发生的不可逆的热化反应，最终可能导致电池组爆炸、起火等严重后果的现象。

1. 热失控成因

热失控一般由电池内部过程引起，如电解质的分解、金属锂的析出、氧化还原反应等。随着反应的不断发展，电池内部产生的大量热量会加剧反应的进程，从而导致电池温度升高、压力增大、释放有害气体等，最终可能引发爆炸、火灾等严重后果。

2. 电池单体安全要求

安全性能是锂离子电池第一项考核指标。关于锂离子电池安全性能的考核指标，GB 38031—2020《电动汽车用动力蓄电池安全要求》已做出非常严格的规定。

一只合格的锂离子电池在安全性能上应该满足以下要求：

1）进行过放电试验，应不超火、不爆炸。

2）进行过充电试验，应不超火、不爆炸。

3）进行外部短路试验，应不超火、不爆炸。

4）进行加热试验（130℃±2℃恒温 30min），应不起火、不爆炸。

5）进行温度循环试验，应不起火、不爆炸。

6）进行挤压试验、应不超火、不爆炸。

电动汽车动力电池在使用中，主要安全问题是起火和爆炸。它往往是非正常使用时电池能量被迅速释放的现象。非正常使用时会使电池内部或外部条件变化，如电池内外短路、机械碰撞或冲击、散热效果不佳导致的热量累积等，导致能量转化过程及温升的不正常，进而引发各种化学反应骤然进行。

正常操作时，电池的充电和放电过程是可控的。但在滥用条件下，快速的能量转化会产生副产物。

为确保电池的安全，必须抑制电池内部的温升，因为大部分危险情况如热生成、热耗散、起火和爆炸等都是由热引发的。当出现温度升高的情况时，锂离子电池会发生自发热反应，进一步升高温度。不正确的使用或是制造缺陷所引起的散热和产热的不平衡，会导致锂离子电池有起火的危险。

如果散热速度高于产热速度，则可以避免热失控，电池是稳定的。如果产热速度超过了散热速度，则造成能量累积，电池的温度随时间上升而变得不安全。

以动力锂离子电池为例，其主要工作机理涉及阴阳极材料的脱锂嵌锂以及锂离子在电解液（质）及隔膜材料中的传输与扩散。动力电池出现安全问题，多数与电池的物质组成直接相关。

电池被过度充电和过度放电可能会造成电池热量累积，当散热不佳，内部电池材料间会发生化学反应，引发热失控，最终诱发起火甚至爆炸事故。

当汽车发生碰撞事故后，电池在受到碰撞挤压后结构会发生变形，导致内部组分材料失效，包括隔膜破裂或阴阳极材料断裂，进而引发内部短路；内部短路会产生大量的焦耳热，热量将加速单体电池中材料的分解。电池温度在 80～120℃之间，电极固体电解质界面（solid electrolyte interface，SEI）膜首先发生分解反应。而化学反应的进行都会伴随着热的产生，SEI 膜分解的动力学方程和放热方程为

$$Q = H\rho wk \tag{7-1}$$

式中，Q 为热量；H 为体系焓；ρ 为体系平均密度；w 为活性物质量；k 为反应系数。

7.5.2　电安全性

1. 过充电

过充电（overcharge）试验，又称为过充电保护（overcharge protection）试验，用于评估电池在充电器或相关控制电路故障时可能发生的充电超出制造商限制时的安全性。该试验以一定倍率的电流对电池进行充电，直至电池电压或 SOC 值达到规定的条件。

各个标准对过充电电流的规定各有不同，除 FreedomCAR 和 SAE J2929—2013 规定了具体的电流值外，其余标准规定的都是一个放电倍率，最小的倍率为 1C，最大的为 5C。一般而言，过充电电流越大对电池的威胁越大。过充电试验的截止条件则有很多类，大部分标准规范都以电池样品所达到的电压或 SOC 值为截止条件，ISO 12405 系列标准和 GB 38031—2020 还规定了电池样品温度的试验截止条件。

过充电试验按照如下步骤进行：

1）单体电池按前述的方法充电。

2）以制造商规定且不小于 $1I_3$ 的电流恒流充电至制造商规定的充电终止电压的 1.1 倍或 115% SOC 后停止充电。

3）完成以上试验步骤后，在试验环境温度下观察 1h。

单体电池试验过程中不起火、不爆炸。

2. 过放电

过放电（overdischarge）试验，又称为过放电保护（overdischarge protection）试验、强制放电（forced discharge）试验。该试验要求电池样品在放电至规定的放电截止电压（即 SOC 为 0）后仍然以一定的电流继续强制放电，直至达到规定的截止条件。

其中，GB 38031—2020、FreedomCAR、IEC 62660-2：2010、ECE R100-02：2013 以及 UL 2580-2013 的电池单体部分，规定了放电电流和放电时间是从满电状态正常放电开始计算的值，其余标准规范规定的参数值都是过放电阶段的值。

各标准规范对过放电电流的规定分为 $1I_1$、$1/3I_1$ 或最大电流，其中大多数标准规定的电流值为 $1I_1$。SAE J2464-2009、SAE J2929-2013、ECE R100-02：2013 等三项标准未规定过放电时间，而其余所有标准规定的过放电时间均为 30min，GB 38031—2020、FreedomCAR、IEC 62660-2：2010 以及 UL 2580-2013 虽然规定放电时间为 90min，但由于该放电时间是从 SOC 为 100% 时开始计算的，且放电电流为 $1I_1$，因此，其实际过放电时间也为 30min。大部分标准还规定了以样品电压值作为过放电试验的终止条件，当电压低于额定电压值的 25% 时（或为 0V 时），终止试验。图 7-11 所示为动力锂离子电池过充电、过放电试验设备。

图 7-11　动力锂离子电池过充电、过放电试验设备

过放电试验按照如下步骤进行：

1）单体电池按前述的方法充电。

2）单体电池以 $1I_1$ 电流放电 90min。

3）完成以上试验步骤后，在试验环境温度下观察 1h。

单体电池过充时不起火、不爆炸。

3. 过充电案例

试验电池为软包电池，采用石墨负极、磷酸铁锂正极。图 7-12 所示为软包磷酸铁锂电池过充电试验样品，单次过充电时电压-容量曲线如图 7-13 所示。

正常充电的参数为电压 2.5 ~3.6V，电流 $1I_1$；过充电时，电压 2.5 ~5.4V，电流 $1I_1$。

如图 7-12 所示，电池以恒定电流充电，超过允许的充电截止电压，就会发生过充电现象。

过充电时，电流被强制流过电池内部，几乎 100% 的电能通过电池内阻转变成热量。电池温度会不断升高。相比未过充电状态，过充电会使正极释放出更多的锂，释放出的锂会在负极上以金属锂沉积下来。锂的析出，引起正极结构坍塌，并产生热量和氧气，这会使电池

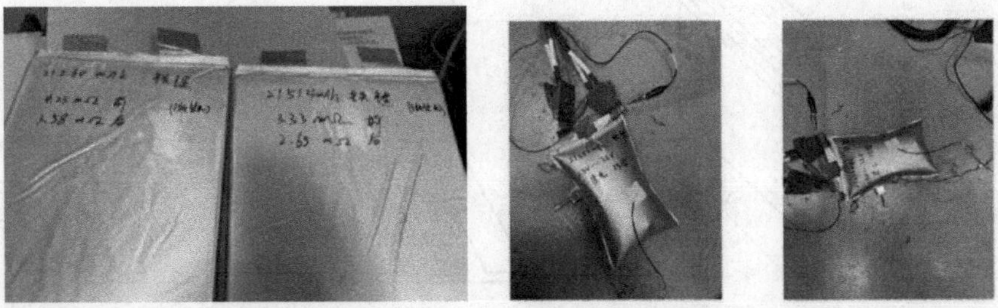

a) 过充电前　　　　b) 过充电后

图 7-12　软包磷酸铁锂电池过充电试验样品

膨胀。与此同时，电池温度会迅速上升。

由于电极上产生大量的热量，造成电池内部高温，高温会使隔膜材料收缩，电芯正负极之间部分区域的隔膜失去电子隔离作用时会引发电池正负极内部短路。短路的电池会瞬间大电流释放电能，短路导致的高温会加剧各种化学反应，进而引起电解液溶剂、隔膜等材料的燃烧，甚至会发生爆炸。

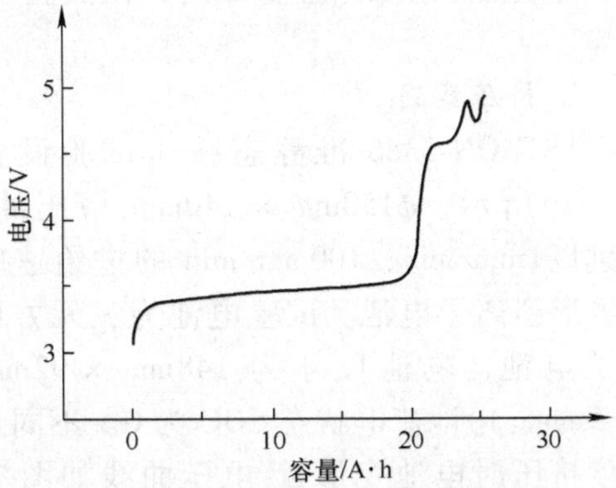

图 7-13　单次过充电时电压-容量曲线

7.6　机械安全性能

7.6.1　挤压

1. 挤压方法

锂离子电池挤压试验要在专用设备上进行，通常试验房间有对试验过程进行摄录和观察的记录监视系统。设备由专业人员操作。在设备与操作人员之间设有防护板（防火和防爆炸冲击），所有设备应置于通风房间，房间内配备沙土等灭火器材，有的配置可盛装试验后样品的水池或水桶。

根据 GB 38031—2020，电池包或系统的挤压试验按下列条件进行：

1）挤压板形式选择以下两种中的一种。挤压板 1 为半径 75mm 的半圆柱体，半圆柱体的长度（L）大于试验对象的高度，但不超过 1m。挤压板 1 外形如图 7-14 所示；挤压板 2 为外廓尺寸为 600mm × 600mm（长 × 宽）或更小的三个半圆柱体，每个半圆柱体的半径为 75mm，半圆柱体间距为 30mm。挤压板 2 外形如图 7-15 所示。

2）挤压方向有 x 轴方向和 y 轴方向，分别进行。定义汽车行驶方向为 x 轴方向，另一垂直于行驶方向的水平方向为 y 轴方向。为保护试验操作安全，可在两个试验对象上分别测试。

3）挤压速度不大于 2mm/s。

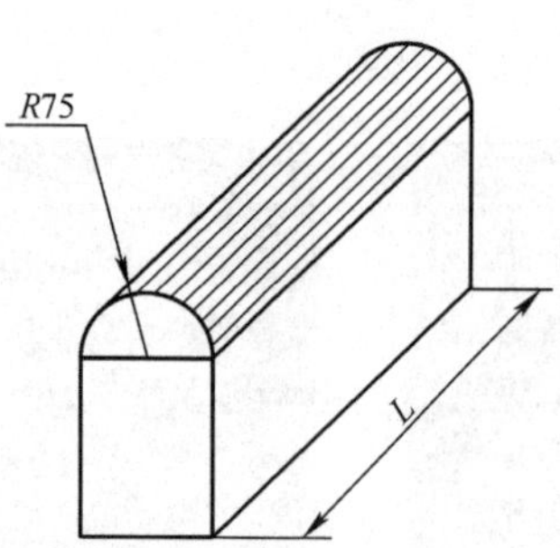

图 7-14　挤压板 1 外形

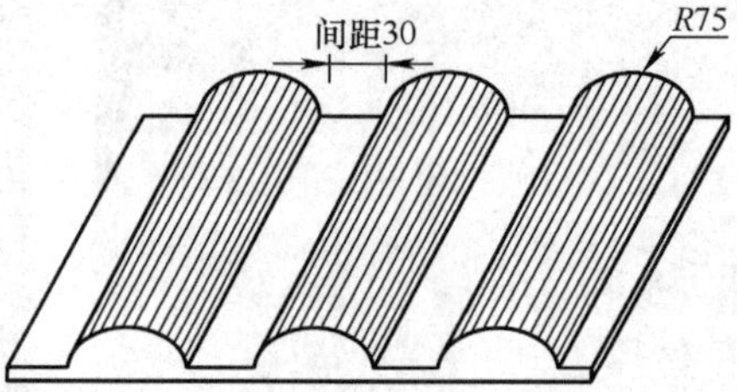

图 7-15　挤压板 2 外形

4）当挤压力达到 100kN 或挤压变形量达到挤压方向的整体尺寸的 30% 时停止挤压。

5）挤压的最终状态保持 10min。

完成上述挤压试验步骤后，在试验环境温度下观察 2h，电池包或系统应不起火、不爆炸。

2. 挤压案例

NSTRON 2386 准静态挤压试验设备如图 7-16 所示，ϕ150mm × 140mm 挤压冲头，分别以 1mm/min、100mm/min 的进给速度挤压方形锂离子电池。试验电池为三元方形锂离子电池，电池尺寸为 148mm × 92mm × 27.5mm。电池荷电状态 SOC 为 0。不同进给速度挤压时电池变形量-电压曲线如图 7-17 所示。

图 7-16　NSTRON 2386 准静态挤压试验设备

进给速度为 1mm/min 时，电池电压在峰值载荷对应处电压骤降，造成硬短路，电压急剧下降到 0V，电池壳体破裂；进给速度为 100mm/min 时，进给速度较快，第一个峰值载荷和第二个峰值载荷比较接近，电压硬短路的骤降点位于第一个峰值和第二个峰值之间，失效位移距离和 1mm/min 比较接近，但峰值载荷相比 1mm/min 下降了约 75kN。这说明挤压进给速度对挤压载荷有较大影响，进给速度是影响失效的重要因素。

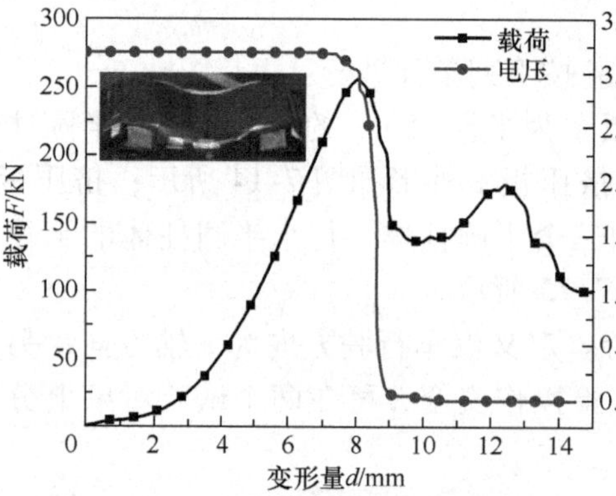

a) 进给速度1mm/min

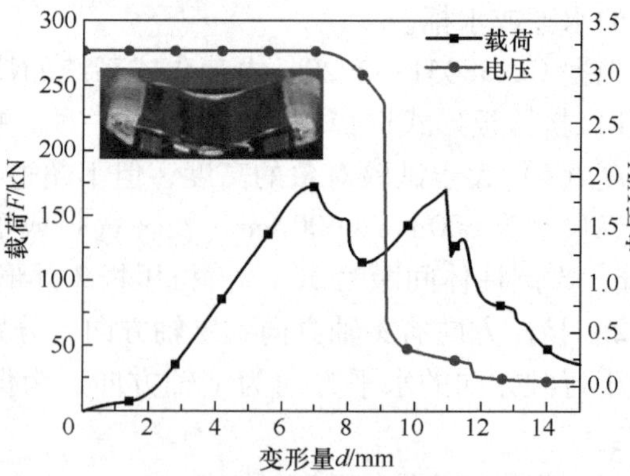

b) 进给速度100mm/min

图 7-17　不同进给速度挤压时电池变形量-电压曲线

7.6.2　模拟碰撞

根据 GB 38031—2020，试验对象为电池包或系统，按照试验对象车辆安装位置和 GB/T 2423.43 的要求，将试验对象水平安装在带有支架的台车上。根据试验对象的使用环境给台车施加规定的脉冲，模拟碰撞脉冲容差范围见表 7-1，图 7-18 所示为模拟碰撞脉冲容差范围示意图。完成以上试验步骤后，应在试验环境温度下观察 2h。

试验后，电池包或系统应无泄漏、外壳破裂、起火或爆炸现象。试验后的绝缘电阻不小于 100Ω/V。

表 7-1　模拟碰撞脉冲容差范围

点	脉宽/ms	$m \leqslant 3.5$t		$3.5\text{t} < m < 7.5\text{t}$		$m \geqslant 7.5$t	
		x 方向加速度	y 方向加速度	x 方向加速度	y 方向加速度	x 方向加速度	y 方向加速度
A	20	0g	0g	0g	0g	0g	0g
B	50	20g	8g	10g	5g	6.6g	5g
C	65	20g	8g	10g	5g	6.6g	5g
D	100	0g	0g	0g	0g	0g	0g
E	0	10g	4.5g	5g	2.5g	4g	2.5g
F	50	28g	15g	17g	10g	12g	10g
G	80	28g	15g	17g	10g	12g	10g
H	120	0g	0g	0g	0g	0g	0g

注：m 为整车整备质量。

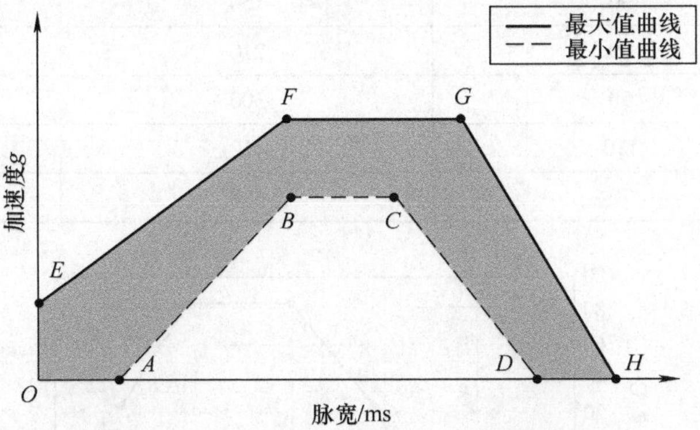

图 7-18　模拟碰撞脉冲容差范围示意图

7.7　环境安全性能

根据 GB 38031—2020，单体电池环境安全要求包括加热试验和温度循环试验；电池包或系统环境安全要求还包括湿热循环试验、浸水试验、温度冲击试验、盐雾试验和高海拔试验。

7.7.1 加热试验

加热试验按照如下步骤进行：

1）单体电池按前述的方法充电。

2）将试验用锂离子电池单体放入温度箱，温度箱按照 5℃/min 的速率升温，由试验环境温度升至（130±2）℃，保持此温度 30min，然后停止加热。

3）完成以上试验步骤后，在试验环境温度下观察 1h。

锂离子电池应不起火、不爆炸。

7.7.2 温度循环试验

温度循环试验按照如下步骤进行：

1）单体电池按前述的方法充电。

2）将试验用锂离子电池单体放入温度箱中，温度箱温度按照表 7-2 和图 7-19 进行调节，循环次数 5 次。

3）完成以上试验步骤后，在试验环境温度下观察 1h。

锂离子电池应不起火、不爆炸。

表 7-2 温度循环试验一个循环的温度和时间

温度/℃	时间增量/min	累计时间/min	温度变化率/（℃/min）
25	0	0	0
-40	60	60	13/12
-40	90	150	0
25	60	210	13/12
85	90	300	2/3
85	110	410	0
25	70	480	6/7

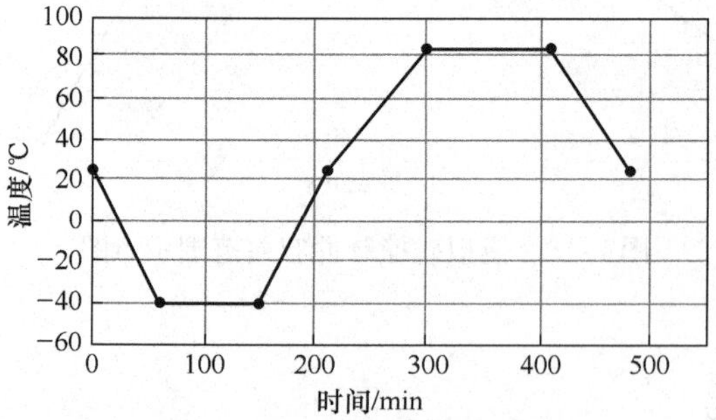

图 7-19 温度循环试验示意图

7.7.3 湿热循环试验

湿热循环试验按照如下步骤进行：

1）按照 GB/T 2423.4 执行试验 Db，试验温湿度变量如图 7-20 所示。其中最高温度是

60℃或更高温度（如果制造商要求），循环 5 次。

2）完成以上试验步骤后，在试验环境温度下观察 2h。

电池包或系统应无泄漏，无外壳破裂，未出现起火或爆炸现象。试验后 30min 之内的绝缘电阻不小于 100Ω/V。

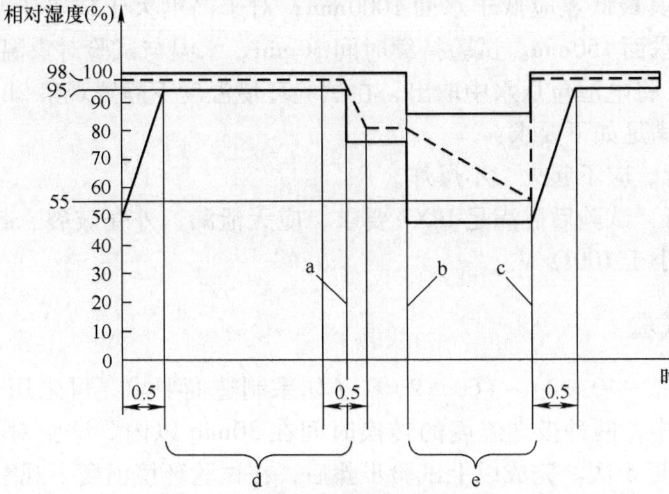

a) 相对湿度调控曲线

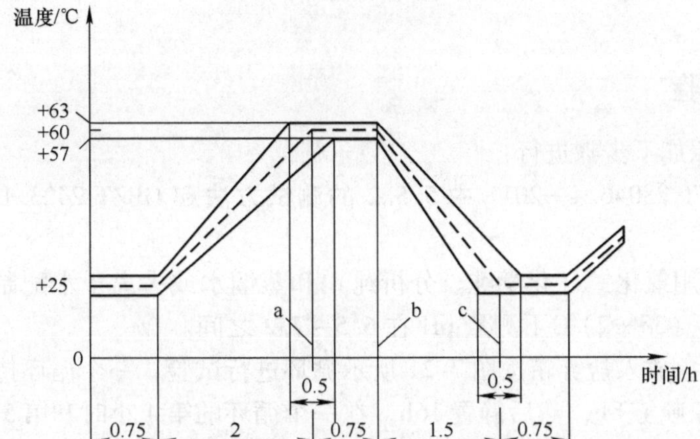

b) 温度调控曲线

图 7-20 温湿度循环调控曲线

a—升温结束 b—降温开始 c—推荐温湿度值 d—冷凝 e—干燥 f—一个循环周期

7.7.4 浸水试验

浸水试验按照如下步骤进行：

1）试验对象为振动试验后的电池包或系统。

2）试验对象按照整车连接方式连接好线束、插接件等零部件。浸水方式选择以下两种中的一种。

方式一：试验对象以实车装配方向置于3.5%（质量分数）氯化钠溶液中2h，水深要足以淹没试验对象。

方式二：试验对象按照GB/T 4208—2017《外壳防护等级（IP代码）》中14.2.7所述方法和流程进行试验。试验对象按照制造商规定的安装状态全部浸入水中。对于高度小于850mm的试验对象，其最低点应低于水面1000mm；对于高度大于或等于850mm的试验对象，其最高点应低于水面150mm。试验持续时间30min。水温与试验对象温差不大于5℃。

3）完成试验后，将电池包从水中取出，在试验环境温度下静置观察2h。

电池包或系统应满足如下要求：

1）按方式一进行，应不起火、不爆炸。

2）按方式二进行，试验后需满足IPX7要求，应无泄漏、外壳破裂、起火或爆炸现象。试验后的绝缘电阻不小于100Ω/V。

7.7.5 温度冲击试验

将试验对象置于（-40±2）~（60±2）℃（如果制造商要求，可采用更严苛的试验温度）的交变温度环境中，两种极端温度的转换时间在30min以内。试验对象在每个极端温度环境中保持8h，循环5次。完成以上试验步骤后，在试验环境温度下观察2h。

试验后，电池包或系统应无泄漏、外壳破裂、起火或爆炸现象。试验后的绝缘电阻不小于100Ω/V。

7.7.6 盐雾试验

盐雾试验按照如下步骤进行：

1）按照GB/T 28046.4—2011中5.5.2的测试方法和GB/T 2423.17的测试条件进行试验。

2）盐溶液采用氯化钠（化学纯、分析纯）和蒸馏水或去离子水配制，其浓度为5%±1%（质量分数）。（35±2）℃下测量pH在6.5~7.2之间。

3）将试验对象放入盐雾箱按图7-21所示循环进行试验，一个循环持续24h。在（35±2）℃下对试验对象喷雾8h，然后静置16h，在一个循环的第4小时和第5小时之间进行低压上电监控。共进行6个循环。

4）对于完全放置在乘员舱、行李舱或货舱的试验对象，可不进行盐雾试验。

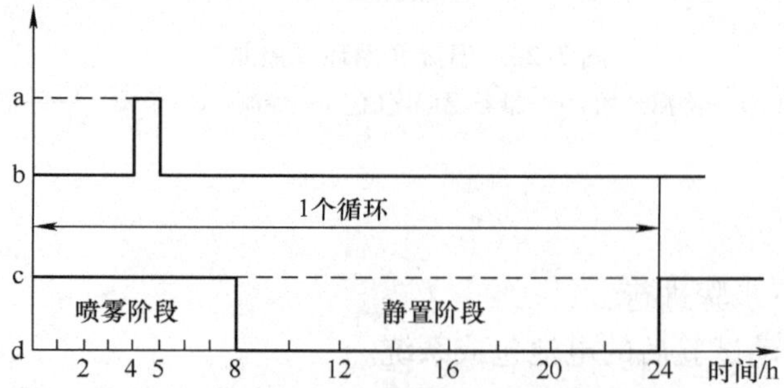

图7-21 盐雾试验循环条件控制曲线

a—低压上电监控 b—连接线束完毕（不通电） c—打开（喷盐雾） d—关闭（停喷盐雾）

经过盐雾试验后，电池包或系统应无泄漏、外壳破裂、起火或爆炸现象。试验后的绝缘电阻不小于100Ω/V。

7.7.7　高海拔试验

测试环境：气压条件为61.2kPa（模拟海拔高度为4000m的气压条件），温度为试验环境温度。

将测试样品在上述测试环境中搁置5h。搁置结束后，保持测试环境条件，对试验对象进行不小于$1I_3$的电流放电至制造商规定的放电截止条件。

完成以上试验步骤后，在试验环境温度下观察2h。

高海拔环境下测试后，电池包或系统应无泄漏、外壳破裂、起火或爆炸现象，由制造商提供电流锐变、电压异常终止条件，采用此条件终止的试验判定为失败。试验后的绝缘电阻不小于100Ω/V。

7.8　热稳定性

根据GB 38031—2020，电池包或系统热稳定性安全要求包括外部火烧试验和热扩散试验。

7.8.1　外部火烧试验

试验对象为电池包或系统。对电池包或系统起到保护作用的车身结构，也可以参与火烧试验。试验环境温度为0℃以上，风速不大于2.5km/h。

测试中，盛放汽油的平盘尺寸超过试验对象水平投影尺寸20cm，但不超过50cm。平盘高度不高于汽油表面8cm。试验对象应居中放置。汽油液面与试验对象底部的距离设定为50cm，或者为车辆空载状态下试验对象底面的离地高度。平盘底层注入水。外部火烧示意图如图7-22所示。

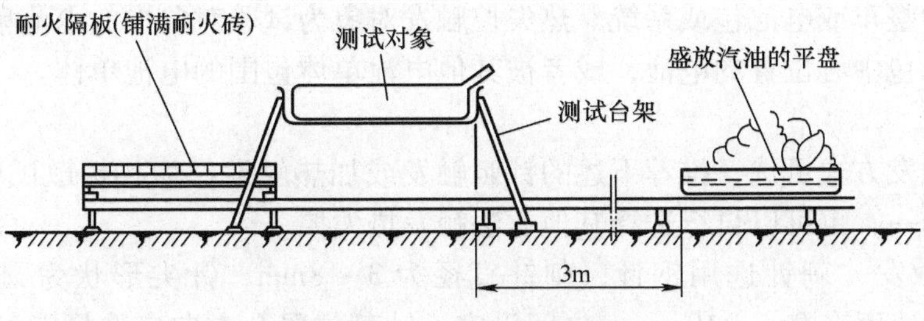

图7-22　外部火烧示意图

外部火烧试验分为以下4个阶段。

（1）预热　在离试验对象至少3m远的地方点燃汽油，经过60s的预热后，将油盘置于试验对象下方。如果油盘尺寸太大无法移动，可以采用移动试验对象和支架的方式。

（2）直接燃烧　试验对象直接暴露在火焰下70s。

（3）间接燃烧　将耐火隔板盖在油盘上。试验对象在该状态下测试60s，或经双方协商同意，继续直接暴露在火焰中60s。耐火隔板由标准耐火砖拼成，具体筛孔尺寸如图7-23所示，也可以用耐火材料参考此尺寸制作。

（4）离开火源　将油盘或试验对象移开，在试验环境温度下观察2h或试验对象外表温度降至45℃以下。

试验后，测试产品不燃烧、不爆炸。

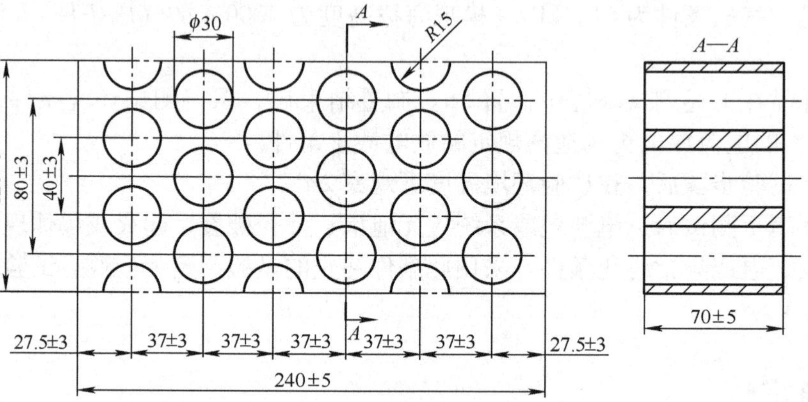

图7-23　耐火隔板的尺寸

耐火隔板的耐火性为SK30，成分为30%～33%（质量分数）的Al_2O_3，密度为1.9～2.0g/cm^3，有效孔面积为44.18%，开孔率为20%～22%（体积比）。

7.8.2　热失控热扩散试验

当动力电池系统内某单体发生热失控时，热量将会通过不同方式传递到相邻的单体动力电池，严重时会引起连锁反应，热扩散时形成的烟雾、火灾和爆炸严重威胁乘员安全，因此企业在产品开发阶段有必要设计并验证锂离子动力电池包或系统的热扩散危害。

目前，国内外相关机构在制定和修订动力电池安全相关标准法规过程中，对热失控和热扩散的要求越来越重视。此处给出一种热扩散安全要求和热失控判定条件方案，供企业产品设计开发人员参考。

试验对象为整车或电池包或系统。热失控触发对象为试验对象中的电池单体。触发对象可选择靠近电池包中心位置的电池，或者被其他电池单体包围的电池单体。

1. 触发方式

试验时的触发方式可选，推荐下述的针刺触发或加热触发作为热扩散试验的触发方式。制造商可以二选一，也可以自行选择其他方法触发热失控。

（1）针刺触发　刺针选用钢针，刺针直径为3～8mm，针尖形状为圆锥形，锥角为20°～60°。针刺速度在0.1～10mm/s之间设定。针刺位置及方向应选择能触发单体电池发生热失控的位置和方向（例如垂直于极片的方向）。

（2）加热触发　使用平面状或者棒状加热装置，并且其表面应覆盖陶瓷、金属或绝缘层。对于选用尺寸与单体电池相同的块状加热装置，可用该加热装置代替其中一个单体电池，与触发对象的表面直接接触；对于选用薄膜加热装置，则应将其始终附着在触发对象的表面。加热装置的加热面积都应不大于单体电池的表面积。将加热装置的加热面与单体电池表面直接接触，加热装置的位置应与图7-25所示温度传感器的位置相对应。安装完成后，应在24h内起动加热装置，以加热装置的最大功率对触发对象进行加热。加热装置功率选择见表7-3。

当发生热失控或者热失控定义的监测点温度达到300℃时，停止触发。

表7-3　加热装置功率选择

触发对象电能 E/W·h	加热装置最大功率/W
$E<100$	30～300
$100\leqslant E<400$	300～1000
$400\leqslant E<800$	300～2000
$E\geqslant 800$	>600

2. 推荐的监控点布置方案

1）监测电压或温度，应使用原始的电路或追加新增的测试用电路。温度数据的采样间隔应小于1s，准确度要求为±2℃。

2）针刺触发时，温度传感器的位置应尽可能接近短路点，也可使用针的温度。针刺触发时温度传感器的布置位置示意图如图7-24所示。

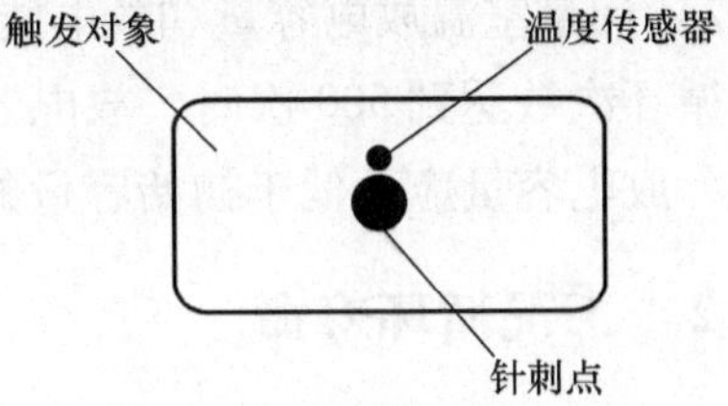

图7-24　针刺触发时温度传感器的布置位置示意图

3）加热触发时，温度传感器布置在远离热传导的一侧，即安装在加热装置的对侧，如图7-25所示。

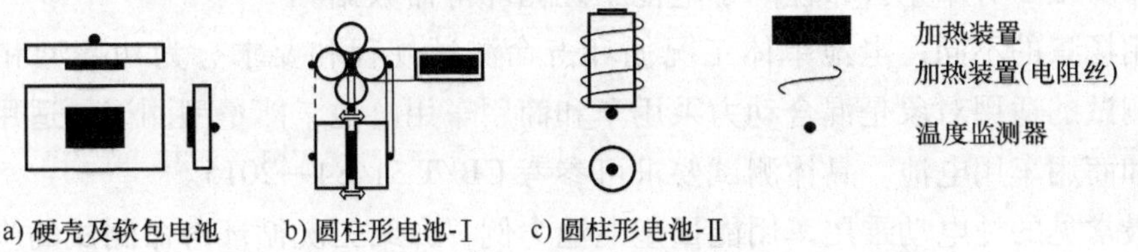

图7-25　加热触发时温度传感器的布置位置示意图

3. 热失控触发判定条件

单体电池热失控触发后，如果发生以下的1）和3）或者2）和3）现象，则可判定为试验样品发生了热失控。

1）触发对象产生电压降，且下降值超过初始电压的25%。

2）监测点温度达到制造商规定的最高工作温度。

3）监测点的温升速率 $dT/dt\geqslant 1$℃/s，且持续3s以上。

如果采用推荐的热失控触发方法未引发热失控，则需采用其他方法触发热失控。但应保证其他方法引发的热失控不会给车辆乘员带来实际或潜在的危险。

7.9　电池寿命

7.9.1　标准循环寿命

标准循环寿命是按照充放电次数来计算的，是指在一定的充放电条件（标准条件）下，电池容量衰减到规定值之前，电池所能承受的充放电循环次数。其中一个完整的循环是指一次完全充电加上一次完全放电。

根据 GB/T 31484—2015，单体电池标准循环寿命按照如下步骤进行测试：

1）以 $1I_1$ 放电至企业规定的放电终止条件。

2）搁置不低于 30min 或企业规定的搁置条件。

3）按照前述的方法充电。

4）搁置不低于 30min 或企业规定的搁置条件。

5）以 $1I_1$ 放电至企业规定的放电终止条件，记录放电容量。

6）按照 2）~5）连续循环 500 次，若放电容量高于初始容量的 90%，则终止试验；若放电容量低于初始容量的 90%，则继续循环 500 次。

7）计量室温放电容量和放电能量。

循环次数达到 500 次时，放电容量应不低于初始容量的 90%，或者循环次数达到 1000 次时，放电容量应不低于初始容量的 80%。

7.9.2 工况循环寿命

根据电池实际使用工况（高低温、过充电、大功率放电等工况）模拟出一种特定工况条件，对电池进行循环测试，得到的即是锂离子电池在实际工作情况下的使用寿命，被称为工况循环寿命。很少有车企公布锂离子电池工况循环寿命数据。

按照应用场景的不同，电池单体工况循环寿命测试规程和要求分为功率型和能量型测试。功率型测试的适用对象是混合动力乘用车和商用车用电池，能量型测试的适用对象是纯电动乘用车和商用车用电池。具体测试要求可参考 GB/T 31484—2015。

这里以最常见的纯电动乘用车用能量型电池为例，介绍工况循环寿命测试的步骤和一般要求。测试步骤如下：

1）按照前述的方法充电。

2）搁置 30min。

3）运行“主放电工况”，见表 7-4，直至达到 20% SOC 或企业规定的最低 SOC 或企业规定的放电终止条件。

表 7-4 纯电动乘用车用能量型电池主放电工况试验步骤

时间增量/s	累计时间/s	电流/A	ΔSOC（%）
5	5	$3I_1$	-0.417
3	8	$-1I_1$	-0.333
6	14	$-1/3I_1$	-0.278
40	54	$1/3I_1$	-0.648
30	84	$1/2I_1$	-1.065
10	94	$1I_1$	-1.343

注：表中电流正负值定义为充电为正，放电为负。

4）搁置30min。

5）重复步骤1）~4）共xh，x约为20且循环次数为图7-26所示大循环的整数倍。

6）搁置2h。

7）重复步骤1）~6）共6次。

8）测试电池容量和能量。

9）重复步骤1）~8），直至总放电能量与电池初始能量的比值达到500。

10）测试电池容量和能量。

纯电动乘用车用能量型动力电池按照上述步骤进行工况循环寿命测试时，总放电能量与电池初始能量的比值达到500时，计量放电容量。

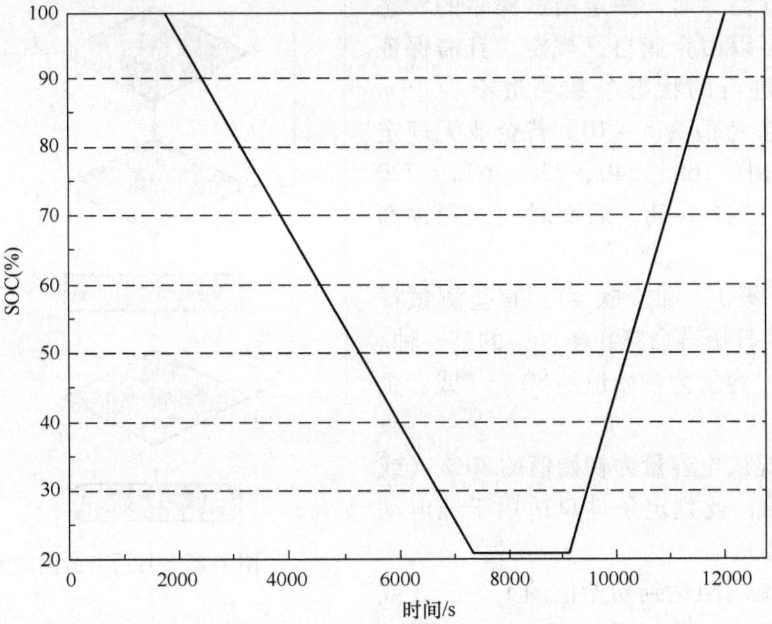

图7-26 纯电动乘用车用能量型电池大循环SOC波动示意图

7.9.3 日历寿命

日历寿命就是电池生命周期。锂离子电池的日历寿命是指电池生产之日起到电池彻底报废结束的时间。一般来说，日历寿命会在3~5年，具体要看电池的原材料、生产工艺以及电动车车主的使用习惯，这些都会影响电动车的日历寿命。此外，电池的容量也会随着时间的流逝而慢慢衰减，不管是否使用都在缩减寿命。

目前，国标中未针对日历寿命给出相关的测试方法和要求，本节针对纯电动汽车用动力电池给出一种测试流程，供企业研发人员参考。日历寿命测试流程图如图7-27所示。

1）在初始状态下测量测试样品的初始状态参数，包括恒流放电容量、动态应力测试（DST）工况放电容量、放电直流内阻和放电峰值功率等。

2）在室温下调整电池至目标SOC，其中混合动力汽车用动力电池目标SOC建议选择80%、65%、50%、35%、20%，纯电动汽车用动力电池目标SOC建议选择90%、70%、

50%、35%、20%。

3）对测试样品进行不同温度存储，记录环境温度（1 次/天），温度存储过程中定期查看测试样品的开路电压（OCV），确定测试样品的 SOC 状态，推荐首月每周 2 次检查 OCV（2 次/周），第二个月每周检查 OCV（1 次/周），之后每两周检查 OCV，如果 SOC 低于目标值（判断标准为低于目标值的 5%），则需要调整 SOC，然后继续存储。

4）完成 nh 储存后，测定测试样品的状态参数，其中 n 可以由企业自己规定，且需保证生命周期内所进行的状态参数测量不少于 m 次，其中 m 的参考值为 5～10。若企业无规定值，建议 n 选择 168、240、336、672、720（建议前 3 个月选择 168h，后面时间间隔逐渐增大）。

5）重复步骤 3）和步骤 4），直至测试样品达到以下五类日历寿命终止条件中的某一种。

① 恒流放电容量为初始值的 80%（或者企业规定的值）。

② DST 工况放电容量为初始值的 80%（或者企业规定的值，此判定条件只适用于纯电动汽车用动力电池）。

③ 放电直流内阻达到初始值的 1.5 倍（或者企业规定的值）。

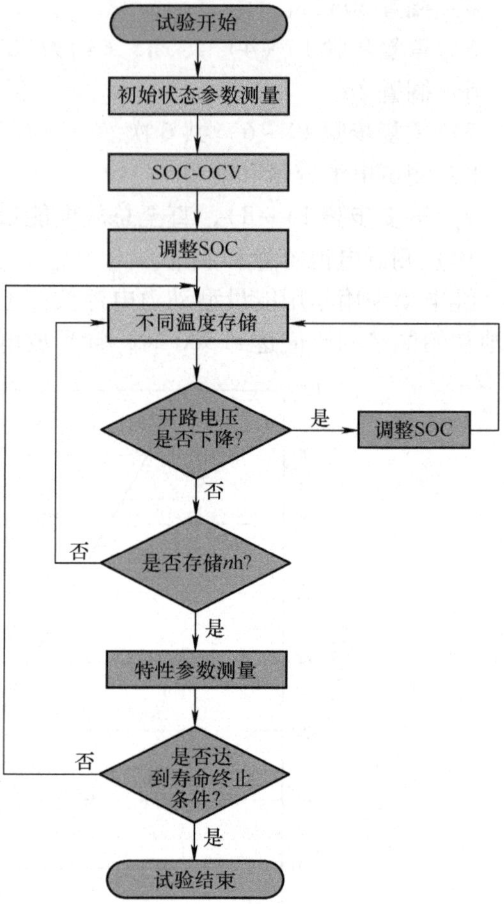

图 7-27　日历寿命测试流程图

④ 放电峰值功率衰减至初始值的 80%（或者企业规定的值）。

⑤ 测试时间超过企业规定的时间。

7.9.4　加速寿命测试

通过改变并加强影响寿命循环性能（循环次数）的主要应力条件来缩短试验时间，并考察和暴露产品质量缺陷的可靠性试验。应力可分为恒定、步进和序进几种方式施加。

目前，对于锂离子电池的加速寿命测试，通常采用温度作为加速因子，即选取若干不同的温度工况（例如 35℃、45℃和 55℃），在各工作温度下独立开展标准循环寿命、工况循环寿命或日历寿命测试。拟合得到该样品在不同温度工况下的容量衰减趋势，基于阿伦尼乌斯公式建立电池寿命的预测模型。

7.9.5　寿命预测

通过已获取的全周期寿命数据，建立一种模型，用于对同一批次或对同一工艺质量控制条件下的其他产品进行类似使用条件的循环寿命的预估计，也包括使用已有部分循环性能数据对本产品剩余寿命的预估计。

电池的退化状态可由电池的容量直接表征。锂离子电池容量衰减的影响因素主要有内部因素和外部因素。

（1）内部因素　内部因素包括正极、负极、隔膜和电解液四部分，每一部分的结构形态变化均可引起电池容量的衰减。

在电池充放电过程中，电池的副反应会导致正极材料的相变，晶格参数变化会引起晶粒破碎，从而使得材料的结构被破坏，锂离子的扩散通道被阻挡，扩散系数减小，从而造成电池容量衰减。

在负极，SEI膜的增长、负极微观结构的变化和锂沉积等均会导致电池容量衰减。在SEI膜的生成过程中需消耗电解液中的Li^+和溶剂，导致电池容量衰减。随着电池充放电循环的进行，负极活性材料和集流体之间发生脱离现象，从而导致电池容量损失。在有些情况下，负极还会出现锂沉积，即析锂现象，导致活性锂损失，造成电池容量不可逆损失。

随着电池反应的进行，在正负极界面上会发生一系列的副反应，反应产物会在隔膜上堆集，从而使得隔膜孔隙率变小，电池的内阻变大，电池容量衰减。

在锂离子电池的电化学反应过程中，伴随着电解液的副反应，锂盐和溶剂被消耗，电解液的浓度发生改变，甚至引发安全问题。

（2）外部因素　外部因素包括温度、充放电电流、自放电、放电深度和荷电状态等。

电池工作存在最佳工作温度范围，若超出这个范围，电池的电化学性能就会受到影响。例如，如果外界温度低于正常范围，则会降低电解质的活性，电解液的黏度变高，锂离子迁移速率变慢，从而使得电池电化学反应变慢，电池容量衰减。

电池过充电会使电池内部发生副反应，Li^+沉积在电极表面，使得电极反应变慢，电池容量衰减。电池过放电也会对电池容量带来不利影响，过放电截止电压越低，副反应越严重，电池容量衰减现象越明显。

采用大电流循环充放电时，会使得电极活性物质微观结构产生变化，如崩塌、粉化、与骨架的结合力变弱等，这会造成电极活性损失，同样也会造成容量衰减或循环次数减少。

锂离子电池中的自放电现象会造成电池的容量损失，包括可逆容量和不可逆容量。损失的可逆容量在充电时可以恢复，不可逆容量则不可恢复。

放电深度（DOD）是指电池放出的容量与额定容量的比值；荷电状态（SOC）是电池使用一段时间或长时间放置不使用后的剩余容量与电池充满电状态下的容量之比。电池循环过程中的放电深度和荷电状态不同，会对电池的寿命产生影响。放电深度越高，电池使用时间越长，电池活性物质损失越多，电池寿命衰减越严重。

但电池的容量多数情况下很难直接测得，因此，可以利用检测到的运行状态数据，通过模型的建立和算法来实现对锂离子电池容量的估计，进而得到电池的剩余寿命预测。目前，锂离子电池寿命预测方法主要包括基于物理模型的方法、基于数据驱动的方法和基于融合模型的方法。

1. 基于物理模型的方法

该方法主要通过研究电池的衰退机理来建立相应的模型。具体分为三类：退化机理模型、等效电路模型和经验衰退模型。

（1）退化机理模型。退化机理模型是从锂离子电池内部的电化学机理出发，通过分析电池内部的结构材料、运行机制和外部运行条件等因素对电池老化的影响来建立的模型。锂离子电池的退化机理较为复杂，因此在建模时需要的参数较多，进而加大了建模难度。此外，不同电池的物理化学性质不同，因而这种模型的鲁棒性较差。

（2）等效电路模型　等效电路模型是基于电池内部的电化学反应机理，将复杂的锂离子电池等效为一个简化的电路模型。目前常见的等效电路模型主要有阻容（RC）网络模型、Rint 模型等。RC 网络模型较为简单易懂，因此被广泛应用。Rint 模型虽然建模较为简单，但参数精度不高，因此不能准确判断锂离子电池的变化特性。

等效电路模型是一个简化的模型，导致有些状态变量之间的隐含关系可能被忽略，因此不能完全反应锂离子电池的动态特性。

（3）经验衰退模型　与退化机理模型和等效电路模型不同，经验衰退模型的方法是从试验数据中得出容量衰减规律与各种参数（温度、充放电电流、容量、内阻等）变化规律的关系，然后通过数据拟合得到剩余使用寿命（remaining useful life，RUL）预测的经验模型，采用滤波方法更新模型参数。该方法应用范围更广，模型结构简明，灵活度高。经验衰退模型主要有指数模型、多项式模型和容量再生模型，滤波方法主要有卡尔曼滤波（Kalman filter，KF）、粒子滤波（particle filter，PF）以及它们的改进算法，其中 PF 及其改进算法是最常用的算法。经验衰退模型算法对模型的依赖性较大。

2. 基于数据驱动的方法

基于物理模型的方法主要是根据电池内的化学反应来研究，但电池内部的电化学反应较为复杂，很多关系规律难以通过该方法进行建模。基于数据驱动的方法则无须研究电池内部的复杂反应，仅通过收集电池的历史工况数据并对其分析，再通过各种智能算法即可预测电池的 RUL，因而在当前 RUL 研究中被广泛应用。目前基于数据驱动的方法主要有时间序列模型、人工神经网络、支持向量机和相关向量机等。

（1）时间序列模型　时间序列模型又称为自回归（autoregressive，AR）模型，是通过系统前期监测的数据和选定的参数以及阶次的差分方程，对锂电池后续的状态进行预测。虽然 AR 模型参数简单，容易计算，但是它是线性模型，不能进行长期的 RUL 预测，对于非线性数据拟合不适用。

（2）人工神经网络　人工神经网络（artificial neural networks，ANN）是一种典型的非线性运算方法，可以同时处理大量的信息并将信息分布式存储。ANN 模型在样本数据较小时预测精度有限，而样本数据较大时，其预测精度和鲁棒性会大大提高。但是实际上电池的退化数据多为小样本数据，制约了 ANN 模型的预测精度，而且 ANN 模型的计算量较大，不适合实时的 RUL 预测。

（3）支持向量机　支持向量机（support vector machine，SVM）因其本身构造的优势，可以很好地避免 ANN 模型的收敛速度慢、容易陷入局部最优等问题，被广泛应用于处理小样本的非线性问题。但是 SVM 的核函数必须具备 Mercer 条件。

（4）相关向量机　SVM 在预测结果方面缺乏不确定的表达，因而提出了相关向量机（relevance vector machine，RVM），它和 SVM 表面上含有相同的函数形式，且 RVM 是以 SVM 为基础的贝叶斯处理方法。与 SVM 不同，RVM 的核函数无须具备 Mercer 条件，因而减少了其参与计算的数量。RVM 在线适应能力较弱，且不适合长期的 RUL 预测。

3. 基于融合模型的方法

单一地采用物理模型法预测和数据驱动法预测都存在许多的局限性，因此，越来越多的锂离子电池 RUL 研究倾向于多模型融合的方法，它综合了多种模型的优缺点，模型之间相互互补，从准确性、鲁棒性、泛化性等多个方面提高了锂离子电池的 RUL 预测性能。融合模型的 RUL 预测性能优于单一的神经网络模型。虽然融合模型算法精度较高，但是该算法参数较多、参数较难识别，并且随着融合模型算法的增加，算法复杂度也急剧增加。

基于物理模型的方法虽然可以反映电池的老化机理，但其建模较困难，因而不能被广泛使用。基于融合模型的方法虽然相比其他两种方法预测精度较高，但是其计算复杂度高，实际应用的可行性较小。基于数据驱动的方法因其建模的灵活性成为当前 RUL 预测研究的主要方法。

准确预测锂离子电池的剩余寿命是系统故障预测和诊断的重要依据，对设备的安全检测以及故障预测方面都有重要意义。从目前的 RUL 预测方法研究现状来看，基于数据驱动的方法是当前的主流方法。但是该方法目前也存在一些问题，例如如何在多场景下设计一种有效的方法来预测锂电池的寿命，并提高预测的准确度，仍是一个挑战。为提高该方法预测的准确性，研究人员应积极探索更有普适性的参数优化算法。随着互联网技术和人工智能的快速发展，相信在不久的将来锂离子电池的寿命预测技术会取得突破性进步。

7.10　电池一致性测试

动力电池的一致性是与电池配组有关的概念。它通常是指电池单体之间电性能差异性的大小。

一致性可分为制造过程中的一致性和使用过程的一致性。制造过程中的一致性主要与制造工艺、生产控制水平等有关，使用过程中的一致性则主要取决于系统集成和管理（主要是电和热两方面）水平的高低。

定量分析电池的一致性可以从静态参数和动态参数两方面入手。静态参数包括质量、内阻、开路电压（OCV）、容量、能量、自放电率等，动态参数主要指充放电时单体动力电池的荷电状态（SOC）和工作电压等。静态不一致性和动态不一致性之间是相互关联的，如单体工作电压的差异实际上是单体动力电池在容量、内阻和 SOC 等方面的差异综合作用导致的结果。针对单体动力电池一致性演变规律和影响因素开展分析，对于提高电池包或系统的性能、循环寿命和安全性都是极其重要的。

与手机、数码相机等电子消费品不同的是，电动汽车的动力电池系统通常由成百上千只单体通过串并联组合而成，因此对于一致性的要求更高。在下面电性能要求的描述中，将结合特定方面给出目前标准中对于电池性能一致性的要求。

单体电池的一致性包括外形尺寸和电性能参数等众多指标。单体动力电池的一致性主要关注非工作状态的电性能指标和电池工作状态的差异。非工作状态的电性能指标包括电池容量、内阻和自放电率，电池工作状态的差异包括电池荷电状态和工作电压的差异。

7.10.1　容量一致性

电池容量一般指电池当前的最大可用容量，即电池在满充条件下恒流放出的容量，它是衡量电池性能的重要参数之一。影响电池容量的因素较多，对于同一型号电池而言，除了单体内部差异，外部测试条件如温度和放电倍率等也会显著影响电池容量。

一般情况下，电池生产时会抽样测试容量的一致性。用于电池组配组的电池的容量差应小于3%。容差值可以用容差百分数描述，容差百分数为单体容量与批次平均容量的差值除以平均容量的百分数；也可以用最大容量差数值描述，同批次最高容量与最低容量的差值。这个值越低一致性越好。

假如与锂离子电池组串联的电池之一不符合标准，或在包装前放置太久，充满电后电压差达150mV，则可能导致电池组总容量减少13%～18%。

7.10.2 内阻一致性

动力电池内阻包括欧姆内阻和电化学反应中表现出的极化内阻两部分。欧姆内阻由电极材料、电解液、隔膜内阻和各零件的接触内阻组成；极化内阻是电化学反应中由于电化学极化和浓差极化等产生的内阻。内阻与荷电状态密切相关，比较内阻是否一致，应在荷电状态相同的前提下，用同一种测试方法和同一台仪器获得的数据进行比较。

成组标准不一致，内阻容差控制不同，一般控制在5%以内。内阻更关注的是个体阻值与批次内阻的均值的差值。此差值越低，说明内阻一致性越好。

7.10.3 自放电率一致性

自放电率是电池在存储过程中容量自然损失的一种重要现象，它反映了电池内部化学反应的非理想性，以及电池材料、结构和制造工艺对电荷保持能力的影响。一般而言，电池在存储一段时间后，其开路电压会下降，这就是自放电的直接表现。自放电不仅会导致电池容量的减少，还可能影响电池的性能和使用寿命。

对于锂离子电池而言，其自放电率相对较低，这意味着在相同的存储条件下，锂离子电池比其他类型的电池（如镍镉电池或镍氢电池）更能保持其容量。此外，锂离子电池组通常还具备均衡功能，这一功能可以进一步减少因单体电池自放电率差异而导致的容量损失。均衡功能通过监测和调整每个单体电池的充电状态，确保整个电池组的性能保持一致。

因此，在锂离子电池组中，自放电率是否高度一致通常不成为关键的成组控制参数。然而，这并不意味着可以完全忽视自放电率的一致性。实际上，如果电池组的自放电率差异过大，则可能对电池组的整体性能和寿命产生不利影响。例如，自放电率较高的电池可能会在存储过程中更快地失去容量，导致电池组在放电时提前达到截止电压，从而影响整个电池组的续航能力。

7.10.4 荷电状态一致性

荷电状态一致性在电池组中扮演着至关重要的角色，它是衡量电池组内各个单体电池电荷水平是否一致的关键指标。电池的状态，特别是荷电状态（SOC），直接决定了电池的工作电压，并对电池的使用寿命产生深远影响。

荷电状态是指电池当前剩余容量与其完全充电时容量的比值，通常以百分比表示。一个准确的SOC估计对于电池管理系统的有效运作至关重要，因为它直接关系到电池的充放电策略、能量输出以及电池的保护机制。在电池组中，如果各个单体电池的SOC不一致，就会导致电池组整体性能下降，甚至可能引发安全问题。

7.10.5　端电压一致性

对于动力电池而言，其电压的外部特性可以用等效电路模型来描述，也可直接测量比较。但端电压比较应在荷电状态相同的前提下进行。

习　　题

1. 电性能测试的产品中，模组电性能测试通常还要增加哪些测试项目？
2. 电池模块的室温倍率充电性能测试应按照哪些步骤进行？
3. 详述获取室温放电容量的测试步骤。
4. 热失控的成因是怎样的？
5. 合格的锂离子电池在安全性能上应该满足哪些要求？
6. 电池被过度充电和过度放电会造成什么影响？
7. GB 38031—2020 规定，挤压试验需要符合哪些条件？
8. 试验对象按照 GB/T 4208—2017《外壳防护等级（IP 代码）》中 14.2.7 所述方法和流程进行试验后，应满足哪些要求才算合格？
9. 单体电池热失控触发后，如果发生哪些现象，可判定为试验样品发生了热失控？
10. 若电池的放电深度值越高，对电池会造成哪些影响？

第8章

动力电池回收

8.1 概述

电动汽车的发展包括电动汽车以及动力系统的研究和开发，其动力系统是指动力电池。动力电池作为电动汽车的动力源泉，是制约电动汽车发展的关键因素。动力电池的研发、管理、维护及回收将直接影响电动汽车产业的发展。

8.1.1 回收目的

动力电池回收目的主要有两个：一是满足环境保护的需求，二是满足资源再利用的需求。它受政策驱动和经济利益驱动。

废旧电池是一种污染性特别强的电子垃圾，它包含了大量的重金属、电解质容器以及各类有机物，它具有多种毒性很强的污染物。通过回收废旧电池，可回收稀有贵金属钴，也可回收金属镍、锂。

我国制定了《新能源汽车动力蓄电池回收利用管理办法》，以后退役电池的处理会更加规范。欧盟电池法也规定了电池回收的要求，旨在加强电池整个生命周期的可持续性和循环性，明确要求电池生产企业要更加重视全流程中碳足迹的考核。如“废电池中关键金属材料的最低回收率要求：锂 2027 年达到 50%，2031 年达到 80%；钴、铜、铅和镍，2027 年达到 90%，2031 年达到 95%”。

另外，建立一个成熟的回收体系，对缓解当前和未来动力电池产业的供应链问题也有现实意义。

8.1.2 回收市场

中投产业研究院发布的《2022—2026 年中国废旧电池回收利用行业深度调研及投资前景预测报告》指出，电动汽车需求的增加显著地推动了锂离子电池回收市场的增长。对金属资源的再利用和对环境的保护也将促进电池回收市场的增长。与废电池储存和运输相关的安全问题等因素，可能会阻碍市场增长。从区域市场来看，预测期内 85% 的市场增长将来自亚太地区。

中国、韩国和日本是亚太地区锂离子电池回收的主要市场。亚太地区的增长率一直很高，预计在预测期内将为市场供应商提供多个增长机会。限制环境危害的严格政府法规和 EPA 指南将促进亚太地区锂离子电池回收市场在预测期内的增长。

国际市场研究机构 MarketsandMarkets 数据则显示，预计 2025 年全球动力电池回收行业规模将达到 122 亿美元，到 2030 年达 181 亿美元。根据国际环保组织报告测算，2020—

2030 年全球累计动力电池退役量达到 1. 3TW · h，约 1000 万 t 左右，未来动力电池后市场有着较大的爆发潜力。

预测 2025 年废旧动力电池回收市场空间为 331. 4 亿元，2030 年可达 1485. 33 亿元。

8. 1. 3　回收方式

电动汽车动力电池的生命周期包括生产、使用、报废、分解以及再利用。电动汽车动力电池的回收利用指将使用过的动力电池回收后通过梯次利用或拆解提炼稀有金属的方式进行再次利用。

梯次利用主要针对动力电池容量降低到无法满足新能源汽车的使用要求，但是动力电池本身没有报废，仍可以通过别的途径继续使用，如应用于电池储能领域；拆解回收主要针对动力电池容量损耗严重，无法继续使用，只有通过拆解的方式回收有利用价值的资源，如钴、镍等稀有金属。目前市场上退役动力电池回收方式主要以拆解为主，一方面由于退役动力电池梯次利用需要相关的技术积累和试验验证，目前还很不成熟，仍在探索之中；另一方面由于退役的动力电池量还较少，梯次利用形成规模有一定难度。

电动汽车动力电池回收利用是促进和支撑电动汽车发展的重要一环，电动汽车的发展将带动退役动力电池回收利用产业的发展；退役动力电池回收利用产业的发展将有力保障电动汽车产业的健康发展，这种相辅相成的互为依赖的关系，有效指引了电动汽车产业及退役动力电池回收利用产业的发展方向。

8. 1. 4　回收体系建设

2021 年，工业和信息化部等五部门印发《新能源汽车动力蓄电池梯次利用管理办法》，生态环境部发布《废锂离子动力蓄电池处理污染控制技术规范（试行）》，规范指导废锂离子动力电池处理过程。国家发展改革委等多部门印发《“十四五”循环经济发展规划》，其中同样对动力电池回收利用溯源管理体系、梯次利用做出重要指导。图 8-1 所示为回收体系建设。

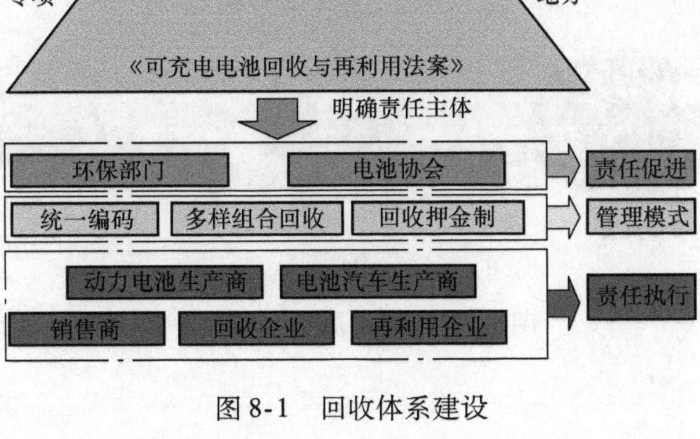

图 8-1　回收体系建设

我国已初步搭建了动力电池回收利用管理体系，并构建了溯源体系。目前已将占全国产量94%的新能源汽车纳入溯源管理。在全国范围内已建成1万余个动力电池回收网点。

2022年，工业和信息化部公布了第四批《新能源汽车废旧动力蓄电池综合利用行业规范条件》企业名单（被称为动力电池回收行业白名单），第四批白名单企业共计41家，与前三批合计，白名单企业已有84家。

双碳背景下循环经济减污降碳属性突出，资源循环将成为各地工业固废发展的必由路径，新能源热度高涨，动力电池退役潮将至，动力电池回收有望迎来政策法规的完善提升与回收市场的规模放量。

8.2 退役电池处理

随着电动汽车的普及，电动汽车动力电池回收利用产业必将成为汽车工业和能源产业发展的重点。在我国，电动汽车动力电池回收利用产业的发展是必然的，政府出台各项政策助力电动汽车动力电池回收利用产业的发展。在电动汽车动力电池回收利用产业发展中，应考虑业务运营模式，建设相应的电动汽车动力电池信息库，引入集中式的信息管理平台，这是发展电动汽车动力电池回收利用产业的重要环节。待在全国范围内建成电动汽车动力电池回收利用网络后，全国的电动汽车动力电池回收利用产业将联网运营，以此可推动电动汽车动力电池回收利用产业的发展。

8.2.1 退役电池判定

动力电池从出厂使用到报废共经历数个阶段，如图8-2所示。电池梯次利用是其中的关键一环，动力电池的性能随使用次数的增加而衰减，当动力电池性能下降到原性能的80%时，将不能达到电动汽车的使用标准。退役后的电池可用在对动力电池性能要求低的场合，即进入梯次利用阶段。

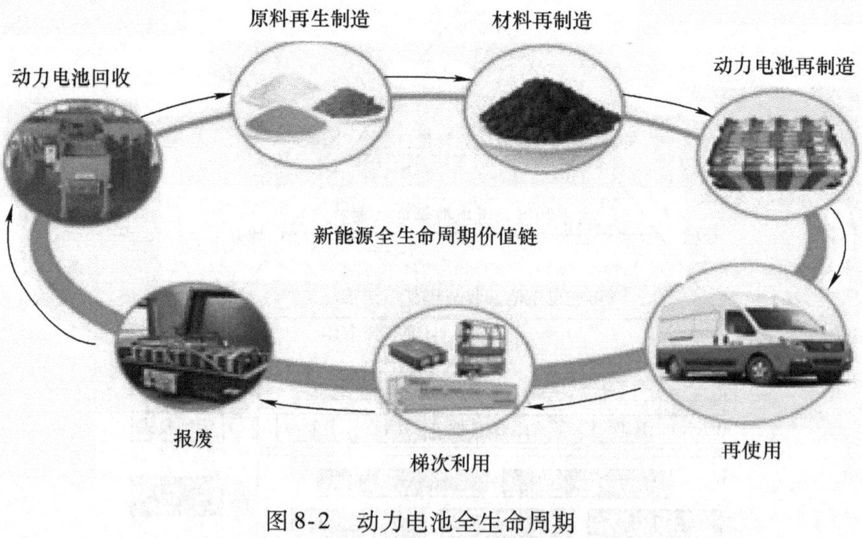

图8-2 动力电池全生命周期

8.2.2　退役电池包拆解

动力电池退役后，很大一部分电池已经报废无法梯次利用，也会有一定数量电池，可以重新配组，进行二次利用。

将电池组、电池模块拆解，去掉电池外接电路、外壳、数据传感器等，剔除掉报废电池等。因为退役电池组仍然具有部分剩余容量，电压等级较高，外接电路绝缘性能和连接可靠性均无法保证，所以在拆解过程中应该特别注意人身安全，拆解工作应在空旷和具有安全防护措施的场所进行，拆解过程应全程使用绝缘防护工具。

拆解过程需要注意避免对电池本身造成不可逆转的损坏，例如有的电池组采用的是焊接方式配组，梯次利用时需要解焊，解焊过程若存在温度过高或者机械外力过大的情况，则会对电池内部结构造成破坏，如局部过热等。无论电池组采用的是焊接方式还是接卸连接方式，电池二次利用时必须将极耳剪短，去掉原来配组时极耳连接部分，此时应该特别小心，避免对极耳及极耳附近造成破坏。

8.2.3　退役电池暂存管理

退役电池的储存方式有隔开储存、隔离储存、分离储存、严密封口和液密封口。

隔开储存是在同一建筑或同一区域内，用隔板或墙，将不同的物料隔开的储存方式；隔离储存是在同一房间或同一区域内，不同的物料之间分开一定距离，用通道保持空间的储存方式；分离储存是在不同的建筑物或远离所有建筑的外部区域内的储存方式。严密封口是在容器经过封口后，封口处不外漏固体的封闭形式；液密封口是在容器经过封口后，封口处不渗漏液体的封闭形式。在储存之前，首先根据储存要求和是否属于危险废弃物对退役电池进行分类，见表8-1。

表8-1　退役电池分类

分类	组别	储存要求
一般废电池	锌锰电池、碱性锌锰电池等一次电池废料	对于不同组别采用隔离储存，同一组别的不同名称的废电池采用隔离或隔开储存。储存仓库及场所应贴有一般固体废物的警告标志，参照 GB 15562.2 的有关规定进行
	锂离子电池、镍氢电池等二次电池废料	
	废极片料、边角料、废清	
	其他电池废料	
易爆废电池	锂一次电池及边角料	采用分离储存，储存仓库及场所应贴有易爆的警告标志，参照 GB 15562.2 的有关规定进行
危险废弃物废电池	废含汞电池及边角料	对于不同组别采用分离储存，同一组别采用隔离储存，储存仓库及场所应贴有危险废弃物的警告标志，参照 GB 15562.2 的有关规定进行
	废镉镍电池及边角料	
	废铅酸电池及边角料	

8.2.4　包装及运输

构建退役动力电池回收运输安全管控体系，从多个环节着手。

工业和信息化部印发的《新能源汽车动力蓄电池回收服务网点建设和运营指南》将退役电池安全等级分为 A、B、C 三类。如果客户提供的电池结构功能完好，符合清单中所有检测条款，则为A类电池；若有任何一项不符合条款，则为B类电池；若存在清单中不包含条款的情况，则为C类电池。从客户处拿到退役动力电池，应精确了解电池包状态，通过历史数据和现场检测结果，对退役电池进行判定。电池包历史数据主要集中于车企、电池企等。依据电池包状态，对退役电池进行相应的包装，以保证整个运输过程中的电池安全。包装部分主要是根据退役电池的判定情况进行不同的处理。A类电池以基础包装为主（托盘或木箱）。B类或C类电池直接运回处置工厂。

安全运输环节，主要参照交通运输部发布的JT/T 617《危险货物道路运输规则》，里面明确将废旧电池定义为第九类危险品，且必须使用专用安全运输箱进行运输。在运输过程设置轨迹监控、烟雾报警、温度预警，尽最大努力做好过程风险预测，发生安全意外时，可确保最大限度地降低损失；针对电池混装问题，不仅要保证高效运载效率，而且要保证电池安全。

临时存储要在丙类建筑二级消防等级仓库储存。仓库应具备独立安全储存柜，六面封闭，独立烟感、温感实时监控，七氟丙烷灭火，水喷淋，独立排烟排水系统等多维度功能。

根据相关的规定与管理办法，仓储过程中最重要的环节就是做好分类和分区管理。

8.3 梯次利用

随着电动汽车保有量的增加，不能达到电动汽车使用标准的动力电池组件将大量退役。退役的动力电池不能继续用于电动汽车，但可用在对动力电池性能要求低的场合。

电动汽车退役的电池具备在储能系统，尤其是小规模的分散储能系统中继续使用的条件，此外，退役动力电池还可用于低速电动交通工具，如电动自行车、电动摩托车等。

通过这种梯次利用方式来延长电池使用寿命，降低动力电池全生命周期成本，对于推动电动汽车行业的健康发展具有重要意义，也是锂离子电池在电动汽车上推广应用中待解决的关键问题。

8.3.1 梯次利用概述

梯次利用的最大社会价值是产品得到最大限度利用。动力电池使用期延长，可为社会创造经济价值，可为社会减少固废物。这是现代社会提倡的循环性、低碳型生产生活方式。实现梯次利用必须遵循客观规律，依靠科学技术。

动力电池随着使用次数的增加，性能会衰减。动力电池性能下降到原性能的80%时，将不能达到电动汽车使用标准，应当退役。

退役电池可进入梯次利用阶段，用在对动力电池性能要求低的场合。退役电池中不适合梯次利用的电池和梯次利用后因性能进一步降低无法继续使用的电池，可进入回收拆解阶段。

在梯次利用技术方面，我国科研院所和企业正在开展研究，包括淘汰产品生命周期诊断、可再循环性梯次设计、物理指标检测、综合性能测试等。

梯次利用一直被认为是新能源汽车动力电池退役后再次应用的主要方式。也有人持不同观点，认为从安全性和经济性层面看，退役动力电池梯次利用是一个“伪命题”。

我国动力电池退役潮即将临近，退役动力电池梯次利用将在环保法规与珍惜资源的政策方面取得更多支撑。

退役动力电池的梯次利用和回收主要基于环境保护、资源节省、创造价值等三个方面。

1）梯次利用和回收有利于环境保护。动力电池的正极材料里包含镍、钴、锰、锂等金属元素，这些金属元素会对环境、水等造成污染；负极材料里面的碳材、石墨等会造成粉尘污染；此外，动力电池的电解液中含有有毒的化学成分，也会造成环境污染。进行梯次利用和回收即可减少污染。

2）梯次利用和回收有利于资源节省。动力电池中含有大量的金属元素，我国镍、石墨等资源比较多，但钴稀缺；我国锂矿不少，但富锂矿少。大部分锂矿储量分布在西藏、青海、四川等开采难度比较大的地域；盐湖中的镁和锂含量比较高，但用锂盐提取锂的成本较高。

3）梯次利用和回收可创造价值。退役动力电池梯次利用及资源化回收可以商业化。动力电池产业迅猛发展导致原材料需求量增加，引起上游原材料价格暴涨或波动。目前，金属钴价格为 60 万元/t，镍价格为 10 万元/t，碳酸锂价格为 17 万元/t，金属锂价格为90 万元/t。

8.3.2 梯次利用有利条件

1. 退役动力电池数量

2020 年我国动力电池退役量高达 20 万 t，约 25GW · h。预计 2025 年可供回收废旧动力电池总量达 42. 83 万 t。2025 年后，每年退役电池数量增长将超百万量级，预计到 2026 年，累计退役量超 142. 2GW · h 或 92. 6 万 t。到 2030 年升至 300. 11 万 t。

截至 2022 年 6 月，我国动力电池装机量累计达到 531. 9GW · h，继续保持全球领先。2021 年全球动力电池装机量约为 295. 9GW · h，我国动力电池装机量共计 154. 5GW · h，占全球装机量的五成。在全球动力电池装机量前十名中，我国企业占据 6 席，市场份额约为48%。可以预期，报废量 15 年的持续增长是巨大产业红利，持续成长属性凸显。

2. 环保政策加持

大量退役的动力电池如处置不当，既会给社会带来环境和安全隐患，也会造成资源浪费，同时制约新能源汽车产业健康、可持续发展。

从资源利用角度来看，直接将退役的动力电池作为原材料回收，其实是变相浪费。在部委联合出台的《新能源汽车动力蓄电池回收利用管理暂行办法》中，提出退役动力电池的利用应遵循先梯次利用，后再生利用的原则。即退役动力电池经过梯次利用后，再进行再生利用。如果说无害化处理和资源再生是必须做的，那么梯次利用充分发挥了动力电池的价值。梯次利用不仅可以解决成本问题，还可为电动汽车动力电池退役谋出路。

退役的动力电池本身没有报废，合理处置后可继续在其他应用场合使用，如电力储能、通信基站后备电源等。退役动力电池梯次利用可以降低动力电池成本并延长使用寿命，可以有效降低储能成本。

3. 退役电池可用性

动力电池平均使用年限为 5 ~ 8 年，其性能随着充电次数的增加而衰减，动力电池剩余容量降低到初始容量的 70% ~80% 时便无法满足电动汽车车载动力使用要求，这意味着其在电动汽车上的使用寿命终止。如果直接将动力电池淘汰，必将造成资源的严重浪费，同时也会导致环境污染。

从电动汽车上退役下来的动力电池，经过测试、筛选、重组等环节，完全可以继续满足分布式发电、微网、移动电源、后备电源、应急电源等中小型储能设备和大型商业储能及电网储能市场的使用。

如果退役动力电池梯次利用技术提高、经济成本下降，在梯次利用领域，动力电池的全生命周期、使用价值将会得到充分发挥。随着动力电池性能的提升以及成本大幅下降并趋稳，让现有及未来退役动力电池梯次利用的价值大大提高。

动力电池标准化（外形、安装、动力接口、信号接口以及各种协议、电压等级），有助于梯次利用。我国动力电池在2014年以前，电池及电池组的标准化体系还未完全建立，工艺水平还不够高，动力电池一致性差，品质不高。有些动力电池出厂时检测合格，使用后容量衰减非常快，安全性和稳定性差，难以再次利用。2015年后，动力电池实现标准化设计，可规模自动化生产，电池品质极大提升。这个时期生产的动力电池退役后，可梯次利用比例达60%～70%。

4. 分选标准

梯次利用的前提是电池循环时容量衰减能够保持线性。甄别退役动力电池是否具备线性衰减特性，需要对其进行筛选。分选的项目、评价标准，因梯次利用目的不同而有差别。但分选应注意以下几个方面。

1）分选技术性可行性。包括老化程度、后期衰退、安全性、可靠性，涉及老化、失效机理、后续寿命、安全性、可靠性检测、分级分选技术、工况测试、重组与管理技术等。目前，相关标准仍缺失。

2）经济可行性。退役动力电池梯次利用成本包括采买成本、运输成本、检测成本、重组成本等。随着全新动力电池组（新电池组）价格降低，采买退役动力电池价格也会下降。但同时也会挤压退役电池梯次利用的成品（旧电池组）价格。当新、旧电池组差价接近时，退役动力电池会失去梯次利用价值。

3）退役动力电池回收可行性。退役动力电池所有权复杂，退役动力电池组残值、风险责任、应用市场等方面还需要政府支撑与扶持，以及产业界的积极响应。

随着动力电池技术的进步和性能的提高，相关标准的逐步完善，退役动力电池梯次利用规模化效应将使其经济性逐渐显现。

5. 信息系统建设

开展退役电池梯次利用时，需要经历退役电池历史运行数据收集分析、退役电池收集、整理、打包、再利用等一系列流程。为了有效利用和整合各地的退役电池、跟踪电池利用环节的全生命周期数据、提高梯次利用环节电池的管理水平、减少仓储过程中因管理不善而造成的电池浪费等，退役电池梯次利用信息系统的建设至关重要。它可以用于对退役电池资源跟踪和数据统计的数据源，充分利用供应链管理的思路，为后期提升退役电池利用率提供一个平台。

退役电池梯次利用信息系统的设计思想是将物流仓储的概念应用于梯次电池的利用环节之中，结合信息处理和数据分析功能形成的。主要考虑在退役电池可能出现的流通、存储和使用环节设置一定数量的仓库或者增加虚拟仓库功能，通过信息平台，整合电池各种信息与数据，实现对电池的全方位全生命管理，实现信息、数据与管理的有机统一。

6. 分选评估技术

动力电池组由数千只单体电池组成，一般采取先并后串的方式配组。首先将数十只单体电池并联组成一个电池模块，再将数十个电池模块串联组成电池包，然后将几十乃至上百个电池包串联组成电池组，如图 8-3 所示。动力电池组在运行使用过程中，通常是整组电池退运或者电池组中个别电池模块中的某些电池产生了劣化现象，以模块为单位退出运行。退运的电池模块经过破壳、模块解列、单体电池外观分选、外特性分选、安全性检测、耐久性评估等一系列评估，方可进入二次利用环节。图 8-3 所示为某型号电动汽车动力电池组。

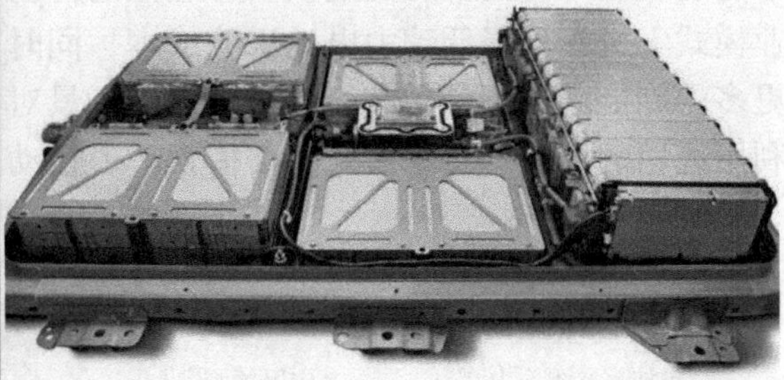

图 8-3　某型号电动汽车动力电池组

7. 寿命预判

锂动力电池随着使用次数的增加，其容量必然会发生不同程度的衰减。电动汽车经常处在不同的环境中运行，电池本身是一个复杂的电化学系统，电能源在实际应用过程中，必然会受到各种外界环境的影响，如大电流放电、温度、振动以及各种原因导致的电池滥用等，这些因素会影响电池内部的化学反应，加快电池衰减进程，进而影响电池的使用寿命。而电池的容量衰减是一个长期的变化过程，准确检测电池循环寿命是电池用户普遍关心的问题。

国内外关于锂离子电池可靠性和寿命预计的报道比较少见。电池退役后，锂电池寿命测试同样是一个非常复杂的过程。再次利用的锂电池所处环境千变万化，温度、放电制度等不同，都会影响锂电池后续的寿命。因此，建立梯次利用的锂离子电池循环寿命模型并进一步完善，对梯次利用具有现实意义。

8. 重组依据与技术要求

电动汽车或者储能使用的电池组内单体数量大。如何保证电池从单体组合成电池组之后的使用性能就成了电动汽车和储能系统的重要关键技术之一。电池单体本身在制造过程中存在固有的差异，这种差异能通过生产工艺控制加以缩小，但不能完全根除。在固有差异的前提下，使得成组后的电池组能最大效率地发挥每个电池单体的性能和功率，还需要研究与实践的课题。

9. 能量均衡与热管理

锂电池组能量均衡与热管理，依然是全新电池组或梯次利用重组电池组的关键技术。它是安全可靠使用的基础与前提。要想避免电池组过充电、过放电导致提前失效，使电池组的功能和性能指标达到或者接近单体的平均水平，对电池组中单体之间实现均衡控制和热管理是必由之路。

8.3.3 梯次利用发展趋势

电动汽车的车载动力电池退役后进行梯次利用必须找到适合的市场，并能够产生良好的经济效益，这样才能推动产业化发展，实现真正的变废为宝，最大限度地挖掘剩余价值。

目前，我国退役动力电池梯次利用存在三个潜在市场，即电动自行车市场、微型电动汽车市场、电能存储市场，这些市场既有足够大的规模，也与动力电池产业息息相关（其主要部件就是动力电池组），退役动力电池的梯次利用技术可以与这些市场实现无缝对接，快速实现产业化。

电动汽车的快速发展让退役动力电池的梯次利用有了“现实需求”。梯次利用不仅能从商业模式上进一步降低动力电池采购成本，同时能使再次用于储能的电池成本降低。这能推动更多的储能应用场景和市场。不同储能场景对储能电池要求不一样，所以退役动力电池梯次利用适用的场景和商业模式需要摸索。退役动力电池梯次利用目标场景如图 8-4 所示。

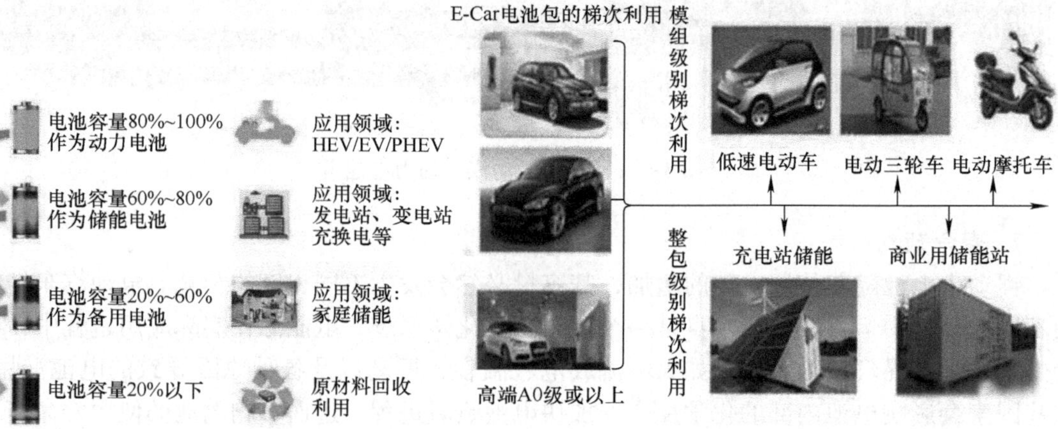

图 8-4　退役动力电池梯次利用目标场景

目前，当动力电池到了规定使用寿命后，便可以进行梯次利用，如用于供家庭、移动电源、后备电源、应急电源等的储能。但是，这种方法还存在一定的技术障碍，如不同动力电池之间差别很大，所以退役动力电池并不是组合起来就能使用的。

将退役动力电池回收后，在一些小型家庭电动车、UPS（不断电系统）上应用是可行的。考虑其循环和安全性，目前不鼓励甚至不允许其用于储能电站等大型设施中。

目前，退役动力电池梯次利用的主要目标有：

1）48V 通信备份动力电池。这是目前铁塔公司主导的模式。

2）太阳能分布储能电池。风能的波动太大，相对而言太阳能的分布式储能系统比较可行一些，一定程度的梯次利用有益于解决分布式发电随机性波动所面临的一系列并网和调度难题。

3）直流充电站的蓄能电池。平滑直流充电站的功率需求。

4）UPS 储能电池。在该领域与铅酸动力电池有竞争，其胜算不大。

5）低速电动工具、低速电动车与电动自行车主要采用铅酸动力电池，相比锂动力电池，铅酸动力电池价格更为便宜（0.6 元/W・h），但问题在于污染大。如果采用退役的锂动力电池，则可以在价格、行驶里程（能量密度）和寿命之间达到一个较好的平衡，从而更快速地推动锂动力电池在低速电动车与电动自行车市场的应用。

在退役动力电池可用的前提下，通过拆解、检测、筛选、重组等步骤可以使退役动力电池再次运用于新的使用场景。

梯次利用从技术上不难实现，成本控制很关键。采购退役动力电池的成本低于全新动力电池，但退役电池组的拆解、筛选、重组等步骤都会增加梯次利用成本。退役动力电池在使用后余下的循环寿命较少，综合成本可能并不低。

8.4 资源再生

8.4.1 目的

动力电池是指具有较大电能容量和输出功率，可配置在电动自行车、电动汽车、电动设备及工具上作为驱动电源的电池。国内外动力电池的研发种类大致为铅酸动力电池、镍氢动力电池、锂动力电池、燃料电池等。

动力电池之所以成为当今世界的研究热点，主要是由于电动汽车的大量增加，环境污染的日益加剧，同时石油资源匮乏，迫使各国寻找新的能源，发展新的交通工具，因此，动力电池和动力交通工具的发展被放在更加重要的位置，电动自行车和电动汽车成为动力电池的主要消费对象。

随着新能源汽车产业的快速发展，我国已成为世界第一大新能源汽车产销国，动力电池产销量也逐年攀升，废旧动力电池回收利用迫在眉睫，社会高度关注。

2016 年以来，我国新能源汽车动力电池装机量规模持续攀升，从 2016 年的 28GW · h 增长到 2023 年的 387.7GW · h。2024 年 1 ~ 8 月我国新能源汽车累计销售 627.7 万辆，同比增长 43%；动力电池装机量约 292.1GW · h，同时增长 41%。

根据财政部等四部门在 2016 年印发的《关于 2016—2020 年新能源汽车推广应用财政支持政策的通知》显示，自 2016 年起新能源汽车生产企业应为消费者提供动力电池等储能装置、驱动电机、电机控制器质量保证，乘用车生产企业应提供不低于 8 年或 12 万 km（以先到者为准）的质保期限，以确保动力电池在正常使用条件下能够持续稳定工作。而 2024 年正是实施 2016 年质保标准的第八年，这也就意味着，电池质保到期的高峰即将到来，大量动力电池即将退役进入回收和再利用环节。

动力电池退役后，如果处置不当，随意丢弃，一方面会给社会带来环境影响和安全隐患；另一方面也会造成资源浪费。我国高度重视新能源汽车动力电池退役后的回收利用，国务院召开专题会议进行研究部署。推动新能源汽车动力电池退役后的回收利用，有利于保护环境和社会安全，推进资源循环利用，有利于促进我国新能源汽车产业健康持续发展，对于加快绿色发展和建设生态文明具有重要意义。

废旧动力电池作为一种危险废弃物，对环境和人类健康有潜在威胁，如果处理不当不仅会污染环境，还会影响人和动植物的健康。同时，废旧动力电池中含有大量的有价金属（Co、Ni、Li、Mn、Al、Cu、Fe 等），回收废旧动力电池中的有价金属能带来很好的经济效益，实现资源的可持续发展。

废旧动力电池回收与处理的目的是有效分离动力电池各组分，提取动力电池中的有价金属，同时减小废弃物对环境的污染。废旧动力电池的处理方式主要是资源化回收，但目前我国废旧动力电池资源化回收的能力有限，大部分废旧动力电池没有得到有效的处置，将会给自然环境和人类健康带来潜在的威胁。

虽然推广应用的动力电池中不包含汞、镉、铅等毒害性较大的重金属元素，但也会带来环境污染。例如废旧动力电池电极材料一旦进入环境中，动力电池正极的金属离子、负极的炭粉尘、电解质中的强碱和重金属离子，都可能造成重环境污染等，包括提升土壤的 pH 值，处理不当则可能产生有毒气体。此外，废旧动力电池中的金属元素和有机电解液会危害人体健康，如钴元素可能会引起人们肠道紊乱、耳聋、心肌缺血等症状。

拆解利用则是将废旧动力电池进行资源化处理，回收有利用价值的再生资源，如钴、锂等有价金属。废旧动力电池电浆中的镍、钴、锂的纯度比矿石和矿物盐中提取的原料纯度高出许多，这也是废旧动力电池拆解利用市场获利的根本原因。

废旧动力电池回收问题影响了社会经济的可持续发展，电动汽车有应对环境污染和能源短缺的优势，如果动力电池在其退役之后不能得到有效回收，则会造成环境污染和资源浪费，违反了发展电动汽车的初衷。对企业来说，废旧动力电池回收蕴藏着巨大的商机，经过回收处理，可以为动力电池生产商节约原材料成本。此外，废旧动力电池回收还关系到政府建设低碳经济和环境友好型社会。

随着大量动力电池退役进入废旧动力电池回收市场，使得废旧动力电池回收行业向规范化、集中化方向发展。随着废旧动力电池回收处理技术的提升和成本的降低，势必带来更大的机遇。毋庸置疑，具备核心优势的废旧动力电池回收企业才可能是最后的赢家。未来随着新能源乘用车市场规模的扩大，三元材料锂动力电池覆盖率的进一步提升，必将拉动相关金属原材料需求的快速增长，钴、镍等贵金属价格有望维持高位，废旧动力电池回收的经济效益得以凸显。环保需求、废旧动力电池回收的经济性和政策支持是驱动废旧动力电池回收业务发展的三大主要动力。

（1）环保方面　废旧动力电池材料可能造成重金属污染或有机物污染，并通过食物链最终进入人和动物体内，严重影响环境质量以及人类和动物的健康。

（2）经济性方面　通过回收废旧动力电池，将镍、钴、锂等有价金属进行提取并循环再利用，是规避上游原材料稀缺和价格波动风险的有效途径，经济效益显著。

（3）政策方面　政策导向已明确废旧动力电池回收模式、责任划分等，政策层面要求逐步完备，梯次利用、生产者责任延伸和废旧动力电池回收利用体系建设为今后发展的重点。国家各部委在政策层面由浅入深、由弱转强，逐步规范和完善废旧动力电池的回收市场，至今已累计发布十余项与废旧动力电池回收相关的政策法规。

相关政策指出要强化汽车生产企业在动力电池生产、使用、回收、再利用等环节的主体责任，并指出汽车生产企业应建立新能源车产品售后服务承诺制度（包括动力电池回收），实施新能源汽车动力电池溯源信息管理，跟踪记录动力电池回收利用情况。2017 年 5 月，国家标准化管理委员会发布 GB/T 33598—2017《车用动力电池回收利用　拆解规范》，这是首个动力电池回收利用的国家标准，对回收拆解企业应具有的相关资质做了明确要求。

8.4.2 分类

废旧动力电池中有多种重金属污染物，但是这些污染物大多是有经济价值的。最常用的钴酸锂动力电池（消费市场和上代特斯拉所使用的电池）中的钴含量大约占15%，天然钴矿石品位较低，绝大多数的钴与其他金属形成共生矿，矿石中钴的含量仅为0.01%～0.20%，冶炼成本高，并且我国是个贫钴的国家，自身的资源远远不能满足市场的需求，需要大量地进口钴料。如果对废旧动力电池不加以回收利用，势必会造成资源的极大浪费，给大量需要钴酸锂材料的锂动力电池行业带来巨大的经济压力，相比之下，废旧锂动力电池中的钴极具回收价值。废旧锂动力电池中不仅含有钴，还含有铁、铝、铜等金属，以及有机电解液（技术上有一定难度），其中有机电解液回收具有更高的价值。比较有前景的三元材料锂动力电池和磷酸亚铁锂动力电池中同样含有不少有价金属，因此回收各种废旧锂动力电池具有一定的经济效益。

除了动力电池内部的价值成分外，动力电池的外壳通常也是由铝材或塑料制成的，同样具有高的回收价值。另外，值得一提的是，动力电池和消费市场使用的电池是有一些区别的，往往要将动力电池单体经过串并联成组后再使用，也会大量地使用铜、铝、钢板等有回收价值的原材料。

在废旧的镍氢动力电池中，镍的含量高达30%～50%，钴含量为2%～5%，稀土含量为5%～10%，具有非常高的回收价值。由于镍氢动力电池中以使用混合稀土金属为主，负极是通过熔融的形式形成的储氢合金，相比镍镉动力电池，其回收分离难度也要相应大一些。

不同类型的动力电池中金属含量各不相同，根据权威机构对我国电池回收量的预测，预计到2035年，通过汽车废旧电池回收锂12.82万t、钴10.2万t、镍52.7万t，整个电池回收行业回收锂金属15.1万t、钴金属22.3万t、镍金属52.7万t，超过当前电池行业对上述金属的需求量，国内能源金属保障率将有极大提升，以当期最为紧张的锂估算，2035年废旧电池行业回收得到的锂可以供超1000万辆新能源汽车使用。

8.4.3 拆分

废旧动力电池的资源化技术是将废旧动力电池中的有价值成分，依据其各自的物理性质和化学性质，将其分离。针对废旧动力电池回收的需求，目前有代表性的定向循环工艺和废旧动力电池材料再合成工艺如下。

第一，定向循环工艺（以邦普循环为代表）：产品—废弃物—再生资源—原产品。首先通过物理拆解得到废旧动力电池单体，然后切割得到外壳、电芯；对电芯部分进行球磨、破碎、热解、浸出等预处理工艺得到镍、钴、锰、锂的精料溶液，再经特制萃取剂萃取，可将锂离子萃出。剩余镍、钴、锰通过化工盐和煅烧等手段制备镍钴锰酸锂三元材料，此种方法镍、钴、锰的综合回收率达98.5%，经济性显著。

第二，废旧动力电池材料再合成工艺：机械拆解—粉碎分选—分别处理—材料修复—动力电池再制造。在自动化程度较高的情况下，将废旧动力电池分解为壳体、电解液、隔膜、铜粉、铝粉、正极废粉、负极废粉。其中，电解液以混合溶液形式回收，正负极材料进行材料修复，最终重新制备为生产动力电池能用的材料。

一般而言，整个回收工艺分为四个部分。

（1）预处理　预处理的目的是初步分离回收废旧动力电池中的有价部分，高效选择性地收集电极材料等高附加值部分，以便于后续回收过程顺利进行。预处理过程一般结合了破碎、研磨、筛选和物理分选。

1）破碎。废旧动力电池在进入最终的处理之前需要对其进行破碎处理，为后续的处理降低难度。破碎是指破坏废旧动力电池中各材料的完整形态，由于破碎过程不可能在完全密闭的环境下进行，所以破碎过程中有机物的挥发会污染生产线周边的环境，从而危害工人健康。

2）研磨。用棒磨机将破碎后的废旧动力电池碎片研磨至10mm以下，以通过筛选实现各材料的分离和回收。

3）筛选。将经研磨后的废旧动力电池碎片置于筛孔为0.211mm的振动筛中，筛下物为$LiCoO_2$和石墨的混合物。将筛上物置于水力淘洗床中，水力淘洗与振动筛分作用相结合，将废旧动力电池碎片中各成分一一分离，最后可分别得到正极、负极、隔膜、外壳。

4）物理分选。物理分选过程主要用来分选破碎后废旧动力电池碎片中的外壳和隔膜。根据外壳和隔膜与正负极密度、可浮性、磁性等性质的差异，采用不同的物理分选方式分选出外壳和隔膜。通过物理分选优先回收隔膜和外壳，得到的正负极在破碎过程中由于机械和物理作用会造成部分正负极材料从基底上脱落下来，但是大部分材料还附着在基底上。

（2）电极材料分离　预处理阶段收集得到了正极和负极的混合电极材料，为了从中分离回收Co、Li等有价金属，需要对混合电极材料进行选择性提取。材料分离的过程可以采用干法回收、湿法回收和生物回收。

（3）有价金属浸出　一般采用无机酸浸出、生物浸出、机械化学浸出等方法。

（4）化学纯化　化学纯化的目是对浸出过程得到的溶液中的各种高附加值金属进行分离和提纯并回收。浸出液中含有Ni、Co、Mn、Fe、Li、Al和Cu等多种元素，其中Ni、Co、Mn、Li为主要回收的金属元素。通过调节pH值将Al和Fe选择性地沉淀出后，再对浸出液中的Ni、Co、Mn和Li等元素进行下一步的处理回收。常用的回收方法有化学沉淀法、盐析法、离子交换法、萃取法和电沉积法。

废旧动力电池拆解回收具体采用哪种方法，根据废旧动力电池种类不同，会有不同的工艺流程，同时也有不少新技术和新工艺涌现出来。但是值得注意的是，任何工艺，每一步、每一个细节，如果处理不当，都可能会涉及废旧动力电池安全和处理过程中的二次污染问题。

8.4.4　稀有资源的再生技术

废旧动力电池的回收处理过程主要包括预处理、二次处理和深度处理。目前，国内外对废旧动力电池的回收过程是：首先彻底放电，然后对废旧动力电池进行拆解，分离出正极、负极、电解液和隔膜等各组成部分，再对电极材料进行碱浸出、酸浸出、除杂后进行萃取，以实现有价金属的富集。

目前，废旧动力电池回收技术按照不同的提取工艺分为干法回收工艺、湿法回收工艺和生物回收工艺，各种回收工艺都有各自的优缺点。湿法回收工艺为目前的主要工艺，其回收率高，且能够对贵金属进行定向回收；干法回收工艺一般作为湿法回收工艺的配套工艺，主要用于金属的初步处理；而生物回收工艺尚处于初级阶段，技术发展仍不成熟。根据工业和信息化部2016年发布的《新能源汽车废旧动力蓄电池综合利用行业规范条件》和《新能源汽车废旧动力蓄电池综合利用行业规范公告管理暂行办理》，鼓励综合使用干法回收工艺和湿法回收工艺对废旧动力电池进行回收利用。

目前，工业上应用的回收废旧动力电池的方法以火法冶金工艺和湿法冶金工艺为主。为提高废旧动力电池回收的经济性，国家在《新能源汽车废旧动力蓄电池综合利用行业规范条件》中规定，湿法冶炼条件下，镍、钴、锰的综合回收率应不低于98%；火法冶炼条件下，镍、稀土的综合回收率应不低于97%。因此，有研究通过优化采用联合回收工艺的方法，可以发挥各种基本工艺的优点，尽可能回收可再生资源和能量，提高回收的经济效益。

1. 干法回收工艺

干法回收工艺是指不通过溶液等媒介，直接实现各类废旧动力电池材料或有价金属的回收，干法回收主要包括机械分选法和高温热解法（或称高温冶金法）。干法回收工艺处理量大、工艺简单、工艺流程较短，回收的针对性不强，能处理种类繁杂的废旧动力电池，是实现金属分离回收的初步阶段。在对废旧动力电池破碎时进行粗筛分类，或高温分解除去有机物，以便于进一步的元素回收。但干法回收工艺成本高、对设备的要求高、处理过程中会产生大量的有害气体。

1）机械分选法。机械分选法是指将废旧动力电池拆解分离，利用废旧动力电池不同组分的密度、碱性等物理性质的不同，对电极活性物、集流体和废旧动力电池外壳等电池组分经破碎、过筛、磁选分离、精细粉碎和分类，实现不同有用金属的初步分离回收。由于废旧动力电池的结构比较特殊，活性材料和集流体黏合紧密，不易解体和破碎，在筛分和磁选时，存在机械夹带损失，因此很难实现金属的完全分离回收。

2）高温热解法（或称高温冶金法）。高温热解法主要通过高温焚烧分解去除废旧动力电池电极材料中的有机黏结剂，使材料实现分离，同时经过高温焚烧，废旧动力电池中的金属会氧化、还原并分解，形成蒸汽挥发，以冷凝的形式回收低沸点的金属及其化合物，对炉渣中的金属采用筛分、热解、磁选或化学方法等进行回收。高温热解法流程如图8-5所示。

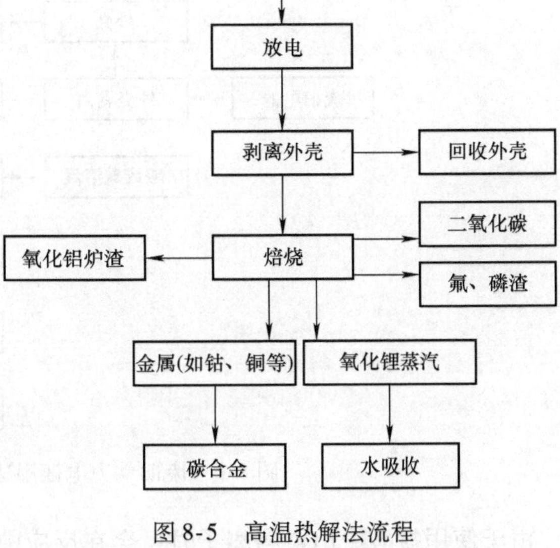

图8-5 高温热解法流程

高温热解法工艺简单，可有效去除动力电池中的电解液、黏结剂等有机物质，但操作能耗大，而且如果温度过高，铝箔会被氧化成为氧化铝，造成价值降低和收集困难。高温热解法对原料的组分要求不高，适合大规模处理较复杂的废旧动力电池，但燃烧必定会产生部分废气污染环境，且高温处理对设备的要求也较高，同时还需要增加净化回收设备等，处理成本较高。

2. 湿法回收工艺

湿法冶金处理技术是通过创造条件使破碎后的废旧动力电池电极材料中的目的组分在溶液中稳定，然后分别采用溶剂萃取、化学沉淀、电解沉积等方法使目的组分以化合物或金属态形式得以回收。即将废旧动力电池破碎后，用合适的化学试剂选择性溶解，分离浸出液中的金属元素。由于处理设备投资成本低，适合中小规模废旧动力电池回收。为了提高金属的提取效率，该工艺要求废旧动力电池在破碎前要根据废旧动力电池材料化学组成的不同进行精细分类，以配合浸出液的化学体系。

湿法回收工艺是以各种酸碱性溶液为转移媒介，将金属离子从电极材料中转移到浸出液中，再通过离子交换、沉淀、吸附等手段，将金属离子以盐、氧化物等形式从溶液中提取出来。其回收过程是将废旧动力电池分类破碎后，置于浸取槽中，加入酸（碱）等溶液进行金属浸出，然后过滤残渣。针对不同金属离子的性质，利用萃取剂、沉淀剂等从滤液中分离出不同的金属。

湿法回收工艺相对比较复杂，但该技术对锂、钴、镍等有价金属的回收率较高；得到的金属盐、氧化物等产品的纯度能够达到生产动力电池材料的品质要求，也是国内外技术领先回收企业所采用的主要回收工艺。当前回收效率更高也相对成熟的湿法回收工艺正日渐成为专业化处理阶段的主流技术路线。湿法回收工艺进行有价金属回收后再造得到的正极材料，其比容量这一关键性能指标均优于干法回收工艺得到的正极材料。

废旧动力电池湿法回收的一般工艺流程如图 8-6 所示。拆解回收是目前废旧动力电池回收的主要现行途径，其中湿法回收的商业化程度最高，在原材料价格普遍上涨的背景下，通过“回收 + 生产”的方式锁定上游原材料价格，将是未来动力电池材料厂商降低成本的重要途径。湿法回收工艺处理成本低、有价金属的回收率高、工艺稳定性好；但湿法回收工艺流程长，处理量小，处理过程中产生大量的废液需进一步环保处理。

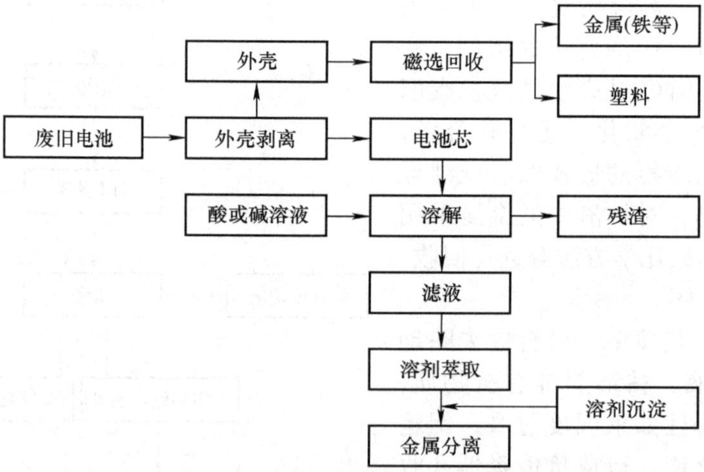

图 8-6　废旧动力电池湿法回收的一般工艺流程

由于使用盐酸浸出金属离子时，会在反应中生成有害的氯气，因此目前使用较多的浸出体系是硫酸与双氧水的混合体系。针对酸浸后的浸出液，可采用沉淀法、萃取法、盐析法、电化学法等方式实现金属离子的提纯。

由于废旧动力电池的正极材料不会溶于碱液中，而基底铝箔会溶解于碱液中，因此常用碱-酸浸法来分离铝箔。废旧动力电池中的大部分正极活性物质都可溶解于酸中，因此可以将预先处理过的电极材料用酸溶液浸出，实现活性物质与集流体的分离，再结合中和反应的原理对目的金属进行沉淀和纯化，从而达到回收高纯组分的目的。

萃取法是利用某些有机试剂与要分离的金属离子形成配合物，然后利用适宜的试剂将金属分离出来。这种方法对设备的防腐要求高，同时要使用大量的有机溶剂，对环境有二次污染，且成本高。离子交换法是利用离子交换树脂对要收集的金属离子配合物的吸附系数的不同来实现金属分离提取，具有工艺简单、易于操作等特点。

湿法回收工艺相对比较成熟，回收率高，但一般得到的是金属氧化物，并不能直接用来作为动力电池正极材料，后续利用回收得到的金属氧化物制备正极材料工艺比较复杂，成本较高。

3. 生物回收工艺

目前成熟的湿法冶金，一般采用强酸对废电池材料进行酸浸，但后期环境处理压力较大，因此，人们研究了更环保的生物冶金技术。微生物浸出技术是一种利用微生物自身的生命活动直接从矿石中提取有价金属元素的方法，其大致工艺为：酸性条件下将含有废旧动力电池材料的固体作为微生物的培养基，经过微生物的耐受和富集，得到浸出的含金属溶液。实现目标组分与杂质组分分离，最终回收锂、钴、镍等有价金属。

目前，关于生物回收技术处理废旧动力电池的研究刚刚起步，还有许多难题需要解决，如培养微生物菌类要求条件苛刻、处理周期过长、浸出条件的控制困难、浸出效率低、回收工艺有待进一步改进等。生物回收工艺具有工艺简单、能源消耗低、成本低，且微生物可以重复利用、污染很小、环境友好等优点，是未来废旧动力电池回收技术发展的理想方向。

在废旧动力电池回收过程中产生的二次污染是回收企业面临的巨大挑战，回收过程中使用的萃取剂、回收过程中产生的废气以及金属提炼后的残渣都会对环境造成污染。将回收金属后的残渣与煤矸石、页岩等进行混合、焙烧、压型成环保砖，最大限度地对资源进行循环利用；同时，在液体污染物处理及水生态修复方面，应建立一套完整的环境生态修复体系。

随着国家环保力度的不断加强，以及有价金属资源的不断匮乏，废旧动力电池的资源化回收技术将沿着绿色回收、高效回收的方向发展，主要关注以下几个方面。

1）预处理步骤中的安全问题。废旧动力电池属于危险废弃物，处理过程中存在爆炸的危险，因此需要在绝对安全的环境中自动高效处理。同时，由于废旧动力电池中电解液含有大量有机物以及 $LiPF_6$ 等有毒有害物质，在处理过程中需要进一步防治这些潜在危害。

2）二次处理步骤中的污染防治。在二次处理步骤中，热处理法会产生 SO、NO_2、NO 等有害气体；有机溶剂溶解法溶解后的余液中含有大量而且成分复杂的有机物；碱液溶解法要求使用强碱溶液进行溶解，得到的余液 pH 值高，需要进一步处理。对于热处理法中的有害气体，应进行无害化处理；对于有机溶剂余液和碱液余液，则需考虑循环利用。

3）深度处理步骤中的完全回收。采用合适的浸出剂进一步提高废旧动力电池中有价金属的浸出率，通过将化学沉淀法与溶剂萃取法结合，来提高浸出液中有价金属离子的回收率，得到符合要求的金属化合物产品。

4）废旧动力电池中各成分的综合回收利用。目前回收的重点是电极材料，有价金属含量高，经济价值大。但是对于动力电池中的其他成分，如隔膜、电解液、电极活性材料等物质的回收，需要加强这方面的研究。

在废旧动力电池循环再生的过程中，通过采用先回收锂、后回收钴和镍的回收新工艺，可大大提高锂的回收率。废旧动力电池再生过程的成本主要包括原材料成本、辅助材料成本、燃料动力成本、设备维护成本、环境处理成本、人工成本等。其中，随着液碱等辅料材料成本的不断上涨，辅料材料成本占比在不断增加。

8.4.5 资源再生企业

目前，国际上已有规模化回收动力电池进行资源再生的企业。我国近几年也形成了动力电池回收产业集群。

国际上研究汽车废旧动力电池回收再资源化的主要研究机构如下。

1）荷兰汽车回收协会（ARN）下属的分支机构 ARN Advisory，正在密切监控废旧动力电池回收这一领域的发展状况。

2）美国托斯寇（Toxco）公司目前掌握废旧锂动力电池回收技术，也正在加紧研究电动汽车废旧动力电池回收和再资源化。

3）日本矿业金属公司也在计划从废旧的电动汽车动力电池中回收锂资源，计划在其研发中心建立一个试验工厂。

4）美国杜克能源与日本伊藤忠集团也签署协议，将共同着手开展电动汽车废旧动力电池回收利用的评估与测试工作。

我国有 84 家成为符合要求的动力电池回收企业（参见动力电池回收企业白名单），实现规模化回收的代表性企业有格林美等十余家。

1）格林美（GEM），全称为格林美股份有限公司，总部设在深圳。公司的主营业务是回收利用废旧电池、电子废弃物等废弃资源循环再造高技术产品，是我国对电子废弃物、废旧电池进行经济化、规模化循环利用的领先企业之一。

2）广东邦普循环科技有限公司（简称邦普循环）创立于 2005 年，是国内领先的废旧电池循环利用企业，聚焦回收业务、资源业务与材料业务，为电池全生命周期管理提供一站式闭环解决方案和服务。作为宁德时代的控股子公司，邦普循环打造了上下游优势互补的电池全产业链循环体系，通过独创的定向循环技术，在全球废旧电池回收领域率先破解了“废料还原”的行业性难题，电池产品核心金属材料总回收率达到 99.3% 以上。

3）江西天奇金泰阁钴业有限公司于 2009 年 4 月 20 日成立，公司经营范围包括：钴、镍氧化物（含电子级氧化钴、氧化镍）、碳酸钴、碳酸镍、硫酸钴、硫酸镍、硫酸铜、阴极铜、氢氧化钴、硫酸锰、碳酸锂、硫酸钠、铜制品、铝制品、隔膜纸、含锂卤水生产、销售（国家有专项规定的从其规定）；废旧锂电池的回收、拆解、梯次利用及元素回收等。

4）广东光华科技股份有限公司是先进的专用化学品服务商，集产品研发、生产、销售和服务为一体。公司以高性能电子化学品、高品质化学试剂及产线专用化学品、新能源材料、动力电池回收拆解及综合利用为主导，同时提供其他专用化学品的定制开发及技术服务。

5）浙江华友钴业股份有限公司成立于 2002 年，是一家从事新能源锂电材料和钴新材料研发、制造的高新技术企业。经过二十多年的发展，公司完成了总部在浙江、资源保障在境外、制造基地在中国、市场在全球的空间布局；打造了新能源产业、新材料产业、印尼镍产业、非洲资源产业及循环产业五大事业板块，构建了镍钴锂资源开发、有色金属绿色精炼、锂电材料研发制造、资源回收利用的新能源锂电材料全产业链。

6）江西赣锋锂业集团股份有限公司是世界领先的锂生态企业，业务贯穿上游锂资源开发、中游锂盐深加工及金属锂冶炼、下游锂电池制造及废旧电池综合回收利用等价值链的各重要环节，产品被广泛应用于电动汽车、储能、3C产品、化学品及制药等领域。企业锂矿资源遍布全球多个国家及地区，同时拥有“卤水提锂”“矿石提锂”“回收提锂”产业化技术；锂化合物、金属锂产能居全球前列；具备电池制造及回收能力，为电动汽车、电池、电子设备等厂商提供完整的原材料供应、电池定制、废旧电池循环利用方案。

7）深圳市豪鹏科技股份有限公司创立于2002年，公司致力于锂离子电池、镍氢电池的研发、设计、制造和销售，废旧电池回收及资源循环利用，是一家具备自主研发能力和全球市场综合竞争力的企业，能够为客户提供灵活可靠的一站式电源解决方案。

8）中伟新材料股份有限公司是专业的新能源材料综合服务商，荣获国家企业技术中心、国家高新技术企业、国家智能制造工厂、绿色制造工厂等多项认证和荣誉。中伟新材料股份有限公司与国内外数十家知名企业达成战略合作，公司自主开发的高电压四氧化三钴、高镍NCM、NCA等核心产品成功跻身多家世界500强企业高端供应链，连续多年出货量全球领先。目前，公司已在贵州铜仁、湖南长沙、广西钦州、贵州开阳、印尼、韩国、芬兰等地建立或布局海内外产业基地，整合全球资源，服务全球客户。

9）浙江新时代中能科技股份有限公司，专注于退役锂电池梯次回收及循环利用业务，钴盐、镍盐、锂盐产品循环再利用于动力锂电池生产，致力于成为国内一流的锂电池循环再利用示范企业。公司是国内少数将磷酸铁锂电池、三元锂电池等含锂废料回收循环利用后直接制备成电池级材料并实现产业化的企业，锂废料回收多元化。

10）天能电池集团股份有限公司（简称天能股份），是一家以电动轻型车动力电池业务为主，集电动特种车动力电池、新能源汽车动力电池、汽车起动启停电池、储能电池、3C电池、备用电池、燃料电池等多品类电池的研发、生产、销售为一体的国内电池行业领先企业。

习 题

1. 动力电池回收主要有哪两个目的？
2. 简述动力电池全生命周期由哪几个环节构成？
3. 退役电池的储存方式有哪些？
4. 简述一般废电池的储存要求。
5. 退役电池按照安全等级分为A、B、C三类的分类标准分别是什么？
6. 退役动力电池的梯次利用和回收主要基于哪几个方面？
7. 废电池分选时应注意几个方面？
8. 分别阐述废旧动力电池回收在环保方面、经济性方面、政策方面的影响。
9. 简述废旧动力电池材料再合成工艺的加工过程。
10. 简述高温热解法的特点。

第9章

标准与法规

9.1 概述

作为电动汽车的核心部件，动力电池对整车安全性、成本、续驶里程、用户体验等具有直接影响。随着动力电池系统电压和能量密度的持续提升，电动汽车存在的潜在电击伤害、起火、爆炸等危险发生的概率同样增大。因此针对动力电池领域，我国已经构建了比较完善的测试标准体系，主要包括电性能、安全性、循环寿命、互换性、回收利用这五大类标准，覆盖了动力电池单体、模块、系统等全产品层级。图 9-1 所示为电动汽车失火现场，图 9-2 所示为电动汽车动力电池组热失控原理。

图 9-1　电动汽车失火现场

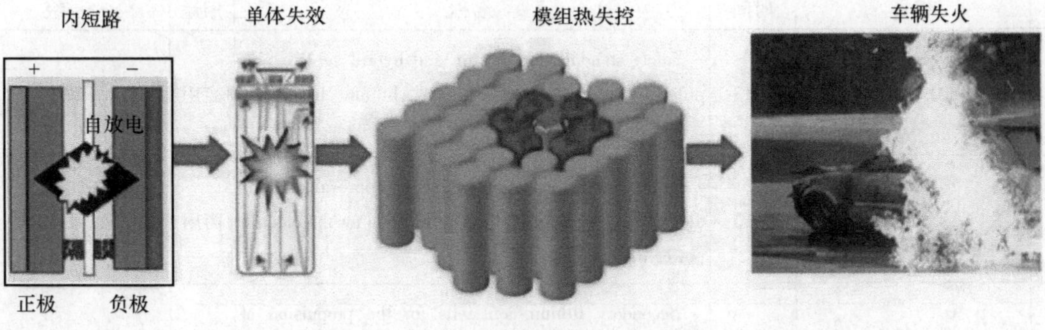

图 9-2 电动汽车动力电池组热失控原理

目前，国内外动力电池安全性方面的标准法规主要包括由中国（GB）、美国（UL 和 SAE）、欧盟（ECE）、联合国（UN）、国际电工组织（IEC）和国际标准化组织（ISO）等机构组织起草的不同体系。其中，UL 是美国保险商试验所（Underwriters Laboratories inc.）的简写，是世界上从事安全试验和鉴定的具有悠久历史和行业影响力的独立的、营利的民间机构，其发布的多项电池安全相关测试标准在行业里具有较大的影响力。SAE 是国际自动机工程师学会（Society of Automotive Engineers）的简写，该机构制定的标准覆盖了汽车制造和维修的大部分领域和环节，与 UL 标准一样属于民间团体标准。ECE 是联合国欧洲经济委员会（United Nations Economic Commission for Europe）的简写，于 1947 年成立，是一个旨在促进欧洲 56 个成员国经济整合与合作的多边平台。ECE 认证是指在欧洲经济委员会成员国市场内，对汽车及其零配件产品按照 ECE 法规开展的一种通用认证，产品符合认证要求即授予型式认可证书。国际电工委员会（International Electrotechnical Commission，IEC）成立于 1906 年，它是世界上成立最早的国际性电工标准化机构，旨在促进有关电子、电工标准化等方面的国际合作，如标准的合格评定等。国际标准化组织（International Organization for Standardization，ISO）是由 151 个国家的标准化协会组成的联合体，其性质是非政府组织的协调机构，主要负责开展各国标准的协调和统一工作。

表 9-1 对比分析了 12 项国内外主流电池单体、模组、系统相关的安全性标准法规，其中涉及单体、模组层面的共有 7 个，系统层面的共有 7 个。在单体层面较为核心的法规包括 GB 38031—2020、SAE J2464、IEC 62660 等，在系统层面较为核心的法规包括 GB 38031—2020、UL 2580、ISO 12405、ECE R100 等。

表 9-1 国内外电池安全性相关标准法规对比

序号	编号	时间	名称	用途	层级
1	GB 38031—2020	2020	电动汽车用动力蓄电池安全要求	商用	单体、系统
2	UL 1642	2020	Standard for safety lithium batteries	民用	单体、模组
3	UL 2580	2020	Standard for batteries for use in electric vehicles	商用	系统
4	SAE J2464	2009	Electric and hybrid electric vehicle rechargeable energy storage system（RESS）safety and abuse testing	商用	单体、模组、系统

（续）

序号	编号	时间	名称	用途	层级
5	SAE J2929	2013	Safety standard for electric and hybrid vehicle propulsion battery systems utilizing lithium based rechargeable cells	商用	系统
6	ECE R100-02	2016	Uniform provisions concerning the approval of vehicles with regard to specific requirements for the electric power train	商用	系统
7	IEC 62660-2（2.0 版）	2018	Secondary lithium-ion cells for the propulsion of electric road vehicles-part 2：reliability and abuse testing	商用	单体
8	IEC 62660-3（2.0 版）	2022	Secondary lithium-ion cells for the propulsion of electric road vehicles-part 3：safety requirements	商用	单体
9	UN 38.3	2003	Lithium battery testing requirements	民用	单体
10	ISO 12405-3	2014	Electrically propelled road vehicles test specification for lithium-ion traction battery packs and systems-part 3：safety performance requirements	商用	系统

我国的动力电池安全标准，从 2006 年的汽车行业标准 QC/T 743，到 2015 年的国家推荐性标准 GB/T 31485 和 GB/T 31467，再到 2020 年发布的国家强制性标准 GB 38031，见证和支撑了我国新能源汽车产业的发展和进步。

2006 年发布 QC/T 743 行业标准时，产业处于培育期，大家关注的是样品研发和示范。内容上主要参考消费电子锂电池测试要求。

2015 年发布 GB/T 31485 和 GB/T 31467 时，行业已经积累了 10 年的研发示范经验，安全认识不断加深。这两项标准在单体/模块测试基础上，增加了电池系统层级安全要求，对引导系统集成开发起到重要作用。

近两年制定 GB 38031 时，中国新能源汽车年产销量已经突破百万辆，成绩举世瞩目，欧美日邀请中国作为副主席国家，主导电动汽车安全全球技术法规（UN GTR 20）中的动力电池部分。GB 38031、GB 38032（客车特殊安全要求）、GB 18384（整车安全要求）相互配合，形成了强制性安全标准体系。GB 38031 基于中国新能源汽车大规模推广应用经验，与 UN GTR 20 同步制定、充分协调、全面接轨，技术内容更加科学合理。图 9-3 所示为 GB 38031《电动汽车用动力蓄电池安全要求》。

该标准强化了电池系统热安全、机械安全、电气安全以及功能安全要求，模拟了外部火烧、机械冲击、湿热循环、振动泡水、过温、过充电等实际场景。单体针刺测试作为独立项目，在该标准中被正式取消，仅作为单体热失控的触发条件，要求电池单体发生热失控后，电池系统在 5min 内不起火不爆炸，为乘员预留安全逃生时间。也就是说针刺是否通过已不重要，关键要看单体热失控后，系统是否可以控制热失控的蔓延，为各类电池的安全应用设定了基本门槛。

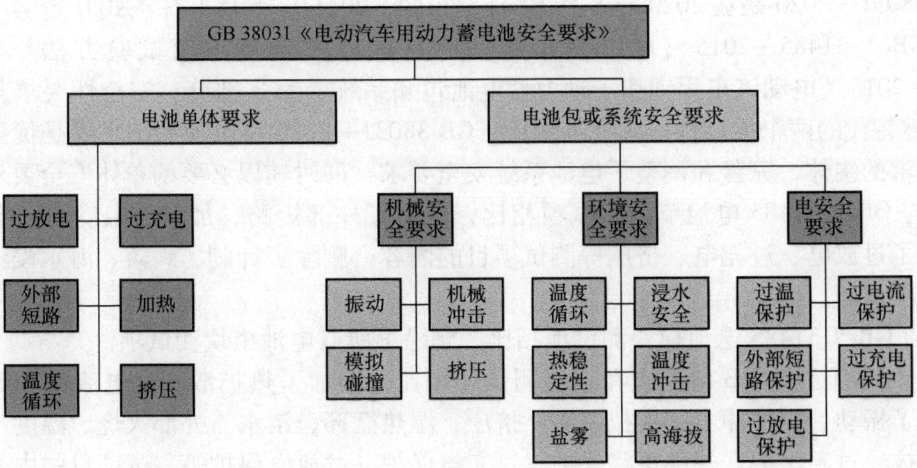

图 9-3 GB 38031《电动汽车用动力蓄电池安全要求》

9.2 动力电池电性能标准

在动力电池电性能领域，我国已发布的动力电池电性能测试标准汇总见表 9-2。

表 9-2 我国已发布的动力电池电性能测试标准汇总

序号	标准号	标准名称	测试对象
1	GB/T 31486—2015	电动汽车用动力蓄电池电性能要求及试验方法	单体、模块
2	GB/T 31467—2023	电动汽车用锂离子动力电池包和系统电性能试验方法	包或系统

表 9-2 中的标准对动力电池单体、模块、包和系统的电性能测试规定了明确的要求和试验方法。其中，GB/T 31486—2015 是对电池单体和模块的测试标准，涵盖了低温性能、高温性能、倍率性能、存储性能等主要部分，既明确了测试方法，又规定了试验要求；GB/T 31467—2023 是针对高功率型、高能量型电池包和系统的测试标准，涵盖了低温性能、高温性能、功率和内阻、无负载容量损失、存储中容量损失、高低温启动功率（只针对高功率型电池系统）、能量效率等主要内容，明确了测试方法。

9.3 动力电池安全性标准

在动力电池安全性领域，我国已发布的动力电池安全性测试标准汇总见表 9-3。

表 9-3 我国已发布的动力电池安全性能测试标准汇总

标准号	标准名称	测试对象
GB 38031—2020	电动汽车用动力蓄电池安全要求	单体、包或系统

GB 38031—2020 是在 2020 年 5 月 12 日发布的，2021 年 1 月 1 日正式开始实施。替代原来的 GB/T 31485—2015《电动汽车用动力蓄电池安全要求及试验方法》和 GB/T 31467. 3—2015《电动汽车用锂离子动力蓄电池包和系统　第 3 部分：安全性要求与测试方法》。与被替代的两个推荐性国家标准相比，GB 38031—2020 将电池系统主要是优先作为一个安全要求的主体，完善和调整了电池系统安全要求，同时辅以必要的单体安全要求。

1）与 GB/T 31485 电池单体测试项相比，保留了外部短路、加热、温度循环等测试项目，修改了过放电、过充电、挤压等测试项目的内容，删除了针刺、跌落、海水浸泡、低气压等测试项目。

2）与 GB/T 31485 电池模块测试项相比，删除了所有电池模块测试项。

3）与 GB/T 31467. 3 电池包和系统测试项相比，增加了热扩散、过电流保护等测试项目，修改了振动、机械冲击、模拟碰撞、挤压、湿热循环、浸水、外部火烧、温度冲击、盐雾、高海拔、过温保护、外部短路保护、过充电保护、过放电保护等测试项目的内容，删除了电子装置振动、跌落、翻转等测试项目。

9. 4　动力电池循环寿命标准

在动力电池循环寿命领域，我国已发布的动力电池循环寿命测试标准见表 9-4。

表 9-4　我国已发布的动力电池循环寿命测试标准

标准号	标准名称	测试对象
GB/T 31484—2015	电动汽车用动力蓄电池循环寿命要求及试验方法	单体、模块、包或系统

GB/T 31484—2015 对动力电池单体、模块、包和系统的循环寿命规定了详细的测试方法和试验要求。将循环寿命分为标准循环寿命和工况循环寿命，并根据实际使用工况的不同，分为混合动力乘用车用功率型、混合动力商用车用功率型、纯电动乘用车用能量型和纯电动商用车用能量型这四种不同工况。

未来有可能将对 GB/T 31484—2015 进行修订，一方面结合现有产品性能以及实际充放电工况等因素，对室温放电容量、标准循环寿命和工况循环寿命等内容进行调整与修改；另一方面，将充分与国内外标准进行协调（例如结合最新发布的 GB/T 38146. 1—2019《中国汽车行驶工况　第 1 部分：轻型汽车》），以更好地确保标准的适用性。

9. 5　动力电池互换性标准

在动力电池互换性领域，我国已发布的动力电池互换性标准见表 9-5。

表 9-5　我国已发布的动力电池互换性标准

序号	标准号	标准名称	测试对象
1	GB/T 34013—2017	电动汽车用动力蓄电池产品规格尺寸	单体、模块、包或系统
2	QC/T 840—2010（行业标准）	电动汽车用动力蓄电池产品规格尺寸	单体和模块

表 9-5 中的标准对电动汽车用动力蓄电池单体、模块及标准箱的规格尺寸进行了规定。未来有可能将对 GB/T 34013—2017 进行修订，综合考虑现阶段实际情况以及未来产品技术的主流发展趋势，可能对规范对象、单体及模组规格尺寸范围以及公差要求等内容进行调整，以规范和引导动力电池健康、快速地发展。

9.6 动力电池回收利用标准

在动力电池回收利用领域，我国已发布的动力电池回收利用标准见表 9-6。

表 9-6 我国已发布的动力电池回收利用标准

序号	标准编号	标准名称
1	GB/T 44132—2024	车用动力电池回收利用 通用要求
2	DB34/T 3437—2019	车用动力电池回收利用低速动力车梯次利用要求
3	GB/T 33598—2017	车用动力电池回收利用 拆解规范
4	GB/T 33598. 2—2020	车用动力电池回收利用 再生利用 第 2 部分：材料回收要求
5	GB/T 33598. 3—2021	车用动力电池回收利用 再生利用 第 3 部分：放电规范
6	GB/T 34015—2017	车用动力电池回收利用 余能检测
7	GB/T 34015. 2—2020	车用动力电池回收利用 梯次利用 第 2 部分：拆卸要求
8	GB/T 34015. 3—2021	车用动力电池回收利用 梯次利用 第 3 部分：梯次利用要求
9	GB/T 34015. 4—2021	车用动力电池回收利用 梯次利用 第 4 部分：梯次利用产品标识
10	GB/T 38698. 1—2020	车用动力电池回收利用 管理规范 第 1 部分：包装运输
11	GB/T 38698. 2—2023	车用动力电池回收利用 管理规范 第 2 部分：回收服务网点
12	NB/T 10826—2021	车用动力电池回收利用 电芯绝缘性能及容量评定方法

表 9-6 中的标准对动力电池回收利用过程起到了规范和引导作用。其中，GB/T 33598—2017 规定了电动汽车用废旧动力电池拆解工作的术语和定义、总体要求、作业程序及存储和管理要求，主要适用于电动汽车用废旧锂离子动力电池、金属氢化物镍动力电池的电池包（组）、模块的拆解；GB/T 34015—2017 规定了电动汽车用废旧动力电池余能检测的术语和定义、符号、检测要求、检测流程及检测方法等相关内容，主要适用于电动汽车用废旧锂离子动力电池和金属氢化物镍动力电池单体、模块的余能检测；同时对动力电池回收利用的通用要求、梯次利用、再生利用和管理规范也做了相关规定。

9.7 动力电池标准测试项目对比分析

9.7.1 单体、模组层级对比

表 9-7 所列为国内外安全性标准法规中单体/模组层级的测试项目对比。

表 9-7 国内外安全性标准法规中单体/模组层级的测试项目对比

单体/模组		GB/T 31485—2015	GB 38031—2020	UL 1642	SAE J2464	IEC 62660-2（2.0 版）	IEC 62660-3（2.0 版）	UN 38.3
机械安全	挤压	√	√	√	√	√	√	
	针刺	√			√			
	跌落	√						
	重物撞击			√			√	√
	机械冲击			√	√			√
	振动			√		√	√	√
环境安全	加热	√	√	√		√	√	
	温度循环	√	√	√	√	√	√	√
	低气压	√		√				√
	燃烧喷射			√				
	热稳定性				√			
	海水浸泡	√						
电安全	外部短路	√	√	√	√	√	√	√
	内部短路						√	
	过充电	√	√	√	√	√		√
	过放电	√	√	√	√	√		√
	隔膜闭孔测试				√			

对比国内外的标准，相对而言 GB/T 31485—2015 在被认证体系所引用标准中，属于覆盖内容较为全面，且在关键测试项目上要求较为严格的标准。该标准发布的第二年，国标委又下达了动力电池安全性强制标准（该标准发布后的编号为 GB 38031—2020）的制定计划，其主要目的是进一步加强安全技术支撑体系，通过建立安全标准规范体系，强化远程运行的监控体系，健全安全责任体系。

在整体编制思路上，该强制性标准一方面基于已有的 GB/T 31485—2015 对电池单体、模组的试验方法与安全要求进行了梳理，同时与 ECE R100、IEC 62660-2、IEC 62660-3 等最新的国际标准法规进行对标。同时，基于对近几年国内外电动汽车安全事故的经验总结以及对国内外电动汽车安全失效与防范机制的进一步理解，对单体、模块和系统层级的安全要求进行了重新规划，重点突出整车和系统安全。在具体内容上，该标准与 GB/T 31485—2015 相比在单体层级上降低了要求，包括对原有标准测试项目进行了一定的删减和修改，例如删除了电池单体针刺、低气压、跌落、海水浸泡，电池模块的安全要求，以及电池包或系统电子装置振动、跌落和翻转等测试项目。同时，针对电池单体过充电、电池单体挤压等修改了相关测试参数。

SAE J2464 是国际上具有较高权威性的标准，覆盖了单体、模组、系统，但内容比较庞杂，其中关于热稳定性和隔膜闭孔的测试明显偏研究类，试验难度也较大。UL 1642、UN 38.3 的试验对象主要是针对民用锂离子电池，其中 UL 1642 属于权威性较高的标准，UN 38.3主要保证运输间的安全性，相对其他要求较低。

从测试内容来看，各标准在电安全方面的测试项目基本相同，都包括短路、过充和过放三项内容。环境安全方面则各有所选择，最基本的测试项目是温度循环，加热也常被应用，低气压则与使用条件有关，重点关注在高原或者航空运输中的使用情景。机械安全方面，挤压和机械冲击属于最基本的项目，针刺这类比较危险且较难通过的项目被选择得相对较少。

9.7.2 系统层级对比

针对电池系统安全性，国内外安全性标准法规中系统层级的测试项目对比见表 9-8。从国内标准情况来看，如前所述，GB 38031—2020 作为 GB/T 31476. 3—2015 的替代性标准，结合国内外标准的最新状况重新进行了梳理。具体包括针对电池包或系统的挤压、机械冲击、模拟碰撞、振动、湿热循环、海水浸泡、火烧、盐雾、过温保护、过充电保护、过放电保护、短路保护等项目进行修改，并结合针对发生的电动汽车起火事故的分析，新增了电池包或系统热扩散和过电流保护等项目。

表 9-8 国内外安全性标准法规中系统层级的测试项目对比

系统		GB/T 31467. 3—2015	GB 38031—2020	UL 2580	SAE J2464	SAE J2929	ECE 62660-3（2. 0 版）	ISO 12405-3
机械安全	挤压	√	√	√	√	√	√	√
	针刺				√			
	翻转	√		√	√			
	跌落	√		√	√	√		
	机械冲击	√	√	√	√	√	√	√
	模拟碰撞	√	√					√
	振动	√	√	√		√	√	√
环境安全	温度循环	√	√	√	√		√	√
	湿热循环	√	√			√		√
	海水浸泡	√	√	√	√	√		
	火烧	√		√	√	√	√	√
	盐雾	√	√	√				
	低气压	√	√					
	热管理失效			√	√	√		
	热扩散		√	√	√			
	过温保护	√	√					
电安全	过充电保护	√	√	√	√	√	√	√
	过放电保护	√	√	√	√	√	√	√
	过电流保护		√					
	短路保护	√	√	√	√	√	√	√

从测试内容来看，各标准在电安全测试方面都包括过充保护、过放保护和短路保护，部分还包括绝缘特性、通路测试等。环境安全测试中，温度循环和火烧较为常见，火烧对系统的安全性要求更高，盐雾与湿热循环主要考察水蒸气等对系统的影响，被采用得较少。机械

安全测试中，挤压、机械冲击和振动较为常见，仅 SAE J2464 要求开展电池包层面的针刺测试，不强制要求通过。

从严格程度上来看，GB/T 31476.3—2015、GB 38031—2020、SAE J2929、ECE R100-02 与 ISO 12405-3 之间为对标关系，总体看来 GB/T 31476.3—2015、GB 38031—2020 等标准涵盖范围最广，严格程度与 SAE J2929、ISO 12405-3 基本相当，ECE R100-02 从项目内容涵盖及严格程度上看都稍微逊色（例如其他法规要求满电测试的项目，ECE 仅要求 50% 以上 SOC）。

目前动力电池系统层级标准、法规中存在一些争议点。未来需要进一步开展标准研究工作，例如是否需要整车级测试（尤其对于热失控扩展）、振动测试、海水浸泡试验、火烧试验油量标准以及毒气分析等。

9.8 动力电池安全性标准发展趋势

9.8.1 国内标准法规发展趋势

目前，GB 38031—2020 强制性标准已经正式发布，已替代 GB/T 31485—2015 和 GB/T 31467.3—2015，成为国内动力电池安全性的主要标准。同时，新的标准制定计划可能会启动，修订的主体方向为作为强制性标准 GB 38031—2020 的配套标准，提供更加细化、模拟更多应用场景的试验方法，另外还可能针对特定测试项目增加前置试验，以及考察综合因素作用下的电池安全性等，其目的主要是面向产品的整个设计、开发和使用周期，为整个行业实现产品安全性提升提供更加丰富的测试方法。

动力电池安全是一个系统问题，除电池本身之外，还需要综合考虑电池管理系统等关键部件以及其他方向，因此未来在 BMS、电池热管理系统等方面也需要尽快开展标准的制定。

此外，考虑到电动汽车新技术和新商业模式的快速迭代发展，例如针对固态电池的安全性未来可能在试验方法方面做出相应调整，针对换电技术的安全要求也亟须给行业提供标准指引。

9.8.2 国外标准法规发展趋势

基于国内动力电池领域标准的工作，近些年我国持续积极参与了国际标准规范的起草工作，包括电动汽车安全全球技术法规（EVS-GTR）、EVE 以及 ISO 等。

其中，在 EVS-GTR 制定方面，法规制定工作主要集中在 TF1（电动车遇水后的触电防护）、TF5（电池热失控热扩散）和 TF8（商用车安全要求）等领域，通过各国专家开展的大量工作，UN GTR 20 已正式发布。下一阶段，研究重点主要集中在动力电池热失控热扩散、浸水安全、振动安全、有毒气体防护等领域，其中针对各国重点关注的热失控热扩散领域，未来主要关注热失控触发方法以及判定准则的确定，各方希望能够达成统一的方法和判断指标。

国际标准化组织制定并发布了 ISO 6469-1：2019/Amd 1：2022，该标准主要关注热失控触发方法及判定准则、热扩散风险评估及降低方法措施等方面。此外，该标准对各种热失控触发方法，如内部短路、外部加热、针刺、自加热等方法都保持了较为开放的态度。

新体系电池的标准也是未来应关注的方向。动力钠离子电池、动力固态锂离子电池相关标准也将随着各自产业化步伐在逐步推进中。

习　题

1. 我国已经构建了比较完善的测试标准体系，其主要包括哪五大类标准？

2. GB 38031—2020 作为 GB/T 31476. 3—2015 的替代性标准，结合国内外标准的最新状况重新进行梳理，GB 38031—2020 对哪些项目进行了修改？

3. 当前国内动力电池标准的研究重点主要集中在哪些领域？

参考文献

[1] 周志敏，纪爱华．电动汽车动力电池梯次利用与回收技术［M］．北京：化学工业出版社，2019.

[2] 王刚，赵光金，吴文龙，等．动力锂电池梯次利用与回收处理［M］．北京：中国电力出版社，2015.

[3] 贺林，石琴．动力电池［M］．北京：机械工业出版社，2021.

[4] 董杨．中国汽车动力电池及氢燃料电池产业发展年度报告（2019—2020 年）［M］．北京：机械工业出版社，2020.

[5] 中国汽车技术研究中心有限公司，大连泰星能源有限公司．中国新能源汽车动力电池产业发展报告（2020）［M］．北京：社会科学文献出版社，2020.

[6] 孙逢春，肖成伟．电动汽车工程手册：第四卷　动力蓄电池［M］．北京：机械工业出版社，2019.

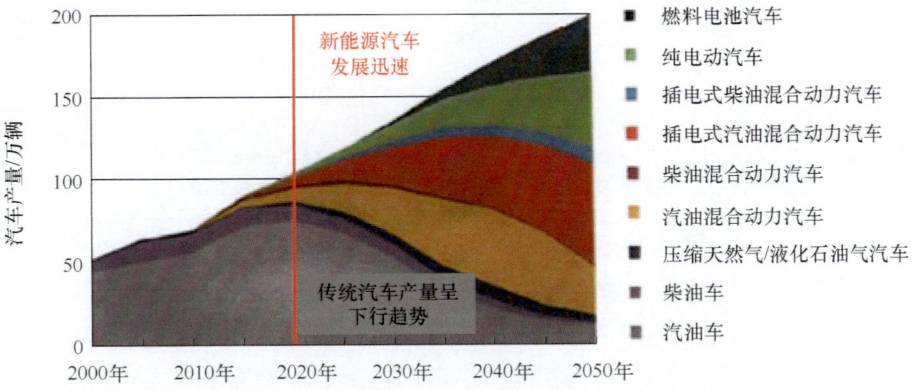

图 1-7　国际能源署对各种汽车未来发展的预测

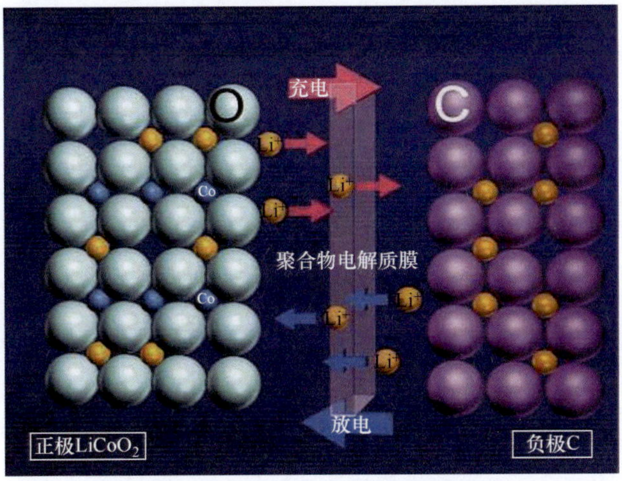

图 2-11　锂离子电池的工作原理

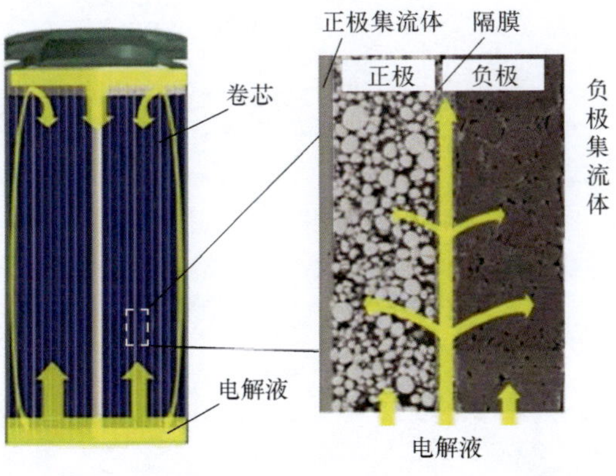

图 3-34　圆柱形电池电解液浸润电极过程示意图

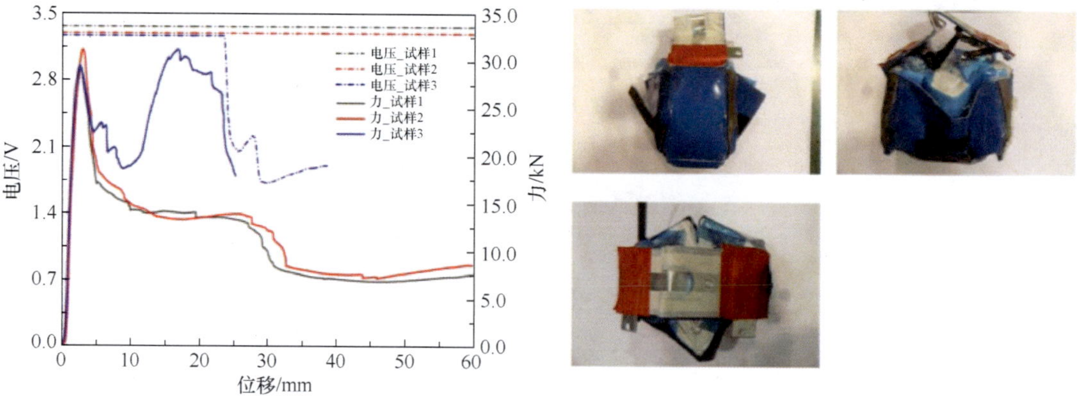

a) 试验结果　　　　b) 典型示意图

图 5-2　SOC = 0，*YZ* 平面压缩试验结果及典型示意图

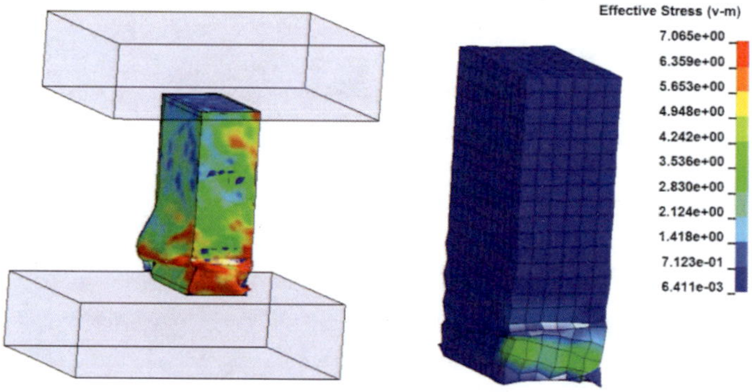

图 5-8　*YZ* 平面法向平板压缩高度为 23.7mm 物体时卷绕电芯应力分布图

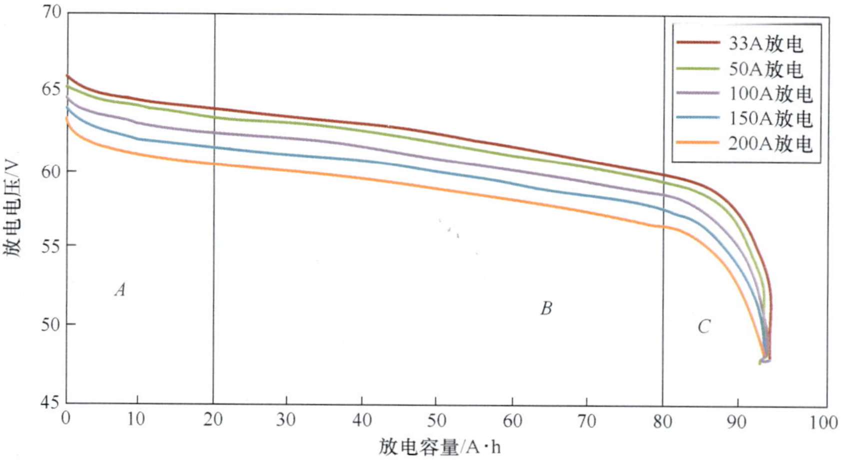

图 6-24　某动力电池组的电压与容量的对应关系